남북한 사회통합 방안 연구

AKS 사회총서 18
남북한 사회통합 방안 연구

지은이 정지웅 · 김병욱 · 김해순 · 박찬석 · 정영순 · 이장한 · 임상순

제1판 1쇄 발행일 2018년 12월 30일

발행인 안병욱
발행처 한국학중앙연구원 출판부

출판등록 제381-1979-000002호(1979년 3월 31일)
주소 경기도 성남시 분당구 하오개로 323
전화 031-730-8773
팩스 031-730-7775
전자우편 akspress@aks.ac.kr
홈페이지 book.aks.ac.kr

ⓒ 한국학중앙연구원 2018

ISBN 979-11-5866-463-3 94330
      978-89-7105-771-1 (세트)

- 이 책의 출판권 및 저작권은 한국학중앙연구원에 있습니다.
  이 책 내용의 전부 또는 일부를 재사용하려면 반드시 서면 동의를 받아야 합니다.
- 값은 뒤표지에 있습니다. 잘못된 책은 바꿔드립니다.
- 이 책은 2015년 한국학중앙연구원 한국문화심층연구사업 한국적가치의 재정립과제로 수행된 연구임. (AKSR2015-V02).

남북한 사회통합 방안 연구

정지웅·김병욱·김해순·박찬석·
정영순·이장한·임상순 지음

한국학중앙연구원출판부

책머리에

　본 연구의 일차적 목적은 지금까지 논의되어 온 통합방안을 넘어서는 한국적 가치를 통한 남북한 통일과 통합방안의 모형을 학문적으로 개발하고자 하는 데 있다. 즉, 남한 내부와 남북한 사이에서 경험하고 있는 갈등을 해소하고 주민들을 하나로 통합하기 위해 현실 적용이 가능한 통합방안을 외국의 이론이 아닌 한국적 가치 속에서 찾는 데 있다. 또한 우리는 서구 학문의 통합이론과 우리 사상사의 통합이론을 비교·연구하고 여기서 보다 더 우리에게 친화적인 통합방안을 도출·개발하고자 했다.

　본 연구는 한국적 가치의 재정립 가능성을 그 기초가 되는 한국사상사에서 찾아본다. 한국적 가치의 재정립을 통해 새로운 통합방안의 제도화 가능성을 모색하고 그것에 입각하여, 남북수준, 남남수준, 지방정부 간 수준, 노사 간 수준, 지역수준 및 마을공동체 수준 등의 한반도 내 각 수준별로 새로운 통합방안을 제시했다.

　우리는 우리 역사상의 통합사례를 통시적·공시적으로 찾는 작업을 시도했다. 이를 통해 서양 통합이론의 장점과 단점, 기여점과 한계점을 밝히고, 이와 대비되는 한국적 가치를 보다 면밀히 연구함으로써 우리 고유의 사상으로부터, 그리고 서양이론의 창조적 적용으로부터 통일과 남북한 통합방안을 제시하고자 했다. 예를 들면, 독일을 중심으로 하는 외국 통합사례 연구는 남북한 통합방안 모델을 구성하는 데 중요한 참조가 될 수 있다. 그러나 이것을 우리의 경우에 그대로 적용하기에는 문화적 배경과 주변 상황이 다르다. 따라서 우리의 사상과 가치를 창조적으로 응용하여 이 모형의 장점은 수용하면서도 서양의 이론에 전적으로 의존하지 않고, 우리 고유의 가치로부터 이를 보완하거나 대체하는 새로운 통합방안을 찾고자 했다. 말하자면 독일 통합과정에서 문제가 되는 사안에 대해서는 남북한 통합방안 구상과정에서 우리의 가치를 응용함으로써 이러한 문제를 사전에 예방하거나, 사회적 논란을 줄이는 방안을 모색해 보았다.

우리 민족은 특유의 민족성격과 소통방식을 지니고 있다. 따라서 본 연구는 이러한 한국의 고유한 사상과 이론으로부터 통일과 남북한 통합방안에 적합한 한국적 가치를 발굴하여 재정립하고 이를 하나의 통합방안으로 제시하고자 했다.

그런데 우리가 우려하는 것은 여기서 도출된 통합방안을 오늘날 남북한 통합의 문제와 남남갈등에서 안고 있는 병을 고칠 수 있는 만병통치약으로 생각하기 쉽다는 것이다. 하지만 남남갈등은 외국에서 들여온 병폐가 아니다. 우리 정신은 한국적 사상과 가치가 바탕을 이루고 있으며, 역사적으로 뿌리 내린 지역감정이나 남남갈등 같은 문제를 극복하지 못하는 것은 통합을 이루는 데 한국적 사상과 가치의 한계를 보여 주는 것이라 할 수 있다. 그러므로 우리의 통합대안 제시는 매우 조심스럽게 이루어졌으며, 극복방안의 구체적인 방법은 서양의 사상과 우리 고유의 사상을 융합하여 제시하고자 했다.

우리는 한국적 가치의 재정립을 통한 남북통일과 남북한 사회통합 방안에 대한 연구를 수행하기 위해 먼저 외국의 통합사례와 서양의 주요 통합이론을 살펴보았다. 이어서 역사상 우리 고유의 통합사상과 통시적·공시적 통합사례를 살펴보았다. 그리하여 이를 바탕으로 대안으로써 대공주의를 발견했으며, 대공주의가 지닌 만남, 나눔, 모음의 분류에 따라 정치·경제·사회문화·교육 부분의 구체적인 남북한 통합방안을 제시하고자 노력했다.

 서론과 결론에 해당하는 1장과 7장은 연구책임자인 정지웅 교수가 작성하였으며 5장은 김병욱 교수가 작성하였다. 나머지 장은 모든 연구진들이 함께 조사하고 토론하면서 공동으로 작성하였음을 밝힌다. 아무쪼록 본 연구가 남남갈등을 해소하고, 남북한 통합과 통일에 조금이나마 기여할 수 있기를 희망하며 훌륭한 자문을 해 주신 성신여대 최민자 교수님, 코리아통합연구원 권성아 교수님, 영남대 김영수 교수님, 불교학자 김석근 교수님께 감사의 말씀을 올린다. 아울러 연구를 할 수 있는 계기와 연구비, 그리고 출판까지 지원해 주신 한국학중앙연구원에도 진심으로 감사를 드린다.

2018년 12월
정지웅

차례

책머리에 | 5

1장 한국적 가치 재정립을 통한 남북통합의 필요성

1 남북한 사회통합의 필요성 · 13
2 한국적인 사회통합 가치의 필요성 · 16

2장 서양의 주요 통합이론

1 통합 개념에 대한 이해 · 22
2 통합이론들 · 27

3장 한국의 통합사상 및 제도

1 고유한 전통사상 · 59
2 외래전래 사상 · 76
3 남북한 각각의 통합사상 · 107

4장 한국사의 다양한 통합사례

1 한국사상에서의 통합 정신 · 118
2 실제적 통합의 대표적인 사례 · 122

5장 남북통합을 위한 한국적 가치의 재정립
– 대공민주주의를 중심으로

1. 한국적 가치와 문화 글로벌리즘 · 175
2. 한국 불교사상적 가치와 메타이론의 재접립 및 대공민주정치 방법 · 189
3. 한국 유교사상적 가치와 메타이론의 재정립 및 대공민주정치 방법 · 209
4. 한국 기독교사상적 가치와 메타이론의 재정립 및 대공민주정치 방법 · 225
5. 대공민주주의에 바탕을 둔 남북통합의 기초 · 247

6장 새로운 남북한 통합방안 모색

1. 정치통합 방안 · 256
2. 경제통합 방안 · 271
3. 사회통합 방안 · 293
4. 교육통합 방안 · 316

7장 맺음말 | 333

참고문헌 | 350
찾아보기 | 361

한국적 가치 재정립을 통한 남북통합의 필요성

1장

1. 남북한 사회통합의 필요성

본 연구의 목적은 한국적 가치의 재정립을 통해 한반도의 각종 사회적 갈등 및 남남갈등 문제와 남북분단 문제 등을 해결하기 위한 것이다. 본 연구가 필요한 이유는 우선, 2018년 현재 남과 북이 분단된 상황에서 남남 및 남북 갈등이 복합적인 양상을 띠고 있는 현실적 상황에 근거한다. 즉, 분단으로 인한 남북갈등뿐만 아니라, 여기에 기초한 남한 내부의 이념 및 세대 갈등이 첨예하게 나타나고 있다. 특히, '총성 없는 내전'으로 불리는 남남갈등의 해결 없이는 남한사회의 통합이란 있을 수 없으며, 남한사회의 발전은 물론, 남북관계의 진정한 화해와 협력 또한 기대할 수 없다. 남남갈등이 대북관과 냉전 이데올로기의 존폐 여부를 둘러싸고 일어나고 있기 때문에 남남갈등의 극복은 남북 통합을 위해서도 선결조건이다.

본 연구의 일차적 목적은 지금까지 논의되어 온 통합방안을 넘어서는 한국적 가치를 통한 남북한 통일과 통합방안의 모형을 학문적으로 개발하고자 하는 데 있다. 즉, 남한 내부와 남북한 사이에서 경험하고 있는 갈등을 해소할 수 있고, 현실 적용이 가능한 주민 통합방안을 외국의 이론이 아닌 한국적 가치에서 찾는 데 있다. 또한 우리는 서구 학문의 통합이론과 우리 사상사의 통합이론을 비교·연구하고 여기서 보다 더 우리에게 친화적인 통합방안을 도출·개발하고자 한다.

본 연구는 한국적 가치의 재정립 가능성을 그 기초가 되는 한국사상사에서 찾아본다. 한국적 가치의 재정립을 통해 새로운 통합방안의 제도화 가능성을 모색하고 그것에 입각하여, 남북수준, 남남수준, 지방정부 간 수준, 노사 간 수준, 지역수준 및 마을공동체 수준 등의 한반도 내 각 수준별로 새로운 통합방안을 제시할 것이다.

우리는 역사상의 통합사례를 통시적·공시적으로 찾는 작업을 시도할 것이다. 이를 통해 서양 통합이론의 장점과 단점, 기여점과 한계점을 밝히고, 이와 대비되는 한국적 가치를 보다 면밀히 연구함으로써 우리 고유의 사상과 서양이론의 창조적 적용으로부터 통일과 남북한 통합방안을 제시하고자 한다. 예를 들면, 독일을 중심으로 하는 외국 통합사례 연구는 남북한 통합방안 모델을 구성하는 데 참조할 수는 있지만 이것을 우리의 경우에 그대로 적용하기에는 문화적 배경과 주변 상황이 다르다. 따라서 서양 이론에 전적으로 의존하지 않고 우리의 사상과 가치를 창조적으로 응용하여 서양 이론의 장점은 수용하고 그 한계를 지적하면서 우리 고유의 가치로부터 이를 보완하거나 대체하는 새로운 통합방안을 찾고자 하는 것이다.

지금까지 통일과 남북한의 사회통합을 위해 수많은 외국의 통합이론과 통합사례를 연구해 왔다. 예를 들어 기능주의, 신기능주의, 연방주의, 커뮤니케이션이론, 구성주의, 정부간주의, 사회통합론, 문화통합론 등 외국의 사상적·환경적 배경을 가진 논의들이 남북한 통합을 위해 논의되어 왔다. 그러나 아직까지도 남북한 통합은 차치하고라도, 남한 내의 갈등도 제대로 해소되지 않고 첨예하게 대립하고 있는 것이 현실이다. 뿐만 아니라 1990년대 초 독일이 통일되었을 때 저명한 외국 학자들은 한반도 2000년경에는 통일이 될 것이라고 예측했지만 모두 빗나갔다.[1] 이러한 사례들은 외국 학자들이 외국의 사상과 이론으로 한반도와 우리 민족을 논의하는 데 한계점이 있다는 것을 여실히 보여 준다고 하겠다.[2] 우리 민족은 특유의 민족성격과 소통방식을 지니고 있다. 따라서 본 연구는 이러한 한국의 고유한 사상과 이론으로부터 통일과 남북한 통합방안에 적합한 한국적 가치를 발굴하여 재정립하고 이를 하나의 통합방안으로 제시하고자 한다.

그런데 우리가 우려하는 것은 여기서 도출된 통합방안을 오늘날 남북한 통합의 문제와 남남갈등에서 안고 있는 병을 고칠 수 있는 만병통치약으로 생각하기 쉽다는 것이다. 하지만 남남갈등은 외국에서 들여온 병폐가 아니다. 우리 정신에 한국적 사상과 가치가 기저를 이루고 있다고 생각하며, 역사적으로 지역감정이나 남남갈등 같은 문제를 극복하지 못하는 것은 통합을 이루는 데 있어 한국적 사상과 가치가 가지는 한계를 보여 준다고 할 것이다. 그러므로 우리의 통합대안 제시는 매우 조심스럽게 이루어질 것이며, 이러한 극복방안의 구체적인 방법은 서양의 사상과 우리 고유의 사상을 융합하여 제시하고자 한다.

---

1 최평길, 『미리 보는 코리아 2000』(장원, 1994)에 설문 결과가 잘 나와 있다.
2 이 조사를 보면 한국 학자들도 잘못 평가한 것을 알 수 있다. 하지만 2000년에 통일된다고 응답한 비율이 외국 학자들의 비율보다 낮다. 따라서 한국 학자들이 한국문제 분석에는 적확성이 높다고 할 수 있다.

2. 한국적인 사회통합 가치의 필요성

우리 민족은 일제의 식민 지배를 당한 경험이 있고, 이어서 분단과 전쟁을 겪었으며, 오늘날에도 분단된 채로 남남갈등이 심한 상태이다. 왜 일제의 지배를 당해야 했고, 분단과 전쟁을 겪었으며, 심각한 남남갈등이 존재하는지 우리는 그 원인을 분석하고 다시는 이러한 일이 되풀이되지 않도록 국민적 단합을 이루어야 한다. 이러한 입장에서 앞으로는 우리의 통합력이 제대로 발휘되지 못하여 고통을 겪는 일이 없도록 한국적인 사회통합 가치를 찾고, 이를 현실에 적용하기 위한 노력을 하지 않을 수 없다.

우리 연구에서 통합 촉진을 위해 한국적 가치에 기반을 둔 통일대안과 구체적 방안을 모색한 필요성은 다음과 같다. 첫째, 현재의 남북분단 상황이 해소된다고 해서 그것이 곧 남북통일로 이어지리라는 필연성은 그 어디에도 없다. 현실적으로 그것은 하나의 희망사항이고 확률적으로 좀 높다고 할 수도 있지만 어쨌든 그만큼 하나의 개연성으로 남아 있을 뿐이다. 둘째, 통일한국이 발전궤도로 곧바로 진입하리라는 것은 분단해소가 남북통일로 이어질 확률보다도 훨씬 낮다고 할 수 있다. 통일이 재앙으로 이어지고 발전으로 전혀 이어지지 않을 수도 있다는 것이다. 셋째, 얼마든지 쉽게 예상할 수 있는 것처럼 남북통일이 이루어지고 외형적으로 발전된다고 하더라도, 그에 대한 실질적인 대책을 강구하지 않는다면 오히려 지금보다 소통이 더욱 어려워질 가능성이 더욱 크다. 외형적인 통일과 발전 때문에 통일사회 안에서 다방면으로 불평과 불만이 더욱 고조될 수 있다. 진정 행복한 사회를 만들어야 통일과 통합의 의미가 있는 것이다.

무엇보다도 현대적 콘텍스트에 맞게 재정립한 한국적 가치와 사상에 기반을 두고 한반도 각 수준별 통합 촉진 방안을 마련해야 할 필요성이 있다. 우리 민족은 다양한 우리의 것을 담고자 하는 노력을 기울여 왔다. 우리의 연구는 먼저 외국의 통합사례, 통합이론과 사상 등을 점검해 볼 것이다. 그리고 역사상 우리 고유의 통합사상을 찾아 정리하고, 이에 바탕을 둔 통시적·공시적 통합사례를 발굴해내고자 한다. 그리하여 이를 바탕으로 대안으로서 대공주의를 소개하며 이어서 구체적인 남북한 통합방안을 제시하고자 한다.

서양의 주요 통합이론

2장

통합이론들이 다양한 사회 모델을 바탕으로 발전되었다. 이들 중 여러 통합이론이 우리나라에도 수용되어 남북한 통합을 분석하며 설명하는 데 적용되고 있다. 본 연구에서는 주로 유럽연합과 독일의 통합이론에 초점을 맞추어 논의를 진행하고자 한다. 유럽연합의 통합과 독일의 통일 이후의 사회통합에서 남북한의 사회통합에 대한 시사점을 도출할 수 있다고 본다.

유럽연합은 오늘날 28개국으로 통합되어 있고, 지역통합의 성공적인 사례로 볼 수 있다. 유럽연합은 처음에는 유럽의 경제적 협력을 바탕으로 평화와 정치목적을 추구하며, 1951년에 '유럽석탄철강공동체'를 발족시켰다. 그동안 문화적·경제적·정치적·사회적 격차가 있음에도 불구하고 국가 간, 지역 간 협력의 필요성은 계속되어 왔고 다양한 시행착오를 거치면서 성공적인 협력체계를 구축해 오고 있다. 그러나 아직도 많은 문제가 산재해 있다. 유럽연합의 통합은 복합성을 띠며 때로는 국가 간에 대립적인 견해를 보이고 있다. 이러한 경향이 이론들과 이에 대한 담론에도 반영되고 있다.

독일 통일 후 사회문화통합은 아직도 진행 중이다. 25년이 시난 오늘날도 동서독 주민들의 갈등을 볼 수 있다. 그러나 통일 직후보다 상당 부분 누그러졌고, 오늘날 큰 사회적 문제로 보기는 어렵다. 동서독 주민의 사회문화통합에 대한 논의는 특별한 이론적 배경을 토대로 발현되고 있지 않다. 동서독 주민의 이질적인 가치관, 태도, 세상관의 다른 점을 토대로 야기되는 사회적 문제점, 즉 이질성을 극복하며 통합을 추진하기 위해 상호주의 정신, 배려 정신, 상호 존중 정신 등이 민주시민교육과 평화교육에서 강조되고 있다. 이러한 정신을 토대로 통일 전에는 소수민족과, 통일 이후에는 동서독 주민과의 만남이 추진되었다. 이러한 정신은 다문화주의에서도 볼 수 있다. 따라서 사회문화통합에 대한 논의는 다문화주의에 입각해 조명할 것이다.

본 연구는 우선 통합 개념에 대한 이해를 간단하게 짚는다. 분석 대상의 통합이론은 정치통합론, 사회통합론, 문화통합론 등이다. 정치적 제도통합에 대한 논의에는 기능주의, 신기능주의, 연방주의 이론을 조명하고, 이어서 사회통합론을 다루고, 문화통합론에 대한 논의에서는 문화통합이론과 더불어 특별히 다문화주의를 분석 대상에 포함시켰다. 그동안 이 이론들의 적용 가능성과 한계점에 대한 논의가 활발하게 진행되어 왔고, 이러한 논의는 우리나라에서도 볼 수 있다. 이 점 역시 간단하게 짚는다. 논의된 이론들을 종합적으로 정리하면서 남북한 통일과 통합에 대한 시사점도 간단하게 추출한다.

1. 통합 개념에 대한 이해

통합 개념적 이해에 대해 국내외에서 논의되고 있지만 여전히 정확한

정의를 내리지 못하고 있다. 이 점은 다양한 견해가 있다는 점을 시사한다. 우선 프리드릭스와 야고진스키(Friedrichs und Jagodzinski)[1]의 개념적 이해에 주목해 보자. 그들은 상대적 통합과 절대적 통합으로 분리하고 있다. 상대적 통합은 개별적 요소와 관계되고, 낱개가 큰 한 개의 구성단위에 어떻게 결합되는가를 묻는다. 반면에 절대적 통합은 상위적 구성단위와 관계되고, 모든 구성단위(낱개들)의 전체적인 응집력의 척도로써 이 낱개들의 상호 관계를 묻는 것으로 이해할 수 있다. 한편 데이비드 록우드(David Lockwood)[2]는 이와 다른 통합의 개념적 이해를 보여 주면서 통합을 2개의 범위로 분류했다. 사회에서 개인이나 단체의 통합과 개별적 사회 하부조직들의 통합이 바로 그것이다. 사회적 하부구조들(경제제도, 법제도 등)의 결합을 제도통합으로 보고, 사회에서 개인의 통합을 사회통합으로 규정하고 있다.

위에서 제시된 통합 개념과는 다른 의미의 통합론이 있다. 록우드[3]는 사회통합을 주로 가치에 대한 동의나 사회화를 통해 가능하다고 보고, "체제통합은 경제관계나 권력구조에 의도하지 않은 결과로써 사회적 토대의 작용에 의해 일어난다."라고 했다. 제리 등(David Jary and Julia Jary)에 따르면 기든스(Giddens)는 "사회통합은 사회적 행위자들의 대면적 상호작용으로부터 발생하지만 체제통합은 집단이나 집합체들 간의 상호 관계와 제도들의 작용에 의해 재생산되며 사회통합에 비해서 비교

---

[1] Juergen Friedrichs und Wolfgang Jagodzinski, "Theorien der Sozialen Integration," *Kölner Zeitschrift für Soziologie und Sozialpsychologie, Soziale Integration*(Sonderband der KZfSS, 1999), pp. 9–43.

[2] David Lockwood, "Soziale Integration und Systemintegration," in Wolfgang Zapf (ed.), *Theorien des sozialen Wandels*(Koeln u.a.: Kiepenheuer & Witsch, 1969) pp. 124–137; 임현진·정영철, 「사회문화적 접근을 통한 남북통합의 모색: 현실과 과제」, 『통일연구』 제3권 제1호(1999), 333쪽.

[3] David Lockwood(1969), 위의 글; 임현진·정영철(1999), 위의 글, 333쪽.

석 번 거리에서 일어날 수 있다"[4]고 설명하고 있다. 하버마스(Juergen Habermas)는 "체계통합은 정치나 경제와 같이 '권력'과 '화폐'를 매개로 한 목적영역들의 체계, 즉 사람들을 통합시키고 서로에 대한 관계를 지시하는 조정 메커니즘을 지칭한다고 생각하며, 사회통합은 사람들 사이의 사회적 관계를 나타내며 사람들이 서로에 대해 또는 자기 자신에 대해 갖고 있는 경험과 관련되어 이루어지는 통합을 의미한다."[5]고 했다.

국내 학자들도 사회통합에 대해 다양한 견해를 펼치고 있다. 전상진[6]에 따르면 통합은 "단순한 '하나 됨'이 아니고 '서로 독립적인 개체(거시적으로는 기능체계, 미시적으로는 개인)들'이 특정한 사안을 '문제'로 인식하고 일을 해결하기 위해 '당사자들(사회적 단위인 집단, 직장, 단체 등)'이 '함께' 무엇인가를 '하는' 것이다."라고 했다. 이온죽 등[7]은 통합을 단일 국가 내부에서 국가통합과 지역통합(지역 간 또는 국가 간 통합)으로 구분한다. 국가통합은 정치, 경제, 사회의 통합 등으로 구분 짓는다. 장경섭[8]은 "정치통합은 단일한 정치적 주권체의 형성, 즉 정치제도의 통

---

4 Anthony Giddens and J. H. Tuner, *Social Theory Today*(Stanford, CA: Stanford Univ. Press, 1987), David Jary and Julia Jary, *The Harper Collins Dictionary of Sociology*(New York: Harpercollins, 1991), pp. 451-452 재인용, 임현진·정영철, 「사회문화적 접근을 통한 남북통합의 모색: 현실과 과제」, 『통일연구』 제3권 제1호(1999), 333쪽 재인용.
5 Juergen Habermas, *Legitimationsprobleme in Spätkapitalismus*(Frankfurt Am Main: Suhrkamp, 1973), 김문조·김종길, 「남북한 사회통합의 남북한 사회 통합의 추진과제 및 방안」, 『아세아연구』 제96호(1996), 196쪽 재인용.
6 전상진, 「사회통합을 위한 문화정책」, 『문화정책논총』 제29집(2010), 11쪽.
7 이온죽 외, 「남북한 사회통합의 이론적 탐색」, 『남북한 사회통합론』(삶과꿈, 1997), 임현진·정영철, 「사회문화적 접근을 통한 남북통합의 모색: 현실과 과제」, 『통일연구』 제3권 제1호(1999), 332쪽 재인용.
8 장경섭, 「통일 한민족 국가의 사회통합」, 세종연구소 주최 학술회의 "남북한 이질화의 현황과 통합 모델의 모색" 발표논문(1995년 8월 25일), 임현진·정영철, 「사회문화적

합을 의미하며 경제통합은 경제체제의 통합, 즉 단일한 통화와 거래행위를 가능하게 하는 경제제도의 통합을 의미한다. 사회통합은 사회의 분화, 이질화, 분리, 차별, 불평등 등을 전제로 한 사회적 과정이다."라고 했다.

박광기[9]는 통합 개념을 통일의 개념보다 넓은 의미로 쓰고 있으며, 2개 이상의 단위체가 하나의 사회로 이전해 가는 것으로 보았다. 아울러 그는 "통합이란 상호 이익을 증진하기 위한 집단적 행위"로 보았으며, 자발성 행위로 이행된다고 했다. 통일이란 통합을 성취시키는 행위와 과정이며 과정을 통하여 조건이 성취되면 통합이 이루어진다고 했다.[10]

위에서 살펴본 통합에 대한 개념을 정리해 보면 다음과 같은 특징이 구현된다.

① 통합은 낱개가 큰 하나의 구성체로 결합되는 것을 의미한다. 따라서 2개 이상의 낱개를 전제하고 있다.
② 통합은 제도적·정치적 통합이 있고, 사회문화적 통합이 있다. 제도적·정치적 통합 또는 체제통합은 집단이나 집합체들 간의 통합이고 거시적인 차원으로 볼 수 있다. 제도적 통합은 단일국가 내부에서 국가통합과 지역통합으로 구분되기도 한다. 국가통합은 정치·경제·사회 통합 등을 포괄하고 사회통합은 사회의 분화, 이질화, 분리, 차별, 불평등 등을 전제로 한 사회적 과정이다.
③ 사회통합은 특정한 사안을 서로가 풀어야 할 문제로 인식하고, 이

집근을 통한 남북통합의 모색: 현실과 과제」, 『통일연구』 제3권 제1호(1999), 앞의 글, 332쪽 재인용.
[9] 박광기, 「통합적 측면에서 고찰한 남북교류협력의 활성화방안: 남북교류협력의 평가와 정책제안」, 『한·독사회과학논총』 제16권(2006), 301쪽.
[10] 박광기(2006), 위의 글, 301쪽.

러한 문제를 극복하기 위해 개인 또는 사회석 십단이 다른 사람 또는 다른 상대 단체와 함께 무엇을 할 것인가를 논의하는 것이다.

④ 통합의 구성원들이 하나의 큰 단체에 결합되는 데 두 가지 결합 형태를 볼 수 있다. 개인의 전체에 대한 관계이다. 구성원들이 집단과의 관계에서 어떻게 통합되는가가 안건이다. 상하관계 질서에, 아니면 평등한 질서에 자리매김되는가를 묻는다. 다른 관계는 개인들의 관계이다. 이질적인 관계 아래 서로 분리되어 있는 상태 또는 친숙한 관계에서 평화적으로 유연한 관계로 결합되었는가가 안건이다.

⑤ 주민의 개인적 또는 단체로서의 통합은 하부조직의 통합으로서 사회통합으로 본다. 주로 가치에 대한 통합 등을 문화적 통합으로 본다.

⑥ 사회통합을 위해서는 만나는 것이 전제된다. 즉, 대면해서 상호작용함으로써 통합이 가능하다는 의미이다.

⑦ 통합에는 상호 이익을 증진하는 목적이 있어서 자발적인 면을 전제로 한다.

⑧ 그러나 현실에서는 상호 이익보다는 자체이익을 협상이나 단체 간 협력의 우위에 놓고 있어 통합이 실패하기도 한다.

⑨ 통합은 통일 이후에 진행될 것으로 보고 있다.

위에서 조명된 통합의 개념에 내제된 함의는 본 연구의 "6장 새로운 남북한 통합방안의 모색"에서 사회문화통합의 사례로써 직·간접적으로 반영될 것이다.

2. 통합이론들

1) 기능주의 이론

통합이론들 중에서 가장 많이 논의되고 있는 기능주의(Funktionalismus) 이론은 다양한 분야에 적용되어 왔으며, 분야에 따라 조금씩 다른 개념적 정의를 내리고 있다. 기능주의 개념은 사회학, 민속학, 정치학, 국제관계 등의 규범적·경험론적인 연구에서 찾아볼 수 있지만, 이 이론은 그동안 철학, 심리학, 건축학, 디자인, 언어학, 문학, 교육학, 공학 등 거의 모든 학문에 수용되어 그 분야에 맞추어 논의되고 있다. 따라서 기능주의는 다양한 매무새를 갖추고 있다.

기능주의 이론 또는 기능주의 개념은 사회학과 민속학에서 또는 이 분야와 관계된 연구에서 사회 또는 사회적 그룹의 기능과 연계하여 사회적 현상을 설명하는 데 적용되고 있다. 기능[주위 환경, 다른 체계 또는 초체계(Suprasystem)와의 관계에서]은 사회학적 체계이론(Systemtheorie)에서도 핵심적인 자리를 잡고 있다. 체계이론에서는 기능을 체계 아래 놓고 체계 내의 과정과 구조를 연계하여 분석하고 있다. 이 이론은 사회적 구조의 실질적 모습을 확보하기 위해 기능의 필요한 골조를 다루는 것이다. 이것을 구조기능주의(Strukturfunktionalismus)라고도 일컫는다. 사회학적 구조기능주의의 주요한 학자는 말리노프스키(Malinowski)와 래드클리프-브라운(Radcliffe-Brown) 등이다.

정치학적 관점에서 기능주의의 기초를 다진 학자는 데이비드 이스턴(David Easton)과 가브리엘 아몬드(Gabriel Almond)이다.[11] 기능주의 이

---

[11] Stefan Lange und Arno Waschkuhn, "Funktion und Funktionaismus," in Dieter

론은 체계이론과 자주 연계되어 사용되고 있다. 기능주의 이론에서 선제되는 것은 기능은 한 체계 내에서 한 부분의 영향력(Wirkung)이나 과제 달성에 있다는 것이다. 개별 부분의 과제 달성은 체계안정성을 위한 전제조건으로 보고 있다. 기능주의 이론의 사고와 체계적인 연구의 기본적 틀을 제시한 학자는 데이비드 미트라니(David Mitrany)[12]이다. 그를 국제관계에서의 기능주의 이론을 창시했다고 본다. 미트라니에 따르면 "서로 교환작용을 하고 있는 사회 간에 기능적인 상호 의존관계가 생기면 공통의 통합이익이 생겨나고 이 공통이익은 사회적 관계를 불가분으로 만들기 때문에 통합촉진의 최고의 요인이 되며 한 차원에서 이루어진 기능적 협조관계는 다른 차원에서의 협조관계를, 즉 파급효과(spill-over-effect)를 유발한다."는 것이다.

국제기구의 불가분의 관계는 국제기구의 부분(구성원)이 서로 통합되는 지점을 의미한다. 미트라니의 명제에 따르면 기능주의에서 국가 또는 국제기구는 기능적으로 서로의 필요하에 교환작용을 하고, 따라서 개별적 정치 분야는 국가의 조약 및 협정을 통하여 점차적으로 서로 통합 또는 융합한다는 것이다. 아울러 기능주의는 상호작용을 하고 있는 사회 간에 기술·경제적 상호 의존관계가 생기면 공동의 통합을 모색하게 되고 이러한 과정은 사회관계를 더욱 유기적으로 만들어 점진적으로 통합을 촉진하게 되며, 비정치적 분야에서의 교류가 확대되고 그로 인해 서로 간에 공동이익과 통합의 필요성이 인식되면 정치영역에서도 협

Nohlen, Rainer-Olaf Schultze, *Lexikon der Politikwissenschaft. Theorien, Methoden, Begriffe*(München: Verlag C. H. Beck, 2002), p. 287.

12 David Mitrany, *A Working Peace System*(Chicago: Quadrangle Books, 1966); 홍기준, 「통일 후 남북한사회통합: 새로운 이론구성을 위한 시론」, 『국제정치논총』 제39집 3호(1999), 378쪽.

력을 증진시켜 결국 정치통합을 이룰 수 있다는 것이다.[13] 이와 비슷한 견해가 김문조·김종길[14]의 논문에서도 제시된다. 그들은 사회는 필요에 의해 사회 하위 또는 사회 부분이 기능적으로 상호 연결되어 전체 사회체제에 기여한다고 했다. 이러한 부분들은 상호 의존적, 즉 불가분의 관계라는 의미다. 이원봉·홍기준[15]은 기능주의에서 사회적 통합은 기능적 필요성을 충족시키기 위해 형성된 기구의 네트워크가 공동체를 구성하며, 이러한 공동체 출현은 정치적 단위로써 민족국가의 소멸을 초래한다고 했다.

이러한 기능주의적 통합이론은 국가 간의 상호 협력관계뿐만 아니라 비정치적 교류 등에도 적용한다. 여러 나라 사이에 격증하는 생산의 분업화와 상품 및 사람들의 광범위한 교류가 상호 협력과 공동대책에 대한 필요성을 창출하게 되며 이와 같은 필요성이 자연발생적으로 정치적 통합을 가져온다는 것이다.[16]

2) 신기능주의 이론

신기능주의(Neo Funktionalismus)는 기능주의의 중요한 요소, 특히 미트라니의 기능주의 요소를 받아들여서 기능주의적 요소의 가설을 생성하며, 기능주의의 규범적인 목적론, 특히 기술적 협력과 비정치적 안

---

[13] 이온죽 외, 「남북한 사회통합의 이론적 탐색」, 『남북한 사회통합론』(1997), 216쪽; 윤여령, 「남북한 사회·문화통합을 위한 과제: 동질성 회복을 위하여」, 『통일문제연구』 제1집 제30호(1998), 68쪽 재인용.
[14] 김문조·김종길, 「남북한 사회통합의 남북한 사회통합의 추진과제 및 방안」, 『아세아연구』 제96호(1996), 196쪽.
[15] 이원봉·홍기준, 「남북한 사회통합을 위한 한국 문화외교의 방향」, 『아태연구』 제6호(1999), 26쪽.
[16] 윤여령(1998), 앞의 글, 67쪽.

건(질문)의 엄격한 제한을 거부한다. 신기능주의는 예를 들어, 유럽에서는 제2차 세계대전 이후 통합 이론적 논의에서 판단 또는 비교의 기준이 되었다. 신기능주의에 토대를 두고 발전시킨 에른스트 하스(Ernst Haas)의 저서들[17]은 당대의 통합이론에 관한 저서들 중에서 가장 많이 인용되었다.

에른스트 하스[18]는 지역통합을 역동적인 과정으로 이해하여 통합의 원동력으로 보기도 했지만 그 반대 현상에도 주목했다. 그의 학문적 목적은 통합의 틀과 이유를 분명하게 할 뿐 아니라 다양한 지역에서 주위 환경의 역동적인 통합과정이 일어나지 않는 점이 무엇인가도 찾는 것이었다. 그래서 그의 과정지향적인 전통적 지역통합 이론은 종종 논쟁 대상이 되고 자주 언급되기도 했다.

위에서 논했던 신기능주의에서 사회분업은 갈수록 강하게 분절되므로, 여기서 일어나는 과제나 문제는 점점 더 전문적·효율적으로 관리해야 한다. 또한 특별한 전문분야로의 분열은 사회구성원들이 갈수록 서로에게 의존하게 만드는데 그 이유는 어느 한 사람이 혼자서 전문분야를 다 맡아서 처리할 수 없기 때문이다.[19]

하스[20]는 제2차 세계대전이 종료되고 민족국가와 민족 자체의 이익을 고집하는 민족주의를 평화와 인권을 해치는 데 가장 핵심적인 위험요소

---

17 Ernst Haas, *The Uniting of Europe*(London: Stevens, 1958); Ernst Haas, *The Uniting of Europe. Political, Social and Economic Forces 1950-1957*. 2. Aufl. (Stanford: Stanfod University Press, 1968).
18 Ernst Haas, "Regionaism, Fuctionalism, and Universal International Organization," *World Politics*, 8, Vol. 2(1955), pp. 238-263.
19 Hans-Juergen Bieling und Marika Lerch, *Theorien der Europäischen integration* (Wiesbaden: Vs Verlag fuer Sozialwissenschaften, 2005), p.75.
20 Ernst Haas, *The Obsolescence of Regional Integration Theory*(Research Serie Berkly)(University of California, Institute of International Studies, 1975).

로 보고 있다. 국가 이익만 추구하는 지역통합은 결국 위기에 빠지는 것을 관찰했다. 하스는 1960년대와 1970년대에 이러한 유럽통합에 실망했다.[21] 통합은 국가 이익만 고집하면 이루어지기 어렵다는 것이다. 그는 이 문제를 극복하기 위해 지역 간, 국제간의 협동이 중요하다고 강조했다. 여기서 간과할 수 없는 점은 서로의 발전과 평화를 위해 의식적으로 협동해야 한다는 것이다. 이러한 협동은 세계 어느 곳에서나 필요하며, 민족국가들의 경제적 문제뿐만 아니라 사회적·정치적 문제를 해결하는 데 큰 저력으로 보고 있다.[22] 또한 민족국가들 간에 협동을 통해서 그들의 행위도 한계를 지을 수 있다고 간주했다. 예컨대, 협동을 통해 전쟁을 막을 수 있다는 것이다. 지역 간의 통합과 국가 간의 협동은 좋은 결과를 가져올 수 있고, 이러한 현상을 유럽연합에서 확인할 수 있다. 하스는 협동을 통해서 제도적인 협약을 만들어 내야 한다고 강조했다. 신기능주의적 정신이 강조되는 부분이다.

신기능주의자들은 어떤 기능적 분야에서 초국가적인 중앙기구가 결성되어 이것이 각 회원국 내 여러 집단의 통합에 대한 기대나 요구를 일으키는 정책을 추구한다면 이 집단들은 충성심이 점차 민족국가를 초월한 주체로 이전하게 되며, 제도적·정치적 측면에서의 통합이 일정한 단계에 이르면 필연적으로 사회심리적 측면으로 확대되어 정치적 통합을 달성하게 된다고 본다. 이 점은 그들의 가설에 기인한다.[23]

---

21 Ernst Haas(1975). 위의 책.
22 Dieter Wolf, "Neo-Funktionalismus," in: Hans-Juergen Bieling und Marika Lerch(eds.), *Theorien der Europaeischen Integration*(Wiesbaden: VS Verlag fuer Sozialwissenschaften, 2005), p. 74.
23 신기능주의는 다음과 같은 기본적 기설을 전제로 한다. 1. 당초에는 특정한 목적을 위해 형성되었던 지역적 조직이 점차 그 기능 분야를 확대하는 동시에 정책결정의 권한도 강화해 간다는 파급효과(spill-over)를 제시했다. 2. 파급효과 과정의 발전에 의해 경제적 기능을 중심으로 한 정책결정의 범위가 확대되어 최종적으로는 정치수준에까지 미

신기능주의는 기능적 협력과 정치적 협력이 분리될 수 없다고 보면서 정치적 감각이 뛰어난 전문인의 역할과 정치적으로 밀접한 기능적 문제를 중심으로 제도 형성에 역점을 둔다. 다시 말해, 엘리트의 역할을 강조했다. 아울러 신기능주의 모델은 기능주의에서 의도하는 통합의 목표보다는 통합과정에 더 관심을 두고 있다. 이 관점은 카를 프리드리히(Carl Friedrich)[24]의 논의에서도 볼 수 있다.

3) 연방주의 이론

북한은 연방주의를 남북한 통일방안으로 제시했다. 이에 비해 남한은 연합국가를 좀 더 현실적인 모델로 보고 있다. 여기서는 서구의 연방주의 이론적 논의에 입각하여 자세하게 논의하고자 한다.

연방주의(Foederalismus) 이론은 ─ 다양한 연방주의 제도가 있듯 ─ 아주 다양하게 발전되어 왔다. 연방주의 제도의 성공적인 사례를 미국, 독일, 스위스 등으로 보고 있다. 다양한 연방주의 이론이 있는데, 우선 이에 대한 개념적 이해를 라인하르트(Wolfgang Reinhardt)[25]의 견해를 빌려서 조명하자. 그에 따르면 정치학적으로 전(총체) 국가(Gesamtstaat, 연방국가)는 연방주의의 원칙을 토대로 사회적·정치적으로 회원구성원인 개별 국가들(지방들, 연방주들)의 병합으로 세워졌고,

---

친다는 정치화(politicalization) 가설을 내놓았다. 3. 파급효과 과정이 진전됨에 따라서 참가국은 제3국에 대하여 공통의 정책행동을 취한다는 외부화(externalization) 가설을 제시했다.

24 Carl J. Friedrich, *Europa-Nation im Werden?*(Bonn: Europa Union Verlag, 1972).
25 Wolfgang Reinhardt, "Föederalismus," *Lexikon der Politik*, Band I(Politische Theorien), Herausgegeben von Nohlen, Dieter und Schultze, Rainer-Olaf. (Muenchen: C. H. Beck, 1995), p. 102.

그래서 전 국가 내에 구분된 구조를 볼 수 있다. 그러나 개별 회원국은 자체 합헌적 권한이나 자치권 그리고 합법성을 가지고 있다. 이것은 개별 회원 국가는 '자치 규범과 공유한 규범'으로 역사적으로 성장한 특별한 제도를 가지고 있다는 뜻이다.[26] 이 점을 우리는 독일연방제도에서 볼 수 있다. 주정부의 권한은 연방국가에 기인하지 않는다. 즉, 회원국인 주정부들은 연방국가와 무관하게 자체의 권한을 가지고 있다는 뜻이다.

연방화란 다양한 주와의 통합을 통하여 연방국가의 통일성을 유지할 뿐만 아니라 자율성과 다양성을 보존하며, 연방과 주 사이에 평등한 권력 분배를 추구한다. 윤여령[27]에 따르면 연방주의 통합이론은 통합목표를 중시하는 이론이다. 연방주의적 관점을 견지하는 에치오니(Amitai Etzioni)[28]는 통합은 무력수단의 사용에 대한 효과적인 제도적 권위를 지니게 될 때 이루어지며, 공동체를 구성하는 단위가 상호 간의 유대를 강화하는 과정에서 효율적으로 권력을 행사하고 자원과 보상의 분배를 좌우하는 의사결정 중심을 형성하여 대중적인 정치적 일체감을 지닌 우세한 구심점을 가진 상태를 통합공동체로 간주할 수 있다고 했다. 연방주의는 기능주의의 역류효과를 목적의식적인 정치적 지도력과 정치적 현상 및 타결로 저지시켜 통합이나 공동체로 발전시킬 수 있다고 보며, 통합과정에 관여하는 엘리트들의 의지 능력, 상대적 힘을 중요한 요인으로 간주하고 있다.[29]

---

26 Daniel J. Elazar, *Exploring Federalism*(Tuscaloosa/London: The University of Alabama Press, 1987), p. 5.
27 윤여령(1998), 앞의 글, 68쪽.
28 Amitai Etzioni, *Political Unification*(New York: Rinehart and Winston, 1966), p. 329; 윤여령(1998), 앞의 글, 68쪽.
29 Amitai Etzioni(1966), 위의 책; 윤여령(1998), 앞의 글, 68쪽.

연방주의는 오늘날 무엇보다도 조직 원리로 이해되고 있다. 연방제 통합의 성립요인은 훼어(Wheare)[30]에 따르면 다음과 같은 특징을 보인다.

① 개별 국가는 군사적으로 불안정한 상태에서 군사적 공동방위의 필요성에 의해 통합을 추구한다.
② 외부 세력으로부터 독립하기 위해 연방국가로 통합하려는 의도를 보인다.
③ 연방의 구성체가 될 지역으로부터 경제적 이익을 획득하고자 할 때 통합하고자 한다.
④ 정치적으로 연방국가에 통합되어 안정적인 정치제도를 형성하고자 한다.
⑤ 아울러 지리적으로 인접해 있는 나라들이 통합을 통하여 연방국가 안에서 의사소통을 원활하게 하고자 한다.
⑥ 정치제도가 유사할 경우 통합하고자 한다.

위에서 살펴본 연방제도의 성립요인에서 엿볼 수 있는 점은 개별 국가는 연방국가로의 병합을 통해서 기대하는 이익을 얻을 수 있다는 전제하에 자발적인 병합을 원한다는 점이다. 그러나 강제적인 요인도 있다. 약한 국가는 외세에 의해 연방국가에 가입할 것을 강요당한다. 보스니아가 바로 그 예이다.

연방제는 연방정부와 그 구성단위인 주정부 사이의 권력분배를 이루

---

[30] K. C. Wheare, *Modern Constitution* (Oxford, New York: Oxford University Press, 1966), pp. 19-23.

는 정치제도다. 그래서 권력지배의 주체와 범위 및 권력분배형태는 결정적이며, 이것들 또한 각 국가의 역사적·정치적·문화적·경제적·지리적 여건에 따라 변천되고 다양한 형태로 발전되었다.[31]

연방주의 논의에서 권한분할은 중요한 사안이다. 다양한 형태의 연방주의가 있듯 책임과 권리를 위주로 권한분할에서도 연방제도는 다양한 형태로 구현된다. 독일에서 연방정부와 다양한 주정부는 서로 평등한 관계를 유지하며, 다양한 주정부는 그들의 영역내에서 국가적 지위를 갖는다. 연방정부와 주정부의 영역권한을 독일의 사례로 살펴보면 다음과 같다.

독일은 연방제적 국가형태를 선택했다. 독립적인 국가들이 하나의 새로운 국가를 만들기 위해 서로 연합하였으며, 이 연방제적 국가형태가 성공한 예로 보고 있다.[32] 독일은 19세기 중반까지 자신을 둘러싼 유럽 국가들과는 달리 지역적으로 매우 강하게 분열되어 있었다. 독일은 23개의 독립적인 국가, 귀족들의 매우 작은 영토들과 3개의 자유 도시로 이루어져 있었고, 이렇게 분열된 독일은 이웃 국가의 관점에서 보면 "매우 낙후된 국가"였다.[33] 독일은 1867년 처음으로 프로이센 주도하에 북독일 지역이 연합했고, 1871년 남독일 지역을 통합함으로써 독일 제국이 태어났다. 독일 제국은 연방제로 이루어진 국가였다. 새롭게 만들

---

[31] 연방국가의 형성은 4개의 형태를 보이고 있다. 1. 독립적인 개별 국가는 연방국가 또는 중앙국가로 합병된다. 그 예로는 스위스를 들 수 있다. 2. 중앙집권적 국가의 이완과 분열의 예로써 스페인, 벨기에, 영국 등이 있다. 3. 군주제 내에 자율성을 가진 나라는 크라운 랜드(옛 오스트리아 왕실 직속지)와 공화국 형태로의 전환은 현재 오스트리아이다. 4. 국가를 강제적으로 외부로부터 국제정치적 관계에 포괄시켰다. 보스니아헤르체고비나가 그 예다.
[32] Hans Meyer, 「독일 연방제의 기능과 조직: 통일한국에 주는 의미」, 한국학중앙연구원 콜로키움 발표 논문(2015년 11월 9일).
[33] Hans Meyer(2015), 위의 글.

어진 제국이 연방제적 성격이 없었다면 독일의 작은 국가 통치자들은 연합에 동의하지 않았을 것으로 보고 있다.[34]

독일의 연방주의는 다양성 내에 단일성(Einheit in der Vielfalt)을 보여준다. 즉, 독일연방국가는 통일된 국가로 대외를 대표하지만 대내적으로 여러 주가 그들의 다양한 역사적·문화적·경제적·정치적 여건을 바탕으로 결합된 형태이다. 독일에서 각 주는 자체 국가권력과 헌법을 가지고 있으며 연방제는 수정이 불가능한 헌법을 근간으로 한다. 국민의 의사가 국정운영에 직접적으로 반영되도록 하며, 권력의 수평적·수직적 분산을 추구함으로써 정치적 경쟁력을 강화하고 문화적·사회적 다양성을 추구한다.

독일 연방정부와 주정부는 이중적인 체제로서 서로 다른 결정권을 가지고 있으며, 주정부는 연방정부의 하위기관이 아니다. 서로 독립되어 있으나 다양한 정책과 과제는 중첩되어 복합성을 띤다. 연방정부는 연방경계 안전 등에 대해 결정권을 가지고 있으며, 주정부는 그들의 권한 내에서는 자결권을 가지고 있다. 이러한 권한 또는 책임은 헌법에서 규정하고 있다. 국가 정책을 담당하는 행정권은 연방정부에 속하지만 행정 수행은 주정부가 한다. 헌법으로 연방과 주의 권한과 책임을 구분하며 그 유형은 일반적으로 3개의 차원으로 나눌 수 있다.

① 연방정부의 책임영역은 외교와 국방, 국적 통화, 화폐, 철도 우편, 항공 등이며 법을 제정할 수 있다. 연방주의 관할 분야에는 교육, 학문, 예술, 언론, 방송 등이 속한다.
② 연방과 주가 (위에서 지적했듯) 입법을 함께 할 수 있는데, 연방이

---

34   Hans Meyer(2015), 앞의 글.

입법권한을 실행하지 않을 때 가능하다. 공유 권한은 민사, 형사, 경제법, 환경, 외국인법 등이 있다.
③ 연방은 정책적으로 틀을 정한다. 정책 실행은 주가 맡는다.

연방정부와 주정부 사이에 확실하게 분리할 수 없는 분야도 있다. 한 예로 경찰력이다. 독일에서 경찰은 일차적으로 내부정치의 수단이고 원칙적으로 주에 소속되어 있다. 그러나 연방정부는 자격이 없이 국경을 넘어가는 것을 막기 위해 국경과 비행장을 지키는 일, 정부의 건물이나 열차와 같은 국가 소속의 설비들을 보호하기 위해 항상 자신만의 경찰, 즉 연방경찰력을 가지고 있다.[35] 1949년부터 독일연방은 자신의 경찰 관할, 즉 연방경찰의 관할을 증가시키기 위해 노력했다.

독일에서 연방정부와 주정부 사이의 권력 분배에서 더 중요한 것은 몇 개의 기본적 전문 영역에서의 권한 분배이다. 예컨대 세금, 경제, 사회적 제도 그리고 인프라이다. 세금으로 얻은 수익을 누가 사용할 것인가 규정하는 것이고, 이러한 규정들은 연방제적 국가체계에서는 두 체제(연방정부와 주정부)가 결정하고 동시에 제한한다.[36]

독일의 연방제는 연방정부와 주정부 사이의 권한에 대한 제한을 강하게 규정한다. 독일의 연방주의는 정치적 조직이며, 연방주의 성격과 특징은 주의 헌법에 명기되어 있다. 국가권력 행사는 연방정부와 주정부로 나누어진다. 연방제적 제도 안에서는 담당부서를 통한 권한 분리를 통해 권력을 분리할 수 있는 것과 함께 권력 분리의 다른 형태가 나타날 수 있다. 이것은 연방정부가 의사결정을 할 때 주정부의 참여권을 통해

---

[35] Hans Meyer(2015), 앞의 글.
[36] Hans Meyer(2015), 앞의 글.

이루어지는 권력 분리이다. 여기에서는 공동의 결정이 문제이다. 그것은 연방정부의 권력 행사에 맞서 주정부들의 거부권을 통해 이루어질 수 있으며, 그것은 또한 연방정부가 의사결정을 할 때 주정부의 참여권에서 발생하기도 한다. 참여권의 위협은 연방정부의 의사결정을 지연시킬 수도 있다.

독일은 상하의원제도 대신에 연방상원(연방참의원 - Bundesrat)을 확립했다. 연방상원은 주정부에서 선거에 의해 선출되었다. 그러나 주대표로 직무를 수행하는 것이 아니라, 오직 정부의 대표로 활동한다. 연방상원은 연방정부가 많은 것을 결정할 때 참여할 권리를 가지고 있다.[37] 그들은 연방헌법재판소 판사의 반을 선출하며, 나머지 반은 연방하원에서 선출한다. 그들은 연방이 입법하는 모든 것에 참여하며 제출된 법안에 대해 이의제기를 하여 법안 통과를 지연시킬 수 있다. 그들 다수가 반대할 경우에는 거부권을 행사할 수도 있다.[38] 연방의 법률제정과 관련하여 그들은 더 큰 힘을 발휘한다. 이것은 민주주의적으로 조직된 연방정부에 행정적 영향력을 강하게 행사하는 것을 의미한다.

독일의 주정부의 통치구조는 연방정부처럼 의원내각제로 구성된다. 연방처럼 입법부, 행정부, 사법부를 가지고 있다. 각 주는 자체의 필요에 의해 행정기구들을 설립한다. 주정부는 국가정책의 결정과 집행에 참여한다. 주정부는 지방자치단체 참여와 그들의 이해를 조정하고 협력관계를 유지하도록 하며 지방자치단체의 조례, 규칙에 대한 감독과 지도를 담당한다. 사회의 공공 안녕과 질서에 대한 치안도 주정부가 맡는다. 주의회는 연방의회처럼 주민의 직접선거에 의해 선출하며 주를 대

---

37   Hans Meyer(2015), 앞의 글.
38   Hans Meyer(2015), 앞의 글.

표한다. 주지사는 주의회에서 선출되지만 선거에서 각 당이 주지사 후보를 추천한다. 이 점은 연방의회에서 수상 후보를 추천하는 방법과 같다. 주에서 연방처럼 과반수를 얻은 정당이 없으면 다른 당과 연정하여 과반수를 만들어 주정부를 구성한다.

갈수록 연방정부와 주정부들 사이에서 다양한 안건을 놓고 민주적인 자치권에 대해 갈등을 빚고 있다. 이런 상황에서 중요한 타협의 길은 정치적 분권화이다. 이것은 정치적·법적 자치권을 가지고 서로 균형을 유지하며 협조하는 것이다. 정치적 분권화는 보완성 원리(Prinzip der Subsidiaritaet)를 연계하여 정치적 결정을 배양한다. 이 원리는 시민에게 가깝게 다가가는 데 중요한 수단이다. 보완성 원리는 연방제 기본원리로 볼 수 있고, 구성단위들의 정체성과 존속을 헌법에서 보장하고 있다.

독일의 연방제에서는 다양한 목적을 추구한다. 연방정부와 주정부는 (위에서 보았듯) 국가적 과제를 분할하고, 정치적 차원에서 헌법적으로 규정한 과제를 독립적으로 해결한다. 예컨대 연방정부와 주정부 사이에서 민주적으로 평등한 관계를 조화시키는 데 주력하고 있다. 이러한 점은 연방주의적 제도에 대한 주요한 논지에서 볼 수 있다.[39] 예컨대 서로 다른 차원의 권한 분할을 통해서 정치적 권력의 한계를 짓고, 연방제의 참여자는 그들의 다양한 정치적 차원의 참여를 통해 다양한 범위에서 정치적 영향력을 발휘하게 하고 아울러 정치적 임무수행의 다양한 형태와 방법을 형성한다. 그뿐만 아니라 소수를 보호하면서 소수와 대수의 통합을 통해 일원화를 추구한다. 북한에서는 통일정책의 이론적 기초로 연방주의를 선호한다.

---

[39] Hans Meyer(2015), 앞의 글.

4) 사회통합론

사회통합 연구의 개척자로는 일반적으로 에밀 뒤르켐(Emile Durkheim)을 꼽는다. 전통사회에서의 사회구조는 단순하고, 구성원들의 사고방식과 가치관은 동질적이었다. 그러나 분업화가 심화된 사회는 이와는 대조적이다. 그럼에도 불구하고 사회가 해체되지 않고 유지되는 이유는 무엇인가? 뒤르켐에 따르면 분화도가 낮은 전통 사회는 '기계적 연대'에 의하여 유지되고, 분화도가 높은 산업화된 근대사회는 '유기적 연대'에 의하여 유지된다. 기계적 연대는 동질성에 기초한 연대로써 "동일 사회의 모든 구성원이 공통의 의식상태를 견지하는" 상태이다.[40]

집합의식은 모든 개성을 흡수하여 몰개성의 동질 사회를 만들고 동질성을 벗어나는 것은 무엇이든 금지된다. 집합의식을 해치는 행위는 범죄이며 처벌을 받는다. 따라서 기계적 연대의 사회는 집합의식과 개인의식의 일치를 요구한다. 반면에 유기적 연대의 사회는 개별적이고 개성적이며 이질적이다. 유기적 연대의 집합의식은 사회적 연대를 유지해주는 바탕이 된다. 기계적 연대의 사회와 다른 점은 유기적 연대의 사회에서는 규범이 전문화된 집단에 따라 달라지면서도 모든 집단에 공통 요인은 한층 높은 수준으로 일반화한다는 것이다. 따라서 각 전문 집단은 그 자체의 규범을 지니고, 높은 자율성을 견지하면서도 사회 전체는 그 나름의 결속을 유지하는 것이다.[41]

파슨스(T. Parsons)에 따르면 통합이란 지속적인 실체로 간주하는 행위체계에서 목표 달성 과정에 직접 협동하는 사람들 사이에 적절한 정

40　E. Durkheim, *The Division of Labor in Society*(The Free Press, 1933), p. 109.
41　홍석영, 「북한의 사회 통합과 주체의 교육학」, 『남북한 사회통합론』(삶과 꿈, 1997), 388쪽.

서적·사회적 관계를 달성하고 유지하는 과정을 말한다. 그러므로 사회체계의 통합문제는 목표 달성과 협동의 과실을 공유하는 과정에서 생길 수 있는 정서적 긴장에도 불구하고 사회의 각 단위를 잘 조정하고 유대를 창출하는 문제라 할 수 있다. 이처럼 뒤르켐과 파슨스의 이론에 따르면 사회통합이란 사회체계의 구성원들이 공통의 집합의식을 가지고 서로 연대하고 유대하는 것으로 정의할 수 있다.

뒤르켐에 따르면 사회통합은 모든 사회조직체의 구성요소들이 상호 연관되어 하나의 전체를 이루는 전체성의 정도를 뜻한다. 모든 사회에는 정도의 차이는 있으나 사회통합이 이루어지고 있다. 사회통합은 사회학에서 두 가지 이론으로 대별되는데 하나는 '규범적 통합론'이고 다른 하나는 '기능적 통합론'이다.

(1) 규범적 통합론

규범적 통합론은 사회학에서 주로 취급되고 파슨스가 그 대표자라 할 수 있다.[42] 규범적 통합이란 문화적 기준들과 개인행위 간의 일관성을 의미하는 것으로, 문화체계 내의 중심요소, 즉 그 사회의 공통가치가 사회체계의 구조화된 요소로 제도화될 때 이루어진다고 한다. 파슨스는 역할담당자들 사이에 공통 가치체계가 있음을 전제로 하여 통합이 가능하다고 보는 것이다. 그리고 사회가 공통적으로 지향하는 가치유형은 제도화 속에 편입되기 때문에, 통합을 유지하는 수단은 바로 체계 내의 사회제도라고 본다.[43]

규범적 사회통합은 다음 세 가지 요인의 결과로 볼 수 있다.

---

42 T. Parsons, *The Social System*(Glence: The Free Press, 1951).
43 배규한, 「사회통합적 시각에서 본 남북한의 통일」, 『사회과학연구』 8권(1995), 289쪽.

① 규범적 질서와 사회의 기본적 욕구 간의 일치 정도
② 체제규범의 인지된 내적 일관성
③ 체제규범이 실제 사회조직체로 어느 정도 철저하게 제도화되어 있느냐 하는 문제

이러한 점을 중요시하는 규범적 통합이론은 구조기능주의 이론에서 잘 나타난다.

(2) 기능적 통합론

기능적 통합이란 사회의 여러 전문화된 부문이 사회변동 과정을 통하여 계속 존립하면서 사회체계에 적극적으로 기여할 때 이루어지는 통합을 말한다.[44] 기능적 통합은 인간생태학에서 주로 거론된다. 기능적 통합론은 인구, 집단, 공동체 등에서 최소한의 분업이 필요하다는 전제 하에 출발한다.[45] 사회집단 내의 분화된 단위들의 활동이 더욱 특수화됨에 따라, 공생적 관계의 형성을 통해 더욱 상호 의존적으로 된다는 명제를 중요시한다. 상호 의존적 관계를 유지하기 위해 중앙화된 통제 단위가 있어야 한다. 기능적 통합은 특수화되고 상호 의존적인 여러 부분 간의 공생적인 활동과 관계가 어느 정도 형성되고 유지되는가에 따라 결정된다. 이렇게 됨으로써 체제운영에 필요한 요구를 만족시킬 수 있다.[46]

이상의 논의를 정리하면 전통적 기능론[47]에 의하면 사회 내의 다양한

---

44 배규한(1995), 위의 글, 290쪽.
45 A. Hawley, *Human Ecology*(New York: The Ronald Press, 1951).
46 한완상, 「아노미이론의 한계와 새로운 해석」, 『현대사회와 청년문화』(법문사, 1973), 327-328쪽.
47 반면 갈등론으로 마르크스는 역사발전 과정을 유산계급과 무산계급의 경제적 이해관계

집단이 존재하고 집단 간의 기능 분화가 일어난다고 해도 전체 사회구조의 통합성을 유지하면서 사회통합이 이루어지는 것이다.

(3) 의사소통적 통합

의사소통적 통합이란 합의를 가져올 수 있는 원인적 수단을 의사소통으로 보고, 이것에 의하여 통합이 이루어질 수 있다고 주장하는 것이다. 사회통합을 커뮤니케이션 통합을 통해 구현할 수 있다고 생각한 워스(Louis Wirth)와 실스(Edward Shils)는 "대중매체를 통한 일체성으로 사회통합을 이룰 수 있다"[48]고 생각하고 대중매체를 중시했다. 도이치(W. Deutsch)는 "국민들은 서로 의존적이 되면서 통합되므로 정보를 받고 전하는 능력, 국경을 넘는 커뮤니케이션과 상호 왕래의 증가, 교류를 사회적 통합"으로 보았다.[49] 사회심리학적으로 인간행동을 분석한 호망스(George C. Hormans)는 두 사람 간의 접촉이 많으면 많을수록 상호 간에 느끼는 공감의 정도도 커진다는 가설을 내세웠다. 그리하여 그룹 내 개인 상호 간의 접촉도가 증가할수록 상호 간의 공감은 더욱 강화되고 동시에 이에 기반하여 수행하는 업무활동을 증가시킨다는 결론

를 둘러싼 갈등관계로 파악한다. 그러나 베버는 마르크스와 달리 사회구조는 경제와 같은 단일변수가 아니라, 지위, 권력, 부와 같은 다양한 사회적 변인에 의해 영향을 받는다고 주장한다. 베버는 사회적 갈등이 존재함에도 불구하고 사회가 붕괴되지 않고 통합을 유지하는 것은 사회적 갈등을 유발하는 사회구조나 원인이 다원적이므로 갈등이 분산되어 파괴적 힘을 발휘하지 못하기 때문이라고 본다.

48 Robert Cooley Angell, "Social Integration," David L. Sills (ed.), *International Encyclopedia of The Social Sciences*(New York: Macmillan and Free Press, 1968), p. 383; Louis Wirth, "Consensus and Mass Communication," *American Sociological Review*, Vol. 13(1968), p. 10.

49 Richard Savage and Karl W. Deutsch, "A Statistical Model of the Gross Analysis of Transaction Flows," *Economietrica*, Vol. 28. No. 3(July, 1960), p. 55.

을 잇있다. 즉, 상호작용을 중시했다.[50]

  이상의 세 가지 이론이 상호 배타적이거나 별개의 것은 아니며 서로 다른 측면을 강조하고 있을 뿐이다. 한편 하버마스에 따르면 사회통합이란 발현하여 행동하는 주체들이 그 속에서 사회화되고 있는 제도적 시스템과 관련되어 있고, 이 경우에 사회체계는 상징적 구조를 갖고 있는 생활세계라는 형태로 나타난다. 사회통합에 관련된 생활세계는 사람들이 커뮤니케이션을 행하는 지평이자 배경이며, 생활세계의 구조는 커뮤니케이션에서 상호 주관성의 형식을 확정하므로 이를 토대로 행위자는 객관적·사회적·주관적 세계를 지시 대상으로 하는 커뮤니케이션을 이해하고 합의하는 것이 가능하다.[51]

  최근 사회학의 분석적 사회이론은 사회조직을 미시적 과정과 거시적 과정으로 나누고, 그중 통합의 문제는 거시적 사회화 과정의 일부로 다루고 있다. 거시적 사회화 과정은 첫째, 집성과정, 둘째, 분화과정, 셋째, 통합과정으로 나누어진다. 이때 통합과정은 사회단위들 간의 조정 정도, 상징적 통일의 정도, 반목과 갈등의 정도에 따라 변화되는 개념이다. 통합의 주요 과정을 보면 하위집단 형성과 하위문화 형성은 조정의 문제를 창출시키고, 나아가 구조적 포용과 구조적 상호 의존의 문제를 발생시킨다.[52]

---

[50] George C. Hormans, *The Human Group*(New York: Harcourt, Brace and Company, 1950), p. 444.

[51] Jurgen Habermas, *The Theory of Communicative Active*, Vol. II(Beacon Press, 1984), pp. 150-151.

[52] J. H. Tuner, "Analytical Theorizing," Anthony Giddens and J. H. Tuner (ed.), *Social Theory Today*(Stanford, CA: Stanford Univ. Press, 1987), pp. 185-189.

5) 문화통합론

문화란 "그 사회가 직면하고 있는 환경에 장시간 적응하는 가운데 좀 더 효율적인 적응을 가능케 하는 체계를 만든 것, 즉 적응체계"가 되며, "행위를 규제하는 규칙체계로써의 가치관, 철학, 세계관, 즉 한 사회의 구성원들이 공통적으로 갖고 있는 관념체계, 상징체계뿐 아니라 규칙체계에 의거하여 구체적으로 나타난 행동 자체를 모두 포함한 생활양식의 총체"를 의미한다. 따라서 문화란 "인간이 집단을 이루어서 살아가는 삶을 말하는 것으로, 그 삶이 표현하고 있는 행위와 행위를 이루어 내는 전 과정의 사고, 그리고 그에 관련된 삶의 현상"이 된다.[53]

사회문화 변동의 대표적인 이론인 '근대화 이론'과 '산업화 결정론'에 따르면 기술과 산업 발전의 양태가 사회문화 구조의 변화에 결정적인 영향을 미친다[54]고 볼 수 있다. 즉, 인간의 신념과 행위는 인간이 부를 획득하고 경제적 생활을 영위해 나가는 방식에 의해 규정지어지며, 기본적으로는 기술에 의해 결정된다는 것이다. 산업화 과정은 산업화의 바탕이 되는 기술혁신의 정도에 따라 단계적으로 진행된다. 다니엘 벨(Daniel Bell)은 산업화 과정을 생산 및 기술 형태에 따라 전산업사회, 산업사회, 후기산업사회 등으로 구분하고 있다. 산업화의 진행에 따라 사회문화 구조는 가치체계의 측면에서 세속화·합리화, 생활형태에서 집단주의로부터 개인주의, 사회계층구조에서 분화, 전문화 방향으로 변화한다.

사회문화 구조의 변동방향 및 변화내용이 두 사회 간의 동질성 증대

---

53 전경수, 『문화의 이해』(일지사, 1994), 7쪽.
54 D. Bell, *The Coming of Post-Industrial Society* (New York: Basic Books, Inc., Publishers, 1973), p. 117.

와 어떠한 관계를 갖고 있는가를 설명해 주는 이론으로는 '기능주의적 통합론'과 '문화변동론'을 들 수 있다. 사회·문화 구조의 변동방향 및 변화내용과 관련하여 '기능주의적 통합론'은 독립된 두 사회가 교류를 통해 상대방의 사회·문화 구조에 대한 과학, 기술, 사상적 우위를 확인하게 될 때 열등한 사회가 보다 우월한 사회에 동질화된다고 본다. 이 이론은 과학기술의 우위나 이상의 우월성 등이 동질성을 증대시키는 요인이 될 수 있다는 가정을 내포하고 있다. 한편 '문화변용론'은 상이한 문화 간에 접촉과정이 일어난 경우, 그중 한 문화 또는 두 문화 모두가 변화하며, 접촉이 빈번해질수록 사회·문화 체계의 유사성이 증대되고 통합이 가속화된다는 것이다.[55]

문화적 동질성은 공통된 가치관, 공통 이해를 포함하는 개념으로써 분열된 사람들 간의 '인적 교류'의 개념을 중시하는 근거를 제공해 준다. "둘 이상의 자율적인 문화체계들이 결합됨으로써 발생하는 문화 변동"으로 정의되는 문화 변용은 상이한 문화 간의 접촉과정에서 한 문화 또는 두 문화 모두가 변화한다는 것과 문화를 '강한 문화'와 '약한 문화'로 구별하여 문화들 간의 문화 변용 가능성을 언급하는 것이다. 이러한 관점에서 문화교류는 남북한 간 동질성 증대의 수단으로 작용할 수 있으며, 남북한 문화체계가 상호 동질적인 전통 기반을 보유하고 있으므로 문화교류를 통하여 사회·문화 체계의 동질성 증대를 기대하는 것도 가능할 것으로 보인다. 그러나 사회·문화 체계의 변화는 점진적으로 일어나는 것이기 때문에 이질화된 두 사회 간 사회·문화 공동체 형성은 정치통합과 같이 단기적으로 실현되기를 기대하기는 어려우며 따라서 동질성 증대의 작업은 단계적으로 추진되어야 한다.[56]

---

[55] 윤덕희·김도태, 『남북한 사회, 문화 공동체 형성 방안』(민족통일연구원, 1992), 2-3쪽.

이용필은 에치오니의 계기적 선택모델(a sequential-option)[57]을 참조하여 남북한의 이질화를 방지하고 동질성을 회복하기 위해서는 민족공동체의 구조적·기능적 하위단위들의 계기적 통합과정을 진전시켜야 한다고 주장한다. 그는 한민족공동체 통일방안을 염두에 두고, 남북한 간의 통일을 복합적인 과정으로 파악하면서 그 계기적 모델을 구성했다.[58] 그는 남북한 간의 관계가 기능적 통합의 가능성을 초래할 수 있을 정도로 발전할 경우, 에치오니의 모델은 제시된 그대로는 아니더라도 분화된 사회가 재통합되는 과정과 유사한 방식으로 진전될 수 있다고 보고 있다.[59] 이 모델은 남북이 단시일 내에 전면적으로 통합을 서두르기보다는 호혜적 원칙에 입각하여 남북연합을 형성하고 이를 통해 하위단위들 간의 기능적 통합에 최적화된 도약 기초를 마련하게 될 것으로 보고 있다.[60]

함병춘의 흡수통합모델에 의하면 남북한 단일문화권이 어떤 의미에

---

[56] 정지웅, 「교육통합과 민족통합을 위한 이론과 교육대책」, 『통일정책연구』 제14권 1호 (2005), 287쪽.

[57] 이 모델은 변화의 연구와 기능적 대안 및 구조적 분석을 결합시킨다. 초기의 거시적 선택들은 그 후의 선택에 제약을 가하며, 다음 단계에 대한 맥락이 설정되는 상대적으로 중요한 전환점들이 존재한다고 가정되고 있다. 그러므로 역사는 단편적인 선택들의 끊임없는 계기가 아니다[Amitai Etzioni, *The Active Society*(New York: The Free Press, 1968), p. 572]. 에치오니는 또 "모든 배경적 특징이 통합에 대해 동일한 것은 아니다. 어떤 것은 큰 영향을 미치지만, 어떤 것은 거의 영향을 미치지 못하거나 전혀 미치지 못할 수도 있다. 따라서 어떤 이질성이 있다고 해서 그것이 통합을 저해한다기보다는 오히려 강화시킬 수도 있다."고 주장한다[Amitai Etzioni, "A Paradigm for the Study of Political Unification," *World Politics*, Vol. XV, No. 1(1962), pp. 19-23]. 즉, 문화적 동질성은 통합에 영향을 미칠 수는 있겠지만 그것이 통일에 대한 전제조건도 충분조건도 아닌 것이다.

[58] 오기성, 『남북한 문화통합론』(교육과학사, 1999), 68쪽.

[59] 이용필, 「기능통합의 이론적 기초: 접근법과 적실성」, 이용필 외, 『남북한 기능통합론』 (신유, 1995), 34-38쪽.

[60] 오기성(1999), 앞의 책, 78쪽.

서는 남한의 현존적 문화를 북한으로 외연화시키는 과정이다. 북한의 문화는 8·15광복 이후 전통적인 요소에서 탈피하여 유물론적 사회주의 문화구조를 수용, 확립했다. 남한의 경우는 북한의 의도적이고 강압적인 방식과는 달리 비교적 자연적인 발전과정에서의 변질을 가져왔다. 그의 정치적 통합은 한국의 헌법적 지배가 북한에서도 실질화되는 것을 뜻한다. 그러나 실제적으로 완전한 남북한의 통합은 동일한 문화 의식을 공유할 때만 가능하다. 따라서 최소한 정치적 통일 직후에 문화적 통합이 뒤따르거나, 아니면 어느 정도의 시일이 경과한 이후에 문화적 통합이 가능하다고 생각할 수 있다는 것이다.[61]

장경모는 수렴적 통합모델을 설정하고 있다. 그는 남북한의 통합을 위해서는 사회·문화적 통합이 먼저 이루어져야 하며, 이를 위해 남북한의 주요 가치를 일치시키고, 동질성을 먼저 회복시켜야 한다고 주장한다. 그러나 이는 상대를 흡수하는 방식이 아니라 동류의식을 회복하는 수렴과정을 거쳐야 한다고 주장한다.[62] 또한 단일민족사회, 분단사회, 통일이라는 과정을 겪게 되므로 변증법적 노력이 수반될 수밖에 없으며 상대방을 대등한 위치에 놓고 민족적 동질성을 회복시켜 가야 한다고 주장한다.[63]

통일이 되어 통합이 유연하게 진행되기 위해서는 통일 이전부터 두 문화 간의 접촉이 자연스럽게 이루어져 교류와 적응하는 과정이 필요하다. 동질성은 문화통합 과정에서 순기능으로 작용할 수 있기 때문이다. 또한 문화적 통합은 시간이 필요하므로 통일이 완성되어 문화통합이 본

---

61 함병춘, 「남북한 단일문화권 형성 발전에 관한 연구」, 『남북한 가치통합을 위한 서설』(국토통일원, 1972), 60-61쪽.
62 장경모, 「탈냉전시대에 부응하는 남북한 통합방향 모색(2)」, 『공안연구』(공안연구소, 1993) 참조.
63 오기성(1999), 앞의 책, 72쪽.

격적으로 이루어질 때 부작용을 줄일 수 있기 때문이다.

6) 다문화주의와 다수문화 이론 및 문화공동체

다문화주의(Multikulturalismus)는 엄밀한 의미에서 사회통합을 분석하는 데 이론적인 체계를 갖추었다고 보기는 어렵다. 그러나 다문화주의는 다문화사회에서 통합을 추진하는 데 중요한 정책적 대안을 제시하고 있으며, 아울러 다문화사회가 추구하는 목적은 오늘날 다문화로 인해 부상하는 사회적·문화적·경제적 갈등을 극복하는 데 주요한 정책적·사회적·문화적 토대를 제공하고 있다. 이 맥락에서 그리고 다문화의 담론을 통해서 사회통합에 대한 개념적 이해와 사회통합의 콘셉트를 도출할 수 있다고 보고, 남북한 사회문화통합을 위한 논의에 적용하고자 한다.

다문화주의는 김창근[64]에 따르면 일반적인 사회에서 인종적·문화적·역사적 가치관 등의 다양성을 설명하기 위한 개념이며, 하나에 여러 문화가 공존하고 있음을 뜻한다. 아울러 다문화주의는 다양한 문화와 정체성에 대한 집합적 인식과 태도의 차원에서 정치적이고 정책적인 대응 차원에 이르기까지 포괄적인 뜻을 함의하고 있음을 지적하고 있다. 다문화에는 이질성이 전제된다.

사실상 다문화주의는 통일과 직접적으로 관계된 이론은 아니다. 그러나 남북한이 통일되면 다문화사회가 되는 것은 기정사실이다. 그동안 서로 다른 이념과 체제 아래 다져졌던 사고, 가치관, 정체성 등으로 서로 이질적으로 다가올 것이다. 사실상 남한사회는 이미 다문화사회로

---

64 김창근, 『다문화주의와 만난 한반도 통일론』(교육과학사, 2013), 26쪽.

진입했으며, 다양한 외국인이 살고 있다. 외국노동자, 결혼이주민, 외국유학생 등이 소수민족으로서 남한 전체 인구의 2.8%를 구성하고 있으며, 이 비율은 앞으로 더 증가할 것이다. 탈북자도 계속 증가할 것이다. 우리 국민도 세계화 과정에서 타 민족과의 문화 접촉과 경험을 통하여 자체의 삶의 양식, 가치관, 태도, 행동 등을 계속 변화시켜 나갈 것이다. 이로 인해 전통에 뿌리 내린 민족문화의 경계는 서서히 허물어지고 동시에 확고한 민족 개념도 흔들리게 될 것이다. 그러나 이질성은 점점 높아질 것이다. 다시 말해, 우리 사회는 앞으로 더 다문화적인 색채를 띨 것이다.

이러한 성향의 사회를 다문화(Multikultur) 또는 '다수문화(Kultur im Plural)' 사회라고 할 수 있다.[65] 슈베르트와 클라인(Schubert und Klein)[66]에 따르면 '다수문화'는 다음과 같은 특징을 가지고 있다.

① 다수문화는 철학적 세계관으로 인간에 의해 인식된 현실이 하나의 전체로서 기술될 수 없다고 보며, 그것보다 오히려 헤아릴 수 없는 다수의 개별적인 사실, 물건, 아이디어 등으로 구성되었다고 가정하고 있다. 그리고 이것들을 서로 다른 방식으로 서로의 관계에 놓여 있거나 또는 놓이게 할 수 있다고 상정하고 있다. 그래서 다양성과 부분들 간의 부분적인 관계는 인간의 인지와 행위의 출발점이자 근본 조건으로 이해하고 있다.
② 다수문화는 현대 민주주의의 핵심 원칙이며 그 정치적 질서와 정

---

[65] 이 두 개념은 다소의 차이가 있다. 그러나 본 연구에서는 두 개념을 같은 의미로 사용한다.
[66] Klaus Schubert und Martina Klein, *Das Politiklexikon*, 5. aktual. Aufl.(Bonn: Dietz, 2011).

당성은 다양한 개인의 견해, 신념, 이해, 목표 그리고 희망에 대한 인정과 존경을 기반으로 한다. 어떤 정치, 종교, 법도 그들의 신념을 다른 사람에게 강요할 수 없다. 즉, 다수적 민주주의의 기본적 개방성을 위협할 수 없다고 강조한다. 선진사회에서의 정치적·사회적 기본은 다양성의 다수적 원칙이다.

③ 다수문화는 정치적 제도이다. 어디든지 정치적·국가적 권력이 형성되는 곳에 반대세력이 있거나, 아니면 반대세력을 구축하여 정치적·국가적 권력의 축척을 제한하는 제도이다. 이러한 제도의 예는 미국이다. 다수문화는 정치학적 콘셉트이며, 국가적 행위를 정치적 경쟁과 이해 관계자의 정부에 대한 압력의 결과로 보고 있다. 다수문화는 정치적 제도이며, 이것은 정치적·사회적·경제적 이해단체 또는 정당들 사이에 공개적 논쟁거리일 뿐 아니라 협의체 사이의 정치적 의지 형성의 중요한 한 부분이자 합의와 협의 가능성으로 이해된다. 이러한 성향을 독일에서 볼 수 있다.

위의 다수문화에 대한 기술에서 볼 수 있듯이 다문화주의는 정치성을 띤다. 이것은 다문화사회가 추구하는 목적과도 밀접한 관계가 있다. 김창근[67]은 사회갈등을 해소하기 위하여 소수민족의 문화적 정체성과 특수성이 공적으로 인정되는가를 묻는다. 이 물음에 대한 부분적인 답은 다문화사회의 목적이 무엇인가에서 찾을 수 있다. 소수민족과의 문화적 문제를 극복하기 위해 이민국인 캐나다는 1970년대 초에 '다문화주의' 사회정책을 공식으로 발표했다. 여기에서 지향하는 목적은 문화, 인종, 소수자 집단, 성별, 연령, 계층 등을 초월하여 모든 사람이 보편적 권리

---

[67] 김창근(2013), 앞의 책, 32쪽.

를 가지며, 상호 이해와 그들의 삶의 방식이 인정되고 존중되며, 상호 공존과 존재정당성이 가능한 사회를 구축하는 것이다.

또한 다수문화에서 추구해야 할 목적은 평등원리이다. 사회경제적 불평등은 간과되거나 소홀히 취급되고 있다. 김창근[68]에 따르면 이러한 문제는 신분질서와 관계되고, 이를 규정짓는 것은 문화적 차이에서 비롯되었다고 본다. 이러한 문제는 자칫하면 소집단의 문화적 권리를 보호한다는 생각 아래 개인적·인종적·문화적 분리를 가져올 수 있다는 데도 주목하고 있다.[69] 여기서 과잉보호는 공동체 내에서 분리와 고립을 초래할 수 있다는 문제점을 잘 지적하고 있다.

다수문화사회나 다문화사회가 제 기능을 하려면 공동체에서 개별적인 차이점을 존중하는 민주적인 가치관이 전제된다. 이러한 정신을 독일의 민주시민교육에서도 볼 수 있다. 독일에서는 통일 전에는 소수민족과 이질성과 다양성을 바탕으로 하는 다문화적 삶이 관용과 조화를 이룰 수 있도록 촉구했고, 통일 후에는 동서독 주민을 포함시킨 시민교육을 했다. 우리 역시 통일이 되면 북한 주민과 외국인이 어우러져 살 수 있는 관용과 배려, 나눔의 정신을 바탕으로 사회통합을 추구해야 할 것이다.

이러한 정신은 독일 통일 이후 사회문화통합을 위한 교육의 토대가 되고 있다. 남북한 사회문화통합을 위하여 갖추어야 할 다양한 전제조건이 있다. 예컨대 독일처럼 동서독의 교류와 협력정책을 통일 전부터 활성화시켜야 한다. 동시에 남북한 공동체에 대한 지평을 확대해야 한다. 민족공동체의 한계점을 극복하고 다문화사회 주민을 아우르고 세계

---

68 김창근(2013), 앞의 책, 41쪽.
69 김창근(2013), 앞의 책, 42쪽.

화의 요구에 부응할 수 있는 공동체 형성은 사회통합을 위한 대안으로 보고 있다.

공동체 형성에 대한 담론은 남북한 동질성 회복을 강조하는 민족공동체 형성과 다문화적 기반을 갖춘 우리 사회에 토대를 둔 문화공동체를 형성하자는 논지가 있다. 민족공동체는 사회구성원들이 민족적 동질성을 기반으로 민족의식과 동질적인 가치관을 형성할 때 가능하다고 보고 있다.[70] 그리고 전미영[71]은 민족의식과 동질적인 가치관 형성은 통일을 앞당기는 동시에 통일 이후를 대비하는 의미로 이해하고 있다. 여기서 민족동질성이 남북한에서 같은 의미로 이해되고 있는가가 관건이다. 김귀옥[72]은 "민족공동체는 하나의 민족이 공통의 사회문화를 구현하는 장", 즉 사회문화공동체로 보았고, 공동체는 구성원들이 일정한 생활양식을 공유하며 함께 살아가는 생활세계로 보고, 사회문화공동체를 사회적 차원, 문화적 차원, 인성적 차원으로 나누고 있다.[73]

민족공동체를 토대로 한 사회통합에 대해 회의적인 논의도 있다. 남북한은 같은 언어와 문화를 공유해도 사회통합은 잘 이루어지지 않고 있으며, 오히려 강도 높은 지역 간 갈등, 이념갈등, 사회 빈부 차이에서

---

[70] 윤여령(1998), 앞의 글, 62-63쪽.
[71] 전미영, 「남북 사회문화 통합을 위한 교류협력의 과제」, 『통일문제연구』 18호(통권 제46호)(2006), 89쪽.
[72] 김귀옥, 「남북사회·문화공동체 형성의 전망과 대안」, 『정신문화연구』 제24권 제3호(통권 84호)(2001), 71쪽.
[73] 문화적 차원에서는 자본주의적 또는 사회주의적 생활양식이 결합된 다양한 체제의 공존으로 인해 점차 새로운 제3의 문화양식이 등장하게 될 것으로 본다. 사회적 차원에서는 제도적 통일을 이루기 위해서는 대안사회에 대한 지속적인 교육과 더불어 사회적 관계를 재조정하여 재구조화되어야 한다고 본다. 그리하여 다양한 층의 새로운 사회적 관계가 갈등과 대립으로 치닫지 않도록 인성의 재조정 문제가 같이 진행되어야 함을 강조했다. 인성적 차원에서는 상호작용 능력을 배양하기 위해 민주주의적 훈련이 필요하다고 했다. 김귀옥(2001), 위의 글, 79-82쪽.

오는 갈등 등을 안고 있다고 시적한다.[74] 가부상석 민족주의나 권위수의적 위계문화는 남북한에서 볼 수 있고, 이러한 위계문화는 민주적 사회통합을 이루는 데 걸림돌이다.[75] 민주적 사회통합을 이루는 데 또 다른 걸림돌은 남북한이 공유하는 가치체계, 예컨대 유교문화, 연고주의, 민족주의, 가부장적 이념 요소이다.

윤인진은 민족공동체보다는 이질성을 수용하고, "우월의 개념이 아닌 차등의 개념으로 관용적 개방적 사고를 갖추는 것이 사회통합의 조건으로 더 적절하다."고 강조하면서[76] 사회통합 형성에 부적절한 조건이 많다고 했다.[77] 또한 사회불평등 구조와 차별의 메커니즘은 개인의 성찰적 사고와 개선에 대한 노력만으로는 극복할 수 없고, 이러한 문제점을 예방하는 데는 다문화 정책이 바람직한 대안이 될 수 있다고 했으며, 다문화 정책과 기본적인 법과 제도에 대한 구체화를 권장했다.[78]

남북한 사회통합과 공동체 형성의 문제점과 개선점을 권고하는 학자도 있다. 예컨대 남북한 체제의 통합을 위한 긍정적인 면을 잘 살려 내는 것도 하나의 방법이다. 남북한 사회통합을 위하여 이질적인 문제를 극복하는 개선책으로 김병로[79]는 민족주의 포용, 정치민주화의 훈련,

---

[74] 윤인진, 「남북한 사회통합 모델의 새로운 모색」, 『아세아연구』 44권 1호(2001), 209쪽.
[75] 권혁범, 「남북한 통합론과 차이 담론에 대한 비판적 성찰」, 『동향과 전망』 64호(2005), 221-248쪽.
[76] 윤인진(2001), 앞의 글, 213쪽.
[77] 윤인진에 따르면, 첫째, 남북한 사회의 가치관과 이데올로기는 상호 보완적 측면도 있지만 다양하여, 그 속에서 일치성을 찾아 사회구성원들 간의 동포의식과 연대감이 생길 때 사회통합이 가능하며, 둘째, 아무리 남북한 주민이 문화·정서적으로 동질성을 이루었다고 해도 남북한 간에 생활기회와 생활수준에서 현저한 차이를 보이게 되는데 갈등 없는 사회통합은 쉽게 이루어지지 않을 것으로 내다보고 있다. 윤인진(2001), 앞의 글, 213-216쪽.
[78] 윤인진(2001), 앞의 글, 209쪽.
[79] 김병로, 「특집: 새로운 통일담론을 위하여-탈분단의 사회갈등과 공동체형성의 모색」, 『현상과 인식』 제24호(2000), 56-59쪽.

계층 간 불평등해소, 실업자대책과 사회보장제도 확대, 권력의 분산 및 공정한 분배, 시민사회의 활성화와 형성 등을 강조했다. 이 외에도 자율성과 질서의 조화, 개인과 공동체의 조화, 권리와 책임의 조화, 현대성과 전통의 조화, 경쟁과 협력의 조화, 공동선의 추구, 대화와 타협 등도 주요한 덕목으로 보았다.[80]

사회문화통합은 인간이 하므로 공동체 형성에 참여해야 할 대상이 중요하다. 남북한 주민 이외에 재외동포도 포함하여 다양한 공동체 구성원이 필요하다. 이러한 공동체를 문화공동체로 볼 수 있다. 김해순에 따르면 문화공동체는 탈민족적 공동체로서 조합적 공동체와 자유-민주적 공동체이다. 이 공동체 구성원들은 민족적 성향(혈통, 공통문화, 출생지 등)을 넘어서 남북한 통일과 통합에 연대하는 사람들로서 탈영토화적·개방적 공동체의 구성원이다. 정신적·이상적 공동체가 여기에 속한다. 남북한이 서로 자유롭게 방문할 수 없는 상황에서 이들은 남북한을 잇는 역할을 할 수 있다. 따라서 가상공동체의 역할도 간과할 수 없다. 세계 각국에 흩어져 남북한 관계 및 남북한과 관계된 나라와의 정책, 경제, 안보, 통일에 필요한 중요한 정보를 확보하고 있다. 사회통합을 위해서는 미시적 연대, 중도적 연대, 그리고 거시적 연대가 전제된다.[81] 미시적 연대는 가족, 가까운 친척, 친구들이 서로 돕는 정신이다. 서로 돕는 데는 이유가 없다. 도덕적으로 당연히 해야 할 일을 하는 것이다. 중도적 연대는 정치적·사회적 자조 프로젝트이다. 이러한 프로젝트는 세계 각국에서 한반도 통일을 위하여 한민족 네트워크나 공동체

80　이범웅, 「공동체주의 통합 원리를 통한 남북한사회통합과 통일교육 방향의 인식을 중심으로」, 『한국초등교육학회』 제7집, 267-302집(2001), 285쪽.

81　김해순, 「남북한사회문화통합을 위한 교육」, 한만길 외, 『통일을 이루는 교육』(교육과학사, 2016), 269쪽.

를 형성하여 활동하고 있다. 이들은 반대급부를 바라시 않는다. 이들 역시 문화공동체 구성원으로 받아들여야 한다. 거시적 연대는 국가를 위해 세금을 내는 것이다. 이러한 연대는 다문화사회에서 다민족과 이질적인 가치관을 아우르고 조화를 이루는 데 중요한 정신임을 확인한다.

한국의 통합사상 및 제도

3장

1. 고유한 전통사상

우리 민족은 예로부터 한족(漢族)과는 확연히 구분되는 문화를 유지해 왔다. 중국 한족과의 대등한 관계 속에서 청동기 문화를 꽃피웠고, 우리 민족문화의 위상은 고고학적 연구과정에서 계속 밝혀지고 있다. 특히, 고조선의 성립을 전후하여 우리 민족 문화가 중국의 한족에 깊은 영향을 끼쳤다는 것이 드러나고 있는데, 이는 우리 문화가 일방적으로 중국과 일본의 영향 속에 있었다는 잘못된 생각을 바꾸는 객관적인 역사적 사실을 제공해 준다.

우리 민족의 역사를 돌이켜 보면, 특히 고려는 인근 거란족, 여진족, 몽골의 침략에도 굴하지 않는 뛰어난 자주정신을 보여 주었다. 한편 발해를 멸망시킨 거란의 침입에도 지방민을 중심으로 하는 광군을 조직하여 백성과 조야가 하나가 되어 외침을 막기도 했다. 이처럼 고려는 수많은 어려움을 극복하고 터전을 지킨 제국이었다. 이런 역사적 사건들은 우리 민족사의 위풍을 드러낸 자랑스런 개가라고 할 수 있다.

이러한 민족정신은 조선에서도 계승, 강화되었다. 물론 우리의 유교 정신은 동중국(同中國)하려는 경향으로 폐단도 있었다. 즉, 우리 역사인식을 중국의 역사기술에 의존하거나 성리학에 대해서는 지나치게 정이[程頤, 호: 이천(伊川)][1]와 주자의 학설에 집착하려는 경향을 보였으며, 우리의 역사기술과 문화유산에 대해 스스로 폄하하는 현실왜곡이 조선 시기에 많이 이루어졌다. 하지만 조선 후기에는 새롭게 전개되는 정치·경제 상황과 국면을 진지하게 고려하고 그 해결책을 제시하려는 체계적인 노력이 요구되면서 실학이 등장하기도 했다. 이렇게 우리 민족은 정치적·역사적 실체로서, 한반도를 바탕으로 하여 동북아시아에서 국가를 유지하면서 전통사상과 문화를 꽃피워 왔다. 우리는 이러한 삶의 도덕적 유형과 윤리적 자취를 되살려야 할 것이다.

21세기 대한민국은 한민족(韓民族)을 중심으로 한 다문화사회가 형성되고 있으며, 남북 통합과 통일을 대비한 새로운 통합사상이 필요하다. 이러한 시점에 우리 전통사상의 장단점을 잘 파악하고, 이 사상들이 사회통합에 주는 시사점을 찾는 노력은 시의적절하다. 한반도를 바탕으로 반만년 동안 축적시켜 온 전통사상에서 사회통합의 가치를 발견하고, 오늘 우리의 갈등문제를 해결하는 데 적절히 적용해야 한다.

이를 위하여 다음에서 우리의 전통사상인 샤머니즘, 단군신화와 홍익인간, 동학에 대하여 우선적으로 살펴볼 것이다. 그리고 외래 전래 사상 중에서 우리 사상과 융합된 불교, 유교, 도교, 기독교의 통합사상을 설명하고자 한다.

---

1   중국 송(宋)나라의 학자로 유교의 철학적 기초를 준 사람이며 주자(朱子)에게 큰 영향을 주어 '주자학'을 이루게 하였다.

1) 샤머니즘(무속신앙)

우리나라의 전통신앙에서 샤머니즘, 즉 무속신앙은 다양한 종교적 의례를 통하여 사회구성원들의 정신적 안정을 가져다주었을 뿐만 아니라, 특히 위기 상황에서 마을공동체를 통합시키는 기제로써 작동해 왔다.

샤머니즘적 요소가 시대의 변천과 합리주의적 발전에도 불구하고 계속 유지되고 있는 것은 샤머니즘이 인류정신의 깊숙한 내면에 뿌리를 내리고 있기 때문일 것이다. 우리나라의 무속신앙은 북방 시베리아에서 기원한 동북아시아 샤머니즘의 한 갈래에 해당한다. 이는 무당의 빙의(trance)경험이나 굿, 무당, 박수 등의 어원학적 관련성을 통해서 확인할 수 있다.[2] 샤머니즘의 핵심에는 '무당'이라는 종교적 지도자가 있었다. 이 '무당'은 샤먼과 같은 역할을 해 왔는데, '무당'이라는 호칭은 무당(巫堂)이라는 한자에서 온 것으로 추정된다. 여기에서 무당의 당(堂)은 국사당(國祠堂), 성황당(城隍堂), 산신당(山神堂) 등 여무(女巫)가 신을 제사하는 곳을 당이라 부른 데서 나온 것으로 예상된다. 우리가 무풍(巫風)이니 무교(巫敎)니 무속(巫俗)이니 하는 말은 무당을 중심으로 한 주술종교의 체계를 말하는 것이다.[3]

이러한 무속사상은 한국문화의 뿌리라고 할 수 있다. 무당들은 제각기 생장하여 다른 시기와 장소에서 상이한 원인으로 무당이 되었을지라도 신앙형태에는 여러 공통점을 지니고 있다. 다시 말해서 무당들은 무업을 하는 지역과 굿의 맥이 동일하지 않고 상호 간 교류가 없을지라도

---

2 이용식, 「아시아 샤머니즘과 한국 무교의 악기학적 비교」, 『한국무속학』 제20권(2010), 144쪽.
3 이부영, 『한국의 샤머니즘과 분석심리학』(한길사, 2012), 53쪽.

이들의 신앙형태와 사고 패턴이 대동소이한 사실은 무속이 한국문화에 기반하고 있음을 나타낸다.[4]

샤머니즘은 민중들의 가슴속에 오랫동안 그 생명력을 유지하면서 뿌리 깊은 저항의식과 통합정신의 기저를 형성했다. 힘이 없는 약자들의 목소리를 대변하여 기득권세계에 저항하도록 한 것이 바로 샤머니즘이다. 한 가지 예로, 음력 5월 5일 단오날을 전후해서 벌어지는 강릉단오제를 제시할 수 있다. 원래 강릉단오제는 탈춤이 없었는데, 관가에서 민중들을 위하여 관노들에게 가면 연희를 하도록 했다. 이를 '관노 가면극'이라고 한다. 이 가면극은 발성 없는 무언극이 특징인데, 이 소리 없는 '가면극'을 통해 허울 좋은 유교사회의 지배자들에게 억울함과 서러움을 당하고 있던 약자들이 동질감을 느끼고 공동체 의식을 느낄 수 있었다.[5]

한편 샤머니즘은 사회구성원들에게 대극(對極)의 합일, 즉 무의식의 의식화를 통해 개인의 문제와 고통을 해결하도록 해 줌으로써 사회의 안정을 가져다주는 역할을 한다. 이를 위해 샤머니즘은 망아체험을 통하여 그 옛날 하늘과의 교통을 회복하고자 하며, 망아체험의 영력을 획득하기 위해 샤먼은 고된 시련을 겪고 죽음에서 재생해야 한다. 하늘과 땅 사이의 막힌 길을 뚫는 것은 한국에서 강신무의 오랜 전통적 역할이었다. 이들의 저승에 대한 강력한 관심과 믿음은 이들이 후보자에게 무당이 되기까지 겪는 고통의 역정이 저승의 존재들인 귀령과 접촉하고 그에게 빙의되는 것을 목적으로 한다는 사실 속에 나타나 있다.

그리고 샤머니즘은 우리의 민담에도 영향을 줌으로써 서민들의 정서

---

4 홍기원 편, 『샤머니즘의 윤리사상과 상징』(민속원, 2014), 85쪽.
5 박일영, 「한국 근대의 샤머니즘과 인권」, 『한국무속학』 제27권(2013), 90쪽.

적 통합에 기여하였다. 예를 들어 〈제복데기〉 이야기에서 하늘을 나는 말, 주술적 옷, 악기 등을 통해 샤먼의 비행(飛行)과 관련된 관념을 제공하였고, 〈새털옷 입고 각시 되찾기〉 이야기에서는 새를 모방한 샤먼의 주술적 옷과 관련지어 역시 샤먼의 비행능력과 의례행위를 암시한다. 이러한 종류의 민담이 유행할 수 있었던 것은 우리 선조들의 내면에 자리 잡고 있는 공통된 정서에 울림을 주었기 때문일 것이다.[6]

한편 샤머니즘의 해원(解冤)사상은 다문화, 다종교의 한국사회에서 종교, 문화 간의 대화와 협력을 촉진시키는 데 이바지했다. 동학의 창시자인 최제우는 강신무의 접신경험과 흡사한 종교체험을 함으로써 인내천의 기본사상을 제창했다. 강증산은 해원상생을 통하여 남녀평등사상, 삼계(신, 인간, 자연)의 조화를 위한 인간의 중요성을 강조했다. 이처럼 샤머니즘의 해원사상은 종교백화점인 한국에서 종교 간의 갈등을 방지하는 데 상당한 공헌을 했다. 샤머니즘은 점점 그 정도가 심화되고 있는 다문화, 다종교의 한국 상황 속에서 각 종교, 문화 간의 대화와 협력을 촉진시키고, 사회를 통합시키는 데 크게 기여할 수 있을 것이다.[7]

2) 단군신화와 홍익인간

(1) 단군신화

정사를 기록한 『삼국사기』(1145)에는 단군신화가 기록되어 있지 않지만, 『삼국유사』(1285)에는 단군신화가 담겨 있다. 이승휴의 『제왕운기』(1287)와 권람의 『응제시주』(1462)에도 단군신화가 조금 다른 형태로 나

---

[6] 나주연, 「한국민담에 나타난 샤머니즘적 모티프」, 『비교민속학』 제37권(2008), 198쪽.
[7] 박일영(2013), 앞의 글, 101쪽.

타난다.[8] 그리고 15세기 전반기에 편찬된 『세종실록』 지리지 등에 단군신화가 실려 있다. 『삼국유사』에 의하면 우리 민족은 단군으로부터 시작되었는데, 그 내용은 다음과 같다.

위서(魏書)에 이르기를 지금부터 2,000년 전에 단군 왕검이라는 이가 있어 도읍을 아사달에 정하고 나라를 창건하여 이름을 조선이라 하니 요 임금과 같은 시대라고 하였다. 고기(古記)에 이르기를 옛날 환인의 서자 환웅이 있어 자주 하늘 아래에 뜻을 두고 인간 세상을 바랐는데, 그 아버지가 아들의 뜻을 알고 삼위·태백을 내려다보니 '널리 인간을 이롭게 할 만한지라[弘益人間]'. 이에 천부인 세 개를 주어 보내어 이를 다스리게 하였다. 환웅은 무리 3,000명을 거느리고 태백산 꼭대기 신단수 아래 내려오니 이를 신시(神市)라 이르고 그를 환웅천황이라고 하였다. 그는 풍백·우사·운사를 거느렸고 농사·생명·질병·형벌·선악을 주관하는 등 무릇 인간의 360여 가지 일을 주관하여 '세상에 살면서 정치와 교화를 베풀었다[在世理化]'.
그때 곰 한 마리와 범 한 마리가 있어 같은 굴에 살면서 항상 신웅에게 사람이 되게 해 달라고 빌었다. 이때 신은 영험 있는 쑥 한 타래와 마늘 스무 개를 주면서 말하기를 너희들이 이것을 먹고 100일 동안 햇빛을 보지 않으면 곧 사람의 형체를 얻으리라고 하였다. 곰과 범은 이것을 얻어먹고 삼칠일 동안 금기를 하여 곰은 여자의 몸이 되고 범은 금기를 못해서 사람의 몸이 되지 못하였다. 웅녀는 혼인할 상대가 없었으므로 매양 신단수 아래에서 어린 애를 갖게 해 달라고 빌었다. 환웅은 잠시 사람으로 화하여 그와 혼인하여 아들을 낳으니 이름을 단군왕검이라 하였다. 단군왕검은 즉위 50년경에 평양성에 도읍하고 처음으로 조선이라 칭하였다. 또 도읍을 백악산 아사달로

---

8   권성아, 『홍익인간사상과 통일교육』(집문당, 1999), 34쪽.

옮겼는데 이곳을 일명 궁홀산이라고도 하며 또 금미달이라고도 하니, 1,500년 동안 나라를 다스렸다. 주나라 무왕이 즉위한 기묘년에 기자를 조선에 봉하니 단군은 이에 장당경으로 옮겼다가 뒤에 돌아와 아사달에 숨어 산신이 되었으니 수가 1,908세였다.[9]

단군 신화는 우리 민족의 최초 국가인 고조선의 건국 신화이다. 단군 신화에서는 여러 가지 다양한 의미가 함축되어 있는데, 첫째, 천인합일 사상(즉, 하늘과 사람이 하나라는 사상)이 내포되어 있다. 이것은 우리 민족이 하느님의 아들이라는 민족적 긍지를 표현하고 있을 뿐만 아니라, 민족적 정체성을 부여하고 있다. 둘째, 앞에서 살펴본 바와 같이 홍익인간 사상인 '널리 인간을 복되게 한다'는 사상을 가지고 있다. 셋째, 당시가 농경사회임을 엿볼 수 있다. 환웅이 데리고 온 풍백, 우사, 운사는 농경의 중요한 요소이며, 이를 중요시했다는 것은 당시가 농경사회임을 알 수 있다. 넷째, 당시 사회가 토템사상을 가지고 있었다는 것을 알 수 있다. 곰과 호랑이의 이야기에서 이를 엿볼 수 있다. 즉, 농경문화를 가져온 환웅집단과 식물과 동물을 함께 먹을 수 있는 곰을 숭배하는 집단과는 연합할 수 있는 부분이 있지만, 동물만 먹는 범을 숭배하는 집단은 종래의 수렵만 고집함으로써 환웅집단과는 연합하기 어려웠다고 볼 수 있다.[10] 한편 단군 왕검은 당시의 지배자로서 단군은 종교지도자인 제사장을 의미하고, 왕검은 정치적 지배자를 의미한다. 이를 통해 당시 사회가 제정일치 사회였음도 알 수 있다.

---

9 이민수 역, 『삼국유사』(을유문화사, 1994), 53쪽.
10 최광식, 「환웅천왕과 단군왕검에 대한 역사민속학적 고찰」, 『한국사학보』 제60권 (2015), 113쪽.

(2) 홍익인간

단군신화에 갈무리된 이념을 '홍익인간', 즉 '널리 인간을 이롭게 한다'는 것으로 정리할 수 있다. 앞에서 본 바와 같이 환인의 아들인 환웅이 인간세상을 다스리고자 하는 의도가 홍익인간의 이상을 실현하는 데 있으며, 천신 환인이 이에 동의하여 환웅을 지상으로 내려보내는 데서 신화가 전개되기 때문이다.[11] 홍익인간에서 말하는 '인간'은 오늘날처럼 '사람'을 뜻하는 것이 아니라, '사람들이 사는 세상'을 뜻한다.

널리 인간을 이롭게 한다는 홍익인간 사상은 우리 민족의 사상적 근간이 되어 왔다. 우선 홍익인간 사상은 인간을 최고의 가치를 지닌 존재로서 존중하는 데 의미가 있다. 세상 만물의 중심적 존재인 인간은 인간이라는 그 자체만으로도 존중받아야 한다는 인간 존중의 사상이 근저에 깔려 있다. 현대 사회에서는 인간이 수단화되고, 그 고유한 가치가 몰각되어 가는 현상들이 있다. 한국 전통 윤리사상에서 중심적 역할을 담당해 온 홍익인간 사상은 이러한 인간 경시 풍조를 극복하는 데 중요한 역할을 할 수 있다. 또 인간존중 사상에 근거하면, 모든 사람은 사람이라는 이유로 대등하며, 본질적 부분에서는 차별을 받지 말아야 한다는 평등사상이 파생된다. 홍익인간 사상은 어떻게 보면 나 혼자만의 이기적인 욕심이 아닌, 여러 사람의 공통적 이익들을 존중하고 보호하며, 더 나아가 타인을 이롭게 한다는 이타주의 사상이 깔려 있다.

결과적으로 홍익인간 사상이 시사하는 주요한 메시지는 통합되고 조화로운 사회와 이상적 공동체를 건설하기 위하여 사회변혁에 적극적으로 참여하라는 것이다. 결국 홍익인간이 지향하는 것은 개체와 공동체

---

11 임재해, 「단군신화를 보는 생태학적인 눈과 자연친화적 홍익인간 사상」, 『고조선단군학』 제9권(2003), 115쪽.

가 분리되는 않는, 공동체적 지향 속에서 개인의 역량을 사회 속에 실현하는 성통공완(性通功完)[12]의 공공성을 담지하는 것이다. 여기에다가 사회적 존재들 간의 적극적 참여 속에 조화로운 사회와 이상적 공동체를 건설하고자 한다.[13]

그리고 홍익인간 사상은 현대사회의 각박한 이기심을 이기고 풍요로운 인간의 삶과 사람들의 선량한 인심, 사람들이 모두 하나로 어우러지는 평화로운 사회를 추구하는 인도주의 이념을 제공한다. 말 그대로 널리 인간을 이롭게 한다는 우리의 홍익인간 사상은 우리 전통 사상의 뿌리이며, 대한민국의 건국이념이고 우리 민족 통합의 상징이라 할 수 있다.

3) 동학사상

(1) 동학사상의 등장 배경

최제우가 동학을 창도한 1860년 당시 조선은 정치적·경제적·사회적으로 모순과 비리가 만염되어 조선 왕조의 통치체제가 붕괴의 위기에 직면해 있었다.[14] 이와 함께 국제적으로 동양에 대한 서양세력의 침략이 노골화되던 시기였다. 영국은 아편전쟁을 통해 청을 반식민지로 전락시켰고, 미국은 미일화친조약을 체결하여 일본을 개항시켰다. 조선의 경우도 예외가 아니어서 여러 차례에 걸친 이양선의 출몰과 통상요구로 인해 조선의 지배층과 피지배층 모두에게 서양세력의 조선침략이라는

---

12 도를 통하여 깨달음이 이루어지는 일.
13 길선미, 「홍익인간의 현대적 재해석」, 『선도문화』 제10권(2011), 308쪽.
14 최혜경, 「동학의 사회개혁사상과 동학농민혁명의 전개」, 『동학연구』 제12권(2002), 55쪽.

위기의식이 고조되고 있었다. 특히 1868년 대원군의 부친인 남연군의 묘에 대한 독일인 오페르트의 도굴미수사건은 이러한 위기의식을 더욱 고조시켰고 대원군의 쇄국정책은 더욱 견고해지게 되었다.

이렇게 서양세력에 대한 위기의식이 고조되는 한편 대내적으로 조선의 정세는 매우 혼란스러웠다. 먼저 16세기 이래의 농업생산력 발전 결과, 농민층을 비롯한 피지배층의 사회경제적인 지위가 강화되었고, 이에 따라 조선의 신분제는 붕괴되기 시작했다. 더 이상 양반지배층이 지주라는 등식이 성립되지 않게 된 것이다.

또한 18세기 이후에는 전국적으로 장시가 보급되면서 상공업이 발달했다. 이에 따라 상설시장이 성립하기도 했으며, 서울을 비롯한 대도시를 중심으로 난전이 탄생하여 시전상인과 경쟁하기도 했다. 이 결과 정조시기에는 시전상인의 금난전권(禁亂廛權)이 철폐되어 상업의 자유로운 발전이 이루어지기도 했다. 그리고 조선 중기 이래 관념화·형이상학화한 성리학은 실천성을 상실하여 국가의 지배이념으로서의 기능을 상실했다. 이는 곧 조선사회에 사상적인 공백현상이 나타났음을 의미하는 것이었다. 이러한 공백을 틈타서 서학, 양명학 등이 수용되고 실학이 탄생했다. 한편으로는 민간에서 불교의 미륵신앙과 도교와 같은 전통신앙이나 비기, 참설 등의 민간신앙이 유행했다. 특히 민간신앙은 조선왕조 지배체제에 대한 비판 혹은 현실사회에 대한 변혁운동의 사상적 기반으로 이용되는 경우가 많았다. 1860년 최제우가 창시한 동학 역시 이러한 시대적 상황 속에서 민중의 욕구에 부합하면서 나타난 사상이었다.

다른 한편 19세기에 접어들면서 농민층의 반봉건적인 저항이 끊이지 않았다. 그리하여 이 시기는 이른바 '민란의 시대'라 불릴 정도였다. 농민층이 봉기하게 된 데에는 양반지배층의 착취와 수탈에 그 일차적인 원인이 있었다. 여기에서 주목되는 점은 1860년대 이후의 농민항쟁에서 한유(寒儒), 빈사(貧士)라 불리는 호민적 성향을 지닌 자들이 변란에서 주도적 역할을 담당했다는 점이다. 이는 곧 농민적 지식인 집단이 사회변혁을 지향하는 항쟁에 주도적으로 참여하고 있음을 의미하는 것이다. 이와 같이 지식인 집단이 농민항쟁에 참여함으로써 농민층의 항쟁은 조직적으로나 이념적으로 더욱 성숙할 수 있었다. 이는 곧 조선사회의 지배층으로서 지방관과 함께 향촌사회에 어느 정도 영향력을 행사하던 향촌의 양반층과 지방관이 대립하는 상황으로까지 사회적인 여건이 변화했다는 것을 보여 준다. 이러한 현상은 18세기 이후 중앙정치와 사회경제적인 조건의 변화에 따른 것으로써 수령권의 상대적인 강화와 함께 사족의 향권 상실이 가장 결정적인 역할을 했다. 이러한 연장선상에서 수운 선생은 농민적 입장에서 동학을 창시함으로써 농민층을 통합시키고, 이들을 위한 새로운 사상적 기반을 제공해 주었다.[15]

농민과 서민의 통합을 가져온 우리의 전통사상인 동학의 창도는 다각적인 면에서 고찰될 수 있다. 그 창도의 동인으로 첫째, 조선조 후기 사회가 안고 있는 정치적·사회적 부패의 모습을 들 수 있다. 즉, 19세기 조선조가 안고 있던 부정부패는 그 역방향에서 새로운 변혁의 의식을 불러왔고, 이에 따라 동학이라는 새로운 변혁적인 사상이 등장하게 되었다고 볼 수 있다. 둘째, 최제우가 재가녀(再嫁女)의 아들로 태어났다는 신분문제가 주로 제기된다. 최제우는 근암공 최옥이라는 양반 집안의 자손이지만, 그 어머니가 재가녀이기 때문에 당시 사회적인 제도 아래에서는 그 기량을 펼 수 없었다. 따라서 기존의 사회적인 모순을 극복하고자 새로운 가르침인 동학을 세상에 내놓게 되었다. 다시 말해서 부

---

15 조성운, 『민족종교의 두 얼굴』(선인, 2015), 41-42쪽.

패한 시대에 신분적인 제한으로 인하여, 그 불만이 더욱 중대된 한 젊은 지식인인 최제우가 조선조라는 봉건적 질서의 한계를 깨닫고, 이를 극복하고자 내놓은 가르침이 동학이다. 따라서 이와 같은 배경 속에서 창도된 동학은 조선조 사회가 안고 있는 봉건적 질서인 신분제도를 타파하고자 '평등사상'을 강조했고, 나아가 외세로부터 나라를 구해야 한다는 '보국안민의 사상'으로 발전하게 되었다.[16]

(2) 동학의 사회통합 기본사상: 보국안민 사상

수운 최제우는 동학창도의 목적으로, '보국안민(輔國安民)', '포덕천하(布德天下)', 그리고 '광제창생(廣濟蒼生)'을 제시했다. 그중에서도 보국안민은 그의 가장 중요한 문제의식이자 과제였다. 최제우는 19세기 중반 당시 조선이 처한 대내적 혼란의 주된 원인이 무엇보다 서세동점에 의한 국가적 위기 상황에 있다고 보았다. 이는 『동경대전(東經大全)』과 『용담유사(龍潭遺詞)』에서 표출된 당시의 현실에 대한 논의가 주로 종교로서의 서학의 침투와 일본 및 서구 열강의 동아시아 침탈에 대한 우려를 표현하는 데 집중되었던 점에서 잘 드러난다.[17]

동학의 신념체계는 '어떻게 살아갈 것인가?'에 초점을 맞추고 있다. "억조창생 많은 사람 동귀일체하는 줄을 사십평생 알았던가.", "요순성세 다시 와서 국태민안 되지만은…. 태평성세 다시 정해 국태민안 될 것이니…."라고 했다. 동귀일체(同歸一體)의 사회를 실현하는 것과 국태민안(國泰民安)을 실현하자는 것이 동학의 이상이다.

물론 이런 세상을 실현하는 것은 쉬운 일이 아니다. 모든 사람이 동

---

16 윤석산, 『동학, 천도교의 어제와 오늘』(한양대학교출판부, 2013), 13-14쪽.
17 김정호, 「동학 보국안민 정신의 의의와 한국 민주주의의 과제」, 『동학학보』 제29권 (2013), 234쪽.

귀일체하자는 것과 세계 모든 나라가 평화를 보장하고 최소한의 경제적 생활을 하도록 하여 국태민안을 이룬다는 것은 이상에 가까운 꿈같은 것이다.

최제우는 이런 꿈의 세상에 접근하기 위해서는 먼저 보국안민을 이루어야 한다고 했다. "함자사지 출생들아 보국안민 어찌할고…", "보국안민의 계책이 장차 어디서 나올 것인가?"라고 했다.

보국은 나라를 돕자는 뜻이요, 안민은 인민의 생활을 평안하게 만들자는 뜻이다. 나라를 진정으로 돕자면 잘못된 나라를 바로잡아 최소한 정의로운 국가를 만들어야 한다. 그리고 안민도 온 천지 생명체계가 감당해 낼 수 있는 범위 안에서 최소한의 물질적 생활을 보장하며 인간의 존엄성이 보장되도록 해야 한다.

동학 초기의 보국안민 운동을 보면 대외적으로는 반침략 운동으로 나타났고, 대내적으로는 신분제 타파 운동 등 반봉건 운동으로 나타났다. 최제우가 종의 신분을 가진 두 여자를 양딸과 며느리로 삼았다는 것은 얼마나 신분제 타파에 시범을 보였는가를 말해 주는 것이다. 최시형 또한 1865년 10월 금등골에서 "인은 곧 천이라. 고로 인은 평등하여 차별이 없나니, 인이 인위로써 귀천을 나눔은 한울님 뜻에 맞지 않느니라. 우리 도인들은 일체로 귀천의 차별을 철폐하여 스승님의 본 뜻에 따르도록 하라."고 하면서 신분제 타파에 온 힘을 기울였다.

1894년 동학혁명 때에는 모든 동학군이 신분제 타파를 위해 구체적인 행동을 했다. 『오하기문(梧下紀聞)』에 "양반으로 노비와 함께 동학을 따르는 자들은 서로를 접장이라 하며 동학의 규범에 따랐다. 백정이나 재인에 속하는 자에게도 평민이나 양반과 같이 대등하게 대접해 주니 사람들은 더욱 분하게 여겼다."고 했다. 특히 12개 폐정개혁안에는 "노비문서는 태워 버릴 것, 칠반 천역의 대우를 개선하고 백정의 머리에

씌우는 평양립을 벗게 할 것, 관리 채용은 지벌을 타파하고 인재 위주로 할 것"을 실천에 옮기도록 했다.[18]

1864년 동학의 창시자인 최제우는 관에 체포되어 처형되었고, 그 후 그의 제자 최시형이 도통을 이어받았다. 1871년 이필제 난 등을 겪으며 관으로부터 극심한 탄압을 받았지만, 보국안민을 강조하면서 통합을 강조했던 동학의 교세는 삼남 일대를 중심으로 크게 확대되었으며, 수많은 교도가 몰려들었다. 마침내 1894년에는 동학교도들이 중심이 되어 조선 역사상 가장 큰 민중운동인 동학농민전쟁이 일어났다. 많은 민중이 동학에 몰려든 것은 동학사상이 생활 속에서 체득한 민중의 경험과 의식에 비추어 나름대로의 설득력이 있었기 때문이다. 또 동학교도들이 목숨을 건 투쟁의 대열에 동참하게 된 것도 동학사상이 그들의 의식세계에 어떤 전환의 계기를 마련해 주었기 때문일 것이다. 이 점에서 동학과 농민전쟁의 관계는 다만 농민전쟁의 성격만이 아니라 당시 민중의식 내지 민중사상을 이해하는 데 중요한 포인트라고 할 수 있다.[19]

(3) 오늘날 한반도의 통합과 전통사상에 주는 동학의 의미[20]

현재 한반도는 지구상에 남은 유일한 분단 지역으로 남과 북, 좌와 우, 보수와 진보 등 양극단의 대립상을 극명하게 보여 주고 있다. 비판을 위한 비판이 판을 치고 지엽적인 정치적 이해관계와 소모적인 대결 정치에 매몰되어 글로벌한 시각이나 창조적 대안은 부재하는 실정이다.

---

18 표영삼, 『표영삼의 동학이야기』(모시는 사람들, 2014), 32-33쪽.
19 배항섭, 「동학농민전쟁의 사상적 기반에 대한 연구현황과 과제」, 『사림』 제45호(2013), 142쪽.
20 최민자, 「동학의 통합사상과 그 한계」, 전문가 자문회의 발표문 기초(2015년 10월 10일).

이제 우리는 지나간 역사를 반면교사로 삼아 시대적·역사적·민족적 과제인 한반도 평화통일을 이룩해야 할 시점에 와 있다. 나선형 구조의 전형을 보여 주는 한반도의 이념적 지형은 생명체의 DNA 구조와 마찬가지로 양극단을 오가며 진화하게 되어 있다. 한반도에서 이러한 양극단의 요소가 극명하게 나타나는 것은 '대통섭'에 대한 열망과 의지가 강력하게 분출되고 있기 때문이다.

동학은 공공성과 소통성을 본질로 하는 우리 고유의 '한(韓)'사상이 근대의 시공간 속에서 수운(水雲) 최제우(崔濟愚)에 의해 독창적으로 발현된 생명사상이다. 동학은 불연기연(不然其然: 그렇지 아니함과 그러함)의 논리와 통섭적 세계관을 바탕으로 하고 있다. 여기에서 '불연'은 인간의 감각적·외면적 지성만으로는 알 수 없는 세계이다. 불연은 초의식의 영역이며, 직관의 영역이라고 할 수 있다. '인간이 곧 하늘'이라는 명제가 바로 동학의 대표적인 '불연'적 논리의 적용이라고 할 수 있다.[21]

한편 동학의 통섭적 세계관은 영성과 이성, 도덕과 정치의 묘합에 기초한 통섭적 사유체계를 본질로 하는 까닭에 홍익인간의 이념을 현대적으로 구현하는 원리를 제공한다. 통섭적 세계관은 천인합일의 이치를 보여 주는 '오심즉여심(吾心卽汝心: 내 마음이 곧 네 마음)'이나 본체계와 현상계를 회통(會通)하는 불연기연의 논리[체(體)로서의 불연과 용(用)으로서의 기연의 상호 관통에 대한 논리]에서 분명히 드러난다. 통섭적 세계관은 '시(侍: 모심)'의 세 가지 뜻풀이에서도 확연하게 드러난다. 즉, 안으로 신령[神性]이 있고[內有神靈] 밖으로 기화가 있어[外有氣化] 각기 알아서 옮기지 않는다[各知不移]는 뜻이다. 내유신령과 외유기화는 생명의 본체와

---

21 노영필, 「동학의 생명사상 연구」, 두레학술 편, 『한국 사상 철학 연구자료』(두레학술, 2011), 36-37쪽.

작용, 즉 하늘[神]과 우주만물의 전일적 관계를 밝힌 것으로 궁극적 실재인 참본성[神性, 天, 神]이 만유의 본질로서 내재해 있는 동시에 만물화생(萬物化生)의 근본 원리로서 작용한다는 의미이다. 각지불이(各知不移)는 천심에서 벗어나지 않는 것으로 '시천주' 도덕의 실천적 측면과 관계된다.

따라서 '시'란 내재적 본성인 신성과 혼원일기(混元一氣)로 이루어진 생명의 유기성과 상호 관통을 깨달아 순천의 삶을 지향하는 것이다. 다시 말해 생명의 전일성과 자기근원성을 자각적으로 실천하는 삶을 사는 것이다. 그것은 곧 영성이 배제된, 객관적 이성 중심주의 내지는 개성과 다양성이 배려되지 않은 전체성의 관점을 거부함으로써 참자아의 자각적 주체가 되는 것, 즉 '내가 나 되는 것'이다. '시천주' 도덕의 요체는 수심정기(守心正氣), 즉 마음을 지키고 기운을 바르게 하는 데 있다. 천도(天道)에 순응하는 도덕적 인격의 완성을 통해 마음을 밝히고 세상을 밝혀서 후천개벽의 새 세상을 여는 뜻이 담겨진 것이다. 통섭적 세계관은 곧 평등무이(平等無二)의 세계관이다. 동학의 불연기연의 논리와 '시천주' 도덕은 비분리성·비이원성에 기초해 있는 까닭에 본질적으로 통섭적이고 평화지향적이며 만인이 도성입덕(道成立德)하여 지상천국을 건설하는 이념적 토대가 된다.

후천개벽에 의한 무극대도(無極大道)의 세계가 바로 동학이 설정한 이상세계다. '만사지(萬事知)'에 기초한 무극대도의 세계는 '각지불이', 즉 부동지(不動地)의 경계에서 열리는 새 세상이다. 거기에 이르는 비밀은 일심에 있다. '일체의 분별은 곧 자기 마음의 분별[一切分別卽分別自心]'인 까닭이다. 천심을 회복하여 동귀일체(同歸一體)함으로써 '요순성세(堯舜聖世)'의 도덕공동체를 이룩하는 것이 후천개벽의 새 세상을 여는 것이다. 풀뿌리 민주주의를 지향하는 동학의 접포제(接包制)는 자율성과 공공성이 조화를 이루는 이상적인 직접정치의 원형을 보여 준다.

그러나 어떤 사상이나 제도가 실현되기 위해서는 그것이 기반하고 있는 시대적·사회적 여건이 충분히 성숙되지 않으면 안 된다. 동학이 근대적 민중의 대두를 촉발시키고 근대 민족국가 형성의 사상적 토대를 마련한 것은 분명한 사실이지만, 동학적 이상세계가 실현되기에는 아직은 시대적·사회적 여건이 충분히 성숙했다고 보기는 어려워 실천적 한계가 있다. 그럼에도 한반도 분단 상황에서 동학은 남북이 공(共)히 수용할 수 있는 사상체계라는 점에서 남북 평화통일의 사상적 기제로서의 의미가 있다.

동학사상에는 고금을 통하고 역사를 초월하며 민족과 종교의 벽을 뛰어넘는 보편성이 있다. 오늘날 동학사상이 주목받는 이유는 동학사상을 관통하는 '하나[一]'의 원리가 천·지·인 삼재의 연관성 상실을 초래한 근대 서구의 정치적 자유주의를 치유하고 이분법의 폐해를 극복할 수 있는 묘약을 함유하고 있기 때문이다. 말하자면 국가·민족·계급·이념·인종·성·종교 등 일체의 장벽을 초월하여 평등하고 평화로운 이상세계를 창조하는 토대가 될 수 있기 때문이다. '시천주' 도덕을 통한 무극대도의 이상세계 구현은 오늘날 인류가 직면해 있는 특수성과 보편성, 지역화와 세계화, 국민국가와 세계시민사회의 유기적 통일성의 과제를 근원적으로 해결할 수 있게 함으로써 인간소외 문제를 극복할 수 있게 할 것이다. 현대 민주주의가 정치의 요체를 사람이 아닌 제도와 정책에 둠으로써 인간소외 현상을 야기한 것과는 달리, 동학사상은 우리 고유의 홍익인간 사상과 마찬가지로 통섭적 세계관을 바탕으로 융합과 조화에 토대를 둠으로써 인간소외 문제를 극복하고 공존의 대안적 사회를 마련할 수 있게 할 것이다.

완전한 소통성과 평등무이의 세계관에 기초한 동학사상은 민족혼을 일깨우고 독립 정신을 함양하는 데 크게 기여했다. 동학 제3대 교주이자 3·1독립운동 민족대표 33인 대표인 의암 선생은 국론통일과 민족통합이 강력하게 요구되던 시기에 근대화운동과 3·1독립운동이 태동하는 데 중추적 역할을 담당했다. 그는 동학혁명의 지도자일 뿐만 아니라 1904년 갑진개혁운동을 일으켜 진보회를 조직하는 등 근대화 운동의 지도자로서의 면모를 보였다. 또한 1919년 3·1독립운동을 주도함으로써 국격(國格)을 바로 세우고 민족의 생존권과 독립의 당위성을 설파함으로써 국론통일과 민족통합의 새로운 전기를 마련하는 데 크게 기여했다. 특히 3·1독립운동 과정에서 독립운동의 대중화, 일원화, 비폭력의 행동원칙을 제시하고 전 종교인의 연대를 통해 민족통합과 동양평화의 숭고한 대의를 생생하게 보여 준 그의 실천적 사상은 남북통일의 과제를 안고 있는 오늘의 우리에게 시사하는 바가 크다. 이러한 동학사상은 우리 인류가 시대적·사상적·종교적 질곡에서 벗어나 유기적 생명체 본연의 통합적 기능을 회복하게 함으로써 진정한 역사발전의 동력이 될 수 있게 할 것이다. 또한 한반도 평화통일과 민족통합의 사상적 토대를 마련하고 나아가 평등하고 평화로운 세계를 창조하는 회통(會通)의 정치 이념과 조우할 수 있을 것이다.

2. 외래전래 사상

1) 불교

(1) 불교의 사회 및 국가 통합

불교의 사회통합, 국가 유지에 기여한 대표적인 사상이 바로 호국불교 사상이다. 그 대표적인 사례가 신라다. 신라는 불교를 받아들여 불교를 국가의 정신적 지주이자 국가정책의 근원으로 삼았고 지도층에 불교적 소양을 쌓은 인재를 충원하여 삼국 통일의 기반을 마련했다. 신라에서는 불교가 정착되던 신라 중고기(中古期)의 법흥왕, 진흥왕, 진지왕, 진평왕, 선덕여왕, 진덕여왕 등 여섯 왕이 모두 불교식으로 왕명을 지었다. 또한 그 후 태종무열왕, 문무왕 등을 포함한 역대 왕들이 불교를 신봉하여 불교적 제왕이 되기 위해 노력했으며, 불교 지도자들이 신라를 불국토로 만들려고 정성을 다했다. 신라는 귀화한 고구려 승 혜량을 필두로 하여 유학승 원광, 자장 등을 국통(國統)으로 삼아 최고의 예우로 국가정책에 참여시켰으며 승관제도를 설치하여 지방행정에도 승려들을 참여시켰다. 또한 화랑제도를 두어 불교적인 인재 양성에 힘썼으며, 황룡사를 창건하고 장육상(丈六像)을 조성했으며 팔관회, 백고좌법회 등 불교적 행사를 통해 불력을 중심으로 민심을 하나로 모을 수 있었다. 또한 원광, 원효, 의상 등의 학승들은 불교의 교리를 한국의 상황에 맞게 재해석하고 법화경의 회삼귀일(會三歸一) 사상과 화엄경의 일심(一心) 사상으로 국가 통일의 사상적 기초를 마련했다.

  법화경은 성문, 연각, 보살의 차별적 방편을 버리고 셋이 모두 하나의 부처 세계로 돌아간다는 회삼귀일 사상을 강조하고 있으며, 화엄경은 삼라만상의 차별상은 일심에서 연기되어 나온 것이라고 설하고 있다. 불교는 자비를 중시하며 불상생계를 제일계율로 하고 있으나 신라에 와서는 토착화가 진행되면서 호국불교로 정착되었다. 원광은 세속오계를 통해 불교의 오계를 세속적 국가에 맞도록 적용했다. 국가와 종교가 분화되었지만 둘 사이에 긴밀한 협조가 발전된 경우라고 볼 수 있다. 베버(Max Weber)는 원래 정치와 종교는 미분화되었는데 사회가 발전하여 국가와 종교의 분리가 시행되면서 종교는 보편적인 원리를 추구하게 되고 국가는 자기 영역과 주민의 이익을 추구하게 되어 종교와 국가가 긴장을 가지게 된다는 이론을 제시한 바 있다.[22]

그러나 한민족은 수많은 민족의 위협 속에서 발전해 나가야 했기 때문에 단군시대부터 정치와 종교의 협조를 이상적 모델로 삼았다. 신라에서도 호국이라는 점에 대해서는 국가와 종교 간의 그런 긴장이 크게 없었던 것으로 보인다. 신라 불교를 고차적으로 발전시키면서 대중화한 원효도 계(戒)를 도식적으로 지키는 것이 아니라 일심의 원리에서 지켜야 한다고 했다. 그는 보살이 계를 여실히 지키려면 상대적인 율(律)이나 이(理)가 아니라 일심을 비추어 계를 지켜야 하며, 겉모습으로만 계를 지키는 것은 계를 도둑질하는 편견[戒盜見]이라 하여 이를 피할 수 있어야 한다고 했다. 위로는 지혜를 구하고 아래로는 중생을 구제한다는 대승불교의 이상(理想)이, 이를 받아들인 신라 왕들과 엘리트들의 이상과 충돌하지 않았던 것이다. 삼국시대 불교의 호국사상을 지배계층의 특권을 옹호하는 사상으로 해석하는 견해는 지배계층과 피지배계층이 투쟁하던 서양의 역사관을 그대로 한국에 적용한 것이라고 본다. 불교의 호국사상은 지배계층의 특권만 옹호해 줄 수 있는 사상이 아니다. 삼국시대 왕들이 불교를 받아들인 것은 특권층의 보호를 위해서가 아니라 오히려 "국가사회를 통합할 수 있는 새로운 사회질서와 가치체계, 윤리 등이 요구되는 시기에", 정법치국 사상(正法治國思想)에 입각한 불교의 호국사상을 받아들인 것이다.

호국불교 사상은 "전쟁으로부터의 국가 보호와 새로운 통치이념의 확립이라는 두 가지 과제에 대한 사상적 비전을 동시에 제시해 줄 수

---

[22] Max Weber, translated by Ephraim Fischoff, *The Sociology of Religion by Max Weber*(Boston: Bacon Press, 1963), pp. 223-226.

있었기 때문이며 또한 그러한 역할을 수행했던 것이다. 이러한 호국불교의 전통은 고려에 계승되었으며 여기에 국토와 지세를 중시하는 도참(圖讖)사상이 추가되어 우리의 국토를 불보살의 불국토로 이상화하게 되었다. 우리나라 명산(名山)이나 봉우리를 금강산, 오대산, 비로봉, 문수봉, 보현봉, 관음봉 등과 같은 불교적 이름으로 명명한 것이 언제부터인지는 확실히 모르겠으나 이러한 명명은 불보살의 숨결이 어려 있는 이 나라 국토를 지키는 일이 곧 불국토를 지키는 일이라는 일체화를 강화한 것으로 보인다.[23]

(2) 한국 불교와 사회통합의 기초로서의 소통[24]

19세기 이후 한국 불교는 종교를 넘어서서 사회철학이자 사회사상으로서의 역할을 해 오고 있다. 현재 한국의 많은 철학자와 종교학자는 불교를 종교라기보다는 사회사상과 사회철학으로 보고 있다. 즉, 불교는 종교활동에서 좀 벗어나 있는 측면이 있다. 사실, 불교는 갈등투쟁으로부터 자유로운 종교이다. 불교는 지역 토착사상과 결합하면서 동북아 불교(대승불교), 동남아 불교(소승불교), 티베트 불교(달라이라마)라는 독특한 모습을 가지게 되었다. 즉, 변증법과 소통을 통해 가능성이 만들어지는 것이다.

한국에 전래된 불교의 대표적인 특징은 특정한 불경의 번역이라고 할 수 있다. 이슬람, 기독교는 경전이 한 권밖에 없지만 불교는 경전이 수없이 많다. 이것들이 여러 나라로 전해지며 다양한 의식으로 나타나게 되는 것이다. 같은 불교라도 중국, 베트남, 한국 등 국가마다 다르게 나

---

[23] 정천구, 「한국의 호국불교: 그 역할과 과제」, 『민족사상』 제4권 2호(2010), 96-97쪽.
[24] 김석근, 「한국 불교와 사회통합의 기초로서의 소통」, 전문가 자문회의 발표문(2015년 6월 23일).

타난다. 인도에서 전해진 불교 중 중국에서 유행한 사상이 있는 반면 같은 불교이지만 한국에서는 별개의 사상인 경우도 있다. 불교가 한국으로 전래되면서 경전의 문제 등 상호교섭의 문제가 생겼다.

통일신라 이후에도 통합 문제가 제기되었다. 통일신라는 통합의 기제를 필요로 했다. 『삼국사기』를 읽어 보면 매년 전쟁에 시달렸음을 알 수 있다. 신라는 그럼에도 불구하고 여러 전쟁을 거치면서 통일을 이루었다. 신라는 인구와 국토가 세 배로 늘어 통치 질서에 대한 철학적 기반이 필요했다. 이러한 시대적 과정에 대답한 자가 바로 원효였다.

원효는 인간적인 방법으로 불교를 전파했다. 원효의 성씨는 '설'씨이고 골품은 6두품으로 높지는 않았다. 반면 의상은 진골이었다. 의상과 원효의 '해골 이야기'는 사실 설화에 불과하다. 그러나 의상의 기록에 원효에 대한 서술이 나와 있다. 당시 스님들의 세계에서 헤게모니를 잡고 있던 자는 진골이었고, 불교사상을 지배한 자들은 해외 유학파들이었다. 유학을 가서 배워 온 것이 최고로 인정받았다. 한편 국내파들의 가장 큰 고민은 다양한 사상 중에 어느 것이 더 유익한가라는 것이었다. 당시 주류의 핵심은 의상이었다. 그러나 의상은 책과 기록을 많이 남기지 않은 반면 원효는 그렇지 않았다.

원효는 처음에는 기존 불교에 충실했다. '발신수행(發身修行)'에서 원효의 고민은 부처님의 말씀에 어떻게 가까이 갈 수 있을 것인가라는 것이었다. 원효의 화쟁사상은 후대에 평가되었다. 불완전하게 기술되다 보니 후대에 의해 만들어지는 경우가 많았다. 당시 주류는 화엄사상이었다. 『화엄경』은 우주의 질서를 미적으로 표현한 경전이자 통일국가의 상징이었다.

원효가 강조하는 불교경전은 '일시아문(一時我聞)'으로 시작한다. 이것이 바로 화쟁(和諍)이 필요한 이유이다. 유학파는 항상 자기가 배운 것을 주장한다. 그러나 화쟁은 구체성과 체계성을 가진 체계가 아닌 방법론이었다. 그렇다면 화쟁이 가능한 범위는 어디까지인가? 우리의 남북통일, 분쟁해결에서도 화쟁사상을 적극적으로 활용할 수 있을 것이다.

그렇다면 화쟁은 어떤 성격을 갖는가? '소통'이 가장 가깝다. 그러나 소통에 머물지 않는 것은 궁극적인 목적으로 나아가려는 것, 즉 '마음의 통일'이라고 볼 수 있다. 파토스는 공감, 에토스는 규범성을 의미한다. 결국에는 일심의 세계, 한마음 한뜻으로 가는 것이다. 화쟁은 역설적이면서도 미원론적이지만 변증법적이지 않은 원래로 돌아가는 것이다. 통섭의 개념도 이와 유사하다. 원불교도 원래로 돌아가는 것이다. 불교사상을 사회적으로 적용시키면 통일 이후 다양한 것들을 하나로 이끌어낼 수 있을 것이다. '화엄사상'은 정치적 이념이 될 수도 있다. 결국 마음의 통일이 필요한 것이다. 원효의 화쟁사상은 결국은 휴머니즘, 인권, 민족적 정체성의 가치 도출이다. 그러나 보다 구체적인 방안을 찾아보아야 한다.

결국 '되돌아감'과 '치유'의 문제이다. '즉'의 과정이다. 결국 에토스의 형성과 치유함이 있는 것이다. 오늘날 치유의 과정은 문제의 해결에 있다. 우리는 남과 북의 '공통의 문제'를 제시할 줄 알아야 한다. 통합의 과정은 '공간(Common)'을 넘어 실천적 의미의 '공공(Public)'이어야 한다. '퍼블릭(Public)'은 국가와 공공 차원의 가치이자 사상의 에센스한 가치이다. '가치(Value)'는 이성의 산물이 아니다.

불교의 가르침인 되돌아봄과 회상을 통해 마음의 치유가 이루어진다. 결국 말을 해야만 한다. 말을 통해 치유의 시작이 이루어지기 때문이다. 서로 다른 것에 대해서 얼마나 다른지에 대한 논의도 한번 해 보아야 한다. 그리고 불교에 대한 역사적 논의를 전개할 때 현대의 우리 상황을 불교의 초기 상황과 비교해 보는 것도 유익하다.

(3) 불교의 사회통합 기제로서의 화랑도

불교가 가지는 사회통합의 이념이 화랑도라는 조직 및 조직 사상 속에 내포되어 나타나게 된다. 다음에서 불교의 사회통합 이념이 구체화된 화랑도에 대해서 간단히 살펴보고자 한다.

화랑도는 진흥왕대(540~576) 전반기에 등장하는데, 이 화랑도의 제정목적은 『삼국사기』 진흥왕 37조 말미 기사에서 언급된 바와 같이, 인재의 발견과 조정에 대한 추천에 있었다. 한마디로 화랑도는 인재의 양성과 등용에 목적을 두고 출발한 것이다. 520년(법흥왕 7)에 율령반포가 이루어지면서, 소요되는 많은 법령관리와 무관이 필요해짐에 따라 화랑도라는 하나의 교육체계가 형성된 것이다. 그리고 당시 신라는 정복시기에 있었기 때문에 화랑도는 무사단(武士團)적 인적 자원의 확보를 위한 성격도 매우 컸다. 즉, 정복전쟁을 통하여 확대된 신라의 영토와 주민을 통치하고 통합하기 위해서는 국가 통치조직 속에서 양성된 인적 자원의 수요를 급속히 증대할 필요가 있었던 것이다.

화랑도의 조직에는 각 화랑집단마다 진골 출신의 화랑 한 명과 그를 자문, 지도하는 승려 약간 명, 그리고 진골 이하 평민에 이르는 수백 명의 낭도가 있었다. 이처럼 화랑도는 귀족에서부터 일반평민에 이르기까지 거의 모든 사회계층을 연결 망라한 범사회적 집단이었을 뿐만 아니라, 그 조직 자체가 구성원 자신들의 자발적 참여 아래 일종의 서약의 형식을 통해서 맺어지고 있었다.

화랑집단의 구성원들은 원칙상 3년을 수련기간으로 정하여 단체생활을 했으며, 그 연령은 대체로 15~18세로 추정된다. 그들은 이 기간 동안 명산대천을 유람하면서 충과 신 등의 덕목을 수련 목표로 삼아 연마했는데, 여기에는 가악이 필수적으로 뒤따랐다. 흔히 '풍류'로 불려지는 화랑도의 독특한 수련법은 문화사가 하위징아(Johan Huizinga)가 말하는 '놀이'의 개념이나 중국 고대의 예악사상과 부합 상통하는 일면을 지니고 있다. 그리고 화랑집단의 구성원들은 줄곧 야영생활을 하면서 심신을 단련하는 한편 단체정신을 함양했다. 이처럼 집단적인 수련을 통해서 길러진 화랑도 구성원 간의 인간관계는 매우 긴밀하여 단순한 우정관계가 아니라 함께 죽기를 약속하고 이를 실천에 옮길 정도의 전우, 맹우 관계가 성립되었다. 이러한 화랑도는 당시 신라의 지배적인 종교인 불교 신앙과 매우 긴밀한 관계를 맺고 있었다.[25]

이러한 화랑도와 불교의 밀접한 관계를 보여 주는 것이 바로 화랑도의 기본원칙인 세속 5계이다. 세속 5계는 중국 유학을 다녀온 승려 원광에 의해서 만들어졌으며, 그 내용은 사군이충(事君以忠), 사친이효(事親以孝), 교우유신(交友有信), 임전무퇴(臨戰無退), 살생유택(殺生有擇)이었다.

불교와 유교의 교리를 바탕으로 한 원광의 세속 5계는 원광 자신이 불교와 유교를 중국에서 익혀 왔기 때문에 가능했다. 세속 5계는 종래 신라인들의 도의를 발전시킨 것으로 중국인들도 중시하는 도의를 신라에서 받아들인 것을 뜻한다. 그로부터 신라인들의 삶, 특히 화랑들의 삶은 국제사회와의 통합, 즉 세계화의 길을 걷게 되었다.[26]

화랑도와 승려는 불가분의 관계에 있었다. 즉, 화랑도 내에서 승려의 역할은 지식을 전수하고 인재를 선발하는 것이었다. 그리고 승려들은 화랑도의 일원인 낭도가 되어 여러 사람과 가까이 지내게 되었고 그 결과 자연스러운 불교 전파가 이루어졌다. 이를 통해 불교가 점점 더 민간인들 사이에 퍼져 나가게 되었으며, 화랑도는 자연스럽게 불교와 친

---

[25] 이도학, 「신라 화랑도의 기원과 전개과정」, 『정신문화연구』 13권 1호(1990), 15-16쪽.
[26] 이종욱, 「신라 화랑도의 활동」, 『서강인문논총』 제16권(2002), 67쪽.

숙해졌다.

한편 화랑도 조직의 사회통합이론적 측면에서 가장 기본적으로 들 수 있는 것은, 신라에서 특히 뚜렷하게 나타나는 가부장적·가족주의적 조직사상으로서의 부황(父皇)사상이다. 원래 부모는 자식에게 절대적인 것이다. 그 어떤 종교, 철학, 사상, 정치, 권력으로도 부모의 절대성, 특히 아버지의 절대성을 부인하거나 훼손할 수 없다. 따라서 조직의 장을 아버지에 비교하여 장의 권위를 절대불변의 지위로 승격시킨 이 사상은 조직이론으로서 매우 유용한 것이었다.

이러한 가부장적 조직사상으로서의 부황사상이 신라에서 사회통합의 원리로 자주 강조되었는데, 일연이 선도신모의 아버지를 부황으로 호칭한 것이나, 관직명에서 제감(弟監)이 등장하는 것을 통해서 잘 드러난다. 화랑도 조직에서도 가부장적·가족주의적 조직사상이 그대로 나타나는데, 『화랑세기(花郞世記)』에 의하면 화랑의 최고 책임자인 풍월주를 주형(主兄)으로, 부책임자를 부제(副弟)로 직명을 붙였다. 이는 정부 책임자를 형제로 결연하게 한 것으로 신라가 가부장적 조직이론을 조직구조에서도 실천하고 있었음을 알 수 있다.[27]

위에서 살펴본 바와 같이 불교를 국가 종교로 받아들인 중앙집권적 귀족국가인 신라가 체제정비와 영토 확장 과정에서 국가를 통합시키고, 국가권력을 확대해 나가는 데 가장 중추적인 역할을 한 것이 바로 화랑도였다.

---

27 이강식, 「화랑도조직의 이론과 실천」, 『경영학연구』 27권 1호(1998), 196-197쪽.

2) 유교

조선사회와 국가를 통합시킨 대표적 사상인 유학은 방대한 역사성을 갖고 있기 때문에 하나의 실체로 보기에는 어려운 점이 있다. 그럼에도 중국이나 한국에 영향을 끼친 유학은 모든 국가적 이념임과 동시에 실제 생활의 신념과 공동체 의식을 바탕으로 전개되어 오늘에 이르고 있다. 이러한 의미에서 유학은 역사적 장구함에 비하여 엄청난 통합력을 가지고 있다고 할 수 있다. 즉, 중국의 2,500년 역사 속에서 선비나 사회지도층에게는 유학이 공통의 인식과 태도를 형성하는 기본이 되어 왔다.

(1) 한국사회에서의 유학의 의미

유가사상은 덕망이 있는 사람이 사회를 이끌고 백성을 교화하여 질서를 바로잡아야 함을 정치의 요체로 삼고 있다. 이러한 덕치주의에 의거한 정치는 나라가 어지럽고 사회가 혼란에 빠져 있을 때 어느 때보다도 절실하게 필요하다.

유가사상은 '인(仁: 내면적 도덕성)'과 '예(禮: 외면적 사회규범)'를 중시하며 사회적으로 신분을 명확히 구분하고 그 신분에 맞춰 인과 예를 행해야 함을 강조하며 효도, 우애, 충성, 신의를 정치와 윤리의 이상으로 하는 도덕주의를 설파했다. 유가의 근본인 '인'을 사랑으로도 이해하고 있다. 그러나 인은 사람을 인정하고 사랑하지만 가려서 해야 된다고 한다. 사회질서는 예치를 바탕으로 모든 사람이 자신의 위치에서 자신에게 주어진 역할을 수행할 때 가능하다는 것이다. 이 점은 공자의 대화에서 엿볼 수 있다.

제나라 경공이 공자께 정치에 관해 묻자, "임금은 임금답고 신하는 신하답고 아버지는 아버지답고 아들은 아들다운 것이다."라는 명언으로 답한 것이 그 예이다. 유가 사상가들은 모든 사람이 태어나면서부터 자신에게 주어진 계층(신분)에 맞게 행동해야 하고, 그래야만 항시 안정된 사회를 유지할 수 있다고 보았다. 아울러 이에 맞는 사회적 규범을 지키고 유지하는 것을 본분에 충실하는 것으로 믿었다. 그렇게 유가들은 예치와 인정을 바탕으로 왕도정치를 이상으로 꿈꾸었다.[28]

유학은 본성과 예에 관한 형식과 정신을 중시하며, 이를 끊임없이 배우는 학문이다. 따라서 고대 중국의 약육강식의 상황에서는 실패한 이론적 위상을 갖고 있었다. 그러나 정쟁과 암투로 이어지는 시기가 지나면서 유학은 제자백가의 수많은 이론 중에서 논리 연속성을 갖는 종교 사상이 되었다.

유학은 고립된 위치에 머물러 있지 않고 법가, 묵가, 양주의 무정부적 발상과도 극렬한 사상 논쟁을 벌인 바 있다. 그리고 그 안에서 상호 보완하면서 한결같은 마음을 숭상하며 순리를 바탕으로 성(誠)을 이룰 것을 항상 강조한다. 정치인이나 제후 그리고 대부에 이르기까지 유학은 정치를 구현하는 기초가 되어 왔다. 이에 유학은 자기 수양의 근거를 갖게 되고 궁극적으로 '수신제가치국평천하(修身齊家治國平天下)'의 길을 과감하게 모색하는 군자의 학문을 표방하게 되었다.

계급사회가 엄연히 존재하는 속에서 유학의 기본원리는, 자기의 직분에 충실하고 예절로써 상하를 맞이하면서 살도록 사람들에게 교육하는 것이다. 누구나 부처가 될 수 있는 것처럼 누구나 군자로의 길을 가는 것이 가능하다는 것이 정명사상을 통해 설파되었다. 군군신신(君君臣

---

28 조선 왕조 역시 유교의 사상을 바탕으로 왕도정치를 실현하고 사회질서를 세우려고 했으며, 이를 통하여 사회적으로 평화로운 통합을 꿈꾸었다.

臣)부부자자(父父子子)는 바로 삶의 정체성 문제에 대해 흔들림 없는 유연함을 갖추게 했다.

이러한 전반적인 인식 속에서 한국 전통사상의 중요한 토대를 이루는 유학의 장점을 밝히면 다음과 같다.

첫째, 유학은 문화적 재생산에 대해서 유연함과 동시에 결단력을 보인다. 유학은 공자 이래로 새로운 배움에 대해 늘 진지하고 그 배움의 실천을 갈망했다. 유학은 향촌사회에서 일정한 사회적 역할을 수행하며, 사회의 원리에 대하여 스스로 질문하는 선비를 길러 냈다. 선비들은 유학을 배우면서 새로운 가치관으로 백성의 삶 속에서 절제와 안분을 생각하는 잠재력을 보였다. 그렇기에 아무리 권력이 높아도 이를 높이 보는 것이 아니라 학식의 높음을 기품으로 인정하는 문화를 2,500년간 지속해 왔다. 그러한 바탕 위에 유교는 사회통합력을 발현하여 궁극적으로는 사회적 공동체의 결속을 강화할 수 있었다. 이는 사회문화 풍토의 순연함을 유지하는 통합력의 기초라고 하겠다.

늘 향촌 질서를 중시하는 선비의 안빈낙도는 소국과민의 삶을 군자의 삶으로 강조함으로써, 정치를 수행하는 데 길잡이가 되었다. 이를 통해, 유학은 올바른 세상 구현에 안정적 발전을 가능하게 했다.

둘째, 유학은 다양한 학문적 세계에 대해 능동적인 실천력을 구사했다. 물론 우리의 성리학에서 나타난 사문난적이나 문체반정 등은 매우 편협한 자세에서 비롯된 것이다. 하지만 유학은 다양한 인식을 가능하게 하는 논의 또한 갖추고 있었다. 외유내법이라는 말이 있듯이, 외적으로는 유학을 품고 있지만 스스로에게 늘 준엄한 자기 절제를 법가 사상처럼 내연하고 있어 유학의 호소력이 도가, 법가를 포용하는 현실적 근거를 가지고 있었다. 중화사상이 보여 주는 자기 논리의 지속성은, 바로 자기모순까지도 불교나 법가 그리고 도가에서 끌어안으려는 민본적인 사상적 뿌리가 유교에 존재함을 보여 준다. 그렇기에 유학은 수직적인 정치 문화 속에서도 지배층이 서민과 여성을 포용하는 정치의 일상적 실천력을 확보할 수 있었다.

셋째, 한국화된 유학인 성리학은 호국 정신의 논리로 통일신라, 고려, 조선, 항일 운동기, 권위주의 시기에 우리 사회를 지도하였다. 현실 정치에서 성리학은 논쟁적인 논의를 주도하였다. 그렇기에 대의명분은 늘 사색당파라는 골육적 항쟁의 원인이 되기도 했다. 그러나 국가 혼란기에는 여민락이라는 국가 존재의 절대절명의 요구를 학문적으로 실천하는 의연함을 보여 왔다. 사회의 갈등을 수반하는 혁신성을 가진다는 비난을 받을지언정, 향촌사회를 해치는 극단적인 국가주의나 외세에 대해, 의를 추구했던 유학자들은 늘 국익을 우선시하면서 의병 정신, 독립 정신, 민주화 정신을 실천해 왔다.

(2) 유학사상의 기본 사상과 전개

유가의 통합사상은 예치[正名]와 인정[德治]에 바탕을 둔 왕도정치 사상이다. 예치는 부자(부자유친)와 상하(장유유서)에 따른 가족윤리를 국가 수준으로 확대하여, 공동체 전체를 하나의 가족과 같이 통합하려는 사상이다. 그래서 왕과 백성은 통상 부모와 자식 간의 관계로 표현된다. 예컨대 왕은 백성을 '나의 어린 아이[我之赤子]'로 부른다. 효치(孝治)를 정치의 근간으로 보는 관점도 동일한 의미를 가지고 있다. 천하를 하나의 가족처럼 보는 것이다. 그래서 '가(家)-국(國)'은 중간매개 없이 직접 연결되어 있다. 부모가 자식을 생각하는 마음으로 덕을 베푸는 정치가 덕치(德治)이며, 이것이 어진 정치[仁政]이며, 진정한 왕의 정치[王道政治]이다.

이런 유교 사상은 춘추전국 시대의 대혼란을 배경으로 탄생되었다.

공자는 당시의 혼란이 가족주의 질서의 붕괴, 즉 예의 붕괴에 비롯되었다고 인식했다. 공자는 『논어』에서 "나는 주나라를 따르겠다"고 선언했는데, 주나라는 71개국의 제후국을 세우고 이 가운데 55개국에 자신의 형제와 씨족을 제후로 봉하여 혈연적 유대를 지키면서도 예를 준수하게 하는 통치질서가 확립되어 있었다. 그러나 춘추시대에 이르러 왕권의 약화로 임금과 제후 간의 질서와 혈연적 유대가 무너지면서 군주를 살해하고 세자가 권력을 찬탈하는 등 서주의 예악제도가 붕괴되었다.[29] 이러한 배경하에 공자는 '예의 회복=극기복례(克己復禮)'를 평화의 방법론으로 제시했다. 예의 회복은 '이름을 바로 세우는 것[正名]'을 뜻한다. 임금은 임급답고, 신하는 신하답고, 아버지는 아버지답고, 자식은 자식다운 것이 정명이다. 각자 사회적 역할에 맞게 자신의 의무를 다하는 것이 정명이다. 각자의 욕망으로 인해 이런 역할에 혼란이 생기면서 끝없는 전쟁의 소용돌이에 빠지게 되었다고 보는 것이다.

다음으로 통치자들이 본래의 본분을 잊고 백성을 억압하는 것이 정치적 혼란의 원인이라고 보았다. 통치자는 원래 백성의 아버지와 같은 존재로서 백성에게 어진 정치를 펼쳐야 하는데, 백성을 초개처럼 여기고 끝없이 착취하려는 데 정치적 비극의 원인이 있다고 본 것이다. 예치론과 인정론은 사실 하나의 뜻에서 나온 것이다. 즉, 통치계급 또는 사회지도계급의 각성을 촉구한 것이다. 지식인에게는 구세의 사명을 자각시키고, 백성이나 아랫사람들에게는 각자의 분수에 맞는 행동을 요구한 것이다.

역사적으로 볼 때, 유가의 기본모범은 주왕조인데, 주나라는 2,000년 이상 동아시아 문명의 항금 모델이었고, 공동체 원리의 핵심이 혈연제

---

29 권상우, 「유학 현대화를 위한 하나의 시론」, 『유교사상문화연구』 제31권(2008), 351쪽.

(blood system)를 바탕에 두고 있었다. 봉건제는 혈연관계에 의해 권력을 나누고(분권) 위임했으며, 귀족적 관습[禮治]과 인격[德治]에 의한 통치를 이상적으로 생각했다.

이 시기 유가는 인간의 도덕성·자율성에 기초한 정치체제를 옹호하면서 군자의 정치를 강조했다. 특히, '천하유도론(天下有道論)'이 강조되었는데, 공자는 "천하에 질서가 있다면 예악의 제정과 정벌에 관한 명령이 천자로부터 나오고 천하에 질서가 없으면 예악의 제정과 정벌에 관한 명령이 제후로부터 나온다. […] 천하에 질서가 있으면 정치권력이 대부의 손에 있지 않고, 천하에 질서가 있으면 백성들이 정치에 대해 이러쿵저러쿵 논평하지 않는다.(『論語』, 季氏)"고 했다. 그리고 공자는 계씨를 평하면서, "그가 정원에서 64인으로 음악에 맞추어 춤을 추게 한다니, 이를 참는다면 무엇인들 참지 못하겠는가?[孔子謂季氏 八佾舞於庭 是可忍也 孰不可忍也]"라고 했다.

한편 자로(子路)가 "위나라 임금이 선생님에 의지하여 정치를 하려고 한다면 선생님께서는 무엇을 먼저 하시겠습니까?"라고 하자 공자는 "반드시 명분을 바로잡으리라!"고 했다. 자로가 "이 정도로군요 선생님의 우원하심이! 무엇 하러 명분을 바로잡습니까?"라고 하자 공자는 "거칠구나 유는! 군자는 자기가 모르는 것에 대해서는 대체로 말을 하지 않고 가만히 있는 법이다. 명분이 올바르지 않으면 말이 순리롭지 않고, 말이 순리롭지 않으면 일이 이루어지지 않고, 일이 이루어지지 않으면 예악이 흥성하지 않고, 예악이 흥성하지 않으면 형벌이 합당하지 않고, 형벌이 합당하지 않으면 백성들이 손발을 둘 데가 없다. 그러므로 군자는 명분을 세우면 반드시 말할 수 있어야 하고 말을 하면 반드시 실행할 수 있어야 한다. 군자는 말에 있어서 어물어물 넘어가는 것이 없다."라고 했다.[30]

제나라 경공이 공자에게 정치에 관하여 묻자 공자는 "임금은 임금답고 신하는 신하답고 아버지는 아버지답고 아들은 아들다운 것입니다"라고 했다.[31]

한편 인정(仁政)과 관련하여 공자는 "사람이 어질지 못하면 예는 무엇하자는 것이며, 사람이 어질지 못하면 악은 무엇하자는 것이냐."[32]라고 했으며, 안연의 질문에 대하여 공자는 "자기의 사사로운 욕심을 이겨 그 언어행동이 예에 합치하면 그것이 곧 인이다. 하루라도 그렇게 하면 온 세상이 인을 따르게 된다. 인을 실천하는 것은 자기에게 달린 것이지 다른 사람에게 달린 것이 아니다."[33]라고 대답했다.

또한 자공(子貢)이 "널리 백성에게 은혜를 베풀고 민중을 어려움으로부터 구제해 줄 수 있는 사람이 있다면 이 사람은 어떻습니까? 어질다고 할 수 있겠습니까?"라고 하자, 공자는 "어찌 어질 뿐이겠느냐? 틀림없이 성스럽다고 하겠다. 요임금과 순임금도 오히려 그렇게 하기는 힘들어했을 것이다."라고 했다.[34]

한번은 공자가 위나라에 갔을 때 염유(冉柔)가 수레를 몰았는데, 공자가 말하기를 "백성이 번성하구나."라고 하여 염유가 "이미 백성이 많은데 또 무엇을 더할까요?"라고 묻자, 공자는 "부유하게 해야 한다."라고 대답했고, 염유의 "이미 부유한데 또 무엇을 더하겠습니까?"라는 질문

---

30 子路曰 衛君待子而爲政 子將奚先? 子曰 必也正名乎! 子路曰 有是哉 子之迂也! 奚其正? 子曰 野哉由也 君子於其所不知 蓋闕如也. 名不正 則言不順 言不順 則事不成 事不成 則禮樂不興 禮樂不興 則刑罰不中 刑罰不中 則民無所措手足. 故君子名之必可言也 言之必可行也. 君子於其言 無所苟已矣.
31 齊景公問政於孔子 孔子對曰 君君 臣臣 父父 子子.
32 子曰 人而不仁 如禮何 人而不仁 如樂何.
33 顔淵問仁 子曰 克己復禮爲仁 一日克己復禮 天下爲仁焉 爲人由己 而由人乎哉.
34 子貢曰 如有博施於民而能濟衆 何如? 可謂仁乎? 子曰 何事於仁 必也聖乎! 堯舜其猶病諸! 夫仁者 己欲立而立人 己欲達而達人. 能近取譬 可謂仁之方也已.

에 "가르쳐야 한다."고 응답했다.

인정과 관련된 공자의 이야기로는, "진실로 나를 등용하는 사람이 있다면, 1년이면 괜찮게 될 것이고, 3년이면 이룸이 있을 것이다."[35] "'선한 사람이 100년을 다스린다면, 잔포(殘暴)한 사람들을 덕화로 감화시켜 악을 행하지 않게 하고, 죄인을 죽이는 형벌을 없앨 수 있다.' 했는데, 이 말은 정말 그렇도다."[36]라고 한 것을 들 수 있다.

공자의 사상을 계승한 맹자와 양혜왕 대화는 한반도에 전래된 유교의 핵심이라고 할 수 있다. 양혜왕이 맹자에게 "천리를 멀게 여기지 않고 오셨으니, 또한 장차 내 나라를 이롭게 하실 방도가 있으시겠지요?" 라고 묻자, 맹자는 "왕께서는 하필 이로움을 말씀하십니까? 오직 인의가 있을 뿐입니다. 왕께서 어떻게 하면 내 나라를 이롭게 할까 하시면 대부들은 어떻게 하면 내 집안을 이롭게 할까 하며, 선비나 서민들까지도 어떻게 하면 내 몸을 이롭게 할까 하여, 위아래가 서로 다투어 이익만 취한다면 나라가 위태로워질 것입니다. […] 어질고서 그 어버이를 버리는 자는 있지 않으며, 의롭고서 그 군주를 뒤로하는 자는 있지 않습니다. 왕께서는 오직 인의를 말씀하실 따름이니, 하필 이익을 말씀하십니까?"[37]라고 대답했다.

또 하나 중요한 유교의 사상을 보여 주는 맹자의 일화를 소개하고자 한다. 맹자는 인간의 본성이 선할 수 있는 단초를 가지고 태어난다고

---

35 子曰 苟有用我者 期月而已可也 三年有成.
36 子曰 善人爲邦百年 亦可以勝殘去殺矣. 誠哉 是言也!
37 孟子 見梁惠王 王曰 叟不遠千里而來 亦將有以利吾國乎 孟子對 曰王 何必曰利 亦有仁義而已矣 王曰 何以利吾國 大夫曰 何以利吾家 士庶人 曰 何以利吾身 上下交征利 而國危矣 […] 未有仁而遺其親者也 未有義而後其君者也 王 亦曰 仁義而已矣 何必曰利.

주장하는 유가의 대표적인 철학자이다.[38] 하루는 맹자가 양혜왕을 바라보니 왕이 늪가에 서 있었다. 큰기러기와 사슴들을 돌아보며 말하기를 "현자(賢者)도 이런 것을 좋아하고 즐기나요?"라고 맹자에게 묻자, 맹자는 "현자가 된 뒤에 이런 것을 즐기는 것이니, 현자가 아닌 사람은 비록 이런 것을 보아도 즐거워하지 않습니다. 시경에 이르기를 '영대(靈臺)를 세울 계획으로 터전을 닦고 일을 시작하니 서민들이 모여들어 며칠 안 가서 일이 완성되었네. 급하게 서둘지 말라 해도 서민들이 자식같이 모여들었네. 우리 왕이 동산으로 나가시니 사슴은 엎드리고 겁을 내지 않고 백조는 희기도 하다. 우리 임금 연못가로 나가니 아아 그득하다 뛰노는 물고기들'이라고 했습니다. 문왕은 백성의 힘으로 대를 만들고 연못을 팠으나 백성들은 이를 즐거워하고 기뻐하는지라, 백성들은 기뻐서 그 대를 영대라 하고 그 연못을 영소(靈沼)라 했으며, 그 안에 많은 사슴과 물고기가 있는 것을 즐거워했습니다. 옛날의 어진이는 백성들과 즐거움을 같이했기 때문에 진실로 즐거울 수가 있었습니다. 그러나 탕서(湯誓)에서는, 이 해가 어느 때 망할 것인가. 우리는 차라리 너와 함께 망하리라고 했습니다. 백성들이 모두 함께 망하기를 바라고 있다면 비록 누대가 있고 연못이 있고 새가 있고 짐승이 있어도 어찌 임금 혼자 즐거울 수가 있겠습니까."라고 대답했다.[39] 맹자는 만약 통치자가 인정을 베풀어 백성의 마음을 얻고, 백성과 즐거움을 함께 하는 '여민동락(與民同樂)'을 실천한다면, 그는 천하를 통일하는 왕자(王者)가 될 것이라

---

38 이동인, 「유학의 인성론」, 『유학연구』 제25집(2011), 237쪽.
39 孟子見梁惠王 王立於沼上 顧鴻雁麋鹿 曰賢者亦樂此乎 孟子對曰 賢者而後樂此 不賢者 雖有此不樂也. 詩云 經始靈臺 經之營之 庶民攻之 不日成之 經始勿 庶民子來 王在靈 鹿攸伏 鹿濯濯 白鳥鶴鶴 王在靈沼 於牣魚躍 文王 以民力 爲臺爲沼 而民歡樂之 謂其臺曰靈臺 謂其沼曰靈沼 樂其有 鹿魚鼈 古之人 與民偕樂 故能樂也 湯誓 曰時日 害喪 予及女 偕亡 民欲與之偕亡 雖有臺池鳥獸 豈能獨樂哉.

고 했다. 제선왕이 "왕자가 되려면 어떤 덕이 있어야 합니까?"라고 묻자, 맹자는 "백성을 보호하는 왕이 되면 아무도 막을 수 없습니다."라고 답했다.[40]

이를 통해서 알 수 있듯이, 한반도에 전래된 유학은 사회의 질서와 유지 그리고 국가의 통합에 기여할 수 있는 일정한 가치체계 및 규범체계를 갖추고 있었으며, 조선왕조 지도부가 이를 적절히 활용했다고 볼 수 있다.

3) 도교

도교가 우리나라에 처음으로 들어온 것은 고구려 영류왕 때인 것으로 알려져 있다. 그 근거가 되는 『삼국사기』에 따르면 다음과 같이 기록되어 있다.

> 624년(영류왕 7) 봄 2월에 왕이 당나라에 사신을 보내어 책력을 반포해 줄 것을 청하였다. 당나라에서 형부상서 심숙안을 보내어 왕을 책명(策命)하여 상주국 요동군공 고구려 국왕으로 삼고 도사(道士)에게 명령하여 천존상 및 도교의 법을 가지고 가서 그들을 위하여 '노자'를 강의하게 하였다. 왕과 나라 사람들이 들었다.

또 『삼국유사』 3권에 따르면 다음과 같이 기록되어 있다.

> 「고려본기」에 "고구려 말기 무덕과 정관 연간에 나라 사람들이 오두미교(五斗

---

40 김영수, 「유교의 통합사상과 그 한계」, 전문가 자문회의 발표문(2015년 9월 5일), 2쪽.

米敎)를 다투어 신봉하는데, 당나라 고조가 이를 듣고 도사를 보내고 천존상을 보내어 『도덕경』을 강의하게 하자 왕과 나라 사람들이 들었다."

당시 당나라에서 고조(高祖)는 자기는 성이 이씨요 또 노자의 후손이라고 하면서 노자를 높여 '태상현원황제'라 하고, 도교를 보호하고 존숭했다. 그러므로 당나라는 도교를 널리 반포하는 의미에서 이때 고구려에도 이같이 천존상 도법과 도사를 보냈던 것이다.[41] 이와 같이 중국의 도교가 한반도에 전래된 후 대체적으로 과의도교, 수련도교, 도교민간신앙의 3대 유파로 정착되어 삼국시대에서 조선시대까지 사회통합에 적지 않은 영향을 주었다.[42]

기본적으로 도교는 생명을 귀하게 여긴다. 도교에서 만법의 근본이며 모든 경전의 으뜸으로 받들어지는 『도인경(度人經)』에서는 경의 첫머리에 "선도는 생명을 귀하게 여기며 끝없이 사람들을 구제한다."는 가르침을 펼치고 있다. 도교에서 볼 때 장생불로와 육체성선을 꿈꾸려면 먼저 마땅히 자신의 몸과 생명을 사랑하고 지키는 데서 출발해야 한다. 『태평경(太平經)』에서도 "흉한 일을 버리고 해를 멀리하며 장수하려는 사람은, 스스로를 아끼고 좋아하며 자기 자신에게 친근히 할 줄 알아야 한다. 이렇게 스스로를 기르면 흉하고 해로운 일이 없을 것이다."라고 했다. 『노자하상공장구(老子河上公章句)』에서도 "자신의 몸에서 도를 닦으며 기를 아끼고 신을 기르면 장생불로한다. 이와 같이 행하면 진인이 될 것이다."라고 천명한다.[43]

---

41 현상윤, 『현상윤의 조선사상사』(심산출판사, 2010), 107-108쪽.
42 신진식, 「삼국시대의 중국 당·오대 도교 전래에 관한 연구」, 『도교문화연구』 제29권 (2008), 32쪽.
43 이원국 저, 김낙필 외 역, 『내단-심신수련의 역사 1』(성균관대학교 출판부, 2006), 1쪽.

사실 도교의 주된 목표는 생(生)을 보전하여 신선(神仙)이 되는 데 있는데, 생을 보전하기 위해서는 도를 지켜야 하고, 도를 지키는 극치는 무심(無心)에 있다. 이 무심은 이해득실과 일체 영욕의 사념에서 이탈함을 의미하는 것이다. 우리들에게 노쇠와 질병이 있는 것은 오로지 우수사려(憂愁思慮)와 관계가 있다. 이와 같이 도교는 불로장생이라고 하는 새로운 이상과 새로운 목적을 사회구성원들에게 제시한다.[44]

이러한 도교가 사회통합 사상으로서 의미를 가지는 이유는 도교가 개인의 불로장생과 함께 '사람과 사람의 관계'를 특별한 '생명관계'로 강조하고 있기 때문이다. 사람은 생각을 서로 교류하고 결속하며 일정한 사회조직을 만들며 살아간다. 인류의 개체와 개체 사이에는 생명을 중심으로 사회적 관계가 형성된다. 따라서 도사들의 궁극적 목표는 '연년익수(延年益壽)'와 '우화등선(羽化登仙)'이 된다.

신선의 경지는 수련을 통해서 이룰 수 있는 만큼, 신선이 되려면 마땅히 '사람됨'에서 시작해야 한다. 이른바 도교에서 강조하는 "선도(仙道)를 수련하려면, 우선 인도(人道)를 수련해야 한다."는 것이 바로 사람됨의 중요성을 나타내는 말이다. 일반인들에게는 '신선됨'이 허황된 목표로 치부될 수도 있겠지만, 도사들에게는 하나의 확정된 지상 최대의 목표이다. 따라서 먼저 인간이 되는 것이 생명진화의 대전제가 된다. 사람다운 사람이 되지 못하면서 생명의 진화를 꿈꾸고, 나아가 신선이 되기를 바란다는 것은 말할 가치가 없는 것이다.

또한 도교에서는 생명의 큰 뜻에 맞는 사회 공중도덕을 준수해야 한다고 가르친다. 도둑질을 하지 않고, 의롭지 않은 재물을 받지 않으며, 음란하지 않고, 남을 비방하지 않으며, 남에게 모질게 욕하지 않고, 음

---

44 현상윤(2010), 앞의 책, 106쪽.

해하지 말아야 한다고 강조한다. 도교에는 생명을 중시하는 사회 공중도덕과 관련된 계율이 여럿 존재한다. 이러한 계율과 경전들은 지난 2000년 사회통합의 기초가 되는 공동도덕으로 전해졌고, 도교 특유의 행위규범으로 제시되었다.[45]

한편 유교가 가부장 중심이라고 한다면, 도교는 여성과 밀접한 관계가 있다. 가령 도가의 가장 대표적 경(經)인 『노자』의 곳곳에서 고대 여성숭배 사상의 흔적을 찾아볼 수 있으며, 『장자』에도 선인을 처녀에 비유하거나 도를 깨달은 여성들을 구체적으로 언급한 것을 보면, 이런 경향의 일단을 볼 수 있다. 여성 중시는 특히 유교와 비교해 보면 아주 특징적인 것인데, 실제로 중국의 황제들이 여도사들을 특별대우하거나 여제(女帝)가 도가의 설을 좋아했다는 기록은 자주 볼 수 있다. 한나라 황제는 도학을 좋아하여 유가를 금지하기까지 했고, 당나라 측천무후는 과거 과목에 도덕경을 넣도록 하기도 했다. 그리고 당 헌종이나 송 휘종이 여도사를 특별히 우대한 기록이 역사에 남아 있다. 이러한 도교의 남녀평등 사상은 남성 중심의 편향된 사회를 보다 통합된 사회로 나아갈 수 있도록 하는 단초를 제공하기도 했다.[46]

4) 기독교

기독교의 사회통합 원리는 사랑, 용서 그리고 정의의 개념이다. 다음에서 이 중 사회통합의 핵심가치인 사랑과 용서에 대하여, 기독교의 경전인 『성경전서』의 내용을 토대로 간단히 정리하고자 한다.

---

[45] 잔스촹 저, 안동준·런샤오리 역, 『도교문화 15강』(알마, 2011), 300-301쪽.
[46] 임채우, 「도교의 페미니즘적 성격」, 『도교문화연구』 제20권(2008), 112-113쪽.

(1) 기독교의 사회통합 기본원리인 사랑

가. 기독교에서 말하는 사랑

고린도전서 13장에서 바울은 기독교의 사랑에 대하여 이렇게 정리하고 있다.

> 내가 사람의 방언과 천사의 말을 할지라도 사랑이 없으면 소리 나는 구리와 울리는 꽹과리가 되고, 내가 예언하는 능력이 있어 모든 비밀과 모든 지식을 알고 또 산을 옮길 만한 모든 믿음이 있을지라도 사랑이 없으면 내게 아무 유익이 없느니라. 사랑은 오래 참고 사랑은 온유하며 시기하지 아니하며, 사랑은 자랑하지 아니하며, 교만하지 아니하며 무례히 행치 아니하며, 자기의 유익을 구하지 아니하며 성내지 아니하며 악한 것을 생각하지 아니하며, 불의를 기뻐하지 아니하며, 진리와 함께 기뻐하고 모든 것을 참으며, 모든 것을 믿으며 모든 것을 바라며 모든 것을 견디느니라. 사랑은 언제까지나 떨어지지 아니하되 예언도 폐하고 방언도 그치고 지식도 폐하리라. 그런즉, 믿음, 소망, 사랑 이 세 가지는 항상 있을 것인데 그중의 제일은 사랑이라.[47]

그리고 마태는 마태복음에서, "둘째는 그와 같으니 네 이웃을 네 몸과 같이 사랑하라 하셨으니"[48]라고 함으로써 사랑은 인간관계에 대한 하나님의 율법의 완성임을 강조했다. 사도 바울은 로마서에서 "피차 사랑의 빚 외에는 아무에게든지 아무 빚도 지지 말라. 남을 사랑하는 자는 율법을 다 이루었느니라. 간음하지 말라, 살인하지 말라, 도적질하

---

47 『성경전서』, 고린도전서 13장 1-13절.
48 『성경전서』, 마태복음 22장 39절.

지 말라, 탐내지 말라 한 것과 그 외에 다른 계명이 있을지라도 네 이웃을 네 자신과 같이 사랑하라 하신 그 말씀 가운데 다 들었느니라. 사랑은 이웃에게 악을 행치 아니하나니 그러므로 사랑은 율법의 완성이니라."라고 했다.[49]

이와 같이 기독교에서 말하는 사랑은 대가를 바라고 계산적으로 하는 사랑이 아니다. 기독교의 사랑은 자신을 헌신함으로써 타인을 만족시키는 이타적이고 무조건적인 사랑이다. 이러한 무조건적인 사랑은 예수에 의해서 완성된다.

예수가 이 세상에 온 이유가 자신의 희생을 통해 진정한 사랑을 가르치고 통합을 이루기 위해서이다. 성경은 여기에 대해서 이렇게 설명하고 있다.

그때에 너희는 그 가운데서 행하여 이 세상 풍조를 따르고 공중의 권세 잡은 자를 따랐으니 곧 지금 불순종의 아들들 가운데서 역사하는 영이라, 전에는 우리도 다 그 가운데서 우리 육체의 욕심을 따라 지내며 육체와 마음의 원하는 것을 하여 다른 이들과 같이 본질상 진노의 자녀이었더니 긍휼이 풍성하신 하나님이 우리를 사랑하신 그 큰 사랑을 인하여 허물로 죽은 우리를 그리스도와 함께 살리셨고 너희는 은혜로 구원을 받은 것이라. 또 함께 일으키사 그리스도 예수 안에서 함께 하늘에 앉히시니 이는 그리스도 예수 안에서 우리에게 자비하심으로써 그 은혜의 지극히 풍성함을 오는 여러 세대에 나타내려 하심이라.[50]

---

[49] 『성경전서』, 로마서 13장 8-10절.
[50] 『성경전서』, 에베소서 2장 1-7절.

우리는 그리스도 안에서 그의 은혜의 풍성함을 따라 그의 피로 말미암아 속량, 곧 죄 사함을 받았느니라. 이는 그가 모든 지혜와 총명을 우리에게 넘치게 하사, 그 뜻의 비밀을 우리에게 알리신 것이요 그의 기뻐하심을 따라 그리스도 안에서 때가 찬 경륜을 위하여 예정하신 것이니 하늘에 있는 것이나 땅에 있는 것이 다 그리스도 안에서 통일되게 하려 하심이라.[51]

기독교의 통합사상이 바로 사랑에 있다고 볼 수 있다. 즉, 예수 그리스도의 '십자가 사랑(헌신과 희생)'으로 '하나님과 사람과 만유가 한마음과 한뜻이 되는 것' 그리고 이를 통하여 '내 이웃(나와 다르지만, 그리고 내 마음에 들지는 않지만, 내 곁에서 함께 살 수밖에 없는 사람들)'을 "내 몸과 같이 사랑(자비와 긍휼)"하는 것이다.[52]

사회구성원들이 이러한 사랑을 생활 속에서 실천해 나간다면 그 사회공동체는 견고하게 통합될 수 있을 것이다. 기독교의 사랑을 보다 구체적으로, 아주 가까운 관계에 있는 사람들에 대한 사랑, 주변에 살고 있는 사람들에 대한 사랑 그리고 적대관계에 있는 사람들에 대한 사랑으로 구분하여 설명하고자 한다.

나. 사랑의 대상 1: 아주 가까운 관계에 있는 사람들

기독교는 가까이에 있는 형제부터 사랑할 것을 가르친다. 예수는 제자들에게 "새 계명을 너희에게 주노니 서로 사랑하라. 내가 너희를 사랑한 것같이 너희도 서로 사랑하라. 너희가 서로 사랑하면 이로써 모든

---

51 『성경전서』, 에베소서 1장 7-10절.
52 권성아, 「기독교인들이 보여준 사회통합노력」, 진문가 자문회의 발표문(2015년 9월 19일), 5쪽.

사람들이 너희가 내 제자인 줄 알리라."⁵³라고 강조했다. 예수는 "너희 중에 누구든지 으뜸이 되고자 하는 자는 너희의 종이 되어야 하리라. 인자가 온 것은 섬김을 받으려 함이 아니라 도리어 섬기려 하고 자기 목숨을 많은 사람들의 대속물로 주려 함이니라."⁵⁴라고 말하면서 제자들에게 자기를 낮추어야 함을 가르쳤다.

한편 베드로는 형제 사랑과 관련하여 가까운 사람을 사랑하고 불쌍히 여기는 긍휼함을 가질 것을 다음과 같이 주장했다.

너희가 다 마음을 같이하여 동정하며 형제를 사랑하며 불쌍히 여기며 겸손하며, 악을 악으로, 욕을 욕으로 갚지말고 도리어 복을 빌라. 이를 위하여 너희가 부르심을 받았나니 이는 복을 이어받게 하려 하심이라. 그러므로 생명을 사랑하고 좋은 날 보기를 원하는 자는 혀를 금하여 악한 말을 그치며 그 입술로 거짓을 말하지 말고, 악에서 떠나 선을 행하고 화평을 구하며 그것을 따르라. 주의 눈은 의인을 향하시고 그의 귀는 의인의 간구에 기울이시되 주의 얼굴은 악행하는 자들을 대하시느니라.⁵⁵

사도 바울도 다음과 같이 강조하면서 사회와 조직체가 마치 유기체와 같이 통합되어 있다고 설명했다.

내게 주신 은혜로 말미암아 너희 각 사람에게 말하노니 마땅히 생각할 그 이상의 생각을 품지 말고 오직 하나님께서 각 사람에게 나누어 주신 믿음의 분량대로 지혜롭게 생각하라. 우리가 한 몸에 많은 지체를 가졌으나 모든 지체

---

53 『성경전서』, 요한복음 13장 34-35절.
54 『성경전서』, 마태복음 20장 27-28절.
55 『성경전서』, 베드로전서 3장 8-12절.

가 같은 기능을 가진 것이 아니니 이와 같이 우리 많은 사람이 그리스도 안에서 한 몸이 되어 서로 지체가 되었느니라. 우리에게 주신 은혜대로 받은 은사가 각각 다르니 혹 예언이면 믿음의 분수대로, 혹 섬기는 일이면 섬기는 일로, 혹 가르치는 자면 가르치는 일로, 혹 위로하는 자면 위로하는 일로, 구제하는 자는 성실함으로, 다스리는 자는 부지런함으로, 긍휼을 베푸는 자는 즐거움으로 할 것이니라. 사랑에는 거짓이 없나니 악을 미워하고 선에 속하라. 형제를 사랑하여 우애하고 존경하기를 서로 먼저 하며 부지런하여 게으르지 말고 열심을 품고 주를 섬기라. 소망 중에 즐거워하며 환난 중에 참고 기도에 항상 힘쓰며, 성도들의 쓸 것을 공급하며 손 대접하기를 힘쓰라.[56]

이와 같이 기독교는 사회를 사랑의 공동체로 파악하고 있으며, 그 바탕에는 가까운 형제에 대한 사랑이 깔려 있다.

다. 사랑의 대상 2: 주변에 살고 있는 사람들

이웃에 대한 사랑이 가장 분명하게 드러나는 예수의 가르침은 '착한 사마리아인의 비유'일 것이다. 어느 날 한 명의 율법교사가 예수를 시험하여 이러한 질문을 한다. "선생님, 내가 어떻게 하여야 영생을 얻을 수 있습니까?" 이에 대한 대답으로 예수는 "율법에 무엇이라 기록되었으며 네가 어떻게 읽느냐"라고 되묻는다. 여기에 대해서, 그 율법교사는 "네 마음을 다하며 목숨을 다하며 힘을 다하며 뜻을 다하여 주 너의 하나님을 사랑하고 또한 네 이웃을 네 자신같이 사랑하라 하였나이다."라고 응답한다. 예수는 마지막으로, "네 대답이 옳도다. 이를 행하라. 그러면 살리라."라고 했다. 이에 대해 율법교사는 "내 이웃이 누구니이까?"라

---

[56] 『성경전서』, 로마서 12장 3-13절.

고 묻는다. 여기에 대한 예수의 대답이 바로 '착한 사마리아인의 비유'이다.

어떤 사람이 예루살렘에서 여리고로 내려가다가 강도를 만나는데, 강도들이 그 옷을 벗기고 때려 거의 죽은 것을 버리고 갔다. 마침 한 제사장이 그 길로 내려가다가 그를 보고 피하여 지나가고, 또 이와 같이 한 레위인도 그곳에 이르러 그를 보고 피하여 지나가되, 어떤 사마리아 사람은 여행하는 중 거기에 이르러 그를 보고 불쌍히 여겨 가까이 가서 기름과 포도주를 그 상처에 붓고 싸매고 자기 짐승에 태워 주막으로 데리고 가서 돌보아 주었다. 다음 날 그는 주막 주인에게 돈을 내주며 그 사람을 돌보아 주라고 부탁한다. 이 이야기를 마치고, 예수는 그 율법교사에게 이 세 사람 중에 누가 강도 만난 자의 이웃이냐고 묻는다. 그러면서 "가서 너도 이와 같이 하라."[57]고 명령한다.

기독교는 사랑의 종교로서 기독교인들에게 어려움에 처해 있는 이웃을 둘러보고 관심을 가지며, 자신이 가진 것을 나누어 줄 것을 요구한다. 이러한 정신이 사회통합에 기여한다.

라. 사랑의 대상 3: 적대관계에 있는 사람

기독교는 형제, 이웃 그리고 원수도 사랑하도록 요구한다. 예수는 십자가 상에서 스스로 그 모범을 보여 주었다. 예수는 십자가에 달려 고통을 겪는 가운데에서도, 고통을 안겨준 사람들에 대하여 저주나 원망을 하지 않고, "아버지 저들을 사하여 주옵소서. 자기들이 하는 것을 알지 못함이니이다."[58]라고 했다.

---

57 『성경전서』, 누가복음 10장 25-37절.
58 『성경전서』, 누가복음 23장 34절.

예수는 제자들에게 직접적으로 원수를 사랑하라고 가르쳤다. 그 내용은 다음과 같다.

> 눈은 눈으로, 이는 이로 갚으라 하였다는 것을 너희가 들었으나 나는 너희에게 이르노니 악한 자를 대적하지 말라 누구든지 네 오른편 뺨을 치거든 왼쪽도 돌려 대며, 또 너를 고발하여 속옷을 가지고자 하는 자에게 겉옷까지도 가지게 하며, 또 누구든지 네가 억지로 오 리를 가게 하거든 그 사람과 십 리를 동행하고 네게 구하는 자에게 주며 네게 꾸고자 하는 자에게 거절하지 말라. 또 네 이웃을 사랑하고 네 원수를 미워하라 하였다는 것을 너희가 들었으나, 나는 너희에게 이르노니 너희 원수를 사랑하며 너희를 박해하는 자를 위하여 기도하라. 이같이 한즉 하늘에 계신 너희 아버지의 아들이 되리니 이는 하나님이 그 해를 악인과 선인에게 비추시며 비를 의로운 자와 불의한 자에게 내려 주심이라. 너희가 너희를 사랑하는 자를 사랑하면 무슨 상이 있으리요 세리도 이와 같이 아니하느냐. 또 너희가 너희 형제에게만 문안하면 남보다 더하는 것이 무엇이냐 이방인들도 이같이 아니하느냐. 그러므로 하늘에 계신 너희 아버지의 온전하심과 같이 너희도 온전하라.[59]

예수는 원수를 단순히 마음으로 사랑하는 정도가 아니라 그들의 필요를 충족시켜 주는 정도까지 사랑할 것을 강조했다.

---

[59] 『성경전서』, 마태복음 5장 38-48절.

(2) 기독교의 사회통합 기본원리인 용서

가. 기독교에서의 용서의 의미

예수의 가르침 중에서 기독교의 용서를 가장 분명하게 드러내는 부분은 마태복음 18장 21절이다. "그때에 베드로가 나아와 이르되 주여 형제가 내게 죄를 범하면 몇 번이나 용서하여 주리이까 일곱 번까지 하오리이까?" 이 질문에 대하여 예수는 다음과 같이 대답했다.

네게 이르노니 일곱 번씩 아니라 일곱 번을 일흔 번까지라도 할지니라. 그러므로 천국은 그 종들과 결산하려 하던 어떤 임금과 같으니 결산할 때에 만 달란트 빚진 자 하나를 데려오매 갚을 것이 없는지라. 주인이 명하여 그 몸과 아내와 자식들과 모든 소유를 다 팔아 갚게 하라 하니 그 종이 엎드려 절하며 이르되 내게 참으소서 다 갚으리이다 하거늘, 그 종의 주인이 불쌍히 여겨 놓아 보내며 그 빚을 탕감하여 주었더니, 그 종이 나가서 자기에게 백 데나리온 빚진 동료 한 사람을 만나 붙들어 목을 잡고 이르되 빚을 갚으라 하매 그 동료가 엎드려 간구하여 이르되 나에게 참아 주소서 갚으리이다 하되 허락하지 아니하고 이에 가서 그가 빚을 갚도록 옥에 가두거늘 그 동료들이 그것을 보고 몹시 딱하게 여겨 주인에게 가서 그 일을 다 알리니 이에 주인이 그를 불러다가 말하되 악한 종아 네가 빌기에 내가 네 빚을 전부 탕감하여 주었거늘, 내가 너를 불쌍히 여김과 같이 너도 네 동료를 불쌍히 여김이 마땅하지 아니하냐 하고, 주인이 노하여 그 빚을 다 갚도록 그를 옥졸들에게 넘기니라. 너희가 각각 마음으로부터 형제를 용서하지 아니하면 나의 하늘 아버지께서도 너희에게 이와 같이 하시리라.[60]

---

60 『성경전서』, 마태복음 18장 21-35절.

이와 같이 성경은 기독교인들에게 하나님의 사랑으로 모든 죄를 용서받고 구원받은 것에 대한 감사함으로 형제와 이웃의 잘못을 용서해 줄 것을 당부하고 있다. 즉, 아무런 대가 없이 용서해 준 신의 은혜에 감사하면서 아무런 대가나 보상 없이 용서해 주라고 하는 것이다. 바울은 이것에 대해서 "서로 친절하게 하며 불쌍히 여기며 서로 용서하기를 하나님이 그리스도 안에서 너희를 용서하심과 같이 하라."[61]고 설명한 바 있다.

나. 기독교에서 용서의 호혜성

사도 바울은 골로새 교회에 기독교인의 거룩한 삶의 자세를 설명하면서 용서의 의미를 다음과 같이 강조했다.

> 너희는 하나님이 택하사 거룩하고 사랑받는 자처럼 긍휼과 자비와 겸손과 온유와 오래 참음을 옷 입고, 누가 누구에게 불만이 있거든 서로 용납하여 피차 용서하되 주께서 너희를 용서하신 것같이 너희도 그리하고, 이 모든 것 위에 사랑을 더하라. 이는 온전하게 매는 띠니라. 그리스도의 평강이 너희 마음을 주장하게 하라. 너희는 평강을 위하여 한 몸으로 부르심을 받았나니 너희는 또한 감사하는 자가 되라. 그리스도의 말씀이 너희 속에 풍성히 거하여 모든 지혜와 피차 가르치며 권면하고 시와 찬송과 신령한 노래를 부르며 감사하는 마음으로 하나님을 찬양하고 또 무엇을 하든지 말에나 일에나 다 주 예수의 이름으로 하고 그를 힘입어 하나님 아버지께 감사하라.

한편 예수는 제자들에게 기도에 관하여 가르치면서, "오늘 우리에게

---

[61] 『성경전서』, 에베소서 4장 32절.

일용할 양식을 주시옵고, 우리가 우리에게 죄 지은 자를 사하여 준 것 같이 우리 죄를 사하여 주시옵고, 우리를 시험에 들지 말게 하옵시고 다만 악에서 구하시옵소서."[62]라고 간구할 것을 당부했다. 또한 "너희가 사람의 잘못을 용서하면 너희 하늘 아버지께서도 너희 잘못을 용서하시려니와 너희가 사람의 잘못을 용서하지 아니하면 너희 아버지께서도 너희 잘못을 용서하지 아니하시리라."라고 가르쳐 주었다.

기독교에서 용서는 통합의 정신으로써 타인의 잘못을 기꺼이 수용하는 이타적인 측면과 함께, 자신의 잘못도 용서받게 된다는 호혜적인 의미를 가지고 있다.[63]

3. 남북한 각각의 통합사상

1) 남한의 자유민주주의

해방 이후 남한에서의 자유민주주의는 미군정에 의해 이식되었지만 상해 임시정부부터 그 운영체계가 서구의 민주제도를 답습하고 있었다. 대통령과 임정헌장, 입법기관으로서의 국민회의가 있었으며, 행정부 등이 있었다. 특히 임시정부의 이승만을 중심으로 하는 해외파는 민주주의의 신봉자였고, 이승만이 대한민국의 초대 대통령이 되면서 자연스럽게 자유민주주의가 헌법적 가치가 되었다.

---

62 『성경전서』, 마태복음 6장 11-13절.
63 한국 기독교 부흥의 역사는 세계를 놀라게 했다. 일부는 사회참여도 하고, 산업화와 경쟁사회 속에서 사람들에게 안식을 제공하기도 했지만 기복신앙과 대부분 개인 구원에 머무르는 한계를 노정하기도 했다.

우리가 개념하는 민주주의의 역사는 18세기 말 이후 계몽주의 철학과 시민혁명과 더불어 비로소 시작된다. 결정적인 계기가 된 것은 봉건주의와 절대주의에 대항하는 시민 계층의 경제적·정치적 해방이었다. 이것이 역동적으로 전개되어 국민주권설이 관철될 수 있었고, 그 영향은 당대의 직접적인 역사적 상황을 훨씬 넘어 오늘의 우리들에게도 영향을 미치고 있다. 여기서 우리가 주목하는 현상이 나타난다. 자유주의, 그리고 시기적으로 조금 뒤에 사회주의가 등장한 것이다. 이 두 가지는 19세기에 '민주주의의 실현'을 위해 등장한 주요 사조였다. '평등'이라는 것을 새롭고 보편적인 인간의 기본가치로 삼는다는 점에서 양자는 일치했고, '보통 선거권'을 민주주의 정치의 최소 요건으로 보는 점에서도 서로 차이가 없었다. 그러나 자유주의자들은 권력 분립과 대의제, 그리고 법치주의를 자유와 인권을 위해 포기할 수 없는 원칙으로 받들고, '만인의 법 앞에서의 평등' 개념을 형성시켰다. 그리하여 대의민주적 헌정국가(입헌 민주주의)를 만들고 이를 발전시키고자 했다. 반면 사회주의자들은 '평등'을 경제적·사회적·물질적 권리에 불가분의 관계로 연결시켰고, 목표로 삼는 국가형태도 자유주의자와 일치될 수 없었으니, 그것은 '인민 정권(인민 민주주의, 전체주의적 민주주의)'을 세우고 이를 '평의회체제'로 발전시켜 종국적으로 지배로부터 해방된 유토피아에 이르게 한다는 것이었다.[64]

'자유'는 '민주'보다는 북한이나 공산세계에 대비한 남한체제의 특성을 선명하게 부각시키는 상징으로 이해되고 있다. 북한을 포함한 공산체제에서도 '민주'라는 표현은 자주 사용하나 '자유'라는 용어에 대해서

---

[64] 안정수, 「민주 헌정 국가의 정체성」, 『자유 민주주의의 본질과 미래』(을유문화사, 1992), 11-12쪽.

는 상당한 조심성을 보이고 있다. 마르크시즘의 추종자들이 지닌 자유주의에 대한 비판적 입장도 '자유'라는 용어에 대한 비판적 입장을 강화시켰을 것이다. '전체주의적 민주주의'나 '인민 민주주의'에 대비되어 남한은 '자유민주주의'로 불려 왔다.

일반적으로 근대화의 중요한 의미 중의 하나는 개인의 발견이라고 할 수 있다. 개인의 자유, 특히 그의 자유로운 의사를 존중하기에 비로소 국민주권의 원칙은 가능한 것이다. 오늘날 개인의 위치는 집단화와 조직화로 위협을 받고 있다. 또한 국가권력의 확대와 관료화는 개인이 국가로부터 간섭을 받지 않는 자유의 영역을 급격히 축소시키고 있다. 자유는 소극적 자유와 적극적 자유를 살펴볼 필요가 있다. 소극적 자유는 개인이 외부로부터, 특히 국가로부터의 제약이나 간섭 및 압력을 받지 않는다는 뜻에서의 자유이다. 즉, 개인이 무엇을 하겠다는 자유이기보다는 무엇을 하지 못하게 하는 제약으로부터의 자유를 뜻한다. 이와 달리 적극적 자유는 제약으로부터의 자유가 아니라 특정한 목표의 달성을 통한 자유라고 할 수 있다.[65]

오늘날 남한의 통합사상으로 작동하고 있는 자유민주주의에 대한 이론과 논의는 일일이 열거할 수 없을 정도로 많지만 이에 표출된 기본전제이자 이상적 목표를 개략적으로 정리하면 다음과 같이 말할 수 있을 것이다. 근대 자유민주주의 사상에는 첫째, 인간은 누구나 자유롭고 평등하다는 이른바 '근대적 인간관'이 깃들어 있다. 인간 개개인 모두가 자신의 일에 대해서는 최고의 권한을 가지며 인간 모두는 이러한 최고 주권자로서 평등하다는 것이 근대적 인간관의 기본내용이다. 이를 좀더 연장하면 자신의 일에 관한 한 자기 이외의 권위를 부정한다는 것이고,

---

[65] 이홍구, 「통일이념으로서의 민주와 자유」, 『통일한국의 모색』(박영사, 1987), 37-39쪽.

그 결정에서 밖으로부터의 간섭을 배제한다는 의미이다.

둘째, 자유민주주의 사상에서는 정치질서를 인간 스스로를 위한 순전히 인간적인 질서 그 이상도 그 이하도 아니라고 본다. 이때의 정치질서는 '플라톤'이 보는 식으로 자연적 질서에 인간을 조화시키기 위한 질서도 아니고, '아퀴나스(T. Aquinas)'식으로 인간질서를 신의 질서에 맞추어 순치시키기 위한 보조적이고 예비적인 질서도 아니라는 것이다. 따라서 자유민주주의 사상에서는 정치질서를 인간 각자의 목적을 실현시키기 위해 이들이 모여 '인위적'으로, 그리고 '스스로' 만들어 낸 질서로 보는 것이다.

셋째, 자유민주주의 사상 속에는 어떠한 정치권위이든 그 정치사회 구성원 각자의 자발적 동의나 승낙 없이는 이들 구성원을 구속, 지배할 수 없다는 생각이 들어 있다. 이는 일종의 근대적 자율관으로써 정치적 자결주의와 정치적 자치주의를 포괄한다. 어떤 정치권위이든 그 수용 여부는 자신의 결정 여하에 따른다는 점에서 자결주의이고, 일단 결정되고 선택된 정치권위는 결국 스스로의 자기 입법에 의한 권위수용이기 때문에 이에 구속된다는 점에서 자치주의이다.

이상에서 자유민주주의 사상은 자유롭고 평등한 정치사회 구성원들이 각각 자신의 목적과 이익을 위해 서로의 동의나 승낙을 통해 자신들의 정치사회를 구성하고 정치질서와 조직을 스스로 선택해 간다는 내용이다. 이러한 사상적 내용은 근대 이래 오늘날까지 자유민주주의 이론, 제도, 실행의 모든 차원에 침투 확산되어 왔으며 하나의 정치적 이념가치로서, 즉 정치적 이상가치로서 점차 폭을 넓혀 추구되고 있다.[66]

자유민주주의로 시작된 대한민국은 이후 군부가 등장하여 권위주의

---

66 이봉철, 「통일정책 추진과 국민합의」, 『한국의 통일정책』(나남, 1993), 52-53쪽.

체제가 성립되는 등 민주주의의 시련이 있었지만 우리 국민은 마침내 민주주의를 쟁취했으며 이를 심화시키고자 노력하고 있다. 그리하여 자유민주주의는 세계사에 유례없는 산업화와 민주화를 동시에 달성한 대한민국의 전체를 아우르는 사상으로 작동하고 있는 것이다.

2) 북한의 주체사상

소련에서 스탈린이 사망한 후 북한 김일성은 소련을 향한 사대주의를 비판하기 시작했다. 1955년 12월 28일 당 선전선동대회에서 김일성은 「사상사업에서 교조주의와 형식주의를 퇴치하고 주체를 확립할 데 대하여」라는 연설을 하면서 '사상에서의 주체'를 주장하기 시작했다.

> 우리는 어떤 다른 나라의 혁명도 아닌 바로 조선혁명을 하고 있는 것입니다. […] 조선혁명을 하기 위해서는 조선역사를 알아야 하며 조선의 지리를 알아야하며 조선인민의 풍속을 알아야 합니다. 그래야 우리 인민을 그들의 구미에 맞도록 교양할 수 있으며, 그들로 하여금 자기의 향토와 조국을 열렬히 사랑하도록 할 수 있습니다.[67]

북한에서 김일성이 주체사상을 주창한 것은 조선혁명 전통의 강조와 모든 활동 분야에서 자주성 확대로 진행되었다. 조선로동당 지도부는 주체를 강조하는 가운데 북한정권이 초기에 소련에 의해 해방되어 건설되었음을 강조하던 내용은 삭제하고 소련의 역할을 축소시켰다. 소련에

---

[67] 김일성, 「사상사업에서 교조주의와 형식주의를 퇴치하고 주체를 확립할 데 대하여」, 『김일성 저작선집』 제1권(평양: 조선로동당출판사, 1967), 550-561쪽.

서는 1956년 스탈린이 사망하고 흐루쇼프가 등장하면서 제20차 전당대회에서 스탈린 개인숭배를 비판하는 스탈린 격하운동이 심화되었다. 김일성은 북한 내에서도 소련식 사회주의를 주장하는 소련파가 김일성에 대한 개인숭배를 비판하기 시작하자 이들을 숙청하기 위한 명분을 찾기 위해 주체를 전면에 내세웠다. 그는 일인독재 지배 중심의 개인숭배를 강조하는 스탈린주의를 계승하기 위해 북한 내의 소련파를 제거 대상으로 여겼으며 주체를 강조하면서 이들을 숙청했다.

북한 김일성은 정적들과의 권력투쟁 과정에서 자신의 권력을 확고부동하게 장악하는 가운데 '주체' 확립을 주장하면서 주체사상을 창시했다. 1950년대에 등장한 '주체' 개념은 1950년대, 1960년대, 1970년대를 거치면서 발전했다. 1950년대는 내재적 주체성 확보를 위한 주체 문제가 제기되었다. 당시 주체 확립은 한민족에게 고질적 관습으로 전승된 사대주의와 당시 유행하던 소련 모방에 의한 교조주의를 배격하는 안티테제로 제시되었다. 북한에서의 주체 확립은 반외세적 성격이 강했지만 사회주의 종주국인 소련과 이웃 국가인 중국과의 직접적인 대결보다는 외국 세력과 연결된 소련파와 연안파 내부세력과의 정치적 투쟁을 통한 대내적 주체 확립이 중요한 목표였다.

1960년대는 조선로동당과 북한 정권의 자주성 확립 문제가 대두되면서 '주체사상'으로 제시되었고, 1960년대 후반에는 주체사상이 마르크스 레닌주의를 조선혁명에 창조적으로 적용한 뛰어난 사상으로 선전되었다. 조선로동당의 혁명사상으로 제시될 뿐만 아니라 더 나아가 철학과 역사관으로까지 인식의 폭을 넓히며 이론적으로 체계화되었다. 그리고 1970년대에 주체사상은 논리적 구조를 갖추어 사상, 이론, 방법의 전일적 체계를 형성하고, 1982년에는 김정일의 「주체사상에 대하여」라는 논문으로 완결되었다. 주체사상은 초기의 단순한 내재적 주체

성의 확보와 대외적 대응논리로부터 시작하여 북한 사람들의 내적 삶의 논리구조로 확대 강화된 것이다.[68]

　북한에서는 주체사상 발전에 따라 시기별로 역사서의 사관도 상당한 격차를 보인다. 1950년대까지 김일성 지배력이 약했던 시기는 최창익, 백남운 등 월북 좌익 인텔리들의 주도로 마르크스 사관인 사적유물론이 기본이었다. 그러나 1960년대 후반부터 김일성이 최창익, 백남운 등을 반종파투쟁으로 숙청한 후 김일성 중심의 항일무장투쟁이 북한 사회주의 혁명의 주체적 전통으로 강조되기 시작했다. 또한 자주성이 강조되고 북한 주민들에게 주체성에 대한 자각을 주입시키면서 모든 역사인식의 기초를 주체사상에 두기 시작했다.[69] 이때부터 주체사상은 '마르크스 레닌주의의 조선 현실에 대한 창조적 적용'에서 벗어나 김일성 개인숭배를 위한 유일사상으로 공고화되었다.[70]

　북한정권 초기에는 전통과의 단절을 선언했지만 주체사상이 본격화되면서 다시 민족주의적 전통 가치와 역사 문화적으로 익숙한 유교, 특히 성리학적 요소가 재등장했다. 이는 초기 사회주의 체제 수립과정에서 북한 공산주의 지도자들이 마르크스 레닌주의를 수용하면서 반전통적인 문제의식을 가졌지만 과거 전통과의 완전한 단절은 불가능했다.[71] 강제로 위로부터 추진된 전통과의 단절이 북한 주민들에게 불만 요소로 작용하자 경제적으로 실패한 사회주의 국가체제 모순 극복과 김일성 개인숭배를 위해 전통사상이 재활용되기 시작했다. 북한에서 권력의 부자

68　이종석, 『새로 쓴 현대 북한의 이해』(역사비평사, 2000), 140-141쪽.
69　정영순, 「한국근현대사에 있어서 주체성 문제 고찰」, 『백산학보』 제70호(백산학회, 2004), 1172-1173쪽.
70　이종석(2000), 앞의 책, 161-164쪽.
71　서재진, 『북한 주민들의 가치의식 변화: 소련 및 동구와의 비교 연구』(민족통일연구원, 1994), 4쪽.

세습을 단행하기 위해서는 봉건주의적 전제 왕권통치를 가능케 하는 전통사상인 유교사상을 재활용할 필요가 생긴 것이다. 따라서 주체사상에서는 인간의 가치는 사회활동으로 결정된다고 보는 '사회정치적 생명체'를 강조하면서 결국 다음과 같은 수령관으로 귀결된다.

> 수령은 인민대중의 최고 뇌수이시며 혁명의 최고 령도자이시며 […] 로동계급의 당은 수령의 령도를 실현하는 혁명의 참모부이며 온 사회를 수령의 사상과 의지대로 숨쉬고 움직이게 하는 사회의 심장이다.[72]

수령은 곧 봉건시대의 전제군주와 같이 모든 권력의 중심이 되는 것이다. 북한의 주체사상은 유교의 가족중심주의, 인간관, 사회 작동원리에 대한 이론 등을 재생해 정권유지에 활용하고 있다.[73] 이는 '충효의 화신'으로 미화된 김정일, 김정은에게 계승되어 3대 세습이 가능하게 해주고 있다.[74] 20세기 말 구소련과 동유럽 등 전 세계 사회주의 국가들이 대부분 붕괴되었지만 북한이 주장하는 '우리 식 사회주의는 영원하다'는 구호가 유효하게 작동하고 3대 세습체제가 공고하게 유지되는 것은 여러 가지 요인 중에서도 전통적 충효사상을 강조한 유교적 전통이 계승된 주체사상이 존재하기 때문이다.[75]

---

[72] 김정일, 『주체사상에 대하여』(평양: 조선노동당출판사, 1982), 10쪽.
[73] Young-soon Chung, *Chuch'e-Ideen und Neo-Konfuzianismus in Nordkorea* (Hamburg Deutschland: Lit Verlag, 1996), pp. 136-137.
[74] 안찬일, 『주체사상의 종언』(을유문화사, 1997), 244쪽.
[75] 월간조신 편집부, 「1967년 당 유일사상 체계 확립」, 『대한민국을 바꾼 70대 사건』(『월간조선』 별책부록, 2015. 1.), 241쪽.

한국사의 다양한 통합사례

4장

앞 장에서는 한국인들을 통합시켜 온 다양한 사상을 고유한 전통사상, 외래 전래 사상, 그리고 남북한의 지배적인 정치사상으로 나누어 고찰해 보았다. 이러한 통합사상을 토대로 한국인들이 보여 준 통합사례를 제시하는 것이 이 장의 목표이다. 이를 위해 통시적 기법, 즉 역사의 시간 순서에 따라 한국인들이 보여 준 다양한 통합사례를 제시하고자 한다. 현 시대의 민족적 과제인 통일과 남북통합에 시사점을 구하는 것이 본 연구의 주제이기 때문에 해방 이후 사례를 중점적으로 살펴볼 것이다. 조선시대까지의 통합사례는 하나로 묶어서 간략히 정리하고자 한다.

구체적인 통합사례를 제시하기 전에 한국사상에 나타난 통합정신을 간략히 언급해 보고자 한다.

1. 한국사상에서의 통합 정신

우리 민족은 예로부터 한족과는 확연히 구분되는 문화를 발전시켜 왔다. 동북아시아의 근원과 관련하여, 중국의 역사학자들은 중국문명의 기원을 동이족에서 찾고 있다.[1] 중국의 고대서인 『산해경(山海經)』, 현대 중국 사학자 유절(劉節)과 부사년(傅斯年)에 의하면, 동이 문화 집단이 중국대륙에 지대한 영향을 주었다. 이러한 문화권 속에서 우리 민족은 무수히 많은 소통과 통합의 문화를 발전시켜 왔다.

우리의 고대사회에 대해 많은 논란이 있긴 하지만, 우리 민족은 중국의 한족(漢族)과의 관계 속에서 청동기 문화를 꽃피웠고, 그 위상이 고고학적 연구과정에서 지속적으로 밝혀지고 있다.[2] 고조선의 성립으로 분열되어 있던 한민족의 내적 통합을 이루었고, 홍익인간을 발전시킬 수 있는 토대를 구축했다. 홍익인간정신을 바탕으로 우리의 남남갈등과 남북갈등의 해소방안을 모색하는 것은 매우 타당하다.

원효의 화쟁사상 또한 우리 민족이 공유하고 있는 소통과 통합의 정신이라고 할 수 있다. 화쟁의 뿌리에는 신라, 백제, 고구려로 갈라져 서로 대립하고 갈등하던 것을 하나로 융합시켜 나갔던 주체적인 의식이 자리 잡고 있다.[3] 역사적으로 볼 때, 원효의 원융회통 사상이 신라 통일 전후, 소통과 통일의 정신적 전형 역할을 했기 때문에 합침의 불교라고 부를 수 있을 것이다. 즉, '한 가지라도 부정하거나 거부하지 않고 다 끌어안는다.'라는 뜻의 원융회통 사상은 신라가 삼국을 통일한 의연한 정

---

1   양태호, 「전통사상과 윤리의 원류」, 한국국민윤리학회 편, 『현대사회와 윤리』(형설출판사, 2001), 105-107쪽.
2   이기백, 「고조선의 국가형성」, 『한국사 시민강좌』 제2집(1988), 9 10쪽.
3   한국국민윤리학회 편, 『한국국민윤리교육학회보』(한국국민윤리학회, 1993), 12쪽.

신이며, 의미 있는 통일의 전통적 뿌리인 것이다. 한편 원효 철학에서 화쟁은 "말다툼, 즉 논쟁을 조화시킨다."라는 뜻이다. 원효는 당대 논쟁의 중심에 있으면서 고구려와 백제를 흡수한 신라의 분열적 모습에서 진정한 통합의 길을 실천하고자 했다. 그렇기에 그는 귀족과 서민의 구별도 없었고, 학승과 구도승도 차별하지 않았다. 원효는 전국 방방곡곡을 돌아다니면서 서민 계층에게 '나무아미타불'을 거듭 외우기만 하는 단순하고 소박한 교리를 포교하여 국민 대부분을 신앙의 세계로 인도했다.[4]

고려 500년사는 조선이나 삼국시대에 비해 이해가 부족하고 덜 조명받는 게 사실이다. 몇몇 중국 학자는 아예 왕건의 선조가 중국 회하 유역의 명문 거족이며, 왕건 또한 한족의 후예라는 황당한 주장을 펴기도 한다. 박종기의 『고려사의 재발견』은 고려왕조의 기원설과 다민족 사회, 고려의 국교 등 잘못 알려진 사례들을 수많은 사료를 바탕으로 조목조목 따져 바로잡고 있다.[5]

『고려사의 재발견』이 가장 주목하는 부분은 고려의 다원주의이다. 고려왕조 시기에는 문화와 사상 측면에서 다양성과 통일성, 정치와 사회에서는 개방성과 역동성이 공존했다. 고려판 사회통합 정책이라 불리는 '본관제'가 시행되기도 했다. 태조 왕건은 고려 건국과 후삼국 통합전쟁 때 협력한 지방 유력 계층에 그들의 거주지를 본관으로 삼아 성씨를 하사했다. 복주(福州)라는 지명을 안동으로 바꾸고, 승리에 기여한 신라 김행에게 안동이 본관인 권씨 성을 하사하는 식이었다. 이를 군현 명칭의 개정과 함께 해당 지역의 토성을 정한다는 뜻에서 '토성분정(土姓分定)'이

---

[4] 김태길, 『한국윤리의 재정립』(철학과 현실사, 1995), 89-90쪽.
[5] 박종기, 『고려사의 재발견』(휴머니스트, 2015).

라고 한다.

　토성분정은 단순히 지방세력에게 본관과 성씨를 부여하는 친족제도가 아니라 반세기 가까운 내란으로 분열된 지역과 민심을 통합하려는 사회통합 장치였다. 그리고 박씨와 김씨가 정치·경제를 독점하던 신라의 폐쇄적인 골품제를 무너뜨리고 새 질서를 수립하는 데 도움을 얻자는 뜻도 담겨 있었다. 『고려사의 재발견』의 저자는 "21세기는 지식정보사회라는 새로운 역사 발전 단계로 진입하는 세계사의 거대한 전환기"라며 "약 1,000년 전에 건국해 500년간 지속된 고려왕조의 역사에서 이념의 대립과 갈등을 넘어 다양한 인종과 국가, 종교와 문화, 사상이 공존과 통합을 추구해 가는 모습을 읽을 수 있다."고 설명한다.[6]

　고려와 조선을 관통하는 유교정신은 선비정신이라고 하겠다. 선비정신이란 인격의 완성을 위해 끊임없이 학문과 덕성을 키우며, 대의를 위하여 목숨까지도 버리는 지조 의식이다.[7] 나라가 어려울 때는 분연히 일어나 나라를 살리고자 한 우국충절이 선비정신의 전형이다. '선비'는 나라에 충성을 다하고 백성을 사랑하는 애민의 정신을 갖추도록 교육받았다. 학문적으로 뛰어나며 덕을 베푸는 인간형을 추구한 것이다. 고래로부터 선비정신은 인격 수양과 의리를 존중했다. 이러한 선비정신에 근거하여, 삼국, 고려, 조선으로 이어져 오면서 국난에 처했을 때 모든 부와 명예를 버리고 오로지 나라를 위한 마음을 실천한 분들이 많다. 그중에 명문가 출신 이회영 선생은 6형제를 포함하여 일가친척의 모든 재산을 처분하고 일제에 항전하는 신흥무관학교를 세워 많은 독립 운동가를 배출했다. 일제에 의해 많은 민족 변절자가 훈장을 받을 당시 가

6　박종기(2015), 위의 책, 123-131쪽.
7　한국국민윤리학회 편(1993), 앞의 책, 18-19쪽.

지고 있던 재산을 모두 팔고 만주로 향한 이회영 일가 400명의 행동은 바로 진정한 선비정신이 무엇인가를 보여 주는 의거라고 할 수 있다.

우리의 선비정신은 진정한 노블레스 오블리주(Noblesse Oblige)라는 귀족의 책무로 생각해도 무방하다. 나라가 어려우면 의병을 이끌었던 선비들의 정신은 바로 진정한 사회의 귀감으로 우리 역사에 남아 있다. 그러한 언명은 임진왜란 때 충청을 호령했던 조헌의 외침에도 나타난다. 그는 "오직 의라는 한 글자에 마음을 두라. 오늘은 한 번 죽음이 있을 뿐이다. 죽고 사는 것과 나아가고 물러섬을 의라는 글자에 부끄럽지 않게 하라."고 단언했다. 이러한 정신이 분출한 것이 소통과 통일로 지향하는 불굴의 정신과 일맥상통한다.

안창호의 대공정신은 오늘날 심의민주주의 이론의 결함을 보완할 수 있는 대안이라고 할 수 있다. 안창호는 식민지 상황을 특별히 '무정한 사회[無情社會]'라고 규정했고, 독립 상황을 '유정한 사회[有情社會]'라고 규정했다. 또한 무정한 사회로부터 유정한 사회로 성공적으로 전환할 수 있는 방식 및 과정을 '대공적 방식[大公主義]'이라고 했다. 그리고 그가 말하는 과정은 '공적인 일[公事]'이다. 요컨대 그의 정치사상의 요체는 이들 두 가지에 있다고 해도 과언이 아니다.[8] 그의 독립운동 발자취에서 드러나는 가장 중요한 특징은 이 당시에 독립운동 진영 내에서 이미 대립 양상을 보였던 좌우갈등을 통일하기 위해 시종일관 헌신했다는 점

---

8   1894년 갑오년은 동학농민운동, 갑오개혁, 청일전쟁 등이 일어난 해이다. 이때 평양에 살던 16세인 안창호의 의문은 '왜 남의 나라가 조선에 와서 싸우느냐'는 것이었고, 조선이 힘이 없기 때문이라는 생각 끝에 이때부터 나라를 위해 헌신하는 일에 나섰다고 한다. 그의 주요 활동으로는, 1897년 독립협회가입, 마미공동회(1897~1998), 재미한인친목회(1903), 공립협회 창립(1905), 『공립신문』 발행(1905), 신민회 창립(1907), 청년학우회창립(1909), 대한민국회중앙총회 조직(1912), 『신한민보』 발행(1912), 흥사단 창립(1913), 상해임시정부 내무총장(1919), 대독립당 결성(1923), 한국독립당 결성(1923) 등이 있다.

이다. 이 과정에 그가 강조한 것이 민주공화주의국가를 건설하기 위한 기반이라는 '공적인 일'이었고, 좌우합작을 넘어선 독립된 통일국가를 위한 '대공주의'였다.[9]

2. 실제적 통합의 대표적인 사례

위에서 살펴본 통합정신에 바탕을 둔 한국인의 대표적인 통합사례를 조선시대까지의 통합사례와 대한제국 이후의 통합사례로 나누어 살펴보고자 한다.

1) 조선시대까지의 다양한 통합사례

(1) 고구려의 통합사례: 제가 회의

고구려의 수상은 대대로, 원칙적으로 3년에 한 번씩 귀족들에 의해 선출되었으며 나랏일을 총괄했다. 이것은 고대 왕국으로 발전한 고구려에서 왕권은 강화되었으나 여전히 귀족들에 의한 합좌 정치가 이루어졌음을 말해 준다. 또 제5관등인 조의두대형 이상만이 국가의 기밀 사무에 참여하고 장군이 될 수 있었다는 점으로 미루어 귀족들 사이에도 신분의 구별이 있고, 최고 계층의 귀족들이 정치와 군사의 실권을 장악했음을 알 수 있다.

---

[9] 당시 시대 상황에 의해 그의 유저(遺著)의 대부분은 연설문과 강연문일 수밖에 없는데, 거기서 찾아볼 수 있는 그의 정치사상의 핵심이 이상의 두 주제어에 담겨 있는 것으로 보인다. 이런 연유에서 그의 정치사상을 대공정치 사상이라고 이름을 붙여도 과히 어긋나지 않을 것이다.

(2) 백제의 통합사례: 정사암 회의

정사암 회의는 백제가 사비성으로 도읍지를 옮긴 서기 538년 이후 설치된 귀족회의다. 정사암은 사비(泗沘: 지금의 부여) 부근의 호암사(虎巖寺)에 있었다고 전한다. 『삼국유사』에 의하면 백제에서는 국가의 재상인 좌평을 뽑을 때 후보 3, 4명의 이름을 이 정사암 위에 봉함해 두었다가 뒤에 이를 열어 이름에 인적(印跡)이 있는 자를 재상으로 삼았다고 한다. 오늘날의 선거방식과 비슷한 것으로, 삼국시대의 정치가 귀족연합적인 성격을 띠고 있었음을 보여 주는 대표적인 예이다. 정사암 회의는 백제 후기의 귀족연합적인 정치운영 형태를 보여 준다.[10]

(3) 통일신라의 다양한 통합사례

가. 정치통합 사례: 화백제도(和白制度)

화백제도는 진골귀족 출신으로 구성된 신라의 합의체 회의기구로써, 국왕의 추대나 불교공인, 전쟁, 법령제정, 기타 국가의 중대한 일들을 결정하고 귀족과 왕권 사이의 권력을 조절하는 기능을 했다.[11] 여기에서 화백의 '화(和)'라는 것은 '화합한다'는 뜻이고, '백(白)'은 광명의 색, 즉 빛의 삼요소인 '녹색, 빨강, 파랑이 통일된 색'을 의미한다. 따라서 '화백'이란 화합하여 아뢴다는 뜻에서 사람이 천지와 하나 되어 화합한다는 뜻으로 볼 수 있다.

비록 만장일치를 지향하여 견해가 일치하지 않을 때도 있었지만, 각자 사사로운 마음을 가라앉히고 다시 회의에 임하여 만장일치가 될 때

---

10 국사편찬위원회, 우리역사넷(contents.history.go.kr/front/tg/view.do?treeId=0102&levelId=tg_001_0820&ganada=&pageUnit=10, 검색일: 2016년 10월 15일).
11 김의만, 「신라 화백회의의 인적구성과 운영」, 『신라문화』 제21권(2003), 252쪽.

까시 회의를 진행하여 국사(國事)를 결정하는 것을 지향했다. 이러한 공동체 의식과 정치적 협의체제는 신라인들로 하여금 반대의견에 대한 배타성보다는 상대방의 의견을 개방적으로 수렴하고 합의점을 찾아 나가는 포용성을 기를 수 있도록 이끌어 주었다. 이러한 자세는 고구려와 백제 쪽에서 피난처를 구해 오는 다른 부족민들을 최대한 마찰 없이 받아들일 역량을 키울 수 있도록 해 주었다. 나아가 이러한 화백회의의 정신은 후에 고려시대의 도당회의인 '도병마사'에서도 엿볼 수 있다.[12]

나. 사회통합 사례: 문무왕의 이자금지와 채무면제

삼국을 통일한 신라의 문무왕은 고구려를 평정하여 삼국을 통일한 직후인 669년에 감옥에 있는 범죄자에 대한 대사면을 단행하면서 동시에 원금과 이자를 모두 면제하는 채무탕감의 왕명도 내렸다. 이것은 백성 가운데 부유층에게 곡식을 빌려 그 이자 부담 때문에 사노비로 전락해야 할 운명에 처한 사람들을 구제하기 위한 혁명적 조치였다.[13]

문무왕이 내린 왕명을 살펴보면, 굶주림을 면하기 위해 곡식을 빌린 경우, 흉년이 든 지방에는 원금과 이자를 모두 탕감하도록 했으며, 풍년이 든 지방에는 원금만 갚고 이자는 면제해 주었다.

그런데 이러한 왕명은 파격적인 것이었고, 곡식을 대여해 준 채권자들의 반발이 만만치 않았다. 문무왕은 채권자들의 불만을 잠재우기 위해 그해 5월에 고위 관등자들에게 국가 소유인 말 목장을 나누어 주었다. 그러나 채권자들의 불만은 계속되었다. 급기야 4년 뒤인 673년에 아찬 대토가 반란을 일으켰으나 다행히 초기에 진압되었다.

---

12 최재목·김태연, 「신라정신의 특징 거론에 대한 성찰」, 『국학연구』 제20집(2012), 183-184쪽.
13 조법종, 「신라 문무대왕 사회정책의 성격검토」, 『신라문화』 제16권(1999), 116쪽.

아찬 대토의 반란을 살펴보면, 당의 충동질로 인해 일어난 것으로 보이긴 하지만 문무왕의 채무면제령에 대한 귀족들의 불만이 반란의 원동력으로 작용했다. 채권자들의 불만과 귀족들의 반발이 충분히 예견되는데도 불구하고 문무왕이 이러한 왕명을 내린 이유는 무엇일까? 그 배경에는 전쟁을 위해 백성들을 징집하여 군대를 조직하고, 무거운 부역을 부과한 당시 시대 상황이 있었다. 특히 당나라의 군대를 지원하기 위해 신라는 막대한 전비를 제공해야만 했다. 이러한 사정을 문무왕은 "일만 명의 중국 병사들의 4년 동안의 의식주를 신라가 담당했으니, 유인원 이하 주둔 당나라 병사들의 피부와 뼈는 중국에서 생겨났지만, 피와 살은 신라가 만들어 준 것이다."라고 토로하기도 했다.

이러한 상황 속에서 세금과 부역을 감당하지 못하여 범법자가 되는 일도 일어났다. 특히 가난하여 곡식을 빌렸다가 갚지 못할 경우 채무노비가 되는 현상이 일어났는데, 이로 인해 국가의 조세수입이 현저히 감소될 우려가 있었다.

이러한 배경하에 문무왕이 시행한 이자금지와 채무면제 조치는 곡식을 빌려준 귀족들에게는 큰 타격이었지만, 흐트러진 민심을 다잡아 사회를 통합하고, 기존의 경제체제를 정화하여 건강하게 발전시키는 데 꼭 필요한 것이었다. 동시에 이러한 정책을 실시함으로써 귀족들의 경제력과 세력을 약화시키고, 대신에 왕권을 강화할 수 있었다.[14]

---

14 정중호. 「느헤미야와 문무왕의 이자금지와 채무면제」, 『구약논단』 제20권 1호(2014). 178-179쪽.

(4) 고려시대의 다양한 통합사례

가. 태조 왕건의 통합 노력

936년에 고려가 후백제를 정벌하여 멸망시킴으로써, 고려 태조 왕건은 후삼국을 완전히 통일했다. 후삼국을 통일하는 과정에서 왕건의 국정 운영은 크게 두 가지 계통으로 나누어 진행되었다. 첫째, 광평성(廣評省)을 중심으로 일반 정무에 해당하는 국가의 일반적인 행정이 집행되었다. 일반 행정관으로는 주로 학문이나 행정능력이 있는 이들이 발탁되었다. 이 과정에서 궁예정권에서 정치적으로 소외되었던 이들이 대거 등용될 수 있었다. 둘째, 당시 국가의 가장 긴급한 현안이었던 후백제 등과의 전쟁을 비롯한 대외 관련 업무였다. 여기에는 주로 공신세력 등 태조가 신뢰하는 무장들이 중심이 되었다. 전쟁이 잦은 시기였기 때문에 국가 주요 지도자들은 군사적인 업무에 집중했고, 국가의 일반 정무는 상대적으로 관여하지 않았다.

화급을 다투는 급무가 아닌 인사, 재정 등 일반 정무의 분야에는 최응이나 왕유 등과 같이 능력 있는 이들을 발탁하여 전담시키고, 태조 자신이나 개국 공신 등은 전쟁 분야에 전념했던 것이다.

신라 경순왕이 왕건에게 항복해 왔을 때, 왕건은 옛 신라의 '모든 관료'를 고려에 등용했으며, 경순왕을 태자보다 높은 지위에 두었다. 그리고 신라의 관료들 중에서 뛰어난 능력을 지닌 이들을 직접 발탁하여 고려의 중앙기구에서 관직생활을 이어 가게 하기도 했다. 고려 성종대에 재상까지 올랐던 최승로의 경우도, 개경으로 진출한 아버지를 따라 경주에서 상경한 사례에 해당한다.[15] 이렇게 왕건은 고려의 정치적 통합을

---

15 김보광 등, 『고려의 국왕』(경인문화사, 2015), 41-42쪽.

위해 자신의 부하가 아니었던 관료들도 능력에 따라 등용함으로써 정치적 통합을 실현하고자 했다.

또한 태조 왕건은 국가를 통합시키기 위해서 북진정책, 민족 융합정책, 숭불정책을 기본 3대 정책으로 삼았다. 먼저 북진정책으로 서경(오늘날의 평양)을 제2의 수도로 삼고 구고구려 세력의 염원을 담은 고토 회복을 내세우며 여진을 공략했다. 발해가 거란의 습격으로 망해 세자 대광현이 귀순하자 태조는 발해도 형제국이라고 하며 왕계라는 이름을 하사하고 왕족 명부에 올렸다.

그리고 지역 호족을 융합하면서 동시에 견제하기 위해 호족의 딸들을 후궁으로 삼고, 아들들은 송도에 머물게 하는 기인제도를 실시하여 지방 호족의 반란을 막았다. 이렇게 태조와 혼인한 여인은 정주 유씨, 평산 유씨, 황주 황보씨, 경주 김씨, 의성 홍씨 등 29명이나 되었다. 또한 딸은 외가 성을 따르도록 해 배다른 자녀들끼리 혼인할 수 있게 했다. 이로써 왕권의 안전장치가 마련되었으나, 한편으로 왕위 계승 다툼의 원인이 되기도 했다.

숭불정책은 불교로 민심을 달래 왕권을 강화하려는 목적으로 추진되었다. 파괴된 절을 개축하고 곳곳에 절을 새로 지었으며, 연등회와 팔관회를 국가적 행사로 성대하게 치렀다. 또 해마다 무차대회를 열어 신분과 지역을 불문하고 누구나 불법을 듣게 하여 백성의 신념을 하나로 묶었다. 왕건은 왕이 된 후에도 도량과 신의의 정치를 펼쳤다. 보통 창업군주가 보여 주는 카리스마와 공포 분위기가 없었는데, 이런 왕건의 성품은 고려 개국의 원동력이기도 했다.[16]

이러한 외형적인 노력과 함께 왕건은 다양한 사상가들과의 만남을 통

---

16 석산, 『심리학으로 보는 고려왕조실록』(평단문화사, 2014), 72쪽.

해 국가통합의 기제를 마련하고자 했다.[17]

(가) 최응과의 만남을 통한 통합의 기제 확보

왕건을 만난 당대 최고 학자 최응(崔凝)은 왕건에게 "서경(書經)에 이르기를 '어지러운 때를 당하여는 문덕(文德)을 닦아 인심을 얻어야 한다'고 하였으니, 임금된 자는 비록 전란의 때를 당하여도 반드시 문덕을 닦아야 한다. 부도와 음양에 의해 대업을 이루었다는 말을 듣지 못하였다."고 조언하자, 왕건은 "그 말을 어찌 알지 못하겠는가? 그러나 우리나라 민간풍속이 부처와 귀신을 좋아하여 복리를 얻으려고 하는데 지금 전쟁이 그치지 않아 안위를 판단할 수 없으므로 조석으로 황황하게 쏘다니며 몸 둘 바를 알지 못하니, 오직 부처나 귀신의 은밀한 도움과 산천의 영묘한 감응으로 혹시 잠깐 동안의 안정을 얻는 효험이 있을까 생각한 것일 뿐, 어찌 이것으로써 나라를 다스리고 민심을 안정시키는 큰 경륜으로 삼을 수 있겠는가? 난리가 평정되고 민생이 안정되기를 기다려야만 바야흐로 풍속을 고치고 교화를 아름답게 할 수 있을 것이다."라고 대답했다.[18]

(나) 도선과의 만남을 통한 통합의 기제 확보

도선은 신라 말에 당(唐)에 들어가 중국 밀교(密敎)의 고승의 지도를 받은 승려였다. 당시 통일신라 말기 지방 호족세력들에게 명당(明堂)은 정치적 정통성의 중요한 근거가 되었기 때문에, 풍수지리설은 단순한 자연신앙이 아니라 심대한 정치적 힘을 발휘하는 정치 이데올로기였다.

---

17 김영수, 전문기 지문회의 발표문(2015년 5월 30일).
18 『補閑集』;『東史綱目』5下.

그것은 태조 왕건의 가계에 대한 전설에서도 알 수 있는데, 도선은 풍수지리에 의거하여 왕건의 탄생과 그의 창업을 예언한 바 있다.

도선은 왕건의 개국에 대한 정당성을 부여하고, 고려사회의 통합을 이루기 위해서 이러한 말을 전하도록 했다. 즉, 왕건이 태어나기 전에 도선이 세조(왕건의 아버지)의 새 저택을 보고, "메기장[穄]을 심어야 할 땅에다 어찌 삼[麻]을 심었는가."라고 말했다. […] 세조가 […] 함께 곡령에 올라가 산수의 맥을 추려 보며, 위로는 천문을 보고 아래로는 시수(時數)를 살피어 말하기를, "이 지맥이 북방의 백두산 수모목간(水母木幹)으로부터 시작하여 마두명당(馬頭明堂)에 떨어졌는데, 그대는 또한 수명(水命)이니, 마땅히 수(水)의 대수(大數)를 따라 육육(六六)으로 지어 36구로 하면, 천지의 대수(大數)에 부응하여 내년에는 반드시 귀한 아들을 낳을 것이니, 마땅히 왕건이라고 이름하라."고 하였다. 봉투를 만들어 그 표지에, "삼가 글월을 받들어 백 번 절하고, 미래에 삼한을 통합할 임금이신 대원군자(大原君子)에게 올리나이다."라고 썼다는 것이다.

이러한 도선이 왕건에게 제왕학을 가르쳤다. 즉, 왕건이 17세가 되자 도선이 찾아와, "당신은 백육(百六)의 운에 응하여 천부(天府)의 명처에 탄생하였으니, 삼계(三季)의 창생(蒼生)이 그대의 홍제(弘濟)를 기다립니다."라고 말하고, 군대를 통솔하고 진치는 법[出師置陣], 지리(地理)와 천시(天時)를 아는 법, 산천에 제사 지내 그 도움에 감응하는 이치를 말해 주었다고 한다. 군사술과 신비지(神秘知)를 전수했던 것이다.

(다) 진철 대사와의 만남을 통한 통합의 기제 확보

진철 대사와의 만남에서 왕건은 "제자가 삼가 현안(慈顔)을 대하여 바로 소박한 간청을 드리고자 합니다. 지금은 국가의 원수가 점점 시끄럽게 굴고 이웃한 적이 번갈아 침입하므로, 마치 초나라와 한나라가 서로 대치하여 자웅이 결정되지 않은 것과 같습니다. 3년 동안에 이르기까지 항상 이흉(二兇)을 가까이 두고 있어서 비록 사이좋게 살아가고자 간절히 바랐으나, 서로 죽고 죽임이 점점 더해만 갔습니다. 과인은 일찍이 불계(佛誡)를 입어 은연중에 자비로운 마음을 나타내었는데, 침입자를 너그러이 대했다는 허물을 남겨 마침내 몸을 망치는 화를 당할까 두렵습니다. 대사는 만리를 사양하지 않고 와서 삼한을 교화하여 불타는 강토를 구하고 도리에 맞는 말로 깨우쳐 주십시오."라고 했다.

이에 대해 진철 대사는, "무릇 길[道]은 마음속에 있고 일[事] 속에 있지 않으며, 법은 자기로 말미암지 남으로 말미암아 있는 것이 아닙니다. 더욱이 제왕과 필부는 닦을 바가 각기 다릅니다. 비록 전쟁을 행한다 하더라도 백성을 더욱 불쌍히 여겨야 되지 않겠습니까? 왕자가 사해를 집으로 삼고 만민을 자식으로 삼아, 무고한 무리를 죽이지 않고 죄 있는 무리를 처단함은 모든 선행을 받드는 바니 이를 홍제(弘濟)라고 합니다."라고 했다.[19]

(라) 훈요 10조를 통한 국가통합의 기제 확보

태조 왕건의 다년간에 걸친 정치화합과 사회통합의 노력으로, 즉위 직후에 발생한 환선길, 이흔암, 임춘길, 진선 등 내부 호족들의 모반사건을 무사히 극복할 수 있었다. 또한 외부로는 윤선, 아자개, 윤웅, 원봉, 순식, 홍술, 성달, 양문, 능현, 능문 등 각지의 유력한 호족을 동맹자로 포섭할 수도 있었다.

이리하여 태조는 내적으로 고려정권의 왕권 안정을 이룩하고 이를 기반으로 하여 국력의 신장을 가져올 수 있었다.[20] 왕건은 왕실의 독자적

---

19 「眞澈大師碑文」,『朝鮮金石總覽』上.

인 세력기반을 갖추기 위해서 후대 왕들에게 귀감으로 삼을 유훈으로 〈훈요 10조〉를 내렸다. 그 내용은 다음과 같다.

1조: 숭불하되 승려와 간신의 결탁을 막아 사원쟁탈이 일어나지 않게 하라.
2조: 사원을 함부로 신축하지 못하게 하라. 신라 말에 마구 짓다가 지덕이 쇠해 망했다.
3조: 서열에 관계없이 지혜로운 왕자에게 대통을 계승하게 하라.
4조: 우리나라는 땅과 사람이 중국과 다르니 그 풍속을 반드시 따를 필요는 없다. 거란도 야만의 나라이니 본받지 말라.
5조: 서경에 철마다 머무르되 모두 100일 이상이 되게 하여 안녕을 도모하라.
6조: 연등회와 팔관회를 열되 증감하지 말라.
7조: 상벌을 도리에 맞게 하고 헐뜯는 말을 멀리하라. 농부의 어려움을 알고 요역을 줄여 어진 정치를 하라.
8조: 차현 남쪽과 공주강의 바깥 지역은 산지의 형세가 거슬러 달리니 인심도 반란의 염려가 있다. 그들에게 벼슬을 주지 말라.
9조: 나라의 관직을 함부로 증감하지 말라. 사사로이 친한 자나 친척을 뽑지 말고 뛰어난 자에게 관직을 내려라.
10조: 옛 고전을 널리 읽어 나라 다스리는 일에 거울로 삼으라.

이 중 8조에 관해서, 차현을 차령산맥으로, 공주강을 금강으로 본다면 오늘날의 전라도 지역 사람들을 등용하지 말라는 의미가 된다. 하지만 이에 대한 조작 또는 잘못된 해석이라는 주장이 늘 있어 왔다. 차현

---

20 국사편찬위원회, 『고려왕조의 성립과 발전』(탐구당, 2013a), 45쪽.

은 충남의 어느 고개 이름이고, 공주강은 공주 어귀를 흐르는 강으로 본다면 꽤 좁은 지역으로, 당시 이곳 호족들이 반역을 꾀한 탓에 고려 태조의 입장에서 그와 같은 조항을 포함시켰다고 볼 수 있을 것이다.[21] 앞의 예에서 보듯이 태조는 항상 사회통합과 정치통합을 강조해 왔다는 점에서 후자의 주장에 더 일리가 있다.

나. 과거제 시행을 통한 계층통합 시도

신분제 사회이자 전근대 사회였던 고려에서, 문벌이나 재산에 관계없이 공정한 시험을 통해 통치 관료를 뽑는 과거제도가 시행되었다. 당시 다른 지역에서는 무력을 장악한 계급이 지배층이었으며, 그들의 지배적 신분은 세습을 통해 계승되었다. 피지배계층에게는 국가의 통치관료가 될 수 있는 길이 원천적으로 차단되어 있었다. 특히, 일본은 무사계급인 사무라이 계급이 권력을 독점했다. 하지만 고려는 광종 9년인 958년에 과거제를 처음으로 도입했다.

광종은 후주에서 귀화한 쌍기의 건의를 받아들여서 유교의 학식과 능력에 따라 새로운 인재를 채용하는 과거제를 실시했다. 광종은 과거제를 통해 호족 출신의 공신세력을 누르는 한편 자신과 고려에 충성스러운 문신관료를 확보할 수 있었다.

즉, 종래의 호족연합 정권적 형태를 넘어서 자신의 군주권을 강화하려는 목적과 사회계층을 통합하려는 목적에서 과거제가 시행되었고, 또한 소기의 성과를 얻을 수 있었다.[22]

개인의 능력을 중시하는 과거제와 더불어, 가문의 혈통을 중시하는

---

21 식산(2014), 앞의 책, 76쪽.
22 국사편찬위원회, 『고려전기의 정치구조』(탐구당, 2013b), 368쪽.

음서제가 동시에 실시되었다. 공신과 문무관 5품 이상 관료의 자손에게 그 부조(父祖)의 관품에 따라 7품 이하의 관직을 차등 있게 나누어 주었다. 그렇게 주는 관직을 음직이라고 했으며, 아들이 없으면 손자, 동생, 사위 등에게 주기도 했다. 탁음자가 3품 이상일 때는 수양자(收養子)와 사위, 조카에게, 4~5품일 경우에는 아들과 손자에 한정되었다. 음서 출신자들은 5품 이상의 관직에 진급해 다시 자손들에게 음직을 전수하기도 했다. 거시적인 흐름으로 보자면 음서제는 점차 약화되어 간 반면, 과거제는 점차 강화되어 가는 경향을 보여 주었다. 즉, 역사의 흐름과 함께 공공성이 확대되고, 피지배 계층이 국가의 중요 정책 결정 과정에 참여할 수 있는 길이 확장되면서 계층 간의 통합 가능성이 열렸다.[23]

2) 조선시대의 대표적인 통합사례

조선시대의 통합사례는 사회통합 사례와 정치·사회 통합사례로 나누어 살펴볼 수 있다. 먼저 향약, 두레, 계로 대표되는 조선시대의 사회통합 사례에 대해서 알아보자.

(1) 사회통합의 대표적인 사례: 향약, 두레, 계

향약이란 향안에 적용되는 상호 간의 규약이다. 규약의 중요 내용은 가족과 향당 구성원 간의 윤리, 유향소의 운영, 향리 및 관속에 대한 통제 등 사족의 향촌지배와 관련된 내용을 포함하고 있었다. 이 규약의

---

[23] 이남희, 「고려시대의 과거제와 공공성」, 『동양정치사상사』 제12권 2호(2013), 62-63쪽.

일차적인 대상은 바로 향안의 입록된 양반이었다. 그러나 여기에 참여하지 않은 향리나 관속들도 무관한 것은 아니었다. 향리와 관속들의 과실에 대해서 실제로 엄한 벌이 가해지기도 했다.

신분적 폐쇄성을 가진 향규와는 달리 군현단위에서 실시된 향약은 고을의 전 구성원을 대상으로 했다. 고을 거주민들의 향약에 대한 참여는 의무이자 강제였다. 이러한 조선의 향약은 개별 향촌 단위의 사대부층에 의해 자치적으로 실시되었던 중국의 여씨 향약과는 아주 달랐다.[24]

향약은 성격에 따라 향규, 공계, 주현향약, 동계로 나누어 볼 수 있다. 향규는 향중지규(鄕中之規)의 준말로 16세기 지방세력의 향촌지배권을 유지하기 위해 유향소를 중심으로 운영된 것을 말하고, 동계는 촌민의 지배, 즉 향권을 위하여 사족에 의해 조직, 운영된 것이며, 촌계는 유구한 전통을 갖는 자생적인 주민의 생활과 상호 이익을 위하여 협동하는 자치적인 조직이며, 주현향약은 임진왜란 이후 수령이 지역사회의 상하 전체 주민을 의무적으로 참여시킨 것으로 동계의 확대판이라고 할 수 있다.

또한 향약을 공동체주의와 관련하여 살펴볼 수 있는데, 향약에서 강조되는 덕목은 '개인'이나 '이익집단'의 이해관계에 따라 좌우되는 당파주의나 가족주의와는 거리가 멀다고 할 수 있다. 향약의 공동체 윤리는 수신, 제가, 치국, 평천하라는 말에서 드러나듯, 공동체의 구성원이 사심이나 사욕과 같은 자신의 이해를 넘어 자신을 포함한 보다 더 큰 관계를 의식하고 그에 따른 자발적인 도덕적 행위를 할 것을 끊임없이 요구하고 있기 때문이다. 특히 율곡의 향약은 효제충신인의(孝悌忠信仁義)와

---

[24] 정진영, 「조선시대 향촌 제 조직과 규약이 '규약'적 성격」, 『고문서연구』 제42호(2013), 68쪽.

같은 덕목을 서로 권하는 덕업상권(德業相勸), 과실상규(過失相規), 도덕을 체질화시키는 도덕사회, 인간생활에서 지켜야 할 예의범절 및 사시사철의 예속을 서로 지켜 나가는 예속상교(禮俗相交), 가난, 질병, 재해 등을 당할 때 서로 도와주는 환난상휼(患難相恤)을 통해 복지사회를 지향하여, 사회구성원들이 공동체적으로 통합할 수 있게 했다.[25]

한편 조선사회는 두레, 계와 같은 협동적 노동을 통해 사회통합이 이루어졌다. 먼저, 두레는 기본적으로 제한된 시기에 농업노동력을 집중적·집약적으로 동원하는 사회제도이다. 즉, 자연부락을 단위로 집집마다 한 사람씩 나와서 함께 힘을 모아 모내기, 김매기 등 공동작업을 하는 '작업공동체'를 말한다. 두레의 어원은 모임을 나타내는 '두리', '드레'에서 나온 말로써 협동관행을 뜻하는 말로 풀이되고 있다. 더구나 마을의 어원이 되고 있는 '모을', '모들'은 '두레'라는 말과 혼용되어 왔다. 그리하여 두레는 부락사회의 기본원리로써 생활의 협동, 생업의 협동, 오락의 협동을 상징하는 사회관행으로 오히려 보편적으로 쓰여져왔던 것이다.

두레는 농업노동의 수요가 정점을 이루는 농번기에 한하여 일시적·단기적으로 실시되었던 것으로, 고도의 합리성을 발휘할 수 있었을 뿐만 아니라 상부상조의 생활 또는 협동문화의 산 교육장으로써의 사회적 기능을 가지고 있었다. 이러한 두레가 출현하게 된 직접적인 배경으로는, 이앙법과 도맥 2작 체제의 확산, 향도의 전통과 촌계의 발달을 들 수 있다. 특히 이앙법뿐만 아니라 도맥 2모작 체계가 노동력의 집중도를 현저히 증가시켰다.[26]

---

[25] 김홍주, 「조선 향촌규약에 나타난 마을공동체 운영 특성」, 『국토연구』 제79권(2013), 80쪽.
[26] 배영동, 「조선후기 두레로 본 농업생산의 주체」, 『실천민속학연구』 제6권(2004), 272-

품앗이란 영세농층이 농번기를 맞이하여 이웃 사람들과 임의로 단체를 조직하여 경작 작업을 상조하는 제도를 말한다. 품앗이는 '품탈'이라는 뜻이 들어 있는데, 품은 노임이 아니라 어떤 일에 드는 힘(노동)을 뜻하는 말이다. 노동임금은 노력의 대가로써 품값이라고 한다. '품탈'은 노동을 얻고, 빌린 노동을 갚는다는 뜻이다. 쉽게 말하면, '힘이 드는 일을 거들어 주어 서로 품을 지고 갚고 하는 일'로 풀이할 수 있다.

두레와 품앗이가 생산을 함께하는 협동조직이라는 공통점을 가지고 있으나, 그 조직의 크기와 형태 면에서 서로 다른 특성을 지니고 있었다. 품앗이는 두레보다 규모가 작고 필요에 따라 언제든지 자유롭게 이루어질 수 있는 것이었고, 두레에 비하여 공동노동의 폐해로서 이해의 대립이나 집단의 규제를 받지 않았다.[27]

(2) 정치·사회 통합의 대표적인 사례 1: 정도전의 통합시도

조선 건국을 위한 혁명에 나섰던 정도전은 대의명분이 뚜렷하고 민심을 모을 수 있는 개혁정책을 전면에 내세워 밀고 나가면서, 이를 반대하거나 방해하는 자들은 부정축재자나 수구파로 몰아 과감하고 철저하게 숙청하는 방식으로 정치통합을 이루어 나갔다. 대대로 특권을 유지해 온 구세력을 일조일석에 제압할 수는 없었으나, 그들은 부귀영화를 누리는 과정에서 각종 부정비리에 연루되어 법적·도덕적 공격과 비판에 취약한 허점을 가지고 있었다. 과거에는 감히 이러한 약점을 공격할 조직된 세력이 없었으나, 위화도 회군 이후에는 조준이 대사헌이 되는 등 역성혁명파가 탄핵기관의 요직에 진출하면서 사정이 달라졌다.

273쪽.
[27] 이단규, 「우리나라 전통적 협동조직에 관한 연구」, 『협동조합연구』 제9권(1987), 19 20쪽.

정도전은 이러한 정치통합과 함께 전제개혁을 통해 사회를 통합하고자 했다. 전제개혁에 대하여 당시 대지주였던 권문세가들의 반발도 만만치 않아 전제개혁운동은 3년이라는 시간이 필요했다.

정도전이 전제개혁을 추진하면서 밝힌 대의명분은 첫째, 가난한 백성을 위해 먹고살 터전을 마련해 주자는 것이었고, 둘째, 바닥날 대로 바닥난 국가 재정을 확립하자는 것이었다. 하지만 궁극적인 목표는 이러한 개혁과정을 통해 정치·사회 통합을 달성하려는 것이었다. 다음의 『조선경국전』 기록은 당시 사회통합을 이루기 위해서 전제개혁이 얼마나 필요했는지를 잘 보여 준다.

토지제도가 파괴된 후부터는 호족이 겸빙하여 부자는 땅이 더욱 붙고 가난한 자는 송곳 꽂을 땅도 없다. 가난한 자는 부자의 토지를 빌려 경작하고 일 년 내내 고생해도 먹을 것도 부족할 지경인데, 부자는 편안히 앉아 소작인을 부려 그 수입의 태반을 먹는다. 국가는 아무 대책 없이 바라보고 있을 뿐 그 세를 받지 못한다. 따라서 백성은 더욱 고생하고 국가는 더욱 가난해진다.[28]

이러한 정도전의 사상체계와 개혁정책을 관통하고 있는 기본정신은 민본 애민사상이었다. 백성이 나라의 근본이요 백성에게 통치권의 뿌리가 있으므로 백성을 사랑하고 존중하는 것이 모든 것의 으뜸이 되어야 한다고 정도전은 생각했다. 백성이 나라의 근본이므로 나라의 모든 문제는 백성의 입장에서 풀어 가야 하고, 백성을 위하고, 백성을 사랑하고, 백성을 존중하고, 백성을 보호하고, 백성을 기르고, 백성을 편안하게 해야 한다는 것이다.

---

28 조유식, 『정도전을 위한 변명』(휴머니스트, 2014), 192쪽.

이를 위해 임금과 어진 신하가 서로 만나 원내한 국운을 얼어서, 도탄에 빠진 백성을 고통에서 건지고 나라를 반석 위에 올려놓으려고 밤낮 없이 부지런히 행정에 마음을 다하면서, 백성을 살리고 국운을 장구하게 하는 방법을 깊이 연구하여야 한다. 백성을 사랑하는 정치와 나라를 풍요롭게 하는 도리가 본말과 대소를 모두 갖추어 시행되도록 힘쓸 때, 이 어진 정치가 한 시대를 덮고 그 은택이 만세토록 흘러가게 된다.[29]

그는 백성과 국가 그리고 임금과의 관계에 대해 "군주는 국가에 의존하고 국가는 백성에게 의존한다. 그러므로 백성은 국가의 근본인 동시에 군주의 하늘이다. 그래서 '주례'에서는 백성의 호적을 군주에게 바칠 때 군주는 절을 하면서 받았으니 이것은 자기의 하늘을 중히 여기는 까닭이다. 임금 된 사람이 이러한 뜻을 안다면 당연히 지극한 마음으로 백성을 사랑해야 할 것이다."라고 했다. 하늘인 백성을 존중하고 사랑하는 것은 군주의 당연한 의무라는 것이다.

관리들이 백성을 대하는 자세는 또 어떠해야 하는가?

백성은 나라의 근본이다. 고대에는 세상을 다스림에 있어 천자가 관직을 설치하고 신하에게 녹봉을 지급하는 것은 신하를 위해서가 아니라 모두가 백성을 위한 것이었다. 따라서 성인의 동작과 시설, 명령 그리고 법제는 그 하나하나가 반드시 백성에 근본을 둔 것이었다. 임금이 관리에게 책임을 지우는 것도 하나같이 백성을 근본으로 하는 것이며 관리가 임금에게 보답하는 것도 하나같이 백성을 근본으로 하는 것이었다. 이렇듯 백성이 존중되었다.[30]

---

29 정도전, 『삼봉집』(한국고전번역원, 2013), 284쪽.

이러한 정도전의 개혁정책은 새로운 국가, 조선의 정치적 안정과 사회통합을 이루어 내는 중요한 기제로 작동했다. 정치·사회 통합을 이루려는 정도전의 기본사상은 조선 태조의 즉위교서에 그대로 반영되었다. 『태조실록』에 나와 있는 즉위교서의 내용은 다음과 같다.

중외(中外)의 대소 신료(大小臣僚)와 한량(閑良)·기로(耆老)·군민(軍民)들에게 교지를 내리었다. "왕은 이르노라. 하늘이 많은 백성을 낳아서 군장(君長)을 세워, 이를 길러 서로 살게 하고, 이를 다스려 서로 편안하게 한다. 그러므로, 군도(君道)가 득실(得失)이 있게 되어, 인심(人心)이 복종과 배반함이 있게 되고, 천명(天命)의 떠나가고 머물러 있음이 매였으니, 이것은 이치의 떳떳함이다.

1. 문무(文武) 두 과거(科擧)는 한 가지만 취하고 한 가지는 버릴 수 없으니 중앙에는 국학(國學)과 지방에는 향교(鄕校)에 생도(生徒)를 더 두고 강학(講學)을 힘쓰게 하여 인재를 양육하게 할 것이다. 그 과거(科擧)의 법은 본디 나라를 위하여 인재를 뽑았던 것인데, 그들이 좌주(座主)니 문생(門生)이니 일컬으면서 공적인 천거로써 사적인 은혜로 삼으니, 매우 법을 제정한 뜻이 아니다.
1. 관혼상제(冠婚喪祭)는 나라의 큰 법이니, 예조에 부탁하여 경전(經典)을 세밀히 구명하고 고금(古今)을 참작하여 일정한 법령으로 정하여 인륜(人倫)을 후하게 하고 풍속을 바로잡을 것이다.
1. 수령(守令)은 백성에게 가까운 직책이니 중시(重視)하지 않을 수 없다. 그것을 도평의사사(都評議使司)와 대간(臺諫)·육조(六曹)로 하여금 각기 아는 사람을 천거하게 하여, 공평하고 청렴하고 재간이 있는 사람을 얻어 이

---

30 박봉규, 『광인 정도전』(아이콘북스, 2014), 74-75쪽.

임무를 맡겨시 민 30개월이 되어, 치직(治績)이 현저하게 나타난 사람은 발탁 등용시키고, 천거된 사람이 적임자(適任者)가 아니면 천거한 사람[擧主]에게 죄가 미치게 할 것이다.

1. 충신(忠臣)·효자(孝子)·의부(義夫)·절부(節婦)는 풍속에 관계되니 권장(勸獎)해야 될 것이다. 소재 관사(所在官司)로 하여금 순방(詢訪)하여 위에 아뢰게 하여 우대해서 발탁 등용하고, 문려(門閭)를 세워 정표(旌表)하게 할 것이다.

1. 고려 말기에는 형률(刑律)이 일정한 제도가 없어서, 형조(刑曹)·순군부(巡軍府)·가구소(街衢所)가 각기 소견을 고집하여 형벌이 적당하지 못했으니, 지금부터는 형조는 형법(刑法)·청송(聽訟)·국힐(鞠詰)을 관장하고, 순군(巡軍)은 순작(巡綽)·포도(捕盜)·금란(禁亂)을 관장할 것이며, 그 형조에서 판결한 것은 비록 태죄(笞罪)를 범했더라도 반드시 사첩(謝貼)을 취(取)하고 관직을 파면시켜 누(累)가 자손에게 미치게 하니, 선왕(先王)의 법을 만든 뜻이 아니다. 지금부터는 서울과 지방의 형(刑)을 판결하는 관원은 무릇 공사(公私)의 범죄를, 반드시 『대명률(大明律)』의 선칙(宣勅)을 추탈(追奪)하는 것에 해당되어야만 사첩(謝貼)을 회수하게 하고, 자산(資産)을 관청에 몰수하는 것에 해당되어야만 가산(家産)을 몰수하게 할 것이며, 그 부과(附過)해서 환직(還職)하는 것과 수속(收贖)해서 해임(解任)하는 것 등의 일은 일체 율문(律文)에 의거하여 죄를 판정하고, 그전의 폐단을 따르지 말 것이며, 가구소(街衢所)는 폐지할 것이다.

1. 전법(田法)은 한결같이 고려의 제도에 의거할 것이며, 만약 증감(增減)할 것이 있으면 주장관(主掌官)이 재량하여 위에 아뢰어 시행할 것이다.

1. 환과고독(鰥寡孤獨)은 왕정(王政)으로서 먼저 할 바이니 마땅히 불쌍히 여겨 구휼(救恤)해야 될 것이다. 소재 관사에서는 그 굶주리고 곤궁한 사람을 진휼(賑恤)하고 그 부역(賦役)을 면제해 줄 것이다.

위의 즉위교서에서 보듯이, 새로 건국한 조선은 정도전의 위민사상을 충분히 반영하여, 작게는 고아와 과부에 대한 구휼에서부터 크게는 토지개혁의 유지에 이르기까지 국가와 사회의 모든 부분에서 통합을 이루고자 했다.

(3) 정치·사회 통합의 대표적인 사례 2: 세종의 통합시도

정도전의 위민사상에 바탕을 둔 정치·사회 통합은 4대 국왕인 세종 시기에 '섬김의 정치', '보살핌의 정치'의 형태로 더욱 강력하게 추진되었다. 『세종실록』에 실린 기록 중 여기에 해당하는 내용을 정리하면 다음과 같다.[31]

> 『대학연의』를 강하다가 채미편(采薇篇)과 군아편(君牙篇)에 민간에서 간고(艱苦)를 근심하고 탄식한다는 말에 이르러, 정초(鄭招)가 아뢰기를, "[…] 우리나라 백성의 생계가 비록 아내를 팔고 자식을 파는 처지에는 이르지 않았지마는, 그러나 전하께서 오늘날의 마음을 잊지 않으시면, 국가가 매우 다행할 것입니다." 하니, 임금이 말하기를, "내가 마땅히 마음 깊이 품어 잊지 않겠노라." 하였다. 인하여 말하기를, "우리나라 백성이 살아가는 데 어찌 곤궁한 사람이 없겠느냐." […] "내가 궁중에서 나고 자랐으므로, 민생(民生)의 간고한 것은 다 알지 못한다."고 하였다.[32]

> 백성은 나라의 근본이니, 근본이 튼튼해야만 나라가 평안하게 된다. 내가 박덕한 사람으로 외람되이 생민의 임금이 되었으니, 오직 이 백성을 기르고 어

---

[31] 다음의 내용은 김영수, 「한국유교사상의 의미」, 전문가 자문회의 발표문(2015년 5월 30일)에서 정리했다.
[32] 『세종실록』 권2, 원년 12월 20일.

루만져 편하게[撫綏]하는 방법만이 마음속에 간절하다.[33]

임금이 말하기를, "가뭄이 너무 심하다. 소나기가 잠시 내렸으나, 안개가 끼고 흙비가 왔을 뿐이다. 기후가 순조롭지 못하여 이렇게 되니, 장차 벼농사 형편을 나가 보리라." 하고, 드디어 서문 밖에 나가 두루 살피고 돌아와서, 대언(代言)들에게 말하였다. "금년 벼농사는 모두들 '꽤 잘되었다.'고 하더니, 오늘 보니 눈물이 날 지경이다." […] 이날 행차에 다만 입번(入番)한 내금위 사금(內禁司禁)만 거느리고 양산과 부채는 쓰지 않았다. 벼가 잘되지 못한 곳을 보면, 반드시 말을 멈추고 농부에게 까닭을 물었다. 점심을 들지 않고 돌아왔다.[34]

이를 근심한 세종은 그 뒤 열흘간이나 앉아서 날 새기를 기다렸으며, 이 때문에 병이 났다.[35]

이제 어느 사람이 아뢰기를, '함길도는 지난해의 실농(失農)으로 인하여 민간에 먹을 것이 떨어져서, 혹은 닭·개·소·말을 잡아서 먹었으나, 금년 4월에 부황(浮黃)이 있기 시작하여 혹은 굶어 죽은 자가 있으며, 5, 6월 사이에 이르러서는 기근이 더욱 심하여 떠돌아다니며 빌어먹다가 혹은 시내 골짜기에서, 혹은 산야에서, 혹은 도로에서 굶어 죽은 자가 신의 눈으로 본 수효만도 4백에 이르옵고, 살아 있는 자도 힘이 없어 비록 부자·형제라도 거두어 장사지내지 못하였사오며, 가을에 이르러서야 겨우 기아를 면하여 그 사망하는 것이 5, 6월 같지는 아니하옵니다.' […] 행인이 본 곳에 그처럼 많았다 하

---

33 『세종실록』 권21, 5년 7월 3일.
34 『세종실록』 권29, /ㄴ /월 1일.
35 『세종실록』 권29, 7년 7월 28일.

면, 깊숙한 산골 보지 못한 곳에 언덕이나 구렁에 뒹구는 자가 몇천인지 알지 못할 것이다.[36]

세종: "슬프다, 한 많은 백성들의 굶어 죽게 된 형상은 부덕한 나로서 두루 다 알 수 없다."[37]

세종: "백성이 밥을 먹기 어려움이 금년과 같은 해가 없거늘, 어찌 반드시 먼 지방의 물건을 기다린 후에야 자봉(自奉)을 하겠느냐. 비록 주방(廚房)에 없더라도 시장에서 사서 먹을 수 있다."고 말했다.[38]

굶주림을 구하기 위한 세종의 면세정책이 너무 이상주의적이라고 생각하여 면세를 반대한 변계량에게 세종은 다음과 같이 말했다.
"임금으로 있으면서 백성이 주리어 죽는다는 말을 듣고 오히려 조세를 징수하는 것은 진실로 차마 못할 일이다. 하물며 지금 묵은 곡식이 이미 다 떨어졌다고 하니, 창고를 열어 곡식을 나누어 준다 해도 오히려 미치지 못할까 염려되거늘, 도리어 수린 백성에게 소세를 부담시켜서 되겠는가. 너욱이 삼찰을 보내어 백성의 굶주리는 상황을 살펴보게 하고서 조세조차 면제를 안 해 준다면, 백성을 위하여 혜택을 줄 일이 또 무엇이 있겠는가?"[39]

세종: "나는 장차 조정의 관원을 파견하여, 그에 대한 행정 상황을 조사할 것이며, 만약 한 백성이라도 굶어 죽은 자가 있다면, 감사나 수령이 모두 임금

---

[36] 『세종실록』 권101, 25년 9월 22일.
[37] 『세종실록』 권3, 1년 2월 12일.
[38] 『세종실록』 권18, 4년 11월 14일.
[39] 『세종실록』 권3, 1년 1월 6일.

의 명령을 위반한 것으로써 죄를 논할 것이다."[40]

세종 26년 경기감사 이근이 기근구제 정책을 태만히 하자 직접 불러 "내가 백성들의 일에는 비록 가까운 족친이라 하더라도 오히려 용서하지 않았으니, 만약에 한 사람이라고 굶어 죽는 일이 있으면 경을 용서하지 않겠다."고 질책하자, 이선은 엎드려서 벌벌 떨면서 어찌할 줄을 모르고, 단지 '죽을죄를 지었습니다.'라고 하였다.[41]

세종은 사람 죽이는 일을 꺼렸다. 그러나 지덕천부사(知德川郡事) 최세온이 기민의 구휼곡을 횡령하자, "이 사람은 진제미를 도적질하여 백성들을 굶어 죽게 하였으니, 다른 장물 먹은 관리와 비할 것이 아니다."라고 말하고 참형에 처했다.[42]

17년에 걸친 논의 끝에 공법(貢法) 개정으로 조세제도 개선이 구체화되었다. 세종은 "일찍이 개연히 생각하여 공법을 시행하여 여러 해의 중간 수량을 참작 결정하여, 예부터 전해 내려오는 답험의 폐해를 영구히 없애고자 하여, 모든 대소 신료들과 서민들에게까지 물어보았다."[43]

정부·육조와, 각 관사와 서울 안의 전함(前銜) 각 품관과, 각도의 감사·수령 및 품관으로부터 여염(閭閻)의 세민(細民)에 이르기까지 모두 가부(可否)를 물어서 아뢰게 하라.[44]

---

40 『세종실록』 권3, 1년 2월 12일.
41 『세종실록』 권104, 26년 5월 5일.
42 『세종실록』 권25, 6년 8월 15일.
43 『세종실록』 권75, 18년 10월 5일.
44 『세종실록』 권47, 12년 3월 5일.

17만 인에 이르는 대대적인 여론조사 끝에 9만 9,000여 명이 찬성하고 7만 4,000여 명이 반대했다. 공법제의 요체는 토지의 비옥도[田品]와 매년의 풍흉[作況]에 따라 정액제로 전환함으로써, 조세 수취의 공정성을 기하는 것이었다. 17년에 걸쳐 이루어진 조세제도 개혁은 결국 작황에 따른 연분9등법(年分九等法), 토지 비옥도에 따른 전분6등법(田分六等法)으로 귀결되었다. 그 결과 세율은 1/10에서 1/20로 감소되고, 조세 수취에서 중간 부정을 제거할 수 있었다.

농업생산력을 높이기 위한 방법은 ① 경작 토지의 확대, ② 토지이용률의 제고, ③ 토지생산력의 제고, ④ 경작 작물의 개발 및 재배지의 확대, ⑤ 경작기술의 개발 및 보급 등에 있었다. 지리지(『세종실록지리지』) 및 농업서(『농사직설(農事直說)』)를 편찬하고, 농업기계를 개발하고, 천문학의 발전을 도모(『칠정산내외편(七政算內外篇)』)한 것은 기본적으로 이를 위한 것이었다. 그 결과 고려 말 50만 결에 불과하던 경작지는 세종대에 170만 결로 늘어났다. 밑거름과 덧거름을 주는 시비법의 보급으로 경작지를 묵히지[休閑地] 않고 매년 농사를 지을 수 있게 되었다[常耕地]. 즉, 토지는 실질적으로 340만 결로 늘어났던 것이다.

세종은 경복궁 후원에서 스스로 농사도 짓고, 뽕나무도 키웠다.[45] 세종에 따르면, "서속(粟) 씨앗 2홉을 후원에 심었더니 그 소출이 한 섬이 더 되었다."고 한다. 세종 때 편찬된 『농사직설』 서문은 다음과 같이 시작한다.

농사는 천하의 대본(大本)이다. 예로부터 이를 힘쓰지 아니한 성왕(聖王)이 없있다. [...] 오방(五方)의 풍토(風土)가 같지 아니하여 곡식을 심고 가꾸는 법이

---

[45] 『國朝寶鑑』 제15권, 성종조 1, 3년.

각기 적성(適性)이 있어, 옛글과 다 같을 수 없다 하여, 여러 도의 감사에게 명하여 주현의 노농(老農)들을 방문하게 하여, 농토의 이미 시험한 증험에 따라 갖추어 아뢰게 하시고, 또 신하 변효문(卞孝文)과 더불어 피열(披閱)하여 그 중복된 것을 버리고 그 절요한 것만 뽑아서 찬집하여 한 편을 만들고 제목을 『농사직설』이라고 하였다. 농사 외에는 다른 설(說)은 섞지 아니하고 간략하고 바른 것에 힘을 써서, 산야의 백성들에게도 환히 쉽사리 알도록 하였다.[46]

사회통합을 이루기 위해서는 백성들이 정부에 대한 신뢰를 가져야 한다. 하지만 당시 조선시대 백성들은 부당한 재판과 가혹한 형벌에 시달리고 있었다. 백성들은 기본적으로 무권리 상태에 있었기 때문이다. 조선은 명목상 백성의 안녕을 위해 건설된 국가였지만, 그것은 치자들의 자각된 선의에 의해 이루어져야 되는 것(for the people)이었을 뿐, 백성들 스스로 상황을 결정할 수 있는 주체(of the people)는 아니었다. 법률 및 형벌과 관련하여, 조선 유학의 이상인 법치에 반대하는 '예치(禮治)' 주장자들은 법치의 구상을 반대했다. 하지만 '예(禮)'의 부재가 아니라, '법(法)'의 부재가 더 현실적 문제였다. 당시의 모습을 보여 주는 기록은 다음과 같다.

경중(京中)의 죄수로 옥에서 갇혀 죽은 자는 드무나, 외방의 죄수는 혹시 배꼽 아래에 붓는 종기[浮腫]로 혹은 가슴과 배가 답답하여 옥에 있다가 죽게 되는 자가 서로 잇따라 일어나오니, 어찌 다 구휼할 수 없는 것이겠습니까. 필시는 급하게 실정을 얻고자 하였다든가, 불법으로 형벌을 가하였다든가,

---

[46] 『세종실록』 권44, 11년 5월 16일.

참혹하게 고문한 까닭에 그 독(毒)이 장부(臟腑)로 들어가 부종이 되어 죽은 것이 분명한 것입니다. […] 『등록형전』에, '경중이나 외방의 죄수를 신문하는데, 사령(使令)으로 하여금 높은 소리로 호통치며 좌우로 나누어 서서 서로 번갈아 가며 장(杖)을 치지 말라.' 하였고, 선덕(宣德) 10년 10월에 전교(傳敎)하기를, '무릇 죄수의 머리를 꺼두르고 종횡으로 끌어서 괴로움이 태장(笞杖)보다 갑절이 되니, 그 때문에 상해되어 운명하는 자가 간혹 있었다. 금후로는 모두 금하라.' 하셔서, 결벌(決罰)하는 법이 자세한 것까지 다 빼어 놓음이 없거늘, 형벌을 맡은 관리가 문구(文具)로만 여기매 진실로 타당치 못하오니, 위 항의 『육전(六典)』과 전지를 거듭 밝히어 거행하고, 엄하게 고찰하게 하여 죄수를 혹시 손으로 두 귀를 잡고 몹시 잡아당기어 상해를 입히게 한다든가, 혹은 두 귀밑의 머리를 벌어진 나무 틈에다 놓고 당겨서 가죽이 붓고 눈귀가 찢어졌다든가, 신장(訊杖) 30차례도 오히려 부족하다 하여 형장 끝으로 그 상처를 찌른다든가 심각하게 침학(侵虐)하는 자가 혹시 있사오니, 청하건대, 일체 모두 통금(痛禁)하게 하옵소서.[47]

세종 15년, 형조는 곡산(谷山)의 양민 여자 약노(藥奴)가 주문을 외워 살인한 죄를 자복했다고 아뢰고 세종에게 참형을 요청한 일이 있었다. 이에 대해 세종은 조사 중 가혹행위가 있었을 것으로 의심하여 좌부승지 정분을 보내 다시 조사하도록 하기도 했다. 그 기록은 다음과 같다.

정분이 가서 문초하니, 조금도 숨기는 짓이 없이 주문 외는 술법을 다 설명하고, 또 말하기를, "빨리 나를 죽여 주오." 하므로, 문초하기를, "전번에 곡산 유후사와 형조에서 처음 물을 때에 모두 숨기더니, 지금 와서는 어찌 쉽

---

[47] 『세종실록』 권84, 21년 2월 2일.

사리 자복하느냐." 하니, 약노가 말하기를, "저음에는 숙기를 면하려고 애써 변명을 했지마는, 이제는 덮을 수가 없게 되었습니다." 하고, 두 번 세 번 다져 물어도 끝내 말을 달리하지 아니하였다. 갇혀 있기 10년이 되되, 보호하여 부양할 자가 없는지라, 예빈사(禮賓寺)에 명령하여 먹을 것을 주고, 제용감(濟用監)에 명령하여 입을 것을 주게 하고, 정분에게 명하여 다시 가서 추궁해 따져 물으니, 대답이 처음과 같은지라, 정분이 말하기를, "임금께서 너의 여러 해 동안 갇혀서 때리는 매에 고통받는 것을 불쌍하고 딱하게 여기시어 사정의 실상을 알고 싶어 하시니, 네가 과연 주문 외는 술법으로 사람을 죽였으면 사형을 받아도 마땅하겠지마는, 만약 매에 못 이기어 거짓 자복하였다면 진실로 가엾고 딱한 일이다. 그러니 사실대로 대답하라." 하니, 약노가 하늘을 우러러 크게 울며 말하기를, "본래 주문 외는 일은 알지도 못합니다. 그 사람의 죽은 것이 마침 내가 밥을 먹여 주었던 때이므로, 그것으로 나를 의심하여 강제로 형벌을 수없이 하여 꼭 자복을 받으려 하므로, 고문과 매 때림을 견디지 못하여 거짓 자복하였습니다. 이제 비록 실정대로 말해 올린다 하여도 또 형장을 쓸 것이니, 내가 어떻게 견디어 내겠습니까. 죽기는 마찬가지입니다. 태장(笞杖)을 당하는 것이 한 번 죽는 것만 같지 못하오니, 빨리 나를 죽여 주시기를 청합니다." 하고, 통곡하므로 정분이 돌아와 아뢰니, 임금이 듣고 측은하게 여기는지라. 지신사 안숭선 등이 아뢰기를, "이제 약노가 이미 문초하는 형장을 11차례나 맞았고, 의금부에서 또 15차례나 형장을 쳤으니, 어찌 그 실정을 알기 위하여 애매한 일에 그 같은 혹독한 형벌을 할 수가 있사옵니까. 또 옛사람이 말하기를, '죄가 의심스러운 것은 아무쪼록 경하게 해야 한다.' 하였사오니, 신 등은 생각하기를 그냥 덮어 두고 논하지 않는 것이 옳은가 하나이다." 하니, 임금이 그대로 좇아, 제 집으로 돌려보내라 하고 도중에서 먹을 죽과 밥을 주게 하였다.[48]

세종은 즉위 초부터 국가에 의해 자행되는 폭력에 기초한 조사와 처벌의 심각성을 깊이 인식하고, 구체적인 오심 판례를 적시한 '오심에 관한 판례집'을 만들었으며, 판결에 최대한의 주의를 가질 것을 촉구하는 교서를 여러 차례 반포했다.

슬프다, 죽은 자는 다시 살아날 수 없고, 형벌로 수족이 끊어진 자는 다시 이을 수 없으니, 진실로 한번 실수하면 후회한들 미칠 수 있으랴. 이것이 내가 밤낮으로 불쌍히 여기어 잠시라도 마음속에 잊지 못하는 것이다.[49]

위에서 살펴본 바와 같이 조선 초기 정도전과 세종대왕은 정치·사회 통합을 이루기 위해서 토지제도를 개혁하여 농민에게 토지가 돌아갈 수 있도록 했으며, 고아, 과부와 같이 국가의 도움이 필요한 사람들에 대한 구휼제도를 확충했다. 그리고 위민사상에 근거하여 국가의 폭력에 백성들이 피해를 보지 않도록 세심한 주의를 기울였다. 정도전과 세종대왕의 사례는 조선시대 통합사례로써 매우 적절하다고 판단된다.

2) 대한제국 이후의 다양한 통합사례

조선왕조는 1905년 을사보호조약, 1910년 경술국치를 거치면서 일본의 식민지로 전락했다. 36년 동안 일본의 식민지 지배 통치를 받은 조선은 1945년 8월 일본의 패전과 함께 해방을 맞이했다. 해방 이후 새로운 국가 건설과정에서 남과 북이 분단되었고, 북한 김일성 정권에

---

[48] 『세종실록』 권61, 15년 7월 19일.
[49] 『세종실록』 권52, 13년 6월 2일.

의해 6·25전쟁이 발발했다.

　일제강점기, 해방과 남북분단, 전쟁과 전후 복구과정에서 한국민들은 국가통합과 사회통합을 위해 끝없는 모범을 보여 주었다. 그 대표적인 통합사례를 다음에서 정리하고자 한다. 먼저, 사회통합을 위해 헌신한 기독교인들의 사례를 소개하고, 현대 한국사에 나타난 대표적인 통합사례를 서술하고자 한다.

(1) 기독교인들이 보여 준 사회통합 노력

가. 기독교인들의 사회통합 노력 1: 손양원 목사의 교훈[50]

　손양원 전도사는 목사도 아닌 상황에서, 이 땅에서 가장 낮은 자리에 처한 나환자들을 '내 몸과 같이 섬기며', 즉 '이웃 사랑'을 몸소 실천하며 살았다. 그리고 해방을 맞은 한국의 기독교는 남과 북 모두에서 김재준 목사와 한경직 목사 등을 통해 '기독교사회민주주의'라는 이름으로 이 땅에 하나님 나라를 구현하려는 새로운 통합사상을 내놓았다.

　그리고 남과 북에 서로 이념을 달리하는 정부가 들어서면서 여순반란사건이 일어나자 좌익 학생들은 친구나 다름없는, 오직 '하나님 사랑'으로 살아가는 손양원 목사의 두 아들을 '친미주의자'라 하여 죽이고 만다. 또한 6·25전쟁이 일어나 북쪽의 공산당이 아닌 남쪽의 공산주의자들이 9·28 서울수복으로 자신들의 생명이 위험해지자 손양원 목사도 죽이고 만다. 그리고 북쪽에서도 유엔군이 평양에 들어오는 것을 두려워한 공산당원들이 조만식 선생을 죽이고 중국으로 피신한다. 이들은

---

[50] 권성아, 「기독교인들이 보여준 사회통합 노력」, 전문가 지문회의 발표문(2015년 9월 19일).

'죽음보다 강한 십자가 사랑'을 실천한 것이나, 기독교인들은 '공산주의는 원수'라는 공식을 성립시킨다. 그러면서 기독교의 통합사상 또한 사라지게 된다. 손양원 목사 가족처럼 어떠한 상황에서도 온 마음과 뜻과 정성을 다하여 하나님을 사랑하고, 하나님을 사랑하는 그 마음으로 이웃을 '자비와 긍휼로 섬길 때' '진정한 통합'이 이루어지는 것이다. 더욱이 내가 '생명'에 위협을 느끼는 순간에도 '죽음'을 두려워하지 않고 '목숨'을 내놓는 '십자가 사랑'이 아니고서는 '하나님 나라'는 성취할 수 없는 것이다.

따라서 첫째, 하나님 나라에는 예수의 십자가 사랑을 통한 하나님과 나, 그리고 이웃 간의 통합만 있을 뿐, 일체의 '이념분쟁'은 있을 수가 없다. 시대 상황이 어떠하든 그리고 자신의 처지가 어떠하든 오직 하나님만 제대로 믿고 그의 말씀만 따를 뿐, 인간이 만들어 낸 공산주의나 민주주의가 좋다 혹은 나쁘다고 말할 필요가 없다. 나의 문제는 "형제의 눈 속에 있는 티"가 아니라, "내 눈 속에 있는 들보"[51]를 보지 못하는 것이다. 기독교인 스스로 하나님 앞에서 아직도 신사참배·친일·이념논쟁을 '진정으로 회개'하지도 않고 하나님 나라를 이 땅에 이루겠다는 것은 모순이다. 한국사회의 '통합'과 남북'통일'을 논하기에 앞서 '기독교인의 화해와 일치'를 먼저 이룰 수 있어야 한다.

둘째, 손양원 목사는 아들을 죽인 원수가 '좌익'이라는 것을 전혀 문제 삼지 않았다. 단지 그를 아들로 삼는 '참사랑'을 베풀어, '참된 용서'를 보이고자 했을 뿐이다. 그런데 한국의 기독교인들은 같은 기독교에 대해서도 파가 다르거나 하면 '이단'으로 몰거나 기독교인이 아닌 사람들은 '이방인'이라 하여 상종조차 하지 않으려고 하며, 더 나아가 북한

---

[51] 『성경전서』, 마태복음 7장 3절.

은 아예 '원수'로 여기고 있다. 예수는 "원수를 사랑하라."[52]고 하셨는데, 전쟁을 일으킨 북한을 어떻게 사랑하느냐고 묻는다. 우리가 북한을 '이웃'으로 여기고 "내 자신과 같이 사랑"하기 전에는 이 나라에 통일과 통합이 주어지지 않을 것이다.

셋째, 손양원 목사는 언제나 이 땅에 '하나님 나라'가 이루어지길 원했다. 그리고 그것은 어떤 상황에서든지 '예수님의 십자가 사랑으로 하나님과의 진정한 관계가 회복될 때' 이루어질 수 있는 것이라고 보았다. 이런 관점에서 '통일'은 '십자가 사랑으로 하나님과 하나 됨',[53] 즉 '온전한 사랑으로 모든 관계가 회복되는 통합'이라고 볼 수 있다. 그런데 십자가 사랑에는 언제나 '헌신과 희생'이 요구된다. 따라서 선한 사마리아인처럼 우리가 북한주민을 위해서 진정으로 무엇인가 헌신과 희생을 할 수 있을 때, 우리에게는 '남북통일'보다 더 귀한 '민족의 통합'이 하나님의 선물로 주어질 것이다.

나. 기독교인들의 사회통합 노력 2: 서광선 목사

서광선 목사만큼 '공산당이 싫다'고 절절히 외친 사람도 없을 것이다. 공산당을 반대한 그의 부친 서용문 목사는 6·25전쟁 발발 직후인 1950년 7월 인민군에게 끌려갔다. 4개월 만에 이승만과 맥아더가 평양에 입성하자 교인들이 대동강변 갈대밭에서 아버지의 주검을 찾아냈다. 다섯 명이 굴비처럼 함께 묶여 있었기에 주검이 갈대밭에 걸려 바다로 쓸려 내려가지 않았다. 아버지의 얼굴을 비롯한 온몸에 총 자국이 선명했다. 서 목사는 아버지의 기막힌 일생 때문에 더욱 서러웠다.

---

52 『성경전서』, 누가복음 6장 27-28절.
53 권성아, 「히나님의 통일일꾼: 홍익인간과 왕 같은 제사장의 만남」, YWAM-AIIM·평화한국·부흥한국, 『2010 통일비전캠프』(2010. 1.), 53쪽.

그의 할아버지는 조선조 말 무과에 급제해 함흥을 지키던 장군이었고, 일제의 강압에 의해 을사조약이 맺어지자 의병을 결성해 저항하다 순국했다. 그러자 할머니는 '나라 잃은 노예로 사느니 죽는 게 낫다'며 자식에게 차례로 극약을 먹이고 자신도 자결했다. 그러나 5남매 중 막내에게는 차마 약을 먹이지 못했다고 한다. 마을 사람들이 이 아이를 거둬 자강도 강계에 시집가 살던 장군의 여동생에게 보냈다. 그 두살배기가 서 목사의 선친 서용문이었다.

서용문은 한 여자 전도사의 손에 이끌려 미션스쿨인 영실학교를 거쳐 평양신학교에서 공부하여 목사가 되었다. 예수교장로회의 근본주의적 신학을 지향하는 평양신학교에서 공부한 서용문은 평북과 간도 일대에서 수많은 교회를 개척했다. 1937년 일제의 신사참배를 거부해 경찰서에 붙들려가 모진 구타를 당하기도 했다. 그런 어려운 전도생활 중 아내(서광선의 어머니)는 32세의 나이로 병들어 사망했다.

부친이 사망할 당시 19세 청년이었던 서 목사는 "이 철천지원수를 기어코 갚고야 말겠다"며 울부짖었다. 그가 비슷한 피해를 입은 '6·25전쟁 월남인'들처럼 남에서 공산주의자 단속과 종북론의 선봉장이 된다해도 전혀 이상할 것이 없는 삶이다. 그러나 그는 유신에 반대하며 민주화운동에 나섰고, 통일운동에 앞장섰다. 그리고 그는 최근에도 씨알재단과 와이엠시에이(YMCA)의 초청으로 '민주주의와 통일의 길' 등을 강연한다.

그에게 뉴욕 유니언 신학대학의 경험이 큰 영향을 미쳤다. 당시 마틴 루서 킹 목사의 민권운동에 유니언 신학대생들이 대거 참여했다. 백인 학생들과 함께 흑인 교회에 가서 함께 봉사하면서 아버지의 원수를 갚는 것은 '상대를 죽이는 게' 아니라, 이처럼 '다양성을 인정하고 서로 존중하고 평화로워지는 것'이라고 생각했다. 좀 더 자유로운 사고를 하는 학풍과 공부를 통해 예수의 정신인 사랑과 정의를 이 세상에 구현하기 위해서는 '내 (개인적) 역사의 감옥'으로부터 나와 자유로워져야 한다는 것을 깨달았다.

WCC(세계교회협의회)의 주도로 1986년 제네바에서 남북한과 독일 미국 러시아 교회지도자들이 함께 회의를 했다. 그때 김일성의 스승이자 외당숙뻘인 강양욱 목사의 아들인 강영섭 목사가 왔다. 그런데 강영섭 목사가 서 목사에게 통역을 해 달라고 했다. 그때는 시절이 시절이니만큼 이적행위로 귀국하자마자 잡혀갈 수 있는 일이었다. 더구나 아버지를 죽인 자들의 편에 선 강양욱 목사의 아들이 아닌가. 그들과 한 테이블에 앉는다는 것 자체도 아버지에게 미안했다. 그래서 그는 그날 밤을 새워 기도하면서 기도를 통해 아버지와 이야기를 했다. 그리고 다음 날 강영섭의 통역을 해 주었다.

그리고 그는 10년 전 아시아기독교 고등교육재단 부총재 자격으로 평양을 방문해 봉수교회에 가서 인사말을 했다. '모란봉도 그대로 있고, 대동강물도 그대로인데, 사람만이 변했다.'는 말에 봉수교회 신도들이 많이 울었다. 새까맣게 그을린 얼굴 위로 눈물이 쏟아졌다. 인간들 마음은 서로 통하는 것이 아닌가.

서 목사는 이렇게 말한다. "구약을 보면 모세가 이집트를 탈출해 광야에서 40년이나 고생했지만 하나님은 모세가 가나안에 들어가는 것을 허락지 않았다. 새로운 세상은 새로운 세대인 여호수아에게 맡겼다. 옛 세대가 가고, 자신의 과오를 다음 세대까지 전가하지 말아야 한다."

서광선 목사는 원수에 대한 미움을 통일이라는 큰 용광로에서 녹이고 있는 것이다. 서 목사의 사례는 전쟁을 치르고 극심한 이념 대결의 와중에 있는 우리들에게 진정한 포용이 진정한 평화를 가져올 수 있다는 것을 보여 준다.

(2) 현대의 대표적인 통합사례

1960년대 산업화 이후 현대사회의 대표적인 통합사례를 마을단위, 사회단위로 구분하여 정리하고자 한다.

가. 마을단위의 통합사례

(가) 사례 1: 새마을운동

새마을운동은 1970년대에 농촌근대화를 위해 도입된, 주민자발적인 참여를 통해 이루어지는 국민운동이다. 새마을은 새(New)와 마을(Village)의 합성어로, 새는 새로움을, 마을은 공동체의 기본단위로 동네를 의미한다. 이는 농촌마을의 지붕개량, 새마을 공장 등 환경개선이나 소득증대뿐만 아니라 농촌주민들의 통합과도 깊은 관련이 있었다.[54]

새마을운동이 입안되던 당시, 1960년대에 39.2%였던 도시인구의 비율이 1970년대에 50.2%로 증가하면서 이촌향도 현상이 사회문제로 대두되었다. 무엇보다 농민들에게 경제성장의 혜택이 골고루 돌아가고, 이들이 소외감과 좌절감에서 벗어나 사회통합이 이루어질 수 있도록 정부의 관심과 정책실행이 요구되었다.

1970년 한국 농촌사회는 내외부적으로 열악한 환경에 처해 있었다. 내부적으로는 점점 격차가 심해지는 도농의 사회경제적 수준, 특히 주거환경 시설을 비롯한 의료, 보건 등 개인복지를 포함해 많은 부분에서 농촌주민들의 소외감이 커져 갔다. 또한 미국에 의존해 왔던 식량조달 방법이 무상원조에서 유상원조 방식으로 갑작스럽게 변화하면서 식량자급자족을 위한 식량증산의 필요성 또한 대두되었다. 그리고 1962~

---

54 오남현, 「사회적 자본과 도시지역 새마을 운동과의 영향분석」, 『도시행정학보』 제25권 3호(2012), 94쪽.

1971년까지 시행된 제1~2차 경제개발계획의 성공적 추진은 상대적으로 농업, 농촌 부문의 소외감으로 나타났으며 효율성, 생산성의 지나친 강조는 정신적 측면을 소홀히 다루는 결과를 가져왔다.

경제적 측면에서, 1960년대 한국의 국가발전정책은 2차 산업 중심의 공업화와 수출산업화를 통한 발전전략이 중심이었다. 1962년부터 시작된 제1차 경제개발 5개년 계획은 중화학공업의 집중투자와 수출지향적 산업구조를 통해서 국가발전을 견인하고 국가 기간망을 확충하는 계획이 중심이었다.

1960~1970년대 국민총생산 평균성장률이 9.6%에 달했으나 농업부문의 성장률은 3.5%에 불과했다. 같은 시기 도시가구 소득은 평균 14.6% 증가한 반면, 농가소득은 3.5% 증가에 머물면서 농업부문의 경제성장이 요구되었다. 새마을운동은 1960년대 공업화의 성과를 농어촌으로 확대하고 도시와 농촌, 공업과 농업의 상호 발전을 도모하여 농촌사회의 생활환경 개선과 근대적 국민의식을 확립함으로써 국가를 통합하고, 사회를 통합시키고자 한 근대화 정책이라고 할 수 있다.[55]

새마을운동은 사회적 자본의 정의가 되는 규범, 신뢰, 네트워크와 같이, 잘살기 운동의 대명제 아래에 근면, 자조, 협동의 3대 정신이념으로 추진되었다. 이러한 근면, 자조, 협동의 기본정신은 현재까지 변화 없이 이어지고 있는데 반해 새마을운동의 실천과제는 시대에 따라 변화되어 추진되었다.

초창기인 1970년대는 생활환경 개선사업, 소득증대, 의식개혁으로 요약된다. 생활환경 개선사업으로는 마을 안길 확장, 지붕·담장 개량,

---

[55] 이양수, 「정책론적 관점에서 바라본 새마을 운동 원형 탐색」, 『농촌경제』 제37권 2호 (2014), 88-89쪽.

공동시설 설치 등의 사업을 추진했으며, 이를 통하여 농촌사회의 일상이 근대적인 양식으로 재구성되었다. 소득증대 사업으로는 농로개설, 농지정리, 종자개량, 계·품앗이 및 협동영농이 전개되었다. 의식개혁 사업은 퇴폐풍조 일소, 협동 분위기 조성, 근검절약의 실천 등을 통하여 건전한 의식과 합리적 생활방식을 제고했다. 이에 따라 농촌마을의 고질적 병폐로 여겨졌던 도박이 근절되고 공동체적 전통문화에 대한 농촌마을의 인식이 고양되면서 근대적 의식이 뿌리내리게 되었다.[56]

이렇게 새마을운동 도입 초창기에는 국가수준에서 전개되었지만 1980년대 후반에서 1990년대 초반에 이르러 민간 차원의 국민운동으로 그 성격이 바뀌었다. 특히 1990년대 중반부터는 지방자치제도가 도입되면서 새마을운동도 지방자치단체별로 다양성을 지니게 되었다. 지방자치가 지역특성화를 바탕으로 전개되면서 새마을운동의 특성도 각 지역마다 다양하게 전개되기도 했다. 특히 1990년대 중반 한국사회가 국제구제금융(IMF) 위기를 겪으면서 다음과 같은 시민운동을 본격적으로 전개하는 데 새마을정신이 중요한 기여를 하게 되었다.

첫째, 지역경제 보호운동으로써 지역경제 살리기, 국민저축운동 전개, 지역특산품 애용, 우리 농산물 애용, 해외여행 자제, 그리고 하루 1,000원 아끼기 운동 등을 전개해 왔다.

둘째, 근검·절약, 저축운동으로 사치, 과소비 추방, 검소한 명절 보내기, 동전 모으기 운동, 상설알뜰 마당운동, 애국가락지 모으기 운동, 그리고 일하는 보람상 시상 등과 같은 운동을 전개했다.

셋째, 직장 새마을운동 활성화로 월별 직장 새마을 추진과제, 직장 한가족 비교평가 발표회, 성공기업 및 활동사례 발표회, 직장어직원회

---

56 오남현(2012), 앞의 글, 95쪽.

활동사례 발표회 그리고 시범 직장 육성 등과 같은 운동을 전개했다. 이와 같이 새마을운동은 지역사회 수준 또는 직장단위에서 경제 살리기 운동을 전개하면서 공동체 의식과 통합정신을 함양하는 데 기여하고 있다.[57]

(나) 사례 2: 경북행복마을 사업[58]

농촌 고령화 및 공동화 현상이 심각해지고 있는 상황에서 경상북도는 농촌지역과 도시지역의 상호 교류와 통합을 위하여 2013년부터 2014년까지 2년간 6개 마을에 '경북행복마을' 사업을 시행했다.

이 사업은 일상적 생활서비스 이용이 어렵거나 마을 내 환경이 불량한 경상북도 내 오지마을을 대상으로 도시지역의 시민사회단체, 기업체, 유관기관이 연합하여 재능 나눔 자원봉사를 실시한다. 오지마을 주민들의 생활서비스 불편 해결과 마을 환경 정비를 실시함으로써 살기 좋은 마을을 만들고, 분산되어 있는 마을 대상 사업의 효과성을 높임과 동시에, 지역 내 다양한 재능 나눔 자원봉사 자원을 발굴, 체계화하여 경상북도 23개 시, 군 자원봉사센터로 '경북행복마을' 사업을 파급하는 데 그 목적이 있었다.

이 사업은 경상북도 내 6개의 오지마을을 선정해 집중적으로 지원하는 형식으로 이루어졌다. '경북행복마을' 사업은 사전답사, 마을선정, 마을회의, 활동 분야 선정, 자원봉사자 모집, 사전 실사 및 교육, 자원봉사활동, 평가의 순으로 진행되었다.

'경북행복마을' 사업을 통해 첫째, 도배, 전기, 벽화, 이미용, 우체통

---

[57] 정우열·남홍범, 「한국 새마을 운동의 전개과정과 방향」, 『한국행정사학지』 제32호 (2013), 276-277쪽.
[58] 김현진, 『경북행복마을사업의 효과적 추진방안(대구경북연구원, 2015) 참조.

및 문패 달아 주기, 꽃길 가꾸기 등 주민욕구를 반영한 재능 나눔 자원봉사활동이 이루어졌고, 주민들의 불편함이 해소되었다.

둘째, 사업 실시 전에 민(民)이 참여하는 회의를 통해 마을의 문제점을 찾고 해결하는 과정에 주민들이 직접 참여함으로써 주민공동체 회복 및 활성화의 계기를 마련했다.

셋째, 경상북도 내 도시에 거주하는 개인, 유관기관 및 기업체 등 단체의 자원봉사활동 참여로 도시와 농촌 간의 통합 기회를 마련함과 동시에, 도내 인적·물적 자원개발 및 재능 나눔 자원봉사의 체계를 확립하는 데 기여했다.

넷째, 도내 마을을 대상으로 하는 도청 건축디자인과의 지역재생 프로젝트, 농어촌 개발과의 농산어촌 개발사업 등 유사 사업의 통합으로 사업의 시너지 효과를 창출할 수 있었다.

(다) 사례 3: 희망오차마을 주민공동체[59]

부산광역시 금정구에는 아주 특별한 주민공동체가 있다. 바로 서동 일대를 중심으로 한 '희망오차마을 주민공동체'이다. 15년 전(2000년) 자생적으로 생겨난 일요청소모임에서 시작된 이 주민공동체는 마을의 환경을 개선하고 어려운 이웃을 서로 돌아보며 마을의 환경과 분위기를 변화시켰다. 범죄 없는 마을, 깨끗한 마을, 인정 넘치는 마을을 목표로 뭉친 주민공동체가 슬럼화되어 가던 마을 사람들의 마음을 한데 모아 함께 살아가는 활기찬 지역사회를 만들고 있다.

희망오차마을은 1968년경 부산시 중구 영주동, 충무동의 고지대 철거민들이 이주해 들어와 정착하면서 생긴 달동네이다. 가난한 사람들이

---

[59] 2015년 국민통합위원회 선정 최우수 통합사례.

옹기종기 모여 살던 이곳에 지금으로부터 15년 전 즈음에 작은 모임이 생겼다. 주민 예닐곱 명이 일요일에 동네 청소를 함께 하는 '일요청소모임'을 만든 것이다. 나이 든 주민들은 이 청소모임에 대해 이렇게 회상한다.

"마을에 조금이나마 활력을 불어넣고 소소하게 주민들끼리 모임을 가지면서 친목도 도모하자는 소박한 취지에서 자연스럽게 시작된 모임이었어요. 그런데 하다 보니 사람들 마음이 잘 맞아 오랜 세월에 걸쳐 지금까지 이어지게 되었습니다."

이렇게 마을에 애정을 가진 사람들이 있었지만 삶의 환경이 척박했기 때문에 마을에 고비가 찾아왔다. 인근에 있던 금사공단이 쇠퇴하자 생계 터전을 잃어버린 주민들이 살길을 찾아 하나 둘 마을을 떠나기 시작했기 때문이다. 그때 일요청소모임 사람들은 주먹을 쥐고 마을에 대한 애정을 새롭게 했다.

희망오차마을은 작은 단독주택이 밀집되어 있고, 주민 대부분이 일용직 근로자이거나 중소기업 종사원 등으로 부산의 대표적인 저소득층 밀집 지역이었다. 주차장, 도로, 공원 등의 기반시설뿐만 아니라 주거환경도 열악한 편이었다. 그런데다 인근 금사공단이 쇠퇴하자 전체 인구는 감소하는 반면, 노령층과 취약계층 인구가 증가하여 마을 전체가 슬럼화될 위기에 처했던 것이다. 일요청소모임 사람들은 이러한 위기를 이겨 내기 위해 서로 격려하며 손을 맞잡았다.

다른 사람들은 떠나가던 마을을 끝까지 지키자며 뭉친 일요청소모임이 바로 지금의 부산광역시 금정구의 '희망오차마을 주민공동체'의 전신이다. 청소를 하면서 친목을 다지자며 시작한 소모임이 위기 시에 마을을 지키는 주역들이 되었고 더 나아가 마을 전체를 새롭게 변신시켜 나가는 주민공동체로 확대된 것이다.

이처럼 희망오차마을 주민공동체는 주민 스스로의 의지로 뭉쳐 오랜 세월에 걸쳐 조금씩 확대된 주민공동체여서 더욱 의미가 크다. 어려운 삶의 환경 속에서 마을의 희망을 스스로 일군 것이다.

일요청소모임이 본격적인 주민공동체로서 변모하기 시작한 것은 2011년 무렵이다. 당시 금정구청에서는 마을의 방범 시스템을 정비하기 위해 CCTV 설치 지원사업을 펼치고 있었다. 금정구청 관계자는 당시 상황을 이렇게 설명했다.

"마을 주민들이 모여서 CCTV를 어디에 먼저 설치해야 하는지, 어떤 곳이 더 위험한지 등 구체적인 의견을 서로 교환하는 자리가 많아졌죠. 그러다 보니 마을 주민들 간의 만남도 잦아지고, 주민들 스스로 마을의 살림살이를 이끌어 가는 보람도 자연스럽게 깨닫게 되었습니다."

주민들 간의 소통을 기반으로 해서 2011년 6월 '새 동네 만들기 추진위원회'가 창립총회를 갖고 회장, 총무, 운영위원 등의 주민조직을 정식으로 구성하여 본격적인 활동에 들어갔다. 금정구종합사회복지관과 사회복지공동모금회의 지원을 받게 된 것도 조직적인 활동을 펼치게 되는 데 결정적인 계기가 되어 주었다. 조직을 갖추고 사업에 필요한 자금을 지원받을 수 있는 길이 생기자 주민들의 사업에 대한 열정은 더욱 커져 갔다.

참여 주민이 많아지면서 2013년 1월 정기총회에서는 주민공동체의 명칭을 '희망오차마을 주민공동체'로 변경했고, 활동영역 역시 청소, 환경 정비뿐 아니라 독거노인과 장애인 무료 식사 대접 등으로 넓어졌다.

이러한 활동이 인정을 받아, 2013년에 금정경찰서로부터 모범 방범 활동에 대한 감사장과 금정구종합사회복지관으로부터 모범 봉사활동 공로상을 받기도 했다. 과거에 오차마을이라 부르던 이곳은 이제 희망오차마을이 되었다. 어느 누구도 이곳을 그냥 오차마을이라 부르지 않게 되었다. 주민들 모두 희망을 발견했고 또 더 큰 희망을 만들어 가기 위해 힘을 모으고 있기 때문이다.

희망오차마을 주민공동체가 또 한 번 발전의 계기를 맞이한 것은 2014년이었다. 부산시의 마을공동체 역량강화 사업에 선정되면서 1,500만 원을 지원받게 된 것이다. 예산이 확보되자 주민들은 그동안 예산 한계 때문에 미뤄 두었던 일들을 추진할 수 있게 되었다.

가장 큰 호응을 받은 사업은 우체통 교체 사업이었다. 총 400가구의 낡은 우체통 중 절반가량을 새것으로 바꾸었는데, 그 결과 골목마다 빨간 우체통이 달린 집들이 이어지며 거리 풍경이 정답게 변화했다. 또한 외지인들이 집을 잘 찾을 수 있도록 마을지도를 제작하여 동네 입구에 부착했다. 마을 내 있는 25개 전봇대에 붙은 불법 광고물 철거작업도 실시했다. 그 외에도 마을 벽화 그리기, 홀로 계신 어르신 및 장애인 문화관광 체험 등의 사업도 펼쳤다.

그뿐만 아니라 주민교육 실시, 우수마을 공동체 방문을 통해 마을활동에 대한 경험을 서로 공유하고 마을 협력을 강화해 나가는 등 마을공동체 역량 강화를 위한 다양한 사업을 계속해서 추진하고 있다. 금정구 관계자는 이렇게 설명한다.

"부산시에서 2014년에 이어 2015년에도 마을공동체 역량강화 사업 공모를 실시했는데, 희망오차마을 주민공동체에서 2년에 걸쳐 공모에 참여하고 지원사업으로 선정되면서 주민공동체 활동이 더욱 탄력을 받고 있습니다. 시즌 1, 시즌 2로 나누어 그동안 부족했던 마을 환경개선 작업을 진행하고 있는 것이죠."

10여 년 전만 해도 슬럼화의 위기에 처해 있던 마을이 계속해서 변화해 가자 마을에 대한 주민들의 만족도가 크게 높아졌다. 그리고 마을 전체에 활기가 가득하다. 주민공동체의 일정표에는 주민들의 아이디어를 토대로 구상하는 각종 사업 계획이 빼곡한데, 모든 주민이 주인의식을 가지고 앞다투어 아이디어를 내고 함께 실행해 가려는 의욕을 보이고 있기 때문이다. 앞으로도 희망오차마을 주민공동체는 주민들이 요구하는 사업을 추진하면서 다양한 봉사활동도 이어 나갈 계획이다. 이웃에 초상이 나도 잘 알지 못하는 각박한 동네가 아니라 정이 묻어나는 동네를 만들어 가기 위해 희망오차마을 주민공동체는 지속적으로 노력해 나갈 것이다.

나. 사회단위의 통합사례

(가) 사례 1: 사회적 기업

2012년 8월 2일부터 시행되고 있는 「사회적기업 육성법」에 의하면, "사회적기업"이란 취약계층에게 사회서비스 또는 일자리를 제공하거나 지역사회에 공헌함으로써 지역주민의 삶의 질을 높이는 등의 사회적 목적을 추구하면서 재화 및 서비스의 생산·판매 등 영업활동을 하는 기업이다. 정부는 사회적 기업을 육성하여 우리 사회에서 충분히 공급되지 못하는 사회서비스를 확충하고 새로운 일자리를 창출함으로써 사회통합과 국민의 삶의 질을 높이고자 한다.[60] 여기에서 '사회서비스'란, 교육, 보건, 사회복지, 환경 및 문화 분야의 서비스, 그 밖에 이에 준하는 서비스로 정의된다.

사회적 기업은 조직의 주된 목적을 기준으로 크게 다섯 가지로 구분된다. 첫째, 일자리 제공형으로 조직의 주된 목적이 취약계층에게 일자리를 제공하는 기업이다. 둘째, 사회서비스 제공형은 취약계층에게 사회서비스를 제공하는 것이 목적이고, 셋째, 지역사회공헌형은 지역사

---

[60] 「사회적 기업 육성법」, 법률 11275호 제1조, 제2조.

회에 공헌하는 것이 목적이며, 넷째, 혼합형은 취약계층 일자리 제공과 사회서비스를 제공하는 것이 목적이고, 다섯째, 기타형은 사회적 목적의 실현 여부를 계량화하여 판단하기 곤란한 유형의 사회적 기업을 말한다.

사회적 기업은 전 세계적인 경제위기와 재정위기, 그리고 이어진 실업과 빈곤문제의 해결을 위한 대안경제로써 등장했다. 정부실패와 시장실패를 수정완화하기 위해서 출현한 것이다.[61]

사회적 기업의 등장은 자본주의 역사 변천과정과 깊은 관계가 있는데, 미국은 개인의 물질적 출세를 지나치게 강조하고 리스크, 다양성, 상호 의존성이 부족한 반면, 유럽의 경우 개인의 자유보다는 공동체 내의 관계, 삶의 질, 지속 가능한 개발, 인권, 자연 다원적 협력을 더욱 강조한다.

일반인 기업이 이윤추구를 목적으로 한다면 사회적 기업은 그 목적에서부터 큰 차이가 있다. 사회적 기업은 사회적 이윤의 생산을 목적으로 한다. 즉, 취약계층에게 일자리나 사회서비스의 제공 등 사회 목적을 추구하는 것이다. 사업주체로써 기업이 주주나 소유주를 중심으로 한 자본 중심적 운영이라면, 사회적 기업은 그들이 제공하는 사업 내용과 이해를 같이하는 다양한 집단으로 구성되며 자본(이윤)의 추구보다는 노동의 제공을 통한 사회적 목표를 달성하는 데 의의를 두고 있다. 이윤배분 면에서 일반인 기업은 창출된 이익을 배분할 때 참여자의 몫에 제한을 두지 않는 반면, 사회적 기업은 역할의 공헌에 따라 이윤을 배분하는 것이 아닌, 최소의 배분과 재투자를 통해 더 나은 서비스를 전

---

[61] 이주호, 「협동조합 기본법 제정과 사회적 기업 환경 변화분석」, 『사회적 기업과 정책 연구』 제13권, 71-72쪽.

달하려는 데 그 목표가 있다.

사회적 기업은 '사회적 가치실현'과 '영업활동을 통한 수익창출'이라는 다소 상충되어 보이는 두 가지 속성을 지닌다. 이는 사회적 기업이 영업활동을 통해 수익을 창출하지 못한다면 일자리 창출과 사회복지서비스 보완이라는 기능을 수행할 수 없음을 의미한다.

사회적 기업은 사회·경제 분야 내에서 성장해 왔으며, 시장과 국가 사이에 놓여 있어 종종 '제3섹터'와 '비영리 섹터' 등의 개념과 연결된다. 실제로 사회적 기업이 채택하는 독특한 조직형태는 기존의 법적 프레임 워크, 복지 제공의 정치·경제 및 각 국가에서의 비영리 개발과 문화적·역사적 전통에 따라 달라진다.[62]

현재 우리나라의 사회적 기업은 짧은 역사에 비해 빠르게 성장하고 있다. 특히 2010년부터 중앙정부 중심의 사회적 기업 육성이 지방자치단체로 이관되면서 지방자치단체의 사회적 기업 육성 조례 제정과 지원이 증가하고 있다.

사회적 기업의 경쟁력을 높이기 위해서는 기업 경영에 필요한 인적자원의 확보, 기술개발, 자본조달 등이 필요하다. 그중에서도 자본조달은 사회적 기업의 창업과 육성에 가장 필요한 요소 중 하나이다. 그러나 우리나라의 사회적 기업의 자본시장은 아직 발달되지 않았으며, 더욱이 민간 차원의 자본시장은 더욱 열악하다고 할 수 있다. 이는 우리나라의 사회적 기업이 그동안 정부의 지원에 의존해 왔으며 민간차원에서 금융권은 물론 비영리부문에서도 사회적 기업을 지원할 수 있는 제도적인 장치가 마련되어 있지 않기 때문이다.

---

[62] 유효선·김생수, 「사회적 기업의 개념과 유형에 관한 고찰」, 『한국행정과 정책연구』 제10권 1호(2012), 24-25쪽.

따라서 우리나라의 사회직 기업의 경쟁력을 위해서는 정부 차원뿐 아니라 미국, 영국과 같이 민간시장 차원에서 자본을 조달하기 위한 다양한 인프라 구축과 지원 시스템이 요구된다. 사회적 기업은 특성상 경제 목적 달성을 위한 일반 기업으로서의 성격뿐만 아니라 사회적 목적 달성을 위한 공익적 성격도 지니고 있다. 이는 사회적 기업이 일반 기업과 같이 경제목표 달성을 위해 금융기관, 투자자로부터의 자본조달과 함께 사회적 목표 달성을 위해 정부, 비영리재단으로부터 기금지원, 융자, 기부 등의 방식으로 자본을 조달하는 특성을 지니고 있음을 말해준다.

사회통합에 기여하고 있는 우리나라의 사회적 기업이 발전하기 위해서는 사회적 기업의 경쟁력 확보를 위한 환경조성이 필요하며, 그중에서도 민간 차원의 사회적 기업 창업과 육성을 위한 다양한 자본조달의 구조와 제도적 장치가 필요하다.[63]

(나) 사례 2: 노사합의를 통한 통합실현 – 풀무원, 포스콘, 유한양행

가장 먼저 살펴볼 사례는 풀무원이다. 우리가 풀무원 농장에 주목하는 것은 공동체 가족의식이다. 신뢰의 상실이라는 비극 속에 일반인들이 살아가고 있으며, 기계의 부속품처럼 살면서 서로를 믿지 못하고 의심하는 것이 일반적인 모습이다. 하지만 풀무원 농장에서는 농장 사람들이 서로의 어깨를 걸고 함께 땅을 일구면서 농사를 짓는 과정에서 회사와 노동자들이 하나라는 통합된 의식을 느낀다. 풀무원 농장에서는 8시간 노동제를 지킨다. 저녁 5시면 모든 하루의 일과가 끝난다. 식구

---

[63] 양용희, 「사회적 기업 육성을 위한 민간기금 조성과 금융지원 활성화방안」, 『사회적 기업연구』 제4권 1호(2011), 6쪽.

가 많을 때는 연수생까지 합해서 50~60명이 되지만 대개 30명 안팎의 사람들이 모여 있다.

이 농장에 들어오는 데는 아무런 제약이 없다. 경제적인 안정을 원하는 사람, 정신적으로 의지하고 싶은 사람, 사람의 정이 그리운 사람, 유기농업을 배우고 싶은 사람 등 누구든지 원하는 사람은 농장에 들어와 함께 일하며 생활할 수 있다.

원경선 원장이 사재를 털어 마련한 1만 5,000여 평의 드넓은 대지는 그가 추구하는 '이웃과 더불어 사는 삶'을 실현하기 위한 공동체 운동의 터전이다. 그는 뜻이 같은 8명과 함께 공동체를 이루고 그 공동체를 이끌어 나갈 재단법인 '한삶회'를 만들었다. 이 재단은 공동체의 바탕인 농장을 한 사람이 사유화할 수 없도록 하기 위해 만들었다. 지금도 풀무원 농장의 재산은 공동소유이다.[64]

다음으로 살펴볼 사례는 주식회사 포스콘이다. 이 회사는 발전용 연료전지를 생산해 내는 기업으로, 관련업계에서 최고의 회사로, 그리고 직원들에게는 출근하고 싶은 회사로 잘 알려져 있다. 이를 위해 기업 최고 경영인과 이사진들은 다음의 세 가지 경영철학을 가지고 회사를 운영하고 있다.

첫째, 안전경영이다. 어떠한 공적도 안전을 뛰어넘을 수는 없다. 직원 사랑의 가치는 고객과 직원의 안전을 생각해 많은 사람들에게 행복을 선물한다. 둘째, 노사화합인 가사불이(家事不二), 즉 회사와 가족은 하나라는 이념으로 노사화합을 위해 힘쓰고 있다. 가족과 직장은 세상에서 가장 소중한 선물이다. 셋째, 윤리경영이다. 업무를 추진할 때 정직하고 투명하게 해야 한다. 진실은 반드시 승리하는 법이다. 윤리경영은

---

[64] 이원혜·김재환, 『풀무원 이야기』(도서출판 형상, 1997), 40-41쪽.

선택의 문제가 아니라 생존의 요체로 인식해야 한다.[65]

마지막으로 유한양행을 살펴보고자 한다. 유한양행은 2008년 4월 21일 노사 대표가 '상호 신뢰와 화합 속에 행복한 노사문화 정착을 위한 노사화합 선언문'을 채택하여 생산성 향상, 근로조건 개선을 통한 행복한 직장문화 정착과 고객서비스 및 품질 관리에 최선을 다할 것을 결의했다. 이 결의 이후, 분기마다 '사업계획 및 실적 브리핑'에 노조 간부가 반드시 참석하도록 하는 등 회사의 중요사항 결정 시 노사 협의가 일상화되었다. 상여금 지급에 관한 사항은 회사가 자율적으로 결정할 수 있는 사안임에도 노사협의회를 통해 충분한 논의를 거쳐 확정한다. 그리고 노조 주최 체육대회, 노조의 '유한 다문화가족 봉사단' 발족식 및 김치 담그기 행사 등을 지원하고 임원이 직접 이 행사에 참여하고 있다. 이를 통해 82년 무분규, 행복기업을 이어 가고 있다.[66]

다. 기타 통합사례: 지방자치단체 간의 통합, 노사통합, 주민 간의 통합

먼저 사회통합을 위한 대규모 단위의 지자체 소통에 대해서 살펴보자. 이 사례는 남경필 경기도지사와 최문순 강원도지사의 통 큰 공동사업 추진을 통해 알려졌다. 남북한이나 보수와 진보 사이에도 경제적 실익과 명분을 통해 지역주민을 잘살게 하는 홍익정신, 대공정신을 엿볼 수 있다.

경기도지사는 비무장지대(DMZ) 천주교 세계청년대회, 동두천~연천 복선전철화 진행, 고양 등에 개성공단 물류단지 건설을 구상했다. 강원도지사는 철원에 평화산업단지 건설, 백두산·금강산·설악산을 잇는

---

[65] 박기웅·최병조, [인터뷰] (주)포스콘 최병조 대표이사 - "안전, 윤리경영, 노사화합 최우선", 『Electric Power』 제2권 11호(2008), 2쪽.
[66] "노동부 보도자료"(www.nhrd.net, 검색일: 2015년 11월 10일).

'백금설' 관광특구를 만들 것을 구상했다. 이러한 입장에서 경기도지사와 강원도지사는 북한과 접경하고 있는 지역의 광역자치단체장이라는 것을 깊이 인식했다.

두 지사는 "대북 경제협력 사업과 DMZ(비무장지대) 개발과정에서 경기도와 강원도가 힘을 합해 통일의 물꼬를 트도록 하겠다."고 말했다. 그런데 이 두 지사는 각각 새누리당과 새정치민주연합 소속으로 소속 정당이 다르다. 그러나 대북정책의 기본방향이나 DMZ와 관련한 각종 개발사업에 대한 생각은 크게 다르지 않았다. 경기도지사는 "우리 정부가 공격적이고 대담한 대북 제안을 할 필요가 있다."고 했고, 강원도 지사는 "경제적인 문제부터 풀어 나가야 한다."고 말했다.[67]

이러한 경기도지사나 강원도지사의 입장은 유연한 사고의 결과물이다. 소통의 정신과 화쟁의 정신이 두 도지사의 대화 속에 그대로 드러난다. 이는 바로 도민들의 경제적인 삶과 실질적인 삶을 찾고자 하는 양 지사의 노력이 반영된 것이었다.

이러한 상호 유연성을 통해 DMZ 개발의 현실성이 더욱 높아졌다. 분명 많은 난관이 있겠지만 정부가 5·24규제를 풀고 남북 간 화해 무드를 만들어 주면 시·도지사가 통일로의 길을 만들 수 있을 것이다. 지방자치단체에 일정한 권한을 위임해 주는 노력이 대공의 정신이라고 하겠다.

둘째, 중간 규모의 노사갈등 해소과정을 살펴보자. 극단적인 논쟁과 파업으로 이루어졌던 노조와 기업이 상생의 길, 즉 홍익인간과 화쟁의 길을 걷는 사례를 정리하고자 한다. 2013년 말 코레일은 사장단과 노조 사이의 격심한 갈등을 경험했다. 그러나 1년도 안 되어서 사장과 노

---

67 안준호, 「통일이 미래다」, 『조선일보』, 2015년 1월 5일자.

조위원장은 코레일 서울 사옥에서 활짝 웃으며 손을 맞잡았다. 코레일은 2014년 말, 공사 출범 9년 만에 최초로 영업흑자를 달성했다. 철도공사-코레일 역사상 최초의 여성 CEO는 최장기간(23일)의 파업을 겪은 CEO이기도 하다. 그녀는 어떻게 만성부채와 노사분쟁에 시달리던 코레일을 흑자기업, 노사화합기업으로 만들 수 있었을까?

코레일은 2013년 말만 해도 재정 상황이 '절망적'이라 해도 과언이 아닐 정도였다. 그러나 2013년 10월 취임한 사장은 2014년 10월 말 4일간의 마라톤협상 끝에 합의를 이루어 냈다. 또한 2014년 기준으로 740억 원의 영업흑자가 예상된다. 코레일은 오랫동안 영업이익 부문에서 엄청난 적자를 기록해 왔다. 2014년 노사협의안을 위해 코레일 노사는 총 70여 회의 협상을 가졌을 정도로 치열하게 토론했다. 이 과정에서 사측과 노조의 갈등이 없을 수는 없었다. 하지만 새롭게 들어선 노조 지도부도 '코레일을 살리는 것이 우선'이라는 데 동의했다. 새 노조 위원장은 조합원들에게 '우리의 편지'를 보내 "정부가 방만 경영기업을 대상으로 지정한 노사합의 시한이 다가오는데, 이 때문에 우리가 정부로부터 성과급 제외 등 페널티(벌)를 받는 일은 없어야 할 것"이라고 하면서, "노사합의를 위해 노조원들의 이해와 도움이 필요하다."고 호소했다.

강성 노조가 새로운 노조로 바뀌면서 이전 강경 투쟁의 구 노조에 대한 사측 처벌이 무마될 수 있었다. 새 노조 위원장은 회사를 살리기 위해, 취임 다음 날부터 사측과 휴일 없이 4일 내내 협상에 나섰고, 코레일은 최종 노사합의에 서명했다. 실제로 최근 철도를 이용하는 고객들 사이에서는 "요즘 철도가 뭔가 바뀌었다."는 얘기가 많다. 이러한 서비스 개선은 바로 화쟁사상의 실천 결과물이라고 하겠다.

셋째, 소규모 지역사회에서의 소통과 통합 정신을 알아보자. 층간 소음 등 오늘날 많은 문제가 나타나고 있는 아파트 주민 간의 갈등과 문제를 해소하는 길에 대해서 살펴보고자 한다. 아파트 대표자들과 일반 주민, 주민과 경비원의 갈등을 해소하는 곳이 갈수록 많아지고 있다. 최근 아파트 입주민과 경비원들의 갈등과 관련해 입주자대표회의가 직접 아파트를 관리하는 '자치관리'가 대안으로 떠오르고 있다. 세금과 각종 비용을 아낄 수 있고 경비원의 직접 고용 및 처우개선이 가능하여 입주민과 경비원이 상생할 수 있는 '자치관리'는 아파트 공동체 활성화라는 사회적 과제까지 해결해 줄 수 있어 최근 들어 각 지자체에서도 아파트 단지들에 적극 권장하고 있는 실정이다. 아파트 주민관리는 보다 아파트의 삶을 풍요롭고 건실하게 할 수 있다. 여기서 중요한 것은 아파트 주민들이 소통하고 민주적으로 실천하려는 노력이 좋은 아파트를 유지 발전시킬 수 있다는 것이다.

위에서 살펴본 통합사례, 즉 2000년대 이후 전개된 경기도지사와 강원도지사의 공동사업 합의, 코레일의 노사합의, 그리고 아파트 단지의 갈등해소 과정은 우리 사회의 통합 정도를 높이는 데 크게 기여하고 있다.

남북통합을 위한
한국적 가치의 재정립
대공민주주의를 중심으로

5장

1. 한국적 가치와 문화 글로벌리즘

우리는 과연 어떤 가치와 전망과 방향으로 남북통일을 이루어 갈 것인가. 남북통일을 이루어 가는 일에서 남북통일의 핵심적 가치, 전망, 방향을 정립하는 일은 마치 옷을 입는 일에서 첫 단추를 꿰는 일에 해당한다고 할 수 있다. 이는 일종의 철학적 작업이다. 통일철학을 정립하는 일은 통일이론 및 통일이념을 구축하는 일의 기초 작업에 해당한다. 통일과 통합을 위한 기존 서구 이론은 많다. 대표적으로 기능주의, 신기능주의, 연방주의, 연합주의, 다원주의, 다문화주의, 문화통합이론, 의사소통이론 등이 있다. 그런데 서구의 기존 통일이론과 통합이론은 각각의 이론이 생겨나게 된 근현대 서구 역사현실을 배경으로 하여 정립한 저마다의 가치, 전망, 방향을 이미 내포하고 있다. 따라서 이러한 기존 서구 이론에는 남북의 정체성 통일이나 역사 통일은 물론이고 일단 한반도와 그 부속도서라는 일정한 공간의 통일에 관한 가치, 전망, 방향 등이 들어 있을 수 없다. 바꿔 말해서 기존 서구 이론은 주변 강대국에 의한 한반도 분할통치 구상에도 얼마든지 적용할 수 있다. 예컨대 영토 측면만 놓고 보더라도 한반도 주변 강대국이 유사시 한반도를 새롭게 분할통치하는 구상에도 기능주의, 연방주의, 연합주의 등의 기존 서구 이론은 얼마든지 쉽게 그리고 아무런 가치의 갈등 없이 적용될 수 있다. 이는 분명 남북이 현재 구상하는 남북통일의 가치, 전망, 방향과 다르다. 따라서 남북통일의 가치, 전망, 방향 등을 포함하는 이른바 통일철학부터 우리 스스로 구축해야 할 필요성이 있다. 그리고 이것이 바로 이 글에서 한국적 가치를 묻는 이유이기도 하다.

이 글에서는 일단 남북통일의 가치, 전망, 방향 등을 포함하는 통일철학을 한국적 가치의 재정립을 통해서 구축해 보고, 그에 따른 통일이론과 통일이념을 제안해 보려고 한다. 그런데 서구적 가치를 중심으로 한 이른바 지구화 시대에 한국적 가치를 재정립한다는 것은 다음 몇 가지 수준의 의미가 있을 수 있다.

첫째, 근현대 서구적 가치의 한계를 돌아보는 수준의 의미가 있다. 둘째, 근현대 서구적 가치를 이제는 지나간 여러 신화나 주술 가운데 하나로 간주하면서 근현대 서구적 가치의 탈신화화와 탈주술화를 강조하는 수준의 의미가 있다. 셋째, 제국주의적 확산에 제동이 걸리고 이미 탈신화화하고 탈주술화한 근현대 서구적 가치를 포괄하면서도 그것을 대체할 수 있는 포괄적 혹은 융섭적 대안을 한국적 가치에서 찾아보는 수준의 의미가 있다. 여기서 말하는 근현대 서구적 가치는 근대적 개인 주체라는 가치 및 그것을 비판하는 탈근대적 가치를 포괄하며, 특히 이러한 근대성과 탈근대성에 의해 배제되고 억압당한 식민성과 탈식민적 가치를 모두 포괄한다. 탈근대적 가치라든가 탈식민적 가치라는 것도 결과적으로 '근대적 개인 주체 가치를 중심 척도로 하면서 그 가치에 대해 있을 수 있는 여러 반작용 가운데 하나'이기 때문이다. 좀 더 구체적으로 말하면 근대적 개인 주체 가치를 현실적으로 실현하는 방법, 곧 객관화하는 방법이 주체성으로 미처 포섭되지 않고 배제된 타자성과 타체 등의 '타자를 지배하는 방법'이다. 그런데 이러한 지배에 대해 단순히 반대편에서 작용하거나 저항하는 탈근대적 방법이나 탈식민적 방법 역시 결과적으로 또 다른 지배 방법으로 주체라는 가치를 유일한 척도인 것처럼 더욱 구조화하거나 신화화하는 일에 적용할 수 있다.

따라서 이 글에서 한국적 가치를 재정립한다는 것은 단순히 탈근대적 가치나 탈식민적 가치 가운데 하나로 한국적 가치를 재정립한다는 것이 아니라, 그동안 근대적 가치, 탈근대적 가치, 탈식민적 가치 등이 공통적으로 공유해 온 '주체(主體)'라는 가치와 '지배(支配)'라는 실현 방법을 포괄하면서도 그것을 근원적으로 뛰어넘는 '대공(大公)'이라는 가치와 '지탱(支撑)'이라는 실현 방법을 한국사상사에서 찾아 재정립한다는 것이다. 요컨대 남북통일 및 남북사회의 통합방안을 '근현대 서구적 개인 주체 가치'에 기반을 둔 '지배의 제국주의적 방안'에서 찾지 않고, '지탱의 대공(大公) 가치'라는 한국적 가치의 재정립을 통해 그것에 기반을 둔 '지탱 문화 글로벌리즘의 방안'과 '대공민주주의 방안'을 찾아보려고 하는 이 글은 한국적 가치를 재정립하는 일에 위에서 언급한 세 번째 수준의 의미를 부여하고 있다.

따라서 '지탱 문화 글로벌리즘'과 '대공민주주의'를 남북통일 및 남북사회 통합의 새로운 방안으로 모색하는 것은 다음 몇 가지 의미를 동시에 지닌다.

첫째, 근현대 서구적 개인 주체라는 가치에 기반을 둔 대표적인 통일 및 통합 방안이라고 할 수 있는 '민주정치의 근현대 서구적 방법'이 어째서 '지배의 제국주의적 방안'이자 결과적으로 '반(反)민주적 방법'일 수밖에 없는지를 밝힌다는 의미이다.

둘째, '지탱의 대공 가치'로 재정립한 한국적 가치에 기반을 둔 '지탱 문화 글로벌리즘의 방안'과 '대공민주주의 방안'이 그동안 한국적 가치로 해석되어 오던 것들과 어떤 차별성이 있는지를 밝히는 것이다. 또한 근현대 서구적 가치와 그것에 기반을 둔 '지배의 제국주의적 방안'을 포괄하면서도 그것을 대체할 수 있는 포괄적 혹은 융섭적 대안이자 '민주정치의 보다 나은 방법'일 수 있는 이유를 밝힌다는 의미이다.

셋째, 남북통일 과정에서 남북이 함께 공유할 수 있는 통일국가 비전의 중심이 되는 가치에서부터 그것에 근거하여 정치, 경제, 사회, 교육 등 각 방면에서 그것을 펼쳐 갈 수 있는 개략적 방법에 이르기까지 '지탱의 대공 가치'와 '지탱 문화 글로벌리즘의 방안'과 '대공민주주의 방안'으로 그 줄거리를 잡아 제시한다는 의미이다.

요컨대 이 글의 목적은 지금까지의 서구적 가치와 그에 기반을 두고 있는 지배의 제국주의적 세계관이나 메타이론으로부터의 근원적 전환을 수반하는 '지탱의 대공 가치'라는 한국적 가치를 재정립하고, 이를 통해서 '다양한 문화들이 서로 지탱하는 문화 글로벌리즘'의 가능성을 개진하며, 글로벌 문화허브국가로서의 남북 통일국가의 비전과 방향, 그리고 그 개략적 방안을 '대공민주주의'로 제시하는 데에 있다. 다시 말해서 이 글의 목적은 다음 세 가지이다.

첫째, 물리적 군사력에 의한 통일 방법, 법제적 합의에 의한 통일 방법, 경제적 교류 및 사회적 소통에 의한 통일 방법 등에 필수적으로 요구되는 남북통일의 핵심적 가치, 전망, 방향 등의 통일철학을 한국 불교사상, 한국 유교사상, 한국 기독교사상 등에서 관류하는 '지탱의 대공 가치'라는 한국적 가치를 새롭게 재정립하여 제시하며 그 저변에 깔려 있는 '일 자체 준거적 메타이론'도 아울러 재정립하여 제시한다. 또한 이러한 제시과정에 그동안 한국적 가치로 여겨 오던 것들이 갖는 한계점을 제시하고, 이러한 한국적 가치와 비교하여 이 글에서 재정립하고자 하는 지탱의 대공 가치가 갖는 특이점도 제시한다.

둘째, '지탱의 대공 가치'와 그 저변에 깔려 있는 '일 자체 준거적 메타이론'에 입각하여 '사람이 관여하는 일(문화)'의 주요 과정에서 꼭 견지해야 할 통일 및 통합 방법의 요체를 '다양한 작은 일들이 대공 가치와 방식에 따라 서로 지탱하면서 하나의 큰 일로 통일되어 가는 방법'으로 제시한다.

셋째, '대공 가치와 공적 방식에 따라 다양한 작은 일들이 하나의 큰 일로 통일되어 가는 방법'을 요체로 하는 통일철학을 제시하고, '대공민주주의 방안'을 근간으로 하는 통일이론을 제시하며, '글로벌 문화허브국가'와 '지탱 문화 글로벌리즘의 방안'을 앞세우는 통일이념을 제시한다.[1]

1) 한국적 가치와 민주정치 방법

기존 서구식 민주정치의 가치 기준으로 보면 한국적 가치는 서구식 민주정치의 가치가 아니라는 점에서 비(非)민주적이고, 이러한 한국적 가치를 함유하고 있는 한국사상 역시 서구식 민주주의 사상이 아니거나 그것과 다르다는 점에서 비민주적이라고 할 수 있다. 이와 같이 흔히 비민주적이라고 알려진 한국사상에서 오히려 민주정치 방법의 원천이 될 수 있는 핵심 가치와 그 실현 방법을 찾아서 제시하기 위해서는 다음

---

[1] 이 글의 핵심인 대공 가치, 공적 방식, 대공민주주의 등에 관한 자세한 것은 필자의 다음 글을 참조하기 바란다. 또한 이 글은 다음 글을 통해 이미 발표한 필자의 통일철학, 통일이론, 통일이념에다가 '지탱 문화 글로벌리즘'이라는 통일이념을 추가하여 보완한 것임을 미리 밝혀 둔다. 김병욱, 「심의민주주의에 관한 한국정치사상적 검토와 대공(大公)민주주의 모색」, 『한국정치학회보』 제49집 4호(2015), 55-100쪽.

두 가지 사항을 먼저 검토할 필요가 있다.

첫째, 한국사상과 거기서 중시하는 한국적 가치는 과연 비민주적인 가라는 점과 이때 비민주적이라고 평가하는 기준은 무엇인가라는 점이다. 만일 근대 서구 민주주의 핵심 가치와 그 실현 방법이 평가 기준이라면 과연 타당한가라는 점이다. 일반적으로 알려진 바와 같이 민(民)이 곧 정치 주체(주인-주권자)라는 가치와 다수의 민이 결정하고 지배하는 정치 방법이 근대 서구 민주주의 핵심 가치와 그 실현 방법이다. 그렇다면 오직 한 사람만의 정치 주체가 여타 다른 사람을 지배하는 왕정이나 소수의 정치 주체가 다수를 지배하는 귀족정을 한국사상과 가치가 그동안 지지하거나 옹호해 왔다는 것이 진실일 경우에만 한국사상과 가치가 비민주적이라는 평가가 타당하게 된다.[2] 그러나 최소한 한국 불교사상, 한국 유교사상, 한국 기독교사상 등의 한국사상은 왕이나 귀족을 비롯하여 인간 가운데 어느 누구라도 인간을 주체나 주인으로 여긴 적이 없고, 인간이 주체라는 것을 핵심 가치로 여긴 적이 없으며, 더구나 지배하는 방법을 오히려 소중한 가치 실현을 저해하는 방법으로 여겨 왔다. 따라서 한국사상과 한국적 가치가 비민주적이라는 평가는 근대 서구 민주주의 핵심 가치와 그 실현 방법을 평가 기준으로 삼을 경우조차도 전혀 타당하지 않다.

둘째, 그럼에도 조선시대와 같은 한국 역사현실에서 강고한 신분질서로 말미암아 그동안 각종 억압과 부자유함이 넘쳐났고, 남녀차별, 장유차별, 반상차별, 적서차별, 지역차별 등과 같은 비민주적인 각종 차

---

[2] 일반적으로 서구 정치학은 왕정을 한 사람의 주체(주권자)가 여타 다수를 지배하는 정치 형태라고 규정하고, 귀족정을 소수의 주체(주권자)가 여타 다수를 지배하는 정치 형태라고 규정하며, 민주정을 다수의 주체(주권자)가 다수인 자신들을 스스로 지배하는 정치 형태라고 규정한다. 그러나 이러한 정치 형태의 규정은 서구에서조차도 중세시대를 벗어난 절대왕정 시기부터 적용될 수 있다.

별과 불평등이 비일비재했던 것은 한국사상과 가치가 본래 비민주적이기 때문이 아니겠냐는 점이다. 여기서 다음 두 가지 점을 동시에 되돌아 볼 필요가 있다.

첫째, 사상과 현실 사이의 관계가 정확히 일치하는 것만은 아니라는 점이다. 사상과 현실이 서로 불일치하여 현실에서 사상이 왜곡되고 그 본질적 내용과는 다르게 단순히 권력의 정당화 수단으로 전락되는 경우도 꽤 많다. 둘째, 사상에서는 차이와 차별 사이의 관계를 일치시키지 않음에도 불구하고, 때로 사상에서 차별을 금지하는 경우조차도 현실에서는 그 둘을 서로 일치시키는 경향이 강하다는 점이다. 심지어 현실에서는 차이(다름)가 곧 올바르지 못함(잘못함)을 뜻하는 것으로 간주되기도 한다. 더구나 민주정치 방법은 근대 서구식 민주정치 방법과 달리 얼마든지 새롭게 모색될 수 있다. 따라서 한국사상에서 민주정치 방법의 원천이 될 수 있는 핵심 가치와 그것의 실현 방법을 찾아보는 본 연구의 의미를 한국적 가치와 한국사상이 비민주적이라는 이유를 들어 결코 폄하할 수 없다.

2) '인간 자아 준거적 메타이론'에 따른 가치관: 객관적 가치, 상대적 가치

근대 서구사상에서 중시하는 핵심적 가치는 인간이 만물의 주인이며 만사의 척도라는 점에서 인간은 곧 주체(주인-주권자)라는 가치이다. 이는 인간 주체의 주관적 가치와 객관적 가치로 나뉜다. 인간의 주관적 가치가 상대적이라는 것은 비교적 분명하다. 그리고 인간의 객관적 가치도 다수의 인간이 도달하는 일정하게 제한된 합의나 공감에 의거한다는 점에서, 그리고 설령 만장일치로 도달하는 합의나 공감에 의거한다고 하더라도 합의나 공감에 이르는 방법이 일징하게 제한된 방법이라는 점에서 상대적일 수밖에 없다.

요컨대 객관적 가치와 주관적 가치는 여러 가치 척도 가운데 인간 자아를 가치 척도로 준거하여 나뉘는 두 유형의 가치이다. 인간 자아라든가 이 세상에서 생성소멸하는 무엇인가를 가치 척도로 준거하는 가치는 어차피 그 가치 척도 자체의 생성소멸과 함께 유한하다는 점에서 상대적일 수밖에 없다. 주관적 가치는 물론이고 객관적 가치라는 것도 상대적 가치이다.

예컨대 한국적 가치라는 것이 가령 한국이라는 역사상의 시공간에서 모든 한국인이 만장일치로 합의하거나 공감하는 가치라고 하더라도, 그러한 한국적 가치를 세계적 규모의 인간들이 합의하거나 공감하는 가치와 비교한다면 상대적일 수밖에 없다. 이와 같은 상대적 가치에 불과한 한국적 가치를 재정립한다는 것은 탈근대적인 다양한 가치 가운데 하나를 찾거나 제국주의적 가치에 저항하는 탈식민지적 가치를 되찾는다는 것 외에 달리 의미가 있을 수 없다. 만일 본 연구에서 한국적 가치를 재정립하는 일이 탈근대적 가치나 탈식민지적 가치를 재정립하는 일환이라고 한다면, 본 연구에서 재정립하는 한국적 가치는 근현대 서구적 가치를 포괄할 수도 없고 더구나 그것을 대체할 수도 없다. 본 연구에서 재정립하는 한국적 가치가 근현대 서구적 가치를 포괄하고 융섭하면서 그것을 대체할 수 있는 대안이 될 수 있는 것은 근현대 서구적 가치보다 더욱더 공적인 가치이기 때문이다.

3) '일 자체 준거적 메타이론'에 따른 가치관: 절대적 가치, 공적 가치, 사적 가치

지금까지 통념적으로 '공적'이라는 의미는 '객관적'이라는 의미와 같은 것으로 사용되어 왔다. 그러나 한국사상에서 '공(公)' 개념이 갖는 의미와 서구사상에서 '객관' 개념이 갖는 의미는 각각 저변에 깔고 있는 세계관과 가치 척도가 다른 만큼 전혀 다르다. 세계관이라고도 할 수 있는 메타이론 측면에서 보면, 근현대 서구사상은 '인간 자아 준거적 메타이론'을 가정하거나 전제하고 있다. 그런데 한국사상은 '일 자체 준거적 메타이론'을 가정하거나 전제하고 있다. 근현대 서구사상과 한국사상의 세계관 혹은 메타이론이 서로 다르다.[3] 가치 척도 측면에서 보면 한국사상은 '사람이 관여할 수 없는 일'은 물론 '사람이 관여하는 일' 가운데도 엄존하는 '이치[理]', '하늘[天]'이나 '하나님(여호와)' 등의 절대적 가치를 가정하거나 전제한다. 자연이나 신까지도 인간에 의해 인식되거

---

[3] 세계관(world view)이라고 하지 않고 이 글에서 메타이론(metatheory)이라는 개념을 사용하는 이유는 일단 세계관의 내용이나 그것을 공유하는 시간 및 공간 등이 역사적으로나 사회적으로 변화하기 때문이다. 이러한 변화를 표현하기 위해 미셸 푸코는 '역사적 선험성(apriori historique)'이라는 개념을 사용한다. 그러나 인간 본성, 시간, 공간 등과 같은 마치 선험적인 것처럼 보이는 것들이 역사적으로 변화한다는 것은 푸코가 가정한 것처럼 아무렇게나 변화하는 것이 아니다. 인간은 절대적이고 선험적인 것에 관하여 완전하게 파지(把持)하지 못한다. 그러기 때문에 유한하나마 잠정적으로 그 절대적이고 선험적인 것에 관하여 가정하거나 전제한 것에 관하여 인간 자신은 끊임없이 질문(문제진단)하고 응답(문제처방)한다. 그 질문과 응답에 따라 그 절대적이고 선험적인 것에 관하여 가정하거나 전제한 것들이 수정되고 변화된다. 이처럼 어떤 이론, 학문, 방법론을 가능하게 하는 기본 가정과 전제가 변화하게 되는 배경에는 새로운 질문에 대한 응답 과정이라는 이론화 과정이 개재되어 있기 때문에 이 글에서는 역사적 선험성이라는 개념을 사용하는 대신 메타이론이라는 개념을 사용한다. 필자는 메타이론 개념을 '어떤 이론, 학문, 방법론을 가능하게 하는 기본 가정과 전제에 관한 이론'이라는 의미로 사용하며, 이론(theory)개념은 '공적 질문(문제진단)과 그에 대한 공적 응답(문제처방)의 내용 및 그것을 제시하는 과정'이라는 의미로 사용한다.

나 입증될 수 있을 때에만 비로소 그 가치를 인정받을 수 있다는 주장에서도 확인할 수 있듯이, 근현대 서구사상은 '인간 자아'라는 상대적 가치를 가치 척도로 가정하거나 전제한다.[4] 요컨대 서구사상에서 '객관' 개념은 '공' 개념과 혼용할 수 있지만, 한국사상에서 '객관' 개념은 '공' 개념과 혼용할 수 없다. 한국사상에서는 '절대적 가치'와의 관계에 따라 절대적 가치와 가까우면 '공적 가치'이며 절대적 가치와 거리가 멀면 '사적 가치'이다. 따라서 '객관적 가치'가 '절대적 가치'와 거리가 멀다면 그것은 얼마든지 '사적 가치'일 수 있고, '주관적 가치'가 '절대적 가치'와 가깝다면 그것은 얼마든지 '공적 가치'일 수 있다.

따라서 한국사상에서 한국적 가치를 찾아서 재정립하려고 할 때, '인간 자아 준거적 메타이론'에 따른 상대적 가치 가운데 하나로 접근할 게 아니라, 한국사상의 저변에 깔려 있는 '일 자체 준거적 메타이론'도 함께 재정립해야 하며, '일 자체 준거적 메타이론'에 입각하여 절대적 가치를 끊임없이 지향하는 상대적 가치 가운데 하나로 접근해야 한다. '일 자체 준거적 메타이론'에 따른 가치관은, 첫째, 절대적 가치, 둘째, 절대적 가치를 지향하면서 그에 가까운 대공적 가치 혹은 공적 가치, 셋째, 공적 가치에 비해 절대적 가치로부터 멀리 떨어진 사적 가치 등으로 나뉜다.

사람이 관여하는 일[事] 자체를 척도로 하여 그것을 준거하는 경우 일의 '절대적 가치'가 엄존하다는 것을 잘 보여 주면서 동시에 일의 '절대적 가치'를 지향하는 '상대적 가치'의 변화도 잘 보여 준다. '사람이 관여하는 일'은 사람에 의해 인식되거나 입증되기 이전에 일단 그 일 가운데

---

[4] 자연이나 신까지도 인간에 의해 인식될 수 있을 때에만 비로소 그 가치를 인정받을 수 있다는 주장에 관해서는 다음을 참조하기 바란다. 요하네스 헤센 저, 진교훈 역, 『가치론』(서광사, 1992), 20쪽.

'절대적 가치'가 엄존한다는 것을 잘 입증해 준다. 예컨대 '농부가 관여하는 농사일'에서 볼 수 있듯이 농사일의 절대적 가치는 농부가 팔짱 끼고 있다면 저절로 드러나지 않지만, 반대로 농부 마음대로 농사지어도 드러나지 않는다. 이처럼 농부에 의해 인식되거나 입증되기 이전에 농사일의 절대적 가치는 엄존한다. 농사일 하는 사람은 자신이 관여하는 농사일 가운데 엄존하는 '농사일의 절대적 가치(농사일다움-농사일의 본성)'에 최대한 가깝게 접근하여, 비록 유한하고 상대적으로나마, '자신이 관여하는 농사일의 지고의 가치', 곧 '농사일의 공적 가치'를 재정립하여 실현하는 방식으로 농사지어야 한다.

 그럼에도 지금까지 한국적 가치는 주관적 가치와 객관적 가치를 뛰어넘는 초월적 가치라고 하고, 그만큼 현실과 유리된 비현실적인 가치이자 비역사적인 가치라고 조명해 왔다. 그러나 이러한 조명은 한국적 가치가 '인간 자아 준거적 메타이론'의 바탕 위에 있는 '주관-객관'의 프레임 속에 들어오지 않는다고 해서 초월적이라거나 비현실적이고 비역사적인 것으로 잘못 조명한 것이다. 이것은 한국적 가치에 관한 기존 연구의 한계점으로 지적할 수 있다. 한국적 가치는 '일 자체 준거적 메타이론'의 바탕 위에서 '절대-공-사'의 프레임으로 조명해야만 제대로 진가를 드러낼 수 있다. 한국적 가치는 단지 근대 이전의 전근대적이거나 전통적인 가치만도 아니고, 그렇다고 근대적 가치에 저항하는 탈근대적 가치나 제국주의적 가치에 저항하는 탈식민주의적 가치만도 아니다. 이 글에서 재정립하고자 하는 한국적 가치의 진가와 특이점은 근현대 서구의 근대적 가치와 탈근대적 가치, 비서구 지역의 탈식민주의적 가치라는 여러 사적 가치를 포괄하면서 그것들을 '다양성 속에 통일성이 흐르는 가치체계'로 재정립할 수 있는 이 시대의 새로운 공적 가치라는 데 있다.

그러나 심의민주주의, 대의민주주의, 참여민주주의 등의 기존 서구 민주정치 방법은 여전히 '인간 자아 준거적 메타이론'만 가정하거나 전제하고 있다. 그 핵심적 한계는 공적 좋음, 공적 올바름, 공적 이로움 등의 '공적 가치'를 근대 서구의 객관적 가치만으로 고착화시켜 놓고 있다는 데 있다. 근대 서구사회에서 널리 공유하고 있는 것으로 가정하거나 전제할 수 있었던 이른바 서구사회의 객관적 가치는 자연권, 개인 권리, 인간 권리 등이다. 인간과 사회의 '질적으로 좋은 상태(좋음의 가치)'에 관하여 근원적으로 다시금 질문하거나 응답할 수 있는 이론적 기재가 '인간 자아 준거적 메타이론' 속에는 더 이상 마련되어 있지 않다. 이런 연유로 '인간 자아 준거적 메타이론'을 가정하거나 전제하고 있는 기존 민주주의 모델은 무엇보다도 인간 개체든 구조 전체든 그것의 '질적으로 좋은 상태'와 그 좋은 상태로의 '올바른 전환 방법' 등의 '끊임없는 선순환적인 과정'을 담아낼 수 없는 구조적인 한계가 있다.

이러한 한계를 극복할 수 있는 대안은 한국사상의 저변에 깔려 있는 메타이론인 '일[事] 자체 준거적 메타이론'에서 찾을 수 있다. 한국사상의 메타이론에 따르면 우선 민주정치 방법에서 공적 좋음, 공적 올바름, 공적 이로움 등의 '공적 가치'가 얼마나 큰 비중을 차지하는지 분명하게 확인할 수 있다. '일 자체 준거적 메타이론'에 의하면 민이 스스로 자신이 관여하는 일에서 '공적 가치'를 선순환적으로 회복하면서 자신이 관여하는 일의 '질적으로 좋은 상태', '올바른 전환 방법', '다양성 속의 통일성의 체험'도 끊임없이 선순환적으로 회복할 수 있다.

4) '대공민주주의'와 '지탱 문화 글로벌리즘'

'사람이 관여하는 일'에서 '방법'은 매우 중요하다. 예컨대 같은 의상

재료라고 하더라도 의상을 만드는 방법에 따라 입을 만한 옷이 되기도 하고 도저히 입을 수 없는 옷이 되기도 한다. 사람이 옷 만드는 일에서 옷 만드는 '방법'은 매우 중요하다. 건축일도 마찬가지이다. 같은 건축 재료라고 하더라도 건축하는 방법에 따라 쓸모 있는 건축물이 되기도 하고 쓸모없는 건축물이 되기도 한다.

이와 마찬가지로 정치하는 일에서도 방법이 매우 중요하다. 방법에 따라 살 만한 사회질서가 되기도 하고 도저히 살 수 없는 지옥 같은 사회질서가 되기도 한다. 정치하는 일의 방법에 따라 사회질서의 질과 양이 달라진다. 같은 인적·물적 자원이라고 하더라도 정치 방법 혹은 민주정치 방법에 따라 좋은 사회질서가 구축되기도 하고 좋지 않은 사회질서가 구축되기도 한다. 좋지 않은 사회질서에서 좋은 사회질서로의 변화가 지향하는 '좋음'이라는 가치의 구체적인 내용은 무엇인가. '일 자체 준거적 메타이론'에 따르면 '절대적 좋음의 가치'를 지향하면서 끊임없이 재정립하는 '공적 좋음의 가치'가 있고 '사적 좋음의 가치'가 있다.

'좋음(질적으로 좋은 상태 혹은 본래의 참된 모습)'과 '가치'는 같은 의미의 내용을 달리 표현한 것이다. '가치를 실현하는 방식 및 과정'을 '방법'이라고 한다. '민주정치 참여의 방식 및 과정'이 '민주정치 방법'이며, 민주정치 방법에 따라 민주정치 참여의 질과 양이 변화하고 나아가서 민주정치 공동체의 질량이 변화한다. '민주정치 방법'은 '민 스스로 자신이 관여하는 일의 문제를 진단, 처방, 해결해 가는 방법'이다. '일 자체 준거적 메타이론' 위에 구축하여 '공적 방식의 선순환적 회복'의 가능성을 마련해 둔 대공민주주의 이론은 '민 스스로 자신이 관여하는 일의 문제를 선순환적으로 진단, 치방, 해결해 기는 방식 및 과정과 질서'를 잘 보여 준다.

남북영토 분단문제, 좌우이념 대립문제, 종교와 세계관의 갈등문제,

오리엔딜리즘과 옥시덴털리즘이라는 동서 문화사의 병리적 갈등문제, 근대성과 식민성을 넘어서는 역사의 정의로운 재구성 문제 등이 한국사회 및 현대사회가 직면하고 있는 공적 문제라고 할 수 있다. 대공민주주의 이론은 이러한 공적 문제의 주된 원인이 공적 좋음의 가치, 공적 좋음의 가치를 실현하기 위한 공적 올바름의 가치, 공적 이로움의 가치 등 '공적 방식의 결핍 내지 부재'에 있다고 본다. 그리고 그에 대한 처방을 대공민주주의 이론은 '공적 방식의 선순환적 회복'을 위한 대공민주 정치 방법으로 제시한다.

문화는 '사람이 관여하는 일'이다. 그 가운데 정치하는 일은 '공적 방식으로 관여하는 사람 일'이다. 대공민주주의 모델에 따르면 '다양한 문화들(일들)이 대공적 가치와 방식에 따라 서로 지탱하면서 하나의 큰 문화(큰 일)로 통일되어 가는 문화 글로벌리즘'은 얼마든지 가능하다. 이와 같이 한국적 대공 가치와 방식에 따르는 '지탱 문화 글로벌리즘'은 신자유주의를 중심으로 한 미국발 '지구 자본 글로벌리즘'과도 다르며, 생태정치 혹은 녹색정치를 중심으로 한 유럽발 '시민사회 글로벌리즘'과도 다르다. 전자의 '지탱 문화 글로벌리즘'은 대공적 가치와 방식에 따라 서로 지탱하면서 다양성 속의 통일성을 이루는 '지탱 문화 질서'를 비전으로 한다. 그러나 후자의 '지구 자본 글로벌리즘'과 '시민사회 글로벌리즘'이라는 두 글로벌리즘은 자신들이 선취한 몇 가지 '문제(보다 자유로운 생산과 소비 문제, 생태환경 문제, 세계 금융시장 불안정 문제, 테러폭력 문제, 전자감시 문제)'에 관한 자신들의 진단과 처방을 더욱 넓은 범위에서 합의하거나 공감할 수 있는 객관성을 선점하기 위해서 비판하며 견제하거나 지배하면서 자신들 중심의 통일성을 이루어 가려는 '지배문화 질서'를 비전으로 한다.

2. 한국 불교사상적 가치와 메타이론의 재정립 및 대공 민주정치 방법

첫째, '인간 본성'에 관한 기존 민주주의 메타이론과 그것을 가정하거나 전제하고 있는 '민주정치의 근현대 서구적 방법'이 어째서 '지배의 제국주의적 방안'이자 결과적으로 '반민주적 방법'일 수밖에 없는지를 밝힌다.

둘째, '인간 본성'에 관한 한국 불교사상의 메타이론을 규명하면서, '무아(無我)'와 '공(空)'이라고 하는 사람이 관여하는 일의 '본래의 참된 모습'으로 끊임없이 되돌아오는 '무애(無碍)의 방식' 혹은 '원시반본(原始返本)의 방식'을 '지탱의 대공 가치'로 재정립하고 그것의 기반이 되는 '일 자체 준거적 메타이론'을 재정립한다.

셋째, 한국 불교사상적 '지탱의 대공 가치'와 '일 자체 준거적 메타이론'에 기반을 둔 '대공민주정치 방법'이 어째서 심의민주주의, 대의민주주의, 참여민주주의, 직접민주주의 등의 기존 민주정치 방법보다 더 나은 방법인지를 밝힌다.

1) '인간 본성'에 관한 기존 민주주의 메타이론의 반민주적 특징

심의민주주의, 대의민주주의, 참여민주주의 등의 기존 서구 민주주의 모델들은 '인간' 혹은 '인간 본성'에 관한 자신의 극히 제한된 경험을 단순하게 일반화한 선악 이분법적인 근현대 서구 특유의 인간 본성론을 가정하거나 전제한다. 그리고 그것을 기반으로 하여 민주주의 혹은 민주적 공존 생활을 위해 인간이 공적인 이해관심을 '가져야 하거나' '가질 수 있거나' '갖기도 하지만 갖지 않기도 한다'는 2차적인 논의를 진행해 나간다.

심의민주주의는 민주주의 혹은 민주적 공존 생활을 위해 인간이 공적인 이해관심을 '가져야 한다'는 입장이다. 예컨대 하버마스가 말하는 '이상적 대화 상황'이라는 것은 바로 '합리적 이성 중심의 논의나 심의를 위해 공적 이해관심을 가져야 한다'는 규범주의적이고 당위론적인 입장을 반영한 것이다. 민주적인 공존 생활을 위해 공적 이해관심을 가져야 한다는 것은 이상적 대화 상황의 핵심 규범인 합리적 이성 중심의 논의를 위해서 가정되거나 전제되어야 한다는 것이다. 물론 그렇다고 해서 인간이 공적 이해관심을 갖는 것은 당위적인 규범이지 인간 본성에 따르는 선천적인 것은 아니다.

대의민주주의는 민주주의 혹은 민주적 공존 생활을 위해 인간이 공적인 이해관심을 갖는다. 그러나 '실상은 갖고 있지 않을 가능성이 큰데, 그렇더라도 서로 견제하게 만든 제도로 얼마든지 보완할 수 있다'는 입장이다. 예컨대 '설령 정치 주체가 공적인 이해관심을 갖지 않더라도 서로 견제하게 만든 제도로 얼마든지 보완할 수 있다'는 바로 이 부분이야말로 대의민주주의 제도의 핵심이다. 이것은 미국 헌법의 기초를 놓은 메디슨이 공화주의라고 이해했던 대의민주주의 제도의 핵심적인 부분이기도 하다. 특히 대의민주주의에 관한 심의민주주의의 주된 비판도 바로 여기에 있다. 당초 메디슨과 같은 대의민주주의 이론가들이 의도한 것처럼 잘 견제되거나 보완되지 않고 있다는 것이다.

요컨대 심의민주주의나 대의민주주의는 각각 민주주의 혹은 민주적 공존 생활을 위해 인간이 공적인 이해관심을 '가져야 한다'거나 '갖고 있다'는 이장이다. 그러나 실상은 '갖고 있지 않을 가능성이 큰데, 그렇더라도 서로 견제하게 만든 제도로 얼마든지 보완할 수 있다'는 입장이다. 그러나 이들 양자의 우파 민주주의 입장의 저변에는 공통적으로 인간의 이기적 본성을 신뢰하기 어렵다는 일종의 가정과 전제, 곧 인간 본성에 관한 독특한 메타이론이 깔려 있다.

반면에 직접민주주의나 참여민주주의 등과 같은 좌파 민주주의는 이해관심을 '가질 수 있다'는 입장이다. 심의민주주의나 대의민주주의 등의 우파 민주주의 입장과 달리 타고난 인간 본성을 근원적으로 신뢰한다는 메타이론을 가정하거나 전제하고 있다. 그럼에도 우리의 눈으로 일상에서 확인할 수 있는 후천적인 인간 모습이 몰골 사납게 일그러진 것은 정의롭지 못한 사회구조 때문이라는 것이다. 그 원인이 되는 사회구조를 정의롭게 변화시키면, 사회구조에 의해 그 안에 일그러졌던 인간의 선한 본성을 다시 회복할 수 있다는 것이다. 그런데 누가 선한 본성을 먼저 회복할 것이며, 선한 본성을 회복한 어느 누가 먼저 나서서 정의롭지 못한 사회구조를 바꿀 것인가. 이 문제는 레닌의 당이론과 그에 대한 여러 비판으로 이어지는 좌파 민주주의 이론에서 매우 핵심적인 쟁점이기도 하다.

이렇게 놓고 봤을 때, 사회적 부정의나 부조리 그리고 사회문제 등의 제반 원인이 인간 본성과 사회구조 가운데 어느 한쪽 탓이거나 아니면 양쪽 탓이라고 위와 같은 '인간 본성'에 관한 메타이론에 의거하여 결정해 버리는 것은 다음 두 가지 측면에서 매우 반민주적인 방법으로 획일화하는 것이라고 할 수 있다. 첫째, 우선 인간 주체와 사회구조 가운데 어느 한쪽이 다른 한쪽을 반민주적인 방법으로 일률적으로 지배하거나 양쪽 모두가 서로를 지배한다는 것을 뜻한다. 둘째, 궁극적으로 모든 인간은 악하다거나, 선하다거나, 선하기도 하고 악하기도 하다는 세 가지 가운데 어느 하나라고 반민주적인 방법으로 획일화해 버리는 것을 뜻한다.

2) '인간 본성'에 관한 화엄사상 메타이론의 민주적 특징

의상의 화엄사상은 7세기 삼국통일국가의 새로운 체제건설 과정에서 형성되었다. 660년에 백제를 함락하고 668년에 고구려를 함락하면서 신라는 외형상으로나마 삼국통일을 이룬다. 그리고 이 해는 당시 당나라에 있던 의상이『화엄일승법계도』를 제작하던 해이기도 하다. 고구려, 신라, 백제의 삼국연합으로 당을 축출하여 대동강 이남의 통일을 이룬 해가 676년이다. 의상 대사는 문무왕 10년인 670년에 당이 침략한다는 정보를 신라에 알리기 위해 당에서 급히 귀국했다고 한다. 귀국 후 의상은 황복사, 부석사, 낙산사, 소백산 등지에서 화엄경과 자신이 제작한 법계도를 계속 강론했으며, 특히 "소백산 추동에 따로 화엄도량을 열고 그 집회를 주도했는데, 무리가 3,000명에 이르고 90일 동안 화엄경을 강론했다."고 한다.[5]

따라서 의상의 화엄사상을 검토할 때 위와 같은 맥락에서 검토할 필요가 있다. 의상 대사의『화엄일승법계도』와 그에 관한 강론을 모아 놓은『화엄일승법계도기』에 담긴 화엄사상은 다음과 같은 점에서 일반적인 화엄사상과 같다. '너와 나 사이에 가로놓인 문제를 해결하고 경계의 벽을 허물어 가면서 여럿 사이의 차별 없이 무분별한 하나의 경지에 이르는 방식[理] 및 과정[事]'과 '무분별한 하나의 같은 모습 속에 다양한 여럿의 다른 모습이 소통되고 융합되어 통일되는 방식 및 과정'을 얘기하고 있는 것이 그렇다. 이러한 것을 너와 나 사이, 그리고 여럿 사이의 사사무애(事事無碍)라고 하고, 방식 및 과정 사이의 이사무애(理事無碍)라고 한다.

---

5 김두진,『신라 화엄사상사연구』(서울대학교출판부, 2002), 61쪽.

그런데 이러한 일반적인 화엄사상에 대해서 의상 대사가 독창적으로 기여한 부분은 다음과 같다. 무분별한 하나의 같은 모습 속에 다양한 여럿의 다른 모습이 소통되고 융합되어 통일되는 방식[理]에도 여러 방식[理理]이 있을 수 있다는 것이다. 그리고 너와 나 사이에 가로놓인 문제를 해결하고 경계의 벽을 허물어 무애(無碍)하고 장애를 없애려면, 우선 너의 방식과 나의 방식 사이에 가로놓인 문제를 해결하면서 그 사이에 있는 경계의 벽부터 허물어 무애하고 장애를 없앨 수 있어야 한다는 것이다. 그런데 여기서 '너의 방식'과 '나의 방식' 사이에 가로놓인 문제를 해결하는 일 역시 사사무애에 속한다. 따라서 더욱 근원적으로 보았을 때, 이는 '나의 참된 모습에 따르는 방식'과 '나의 거짓된 모습에 따르는 방식', 나아가서 사람이 관여하는 일의 '참된 방식'과 '거짓된 방식', 이들 사이에 가로놓인 경계의 벽을 허물어 무애하고 장애가 되는 문제를 해결하는 일로 귀착된다는 것이다. 이것을 의상 대사는 이이무애(理理無碍)라고 한다. 그가 말하는 무애는 경계의 벽을 허물어 '장애'를 없애고 문제를 해결하는 일이다. 그때까지 일반적인 화엄사상은 사사무애와 이사무애만 얘기해 왔다. 그러나 의상 대사는 거기에 이이무애를 추가하여 얘기했다.

요컨대 '인간 본성'이라는 '나의 참된 모습'은 미처 완전하게 파지할 수 없기 때문에 '미지(未知)의 모습'이기도 하지만, 선하다거나 악하다거나 혹은 선하기도 하지만 악하기도 하다는 것을 획일적으로 규정할 수 없기 때문에 '없는 모습[無我]'이고 그저 '공(空)'이라는 것이다. 결국 '없는 모습'이고 그저 공으로서의 '나의 참된 모습'과 '있는 모습'으로서의 '나의 거짓된 모습' 사이에 가로놓인 문제를 해결해 가기 위해서는 '본래의 참된 모습'으로 끊임없이 되돌아오는 과정에 장애를 없애는 '무애의 방식' 혹은 '원시반본[6]의 방식'이 중요하다는 것이다.

인간 본성에 관한 화엄사상의 메타이론에 따르면, '인간 본성'은 선하다거나, 악하다거나, 선하기도 하고 악하기도 하다고 결코 획일적으로 일반화할 수 없다. 인간의 제한된 경험에 의존하여 인간 본성을 일반화한 것은 인간의 극히 일부분의 모습이고 그만큼 거짓된 모습이라는 것이다. '일의 거짓된 모습'과 '일의 참된 모습' 사이의 장애를 없애는 것, 곧 '일의 거짓된 모습'을 끊임없이 비우고 '일의 참된 모습'을 회복하는 것을 이이무애라고 한다. '일의 참된 모습'에 '사람이 관여하는 일[事]'이 참여해 가는 것을 이사무애라고 한다. '사람이 관여하는 여러 작은 일들[事事]'이 서로 지탱하여 하나의 큰일을 이루어 가는 것을 사사무애라고 한다. 따라서 이이무애는 이사무애를 지탱하고, 이사무애는 사사무애를 지탱하며, 사사무애는 이이무애를 지탱한다.

요컨대 '무아'와 '공'이라고 하는 사람이 관여하는 일의 '본래의 참된 모습'은 곧 '좋음의 가치'이다. 이러한 '좋음의 가치'인 '무아'와 '공'을 향하여 '거짓된 모습'과 그에 대한 집착을 끊임없이 비우면서 되돌아오는 '무애의 방식' 혹은 '원시반본의 방식'이 곧 '올바름의 가치'이다. 이들이 화엄사상에서 강조하는 대공적 가치 혹은 공적 가치이며, 여기서 공적 가치에서 '공(公)' 개념은 곧 거짓된 모습을 집착하지 않고 내려놓거나 비운다는 의미의 '공(空)'을 중요한 의미 내용으로 한다. 이 대공적 가치 혹은 공적 가치는, 이이무애가 이사무애를 지탱하고 이사무애가 사사무애를 지탱하며 사사무애는 이이무애를 지탱하듯이, 이들 각각의 무애가 서로를 지탱하는 가능성을 갖게 하는 가치이기 때문에 이것을 '지탱의 대공 가치'라고 할 수 있다. 그리고 그 현실적 기반이 되는 것은 '사람

---

6 가을이 되면 모든 생명의 기운이 뿌리로 돌아가 다시 '생명의 순환'을 준비한다. 뿌리로 돌아가지 않으면 생명은 끝난다. 영원한 생명을 이어 가기 위해 가을철에 생명의 근본인 자기 뿌리로 돌아가는 것, 그것이 원시반본이다.

이 관여하는 일'이며, 그것의 이론적 기반은 '일 자체 준거적 메타이론'이다.

3) 한국 불교사상과 '대공민주정치 방법'

'지탱의 대공 가치'와 '일 자체 준거적 메타이론'을 기반으로 하는 '대공민주정치 방법'은 일상적으로 '사람이 관여하는 일'에서 정치하는 일을 찾는다. '사람이 관여하는 일의 거짓된 모습'에 대한 집착, 선입견, 편견 등을 내려놓고 비우면서 '사람이 관여하는 일의 참된 모습'을 '사람이 관여하는 일'에서 끊임없이 회복해 가는 방법, 이른바 '대공민주정치 방법'으로 '민이 스스로 문제를 진단, 처방, 해결해 가는 일'이 대공민주정치의 요체이다. 다시 말해서 '민이 스스로 자신이 관여하는 일에서 대공 가치와 그 가치를 실현하는 방식에 따라서 문제를 진단, 처방, 해결해 가면서 그 일을 질적으로 개선해 가는 일'이 곧 대공민주정치이며, 이러한 '대공민주정치가 이루어지는 사람이 관여하는 일', 곧 '대공 문화'는 이웃하는 다른 문화를 지탱하면서 문화와 문화가 서로 지탱하는 가능성을 갖게 하는 이른바 '지탱 문화'이다. 이러한 맥락에서 단지 문화들 사이의 균형이나 공존을 추구하는 다문화주의나 문화다원주의 등과 달리 다양한 문화 사이의 지탱적 통일을 이루어 가는 '지탱 문화 글로벌리즘의 가능성'이 열린다.

현실직시의 관건은 '문제진단' 및 '문제처방'에 있다. 현실개선의 관건은 '문제해결'에 있다. '문제진단' 및 '문제처방'을 올바로 하지 않고 현실직시를 올바로 한다고 할 수 없다. 또한 '문제해결'을 올바로 하지 않고 현실개선을 올바로 한다고 할 수 없다. '문제'는 '좋지 않은 일'이다. '주제'는 '좋은 일'이다. 문제를 통해 주제가 명확해지고, 주제를 통해 문제가 분명하게 된다. 따라서 현실직시에서 '주세발견' 및 '주세해석'은 '문제진단' 및 '문제처방'을 분명하게 하도록 지탱하고, '문제진단' 및 '문제처방'은 '주제발견' 및 '주제해석'을 명확하게 하도록 지탱한다. 현실개선에서도 '주제완성'이 '문제해결'을 분명하게 하도록 지탱하고, '문제해결'이 '주제완성'을 명확하게 하도록 지탱한다. 현실에서 '주제발견' 및 '주제해석'을 올바로 하지 않고 현실직시를 올바로 한다고 할 수 없다. 또한 '주제완성'을 올바로 하지 않고 현실개선을 올바로 한다고 할 수 없다.

좀 더 구체적으로 말해서 그림 1에서 보는 바와 같이 '사람이 관여하는 일'에서 '일의 과정'은 '만남의 과정', '나눔의 과정', '모음의 과정'으로 일반화할 수 있다. 그 가운데 첫째 '만남의 과정'은 (현재까지 일의 질서에서 직면한 '좋지 않은 일'의 정체를 밝히는) '문제진단'과 (앞으로 펼쳐질 새로운 질서에서 기대하는 '좋은 일'의 전망을 찾아내는) '주제발견'의 과정이다. 그 가운데 둘째 '나눔의 과정'은 (문제해결의 방안을 제시하는) '문제처방'과 (주제완성의 방안을 제시하는) '주제해석'의 과정이다. 그 가운데 셋째 '모음의 과정'은 (문제진단 및 문제처방에 따르는) '문제해결'과 (주제발견 및 주제해석에 따르는) '주제완성'의 과정이다.

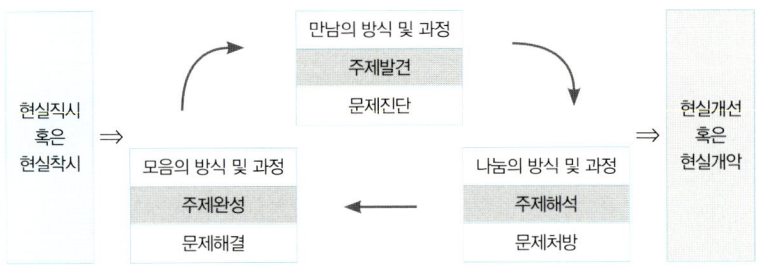

그림 1 대공민주주의 A-1 모델
출처: 김병욱(2015), 69쪽.

위와 같이 '사람이 관여하는 일'의 과정 가운데, 특히 '만남의 과정'에서 문제진단 및 주제발견을 '올바른 방식'으로 하지 않고, '나눔의 과정'에서 문제처방 및 주제해석을 '올바른 방식'으로 하지 않는다면 현실직시(現實直視)를 '올바른 방식'으로 하기가 어렵다. 현실직시는커녕 오히려 현실착시(現實錯視)하기 쉽다. 요컨대 '사람이 관여하는 일'이란 한편으로 현실직시를 바탕으로 하지 않는 현실개선(現實改善)은 맹목적이고 피상적일 가능성이 크고 오히려 현실개악(現實改惡)으로 흐를 가능성이 크다. 다른 한편으로 '사람이 관여하는 일'에서 현실개선을 위한 구체적인 일, 곧 문제해결과 주제완성이 뒤따르지 않는 현실직시는 공허하고 지루할 가능성이 크다.

한국 정치사와 역사현실에 당면하는 공적 문제인 남북영토 분단 문제를 포함하여 현대사회가 직면하는 공적 문제는 좌우이념 대립 문제, 종교와 세계관의 갈등 문제, 오리엔탈리즘과 옥시덴탈리즘이라는 동서 문화사의 병리적 갈등 문제, 근대성과 식민성을 넘어서는 역사의 정의로운 재구성 문제 등이다. 이러한 문제에 대한 제대로 된 진단과 처방을 위해서 대공민주주의는 무엇보다도 '좋은 A 상황으로부터 좋지 않은 B 상황으로의 질적 전환'이나 그 역으로 '좋지 않은 B 상황으로부터 좋은 A 상황으로의 질적 전환'에서 전환하는 '방식' 및 '과정'과 '질서' 등에 관한 질문에 제대로 응답하는 것을 중요한 과제로 한다.

대공민주주의에 따르면, 위와 같은 우리 시대의 공적 문제는 분단, 대립, 갈등으로 계속 이어지고 확산되는 '지배 문화 질서'로부터 다양한 다른 문화와 이질 문화가 서로 지탱하면서 통일, 통합, 협력을 이루어내는 '지탱 문화 질서'로의 전환 문제라고 할 수 있다. 간단히 말해서 우리 시대의 공적 문제는 '사람이 관여하는 일의 질서의 질적 전환 문제'라고 할 수 있다. 대공민주주의는 이러한 문제에 대한 진단으로 문제의 근원에는 사람이 관여하는 일에서 발생하는 '문제해결의 소통 및 발산 과정 문제'가 놓여 있고, 그보다 더 근원에는 사람이 관여하는 일에서 '공적 방식의 회복 문제'가 놓여 있다고 제시한다. 요컨대 오늘날 한국 사회가 직면하고 있고 앞으로 남북 통일국가가 당면할 것으로 예상되는 몇 가지 중요한 공적 문제의 원인이 공적 좋음, 공적 올바름, 공적 이로움 등의 '공적 방식의 결핍 내지 부재'에 있다고 진단하고, 그에 대한 처방으로 '공적 방식의 선순환적 회복'을 제시한 것이 바로 대공민주주의이다. 요컨대 대공민주주의 방안의 주안점은 '사람이 관여하는 일(문화)'의 각종 방식이 '공적 방식'일 가능성을 높여 주는 데 있고, 그 주요 작동 방법이 '지탱의 방법'일 가능성을 높여 주는 데 있다.

이를 위해서 '사람이 관여하는 일'을 의상 화엄사상의 구도와 같이 '이이무애하는 일의 권역', '이사무애하는 일의 권역', '사사무애하는 일의 권역' 등의 세 권역으로 나누고, 이들 각각의 일의 방식이 '공적 방식'일 가능성을 높여 주고, 그 주요 작동 방법이 '지탱의 방법'일 가능성이 높여 주는 데 주안점을 둔다. 다시 말해서 '사람이 관여하는 일(문화)'와 '정치하는 일(정치)'을 그림 2와 같이 다음의 주요 3대 권역의 일로 나누

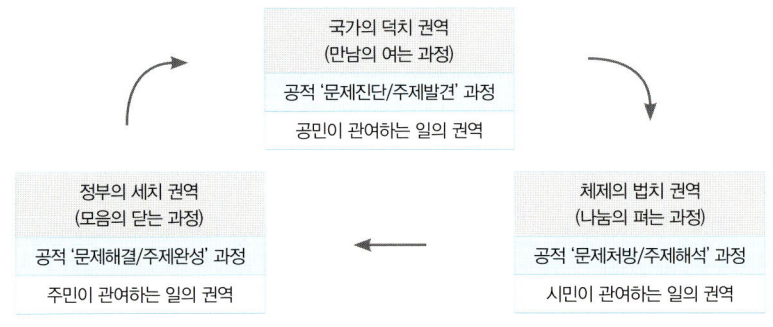

그림 2 대공민주주의 A-2 모델
출처: 김병욱(2015), 93쪽.

고, 이들 각각의 일의 방식이 '공적 방식'일 가능성을 높여 주고, 그 주요 작동 방법이 '지탱의 방법'일 가능성을 높여 준다. 주요 3대 권역의 일은, 첫째, 공민(公民)이 관여하는 '문제진단 권역(주제발견 권역)'의 일과 '국가의 덕치 권역'의 일, 둘째, 시민(市民)이 관여하는 '문제처방 권역(주제해석 권역)'의 일과 '체제의 법치 권역'의 일, 셋째, 주민(住民)이 관여하는 '문제해결 권역(주제완성 권역)'의 일과 '정부의 세치 권역'의 일 등이다. 그리고 이들 각각의 일마다 '공적 방식'에 따라서 선순환할 수 있도록 유기적으로 구성함으로써, 이들 각각의 일의 방식이 '공적 방식'일 가능성을 높여 주고, 그 주요 작동 방법이 '지탱의 방법'일 가능성을 높여 주는 것이다.

공적 방식에 따라 이들 세 권역의 일들이 서로 유기적으로 선순환하는 경우는 다음과 같다. ① (문제진단 없이는 문제처방이 어렵다는 점에서) 문제진단하는 일은 문제처방하는 일을 지탱하고, ② (문제처방 없이는 문제해결이 어렵다는 점에서) 문제처방하는 일은 문제해결하는 일을 지탱하며, ③ (이전 문제해결 없이는 새로운 문제진단이 어렵다는 점에서) 문제해결하는 일은 문제진단하는 일을 지탱하게 된다. 이 경우 '공적 방식'에 따르는 '사람이 관여하는 일(문화)'과 '정치하는 일(정치)'이 작동하는 주된 방법은 '지탱의 방법'이 된다. 또한 내셔널리즘 혹은 스테이티즘을 앞세운 복지주의국가나 지구 자본 글로벌리즘을 앞세운 신자유주의국가 등이 그동안 잘못된 정책과 법제를 양산하거나 중요한 정책과 법제를 무책임하게 폐기함으로 말미암아 더욱 가중되어 왔던 각종 분단, 대립, 갈등의 '지배 문화 질서'로부터 다양하게 다른 이질 문화가 서로를 지탱하면서 통일, 통합, 협력의 '지탱 문화 질서'로의 전환 가능성이 높아진다. 간단히 말해서 이 경우는 '좋지 않은 B 상황으로부터 좋은 A 상황으로의 질적 전환'의 가능성이 높아지는 경우이다.

공적 방식에 따르지 않고 사적 방식에 따름으로 말미암아 이들 세 권역의 일들이 서로 악순환하는 경우는 다음과 같다.

① '주민이 관여하는 일'과 '정부 권역의 일'이 약화되거나 부족할 때, '공민이 관여하는 일'과 '시민이 관여하는 일'이 서로 갈등하거나 대립하는 경향을 보이며, '국가 권역의 일'과 '체제 권역의 일'도 서로 갈등하거나 대립하는 경향을 보인다. '주민이 관여하는 일'과 '정부 권역의 일'이 나머지 다른 두 권역의 일을 지탱하지 못할 때, 특히 '공민이 관여하는 일'과 '국가 권역의 일'은 무목적화나 자체기만화할 가능성이 크다.[7]

② '시민이 관여하는 일'과 '체제 권역의 일'이 약화되거나 부족할 때, '주민이 관여하는 일'과 '공민이 관여하는 일'이 서로 갈등하거나 대립하는 경향을 나타내기 쉽고 '정부 권역의 일'과 '국가 권역의 일'도 서로 갈등하거나 대립하는 경향을 나타내기 쉽다. '시민이 관여하는 일'과 '체제 권역의 일'이 나머지 다른 두 권역의 일을 지탱하지 못할 때, 특히 '주민이 관여하는 일'과 '정부 권역의 일'은 독재화나 더욱 자의적으로 전제화할 가능성이 높다.[8]

③ '공민이 관여하는 일'과 '국가 권역의 일'이 약화되거나 부족할 때, '시민이 관여하는 일'과 '주민이 관여하는 일'은 서로 갈등하거나 대립하는 경향을 보이고 '체제 권역의 일'과 '정부 권역의 일'도 서로 갈등하거나 대립하는 경향을 보인다. '공민이 관여하는 일'과 '국가 권역의 일'이 나머지 다른 두 권역의 일을 지탱하지 못할 때, 특히 '시민이 관여하는 일'과 '체제 권역의 일'은 고착화나 노후화할 가능성이 높다.[9] 간단히 말

---

7 역사적인 사례는 19세기 말 동도서기론, 중체서용론, 화혼양재론 등이다.
8 역사직인 사례는 1948년 남북 단독 징부수립 이래 남쪽의 경우 제1, 3, 5공화국과 북쪽의 3대 세습체제이다.

해서 '좋지 않은 B 상황으로부터 좋은 A 상황으로의 질적 전환'의 가능성이 높아지는 경우다.

요컨대 대공민주정치는 '민이 스스로 자신이 관여하는 일에서 문제를 공적 방식으로 진단, 처방, 해결해 가면서 그 일이 질적으로 전환해 가고, 질적으로 전환해 가는 그 일을 매개로 그 일에 관여하는 자신의 삶과 세상의 생명활동이 질적으로 전환해 갈 가능성을 열어 가는 정치'이다. 이러한 대공민주정치에 따른 생명활동의 질적 전환과정은 위에서 본 바와 같이, 공적 방식에 따라 주요 세 권역의 일들이 서로 유기적으로 선순환하는 경우, '다양성 속의 통일성'을 민이 선순환적으로 체험하는 과정일 수 있다. 그러나 공적 방식에 따르지 않고 사적 방식에 따름으로 말미암아 이들 세 권역의 일들이 서로 악순환하는 경우, 그와 반대로 '다양성 속의 통일성'을 민이 체험하지 못하는 악순환 과정일 수도 있다. 따라서 생명활동의 질적 전환과정에서 '어떤 질의 다양성 속의 어떤 질의 통일성'을 민이 체험하느냐가 대공민주정치의 요체라고 할 수 있는데, 이 일은 공적 방식에 따라 주요 세 권역의 일들이 서로 유기적으로 선순환하느냐 혹은 공적 방식에 따르지 않고 사적 방식에 따름으로 말미암아 이들 세 권역의 일이 서로 악순환하느냐에 달려 있다. 요컨대 '사람이 관여하는 여러 다양한 일이 되어 가는 방식 및 과정의 질서'와 함께 '사람이 관여하는 여러 다양한 일들이 하나의 통일된 공동체적 일이 되어 가는 방식 및 과정의 질서'는 동시-다발-입체적이다.

'사람이 관여하는 일' 속에 '사람이 관여하는 일의 참된 모습(본성)'이 이미 함께 있다. 그렇지만 '사람이 관여하는 일의 참된 모습'에 관한 해

---

9 역사적인 사례는 19세기 말 이래 포스트모더니즘의 등장을 재촉한 서구와 좌우의 대립 구도를 급속도로 고착화하고 있는 21세기 한반도다.

석과 표현이 사람마다 다르다. 따라서 '사람이 관여하는 일의 참된 모습'이 '사람이 관여하는 일의 방식 및 과정'에서 함께 있는 모습이 다르다. 이를 다음과 같이 달리 표현할 수 있다. '사람이 관여하는 일의 참된 모습'에 '사람이 관여하는 일의 방식 및 과정'이 참여하는 모습이 다르다고 표현할 수 있다. 혹은 '사람이 관여하는 일의 참된 모습'을 '사람이 관여하는 일의 방식 및 과정'이 공유하는 모습이 다르다고 표현할 수 있다. 혹은 '사람이 관여하는 일의 참된 모습'과 '사람이 관여하는 일의 방식 및 과정'이 서로 모이는 모습이 다르다고도 표현할 수 있다.

이 가운데 '모음'이라는 개념을 통해서 더욱 구체적으로 표현하자면 '사람이 관여하는 일의 참된 모습'과 '사람이 관여하는 일의 방식 및 과정'이 서로 모이는('모음'하는) 모습(질서)을 다음 세 가지 유형의 질서(양상)로 나눌 수 있다. 다시 말해서 '사람이 관여하는 일이 되어 가는 방식 및 과정의 질서(모습)'는 크게 다음 세 가지 유형으로 나타난다.

첫째, '사람이 관여하는 일의 참된 모습'과 '사람이 관여하는 일의 방식 및 과정'이 (아무런 상관없이 단순히 외부 폭력에 의해서나 이익만을 위해서) 서로 모아 '집합(묶음)'하기도 한다. 둘째, '사람이 관여하는 일의 참된 모습'과 '사람이 관여하는 일의 방식 및 과정'이 (얼마큼 관련을 갖지만 어떤 논리·규범·체계·법제에 부합하는 수준 정도에서 올바름의 여부만을 따지며) 서로 모아 '조합(엮음)'하기도 한다. 셋째, '사람이 관여하는 일의 참된 모습'과 '사람이 관여하는 일의 방식 및 과정'이 (그 일의 참된 모습, 곧 공적 좋음의 가치와 그 가치를 이루는 공적 올바름의 방식에 따라 그 일의 과정이 깊은 유기적 연관성을 갖고 되어 감으로써) 서로 모아 '결합(맺음)'하기도 한다. 이와 같은 '사람이 관여하는 여러 다양한 일들이 되어 가는 방식 및 과정의 질서'와 함께 '사람이 관여하는 여러 다양한 일들이 하나의 통일된 공동체적 일이 되어 가는 방식 및 과정의 질서'는 동시-다발-입체적이다. 대공민주정치에 따른 대공민주사회의 질서 역시 '집합질서', '조합질서', '결합질서' 등의 세 유형의 질서로 나뉜다.

① '사람이 관여하는 일의 참된 모습'과 '사람이 관여하는 일'이 서로 '집합(集合)'하는 모습, 곧 집합질서는 질적으로 '이이무애하는 일'과 '이사무애하는 일'의 지탱을 받지 못한 채 '사사무애하는 일의 모습'이다. 민 자신이 관여하는 일에서 질적으로 자주 이러한 집합 모습을 보일 때, 이러한 집합 모습을 보이면서 '일이 되어 가는 경향'을 폭력(暴力)이나 세력(勢力)이라고 한다. 이러한 경향을 보여 주는 세력의 정치를 '세치(勢治)'라고 한다. 자신이 관여하는 일에서 늘 이러한 경향을 보여 주는 민을 '주민(住民)'이라고 한다. 주민이 관여하는 일의 권역을 '정부(政府)'의 권역이라고 한다.

② '사람이 관여하는 일의 참된 모습'과 '사람이 관여하는 일'이 서로 '조합(組合)'하는 모습, 곧 조합질서는 질적으로 '이이무애하는 일'의 지탱을 받지 못한 채 단지 '이사무애하는 일'만의 지탱을 받는 '사사무애하는 일의 모습'이다. 민 자신이 관여하는 일에서 질적으로 자주 이러한 조합 모습을 보일 때, 이러한 조합 모습을 보이면서 '일이 되어 가는 경향'을 권력(權力)이나 법력(法力)이라고 한다. 이러한 경향을 보여 주는 법력의 정치를 '법치(法治)'라고 한다. 자신이 관여하는 일에서 늘 이러한 경향을 보여 주는 민을 '시민(市民)'이라고 한다. 시민이 관여하는 일의 권역을 '체제(體制)'의 권역이라고 한다.

③ '사람이 관여하는 일의 참된 모습'과 '사람이 관여하는 일'이 서로 '결합(結合)'하는 모습, 곧 결합질서는 질적으로 '이이무애하는 일'과 '이사무애하는 일'의 지탱을 받는 '사사무애하는 일의 모습'이다. 민 자신이 관여하는 일에서 질적으로 자주 이러한 결합 모습을 보일 때, 이러한 결합 모습을 보이면서 '일이 되어 가는 경향'을 위력(威力)이나 덕력(德力)

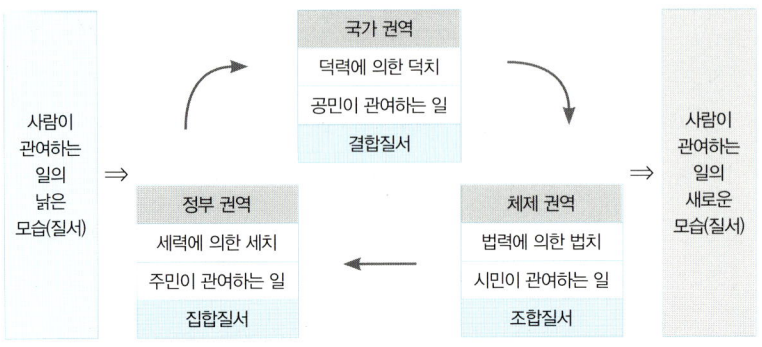

그림 3 　대공민주주의 A-3 모델
출처: 김병욱(2015), 70쪽.

이라고 한다. 이러한 경향을 보여 주는 덕력의 정치를 '덕치(德治)'라고 한다. 자신이 관여하는 일에서 늘 이러한 경향을 보여 주는 민을 '공민 (公民)'이라고 한다. 공민이 관여하는 일의 권역을 '국가(國家)'의 권역이라고 한다. 이러한 세 유형의 질서를 그림으로 나타내면 그림 3과 같다.

　민은 자신이 관여하는 일이 질적으로 어떤 모습을 보이느냐에 따라 자신이 살아가는 정치 권역과 정치공동체 안에서의 지위가 달라진다. 첫째, 누군가는 세치의 정치 권역에 참여하고 주민으로 살아간다. 둘째, 누군가는 법치의 정치 권역에 참여하고 시민으로 살아간다. 셋째, 누군가는 덕치의 정치 권역에 참여하고 공민으로 살아간다. 이처럼 민은 저마다 '자신이 관여하는 일'을 통해서 각기 다른 세 권역의 정치하는 일에 참여한다.

　민이 관여하는 이들 세 권역의 정치하는 일들이 서로 모이는 것은 다음과 같이 몇 가지 가능성이 있다. 첫째, 민이 관여하는 일들 가운데 국가 권역의 덕치하는 일과 체제 권역의 법치하는 일의 지탱을 받지 못한 채 민이 관여하는 일들이 단지 서로 집합하여 정부를 수립하고 정부의 권역을 형성하는 것으로 그칠 가능성이 있다. 둘째, 민이 관여하는 이들 세 권역의 정치하는 일들 가운데 국가 권역의 덕치하는 일의 지탱을 받지 못한 채 체제 권역의 법치하는 일의 지탱을 받으면서 민이 관여하는 일들이 서로 조합하여 체제를 정비하고 체제의 권역을 형성할 가능성도 있다. 셋째, 민이 관여하는 이들 세 권역의 정치하는 일들 모두가 서로 지탱하면서 서로 결합하여 국가를 건설하고 국가의 권역까지도 형성할 가능성도 있다.

이렇게 놓고 보면 남북통일에서도 '어떤 질의 다양성 속의 어떤 질의 통일성'을 이루어 낼 것이냐가 중요하다. 국가와 체제의 뒷받침을 받는 정부인지의 여부, 곧 어떤 질적 상태의 통일이냐, 어떤 질서의 통일이냐 하는 문제에 비하면 구성하는 통일정부가 단독정부, 연방정부, 연합정부 가운데 어떤 형태의 통일정부를 구성하느냐 하는 문제는 부차적인 문제이다.

'사람이 관여하는 일(문화)'에는 끊임없이 '사람이 관여할 수 없는 일(우연)'이 개입하고, 특히 '좋지 않은 일', 곧 '문제'가 늘 일어난다. 그런데 끊임없는 문제의 발생과 그 진단, 처방, 해결 등의 과정에서, 그리고 주제의 발견, 해석, 완성 등의 과정에서 나타내 보이는 민 자신이 관여하는 일의 질적인 모습은 매우 유한하고 유한한 만큼 매우 결핍되어 있다.

첫째, 사람이 관여하는 일은 아주 사회적이다. 유한하고 결핍된 존재인 민은 자신이 관여하는(심지어 죽는 일조차도 자신의 주검을 스스로 거둘 수 없다는 점에서) 어느 일 하나도 홀로 할 수 있는 일이 없다. 누군가 다른 사람이 하는 일에 의한 지탱이 필요하다. 그만큼 사람이 관여하는 일은 '사회적'이다.

둘째, 사람이 관여하는 일은 매우 정치적이다. 사람이 관여하는 일이 아주 사회적임에도 불구하고 여러 일이 저절로 '집합'하지도 못하고 '조합'하지노 못하며 '결합'하지도 못한다. 사람이 관여하는 저마다의 일, 곧 '주민이 관여하는 일', '시민이 관여하는 일', '공민이 관여하는 일', 이러한 여러 일이 서로 지탱하는 모습을 보이면서 '결합'하는 방향으로 나아가느냐 아니면 서로 지배하는 모습을 보이면서 단순히 '집합'하는 방향으로 나아가다가 결과적으로 '해체'하는 방향으로 나아가느냐 하는 것은 이들 세 유형의 일 사이에 사사무애하는 '큰 일'로서의 '큰 정치'에 달려 있다. 그만큼 사람이 관여하는 일은 매우 '정치적'이다.

셋째, 사람이 관여하는 일은 극히 윤리적이다. 사람이 관여하는 일이 아주 사회적임에도 불구하고 저절로 좋게 되거나 올바르게 되는 것이 아니기 때문에 매우 정치적이다. 어떻게 하는 것이 좋고, 올바르게 하는 것인지를 분변하는 일이 바로 정치적인 일이지만, 좋음과 올바름에 관한 일이라는 점에서 윤리적인 일이기도 하다. '큰 일'로서의 '큰 정치' 역시 결국 '사람이 관여하는 일' 가운데 하나다. '사람이 관여하는 일'에는 이미 '사람이 관여하는 일의 참된 모습'이 엄존한다. 이미 엄존하는 '사람이 관여하는 일의 참된 모습'이 어떤 방법, 곧 어떤 방식 및 과정을 거쳐서 '사람이 관여하는 일'에 나타나느냐가 관건이다. 사람이 관여하는 일의 좋음, 좋음을 실현하는 올바름의 방식이 있는데, 이러한 '방식(이치)'을 '윤리'라고도 한다. 그만큼 사람이 관여하는 일은 '윤리적'이다. 요컨대 사람이 관여하는 일은 아주 '사회적'이고, 매우 '정치적'이며, 극히 '윤리적'이다.

여기서 우리는 '사람이 관여하는 일'에서 끊임없이 '문제'가 생겨나는 다음 몇 가지 근원적인 이유에 관해 확인할 수 있다.

첫째, 사람이 관여하는 일이 사회적이고 정치적이며 윤리적임에도 불구하고 일상에서 사회적이지도 못하고 정치적이지도 못하며 윤리적이지도 못하다는 데 있다. 이 셋 사이의 불일치에 있다. 이 셋 사이가 늘 불일치하는 가운데서 유한하나마 다시금 일치를 이루어 가는 일이 정치하는 일이다.

둘째, 사람이 관여하는 일이 극히 윤리적임에도 불구하고 일상에서 철저히 윤리적이지 못하다는 데 있다. '사람이 관여하는 일의 참된 모습'과 '사람이 관여하는 일의 방식 및 과정' 사이에 단절에 가까운 불일치가 놓여 있다는 데 사람이 철저히 윤리적이지 못한 까닭, 더 정확하게 말해서 사람이 관여하는 일의 윤리(방식)가 철저히 '공적'이지 못한 까닭이 놓여 있고, 사람이 관여하는 일에서 끊임없이 문제가 생겨나는 까닭이 놓여 있다.

셋째, '사람이 관여하는 일'에는 끊임없이 '사람이 관여할 수 없는 일'이 개입함에도 불구하고 '사람이 관여할 수 없는 일의 참된 모습'과 '사람이 관여하는 일의 방식 및 과정' 사이에 있는 완전한 격절의 불일치가 놓여 있다는 데 있다. 이후 다룰 한국 유교사상과 마찬가지로 한국 불교사상의 한계는 '이 둘 사이에 있는 완전한 격절의 불일치', 바로 이 점을 선명하게 제시하지 않는다는 데 있다. 바로 여기에 사람이 관여하는 일의 윤리(방식)가 철저히 '공적'이지 못한, 좀 더 정확하게 말해서 '절대적'이지 못한 보다 근원적인 까닭이 놓여 있고, 사람이 관여하는 일에서 끊임없이 문제가 생겨나는 근원적인 까닭이 놓여 있다. 이와 같이 사람이 관여하는 일의 유한함과 결핍으로 말미암아 '사람이 관여하는 일'은 늘 한계에 봉착한다. 이러한 한계의 표현이 곧 국가라는 정치공동체이다.

'지탱 문화 글로벌리즘'이라는 이념은 위와 같이 유한한 한계 안에서나마 끊임없이 도달해 가는 '사람이 관여하는 일(문화)'의 결합체로서의 '문화국가'가 지구적 수준에서 이웃의 여타 문화들도 저마다의 참된 모습을 회복할 수 있도록 지탱해 주는 모습을 표현한 것이다. 다시 말해서 '글로벌 문화허브국가'가 지향하는 세계의 모습을 이념석으로 표현해 둔 것이 '지탱 문화 글로벌리즘'이다.

이것은 신자유주의를 중심으로 한 미국발 '지구 자본 글로벌리즘'이 전 지구적 수준에서 자유롭게 생산하고 소비하는 문제를 이 시대가 당면한 가장 큰 문제인 것처럼 규정하면서 이 문제를 진단하고 처방하는 소수를 중심으로 전 세계의 다수를 이른바 글로벌 거버넌스라고 하는 지구적 수준의 정치를 통해 통일해 가려는 이념과 다르다. 또한 이것은 생태정치 혹은 녹색정치를 중심으로 한 유럽발 '시민사회 글로벌리즘'이 생태환경 문제, 세계 금융시장 불안정 문제, 테러폭력 문제, 전자감시 문제 등을 이 시대가 당면한 전 지구적 수준의 문제인 것처럼 규정하면서 이 문제를 진단하고 처방하는 소수를 중심으로 전 세계의 다수를 이른바 글로벌 거버넌스라고 하는 지구적 수준의 정치를 통해 통일해 가려는 이념과도 다르다. 이들 두 글로벌리즘의 문제점이자 한계점은 다음 몇 가지에 있고 이는 근현대 서구 민주정치 방법의 근원적인 문제점이자 한계점이기도 하다.

첫째, 근현대 서구 주권국가가 제국주의적으로 확장하면서 보여 주었던 모습과 마찬가지로 결국 '지배 정치', '지배 문화'에서 조금도 벗어나지 못하고 있다는 점이다. 이는 다음 둘째 문제점에 따른 것이기도 하다.

둘째, 위에서 논의한 바 있는 '사람이 관여하는 일'에서 끊임없이 '문제'가 생겨나는 원인을 좀 더 깊게 되돌아보지 못할 뿐만 아니라 몇 가지 큰 문제로 작은 문제들을 은폐해 버리거나 삭제해 버리고 있다는 점이다. 이는 다음 셋째 문제점에 따른 것이기도 하다.

셋째, 사회 부정의나 부조리 그리고 사회 문제 등의 제반 원인이 인간 본성과 사회구조 가운데 어느 한쪽에 있거나 아니면 양쪽에 있다고 보면서 '인간 본성'에 관한 메타이론에 의거하여 매우 반민주적인 방법으로 문제를 진단·처방·해결해 간다는 점이다.

3. 한국 유교사상적 가치와 메타이론의 재정립 및 대공민주정치 방법

첫째, '인간 욕구'에 관한 기존 민주주의 메타이론과 그것을 가정하거나 전제하고 있는 '민주정치의 근현대 서구적 방법'이 어째서 '지배의 제국주의적 방안'이자 결과적으로 '반민주적 방법'일 수밖에 없는지를 밝힌다.

둘째, '인간 욕구'에 관한 한국 유교사상의 메타이론을 규명하면서, '무극(無極)'이라고 하는 사람이 관여하는 일의 '본래의 참된 모습'에로 끊임없이 되돌아가는 '경(敬)의 방식' 혹은 '복기초(復其初)의 방식'을 '지탱의 대공 가치'로 재정립하고 그것의 기반이 되는 '일 자체 준거적 메타이론'을 재정립한다.

셋째, 한국 유교사상적 '지탱의 대공 가치'와 '일 자체 준거적 메타이론'에 기반을 둔 '대공민주정치 방법'이 어째서 심의민주주의, 대의민주주의, 참여민주주의, 직접민주주의 등의 기존 민주정치 방법보다 더 나은 방법인지를 밝힌다.

1) '인간 욕구'에 관한 기존 민주주의 메타이론의 반민주적 특징

'인간 본성' 문제는 선천성(nature) 문제이고, 선호라든가 이해관심 등을 포함하는 '인간 욕구' 문제는 후천성(nurture) 문제라는 것이 심의민주주의를 포함한 기존 좌우 민주주의 모델의 공통된 메타이론이다. 그러면서 선천성과 후천성, 이 둘 사이에 어느 것이 더욱 주도적이고 지배적인 지위에 있느냐는 문제로 좌우 민주주의 모델의 입장이 갈라선다. 심의민주주의나 대의민주주의 등의 우파 민주주의 모델은 선천성의 주도적이고 지배적인 지위를 강조한다. 그러면서 이성에 의한 욕구 규율의 필요성을 강조한다. 그럼에도 인간 본성에 대해 그리 신뢰의 눈길을 주지 않는다. 참여민주주의나 직접민주주의 등의 좌파 민주주의 모델은 후천성의 주도적이고 지배적인 지위를 강조한다. 그러면서 외부 조건이나 사회구조에 의해 왜곡되거나 억눌린 인간 욕구가 경제구조나 문화구조 등의 혁명적 변화에 의해 얼마든지 본래의 모습으로 회복될 수 있다고 강조한다. 인간 욕구에 대해 이렇게 신뢰의 눈길을 끊지 않는 이유는 인간 본성에 대해 근원적인 신뢰를 부여하기 때문이다.

그런데 우파 민주주의 모델 가운데 좀 예외적으로 보이는 것이 있다. 1960년대 미국의 행태주의 정치학과 그것을 배경으로 하는 우파 다원주의적 민주주의 모델이 그것이다. 다른 우파 민주주의 모델과 달리 우파 다원주의적 민주주의 모델은 선천성 같은 것은 없다고 하고 후천성만 강조하기 때문이다. 그러면서 인간 욕구를 포함한 인간 행동을 얼마든지 주조해 낼 수 있다고 주장한다. 다른 우파 민주주의 모델처럼 이성에 의한 욕구 규율을 강조하는 것이 아니라, 우파 다원주의적 민주주의 모델은 대중매체나 정치엘리트나 전문가 등에 의한 여론 형성과 욕구 계도의 필요성을 강조한다. 그러나 여기서 말하는 여론 형성의 실상은 외부 누군가의 강화 프로그램에 의한 욕구 조작이다. 이처럼 행태주의 정치학과 그것을 배경으로 하는 우파 다원주의적 민주주의 모델은 인간 욕구를 이성에 의한 규율과 통제의 대상으로 보는 것을 넘어서서 대중매체나 정치엘리트나 전문가 등의 누군가에 의한 후천적인 조작 대상으로 본다. 바로 이 점에서 우파 다원주의적 민주주의 모델과 기존 우파 민주주의 모델들이 얼핏 보기에 다른 것처럼 보이지만, 겉의 무늬만 다를 뿐 속의 내용은 같다. 정작 중요한 핵심은 이들 모두 인간 욕구를 신뢰의 눈길로 보지 않고 규율과 통제의 대상이나 심지어 조작 대상으로 본다는 점이다.

이처럼 우파 민주주의 모델은 '문제진단의 근거'를 인간 욕구에 두지 않고 오히려 인간 욕구를 '문제발생의 원인' 가운데 하나로 간주하는 경향이 강하다. 그렇잖아도 인간 본성을 신뢰하지 못하고 있는 터인데, 그러한 인간 본성에 의해 규율되지 않으면 안 되고 통제되지 않으면 불안하고 그래서 조작이라도 되어야 할 대상에 불과한 인간 욕구는 인간에 대한 불신을 더욱 가중시킨다. 물론 그것은 타자의 욕구에 한해서이다. 자기 욕구는 버리자니 아깝고 놔두자니 골치 아픈 애물단지다. 은밀한 맛도 있고 희롱하는 맛도 있기 때문이다. 반면에 좌파 민주주의 모델은 '문제진단의 근거'를 인간 욕구에 두고 오히려 인간 욕구를 억압하거나 지배하는 '문제발생의 원인'을 경제구조나 문화구조 등의 외부 사회구조 탓으로 여기는 경향이 강하다. 그렇잖아도 외부 사회구조를 신뢰하지 못하고 있는 터인데, 그러한 사회구조에 의해 억압·지배당하며 영토화·코드화되며 끝없이 권력구조의 재생산을 위한 제물로 농락당하는 가련한 신세의 인간 욕구는 사악한 사회구조에 대한 불신을 더욱 가중시킨다. 물론 그것은 타자의 구조에 한해서이다. 자기가 만들어낸 구조는 억압적 독재라도 고결하고, 폭력적 파괴를 일삼는다고 해도 어느 누구도 함부로 비판할 수 없는 신성한 금자탑이다. 가련한 인간 욕구와 인간 신세를 악의 소굴로부터 구출해 내는 멋이 있기 때문이다.

요컨대 사회적 부정이나 부조리 등의 사회 문제의 주된 원인을 찾아 '인간 탓'과 '구조 탓' 사이에 방황하는 문제의 근원적인 출처는 앞에서 확인한 바와 같이 '인간 본성'에 관한 기존 좌우 민주주의 모델의 메타이론에 있었는데, 바로 위에서 본 것처럼 '인간 욕구'가 그것을 더욱 가중시켜 놓은 것이다. 우파 메타이론에 따르면 인간 본성에 의해 규율되거나 통제되거나 조작되기라도 해야 할 인간 욕구는 인간에 대한 불신을 더욱 가중시켜 놓는다. 좌파 메타이론에 따르면 사회구조에 의해 억압당하고 지배당하거나 구조의 재생산을 위해 농락당하기조차 하는 인간 욕구는 사회구조에 대한 불신을 더욱 가중시켜 놓는다. 인간 본성에 관한 기존 메타이론으로 말미암아 가뜩이나 '인간'과 '구조' 사이의 간격이 멀어져 있는데, 인간 욕구에 관한 기존 메타이론으로 말미암아 '인간'과 '구조' 사이의 간격은 더욱 건너기 힘든 협곡이 가로놓인 만큼이나 멀어져 버린 것이다.

'인간 욕구'에 관한 메타이론에 의거하여 이처럼 '인간'과 '구조' 사이의 간격을 더욱 멀어지게 하는 것은 다음 두 가지 측면에서 매우 반민주적인 방법이다.

첫째, 우파는 우파대로 '인간 욕구를 규제할 사회구조'라며 자신들이 만든 구조를 정당화하고 좌파는 좌파대로 '인간 욕구를 구출할 사회구조'라며 자신들이 만든 구조를 정당화하면서, 양측 모두 인간 주체와 사회구조 가운데 결과적으로 '자신들만의 구조(자신들만의 천국)'를 반민주적인 방법으로 더욱 강화해 가기 때문이다.

둘째, 사회적 부정이나 부조리 등의 사회 문제의 주된 원인을 찾아 '인간 탓'과 '구조 탓' 사이에서 방황하는 사이에 정작 좌우 각각이 '자신들만의 구조를 정당화하고 강화해 가는 과정 자체에서 생겨나는 탓'을 제대로 진단조차 할 수 없을 뿐만 아니라 그것을 반민주적인 방법으로 은폐시키거나 어느 누구도 책임을 지지 않고 조직적으로 삭제하기 때문이다.

2) '인간 욕구'에 관한 성리사상 메타이론의 민주적 특징

　퇴계 이황의 성리사상에서의 핵심적 질문은 어떤 '방식' 및 '과정'의 경로를 거쳐야만 16세기 조선의 난세 상황으로부터 치세 상황으로 성공적인 전환이 가능하겠느냐는 데에 있다. '공적 방식' 및 '덕치과정'이 그에 대한 응답이다. 혼란한 난세일수록 '공적 방식' 및 '덕치과정'이야말로 난세 상황으로부터 벗어나 치세 상황으로 질적 전환해 가는 정치하는 일의 단초라는 것이다.

　조선의 태조 이성계가 고려 마지막 공양왕으로부터 선양의 모양새를 취하면서 왕위를 물려받은 해는 1392년이다. 그 후 100여 년이 지났는데도 조선의 정치는 매우 혼란스러웠다. 사화(士禍)라는 거대한 정치적 숙청이 연이어졌다. 1498년 무오사화, 1504년 갑자사화, 1519년 기묘사화, 1545년 을사사화 등이 계속되었다. 특히 1506년에는 신하들에 의해 연산군이 폐위되는 중종반정이 일어났다. 1501년에 태어난 퇴계 이황은 뒤의 두 사화를 직접 목도했고, 중종반정에 따르는 후유증을 모두 체험했다. 34세에 문과에 급제한 후 중종, 인종, 명종, 선조에 이르기까지 네 임금의 조정에서 요직을 두루 거치면서 조선의 정계와 학계는 물론 이후 일본의 정계와 학계에도 많은 영향을 미쳤다.

　말년에 그가 17세라는 어린 나이에 왕위에 등극한 선조에게 올린 『성학십도(聖學十圖)』는 '공적 방식' 및 '덕치'를 기반으로 하는 동양 군주론의 정수라고 할 수 있다. 『성학십도』와 서문 「진성학십도차」에 담긴 퇴계 성리사상의 중심 내용은 '난세로부터 치세로의 질적 전환 방법'에 있다. 이 방법은 '하늘의 길[天理]과 잇닿아 있고 세상 모든 일의 본래의 참된 모습[性] 속에도 이미 있는 일의 방식[事理]에 따라 일상적인 사람의 일[人事]을 감당해 가는 방식[理] 및 과정[氣], 곧 '만사의 다양성 속의 천리의 통일성을 이루어 가는 사람 일의 방식 및 과정'이라는 성리사상의 일반적 천명설과 같다.

성리사상 일반의 천명설에다 퇴계가 독창적으로 기여한 것은 이 천명설을 인간 심성론에까지 적용하여 '사람이 관여하는 일'에서 차지하는 '인간의 매개적 위치'와 '인간 욕구의 위치'를 설명해 냈다는 데 있다. 특히 '인간 욕구 흐름의 방식 및 과정'에 따르는 '인간 욕구의 질적 전환'을 설명할 수 있도록 이른바 사단칠정이라고 하는 인간 욕구에 관한 메타이론을 체계화한 것이 그의 독창적 기여라 할 수 있다. 인의예지(仁義禮智)의 천리(天理)가 인간의 마음에도 깃들어 있다는 네 가지 단서인 사단(四端)은, ① 고통에 처한 생명을 불쌍히 여기는 마음, 곧 측은지심(惻隱之心), ② 잘못을 부끄러워하는 마음, 곧 수오지심(羞惡之心), ③ 잘잘못을 가리는 마음, 곧 시비지심(是非之心), ④ 과도하거나 부족한 것을 남으로부터 받지 않고 거절하여 사양하거나 자신도 남에게 그리하지 않고 멀리하여 사양할 줄 아는 마음, 곧 사양지심(辭讓之心) 등이다. 칠정(七情)은 희로애락애오욕(喜怒哀樂愛惡慾)이다.

이러한 사단칠정이라고 하는 인간 욕구에 관한 퇴계 메타이론의 핵심은 다음과 같다. ① '천리'에 따라 세상 모든 '만사'가 진행되는 과정 중간에 '사람이 관여하는 일'이 매개적으로 개입한다는 것이다. ② '천리'와 '사리'에 따라 '사람이 관여하는 일'이 진행되는 과정 중간에 '인간', 특히 '인간 욕구'가 매개적으로 개입한다는 것이다. ③ '인간 욕구 흐름의 방식 및 과정'이 '천리'와 '사리'에 따르느냐 따르지 않느냐에 따라서 '사단의 욕구' 아니면 '칠정의 욕구'로 '인간 욕구의 질적 전환'이 이루어진다는 것이다. 그런데 바로 이러한 ③ '인간 욕구의 질적 전환'이 '사단의 욕구'와 '칠정의 욕구' 가운데 어느 쪽으로 이루어지느냐 하는 것은 ② '사람이 관여하는 일의 질적 전환'에서 매우 중요한 매개적 위치를 차지하고, ⓛ 세상 모든 '만사의 질적 전환'에도 중요한 매개적 위치를 차지한다는 것이다. 그래서 그가 『성학십도』의 제1도 '태극도'와 제10도 '숙흥야매잠도'의 한가운데에 제6도 '심통성정도'를 배치해 둔 것이다.

그런데 왜 퇴계가 이와 같은 작업을 했을까. 퇴계는 왜 '만사의 다양성 속의 천리의 통일성' 가운데 '사람 일의 방식 및 과정의 매개적 위치'를 설명해 주는 천명설의 기존 메타이론에다, '인간 욕구의 질적 전환'에 관한 메타이론을 추가했을까. '사람 일의 방식 및 과정의 매개적 위치'에서 특히 '인간 욕구의 매개적 위치'를 더욱 철저히 보강할 필요성이 있기 때문인 것으로 보인다. 연이은 사화와 중종반정의 후유증으로 혼란을 거듭하고 있는 16세기 조선의 역사현실에서 제멋대로 인간 욕구가 천리의 통일성을 얼마나 방해할 수 있는 것인지 보여 줄 필요성이 있기 때문인 것으로 보인다. 그리고 천리와 사리에 따르는 '본래의 참된 모습(본성)'대로 사람이 관여하는 여러 일마다 제대로 표현해 가야 할 '인간 욕구의 매개적 위치'를 분명하게 보여 줄 필요성이 있기 때문인 것으로 보인다. 요컨대 인간 욕구 흐름도 일종의 '사람이 관여하는 일의 흐름'이며 '욕구 흐름의 방식 및 과정'에 따라서 '욕구의 질적 전환', 곧 '만 가지 다양한 욕구들 사이의 새로운 배치'가 일어난다는 것이다. 천리와 사리에 따르는 '사람이 관여하는 일의 본래의 참된 모습'에 따를 경우 '사단의 욕구'처럼 '만 가지 욕구의 다양성 속의 천리의 통일성'을 선순환적으로 체험하기도 하고, 그러지 않을 경우 '칠정의 욕구'처럼 '만 가지 욕구의 다양성 속의 천리의 통일성'을 악순환적으로 체험하지 못하기도 한다는 것이다.

'칠징으로부터 사단으로의 질직 전환 방법'으로써 퇴계는 '경(敬)' 방법을 강조한다. 그가 말하는 '경' 방법은 '사람이 관여하는 일'에서 끊임없이 그 일의 '본래의 참된 모습'을 최우선시하고 그것에 관하여 구체적으로 해석하고 표현하여 '본래의 참된 모습'을 '사람이 관여하는 일'에서 회복하는 방법이다. '본래의 참된 모습'을 회복하는 방법이라고 하여, 이것을 '복기초(復其初)'의 방법이라고도 한다. 그런데 성리사상에서 사람이 관여하는 일의 '본래의 참된 모습[本性]'의 특성은 '무극(無極)이자 태극(太極)'이다. '본래의 참된 모습'을 무엇이라고 일의적으로 규정할 수 없기 때문에 그것은 '없는 극(무극)'이기도 하지만, 이 세상의 모든 만사 가운데 있고 사람 각자 마음에도 있기 때문에 그것은 '있는 극(태극)'이기도 하다는 것이다. 이러한 무극과 태극을 공경하며 겸손히 섬기면서 이들 무극과 태극 사이의 간격을 끊임없이 좁혀 감으로써 본래의 참된 첫 모습을 회복해 가는 방법이 바로 퇴계가 강조하는 '경' 방법이자 '복기초'의 방법이다. 물론 이들 무극과 태극 사이의 관계나 간격에 관한 논의는 성리사상에서 매우 치열한 논쟁으로 이어지기도 한다. 무극과 태극 사이의 관계는 아무런 상관이 없다는 논의에서부터 매우 긴밀한 관계가 있다는 논의에 이르기까지 다양하다. 퇴계의 입장은 매우 긴밀한 관계에 놓여 있지만 아무런 상관이 없는 것에서 출발해야 한다는 입장이다. 바로 이런 입장은 그가 사단과 칠정을 엄밀하게 준별한 것에 반영되어 있기도 하다. 이러한 입장에 있는 퇴계의 성리사상은 '경' 방법과 '복기초'의 방법을 통해 '무극과의 간격을 끊임없이 좁혀 가면서 잠정적으로나마 도달하는 태극에 관한 인간의 구체적 해석과 표현'을 '공(公)'이라고 한다.

    요컨대 '경' 방법을 통해서 무극과 태극을 구체적으로 해석한 가치를 '공적 가치'라고 할 수 있다. 이러한 공적 가치와 결합하여 칠정의 욕구로부터 전환한 사단의 욕구를 '공적 욕구'라고 할 수 있다. 이러한 '공적 가치'와 '공적 욕구'에 의해 걸림이 되는 문제를 '공적 문제'라고 할 수 있다. 따라서 공적 문제의 진단은, 첫째, 사람이 관여하는 일의 현재적이고 구체적인 '질서(질적 상황)'에서의 진단이며, 둘째, 사람이 관여하는 일에 엄존하는 무극과 태극에 관하여 구체적으로 해석한 '공적 가치'에 근거하는 진단이고, 셋째, 공적 가치와 결합하여 칠정의 욕구로부터 전환한 사단의 욕구인 '공적 욕구'에 근거하는 진단이다. 따라서 '공적 문제의 해결과정'은, 첫째, '공적 가치의 실현과정'을 뜻함과 동시에, 둘째, '공적 욕구의 만족과정'을 뜻하며, 셋째, 사람이 관여하는 일의 질적 전환과정, 곧 '질서의 변화과정'을 뜻한다.

그리고 사람이 관여하는 일의 현재적이고 구체적인 어떤 '질적 상황(질서)'은 사람이 관여하는 일의 '방식 및 과정에서 시공간적 배치로 나타나는 모습(양상)'이다. 이러한 질서(질적 상황)의 전환은 어떻게 이루어지는가. 퇴계에 따르면 '난세 상황으로부터 치세 상황으로의 질적 전환'의 관건은 '문제미결을 통한 불통과 쇠망의 악순환하는 모습'으로부터 위와 같이 제대로 된 문제진단 과정을 거쳐 '문제해결을 통한 소통과 발전의 선순환하는 모습'으로의 전환에 있고, 이러한 전환의 핵심적 매개는 위와 같이 문제진단 과정에 긴밀하게 개입하는 '사람 욕구의 칠정으로부터 사단으로의 질적 전환'에 있다.

3) 한국 유교사상과 '대공민주정치 방법'

이제 '인간 욕구'에 관한 기존 민주주의 메타이론의 반민주적 특징을 염두에 두면서 퇴계 이황의 '인간 욕구'에 관한 사단칠정 메타이론을 좀 더 깊이 고찰해 볼 필요가 있다. 좌우 민주주의 메타이론에 따르면 인간 주체와 사회구조 가운데 좌우 각각이 구축하는 '자신들만의 구조'를 반민주적인 방법으로 더욱 강화해 가는 것을 얼마든지 정당화할 수 있다. 더욱이 '자신들만의 구조를 정당화하고 강화해 가는 과정 자체에서 생겨나는 탓'을 제대로 신단소차 하지 못하고 반민주적인 방법으로 은폐시키거나 조직적으로 삭제시킨다. 그러나 퇴계 성리사상의 사단칠정 메타이론에 따르면 인간 욕구가 반영된 사회구조를 마냥 정당화만 할 수 있는 것도 아니지만 그렇다고 해서 그냥 비판만 할 수 있는 것도 아니다. 더구나 사단칠정 메타이론에 따랐을 때 인간 욕구와 사회구조 사이에서 정치해 가는 과정과 거기에서 생겨나는 문제점 등을 제대로 부각시켜 볼 수 있다.

좀 더 정확히 말해서 퇴계 성리사상의 사단칠정 메타이론에 따르면 정치하는 일은 기존 사회구조를 포함한 '사회질서'에서 '공적 가치'와 '공적 욕구'에 의해 걸림이 되는 '공적 문제'를 진단, 처방, 해결해 가는 공적인 일이기도 하지만, 그렇지 못하고 얼마든지 사적 일로 전락하기도 한다는 것을 제대로 부각시켜 볼 수 있다. 그럼으로써 기존 사회질서 가운데서 언제든지 일어날 수 있는 '누군가 자신들만의 구조를 정당화하고 강화해 가는 과정 자체에서 생겨나는 탓'은 물론이고 '누구나 자신이 관여하는 일 자체에서 생겨나는 탓'을 스스로 제대로 진단, 처방, 해결할 수 있도록 도와준다. 사단칠정 메타이론에 따르면 '인간 욕구'가 그 자체로 '문제발생의 원인'이라거나 '문제진단의 근거'라고 할 수 없다. '인간 욕구'는 '문제발생의 원인' 가운데 중요한 하나이기도 하지만, 이러한 '인간 욕구'는 분명히 '문제진단의 근거' 가운데 중요한 하나이기도 하다는 것이다. 사단과 칠정 가운데 어떤 '욕구의 질적 상황(질서)'이냐에 따라서 문제발생의 원인이나 문제진단의 근거가 얼마든지 달라질 수 있다는 것이다.

이렇게 놓고 봤을 때, 담론과정이라든가 심의과정처럼 말의 소통에 따른 '합의를 이루는 과정'과 공동의 경험과정처럼 감정의 소통에 따른 '공감을 이루는 과정'은 단지 민주정치 방법의 일부분이지 본령은 아니다. 문제의 진단, 처방, 해결 등의 세 과정 사이에 선순환 가능성이 높을 때, 사람이 관여하는 일이 '문제해결을 통한 소통 및 발전하는 일로의 전환 가능성'이 높다. 반대로 문제의 진단, 처방, 해결 등의 세 과정 사이에 악순환 가능성이 높을 때, 사람이 관여하는 일이 '문제미결을 통한 불통 및 쇠망하는 일로의 전환 가능성'이 높다. 이 두 가능성은 언제든 있다. 이 가운데 후자의 악순환 가능성으로부터 전자의 선순환 가능성으로 전환하는 과정이 '사람이 관여하는 일의 질적 전환과정'의 본령이다. 이 전환과정의 관건은 욕구의 질적 상태(욕구의 질서 혹은 욕구의 배치)에 따라 그 내용이 달라질 수 있는 '문제발생의 원인'을 얼마나 정확하게 찾아내느냐와 '문제진단의 근거'를 얼마나 분명하게 제시해 내느냐에 있다. 욕구의 어떤 질적 상태(질서 혹은 배치)에서 '무엇'을 문제발생의 원인으로 찾아내고 '무엇'을 문제진단의 근거로 제시해서, 어떻게 문제를 진단, 처방, 해결해 갈 것이냐가 민주정치 방법의 본령이라는 것이다.

　민주정치 방법의 요체는 민 자신이 관여하는 일에서 문제를 스스로 진단, 처방, 해결해 가면서 그 일을 질적으로 전환해 가는 데에 있다. 특히 문제발생의 원인을 찾아내는 문제진단 과정에서 얼마나 분명한 근거로 진행해 내느냐는 것이 매우 중요하다. 문제진단의 근거는 다음 세 가지이다. ① 사람이 관여하는 일의 '질서(질적 상태 혹은 배치)'다. ② 어떤 일에 관여하는 사람이 자신이 관여하는 그 일의 본래의 참된 모습에 관하여 해석하고 표현하는 일련의 '가치'이다. ③ 어떤 일에 관여하는 사람이 갖는 '욕구'이다. 이런 연유로 사람이 관여하는 일에서 '문제진단 과정'은 '그 일의 현재 질서'에서 '그 일의 가치정립 과정', '그 일에 관여하는 사람의 욕구설정 과정' 등과 동시적 과정이다. 여기서 중요한 것은 이러한 과정 가운데 '욕구를 설정하는 과정'이 다른 과정에 비해 '사람이 관여하는 일'에서 '사림의 위치'와 '사림 욕구의 위치'가 매우 분명하다는 점이다. 그만큼 이 과정이 다른 과정에 비해 '사람이 관여하는 일'에서 '사람이 스스로 여는 첫머리(단초)'라는 점이다.

인간의 만 가지 욕구(칠정 욕구)인 '희로애락애오의 욕(喜怒哀樂愛惡의 慾)'을 '욕망'이라고 할 수 있다. 그 가운데 특히 '무극이자 태극'인 '천리'의 실마리[仁義禮智의 단서]인 네 가지 욕구(사단 욕구)를 '필요'라고 할 수 있다. 인간은 누구에게나 '욕구의 질적 상태(질서 혹은 배치)'가 있는데, 천리의 길을 잃어버린 '욕망의 상태'와 천리의 길을 찾은 '필요의 상태'가 있다. 그리고 '사람이 관여하는 일'에서 이 두 가지 '욕구의 질적 상태'가 비교적 장기적으로 어느 한 질적 상태를 유지하기도 하지만, 때로 '욕망의 상태'에서 '필요의 상태'로 전환하기도 하고, 때로 '필요의 상태'에서 '욕망의 상태'로 전환하기도 한다. 그리고 이 두 가지 '욕구의 질적 상태' 사이의 전환과정에서 놓이게 되는 다음 세 유형의 '욕구의 질적 상태'가 있을 수 있다.

① 어떤 사람은 '자신이 관여하는 일의 본래의 참된 모습'을 묻지도 않고 자신에게 '고통[哀]'을 줄여 줄 일인지 아닌지 혹은 '행복[樂]'을 더해 줄 일인지 아닌지를 문제로 삼고 그와 관련한 '이로움[利]' 여부만 따지며 일에 관여한다. 의상 화엄사상의 표현을 빌리자면 이렇게 일에 관여하는 사람의 욕구 상태는 이이무애와 이사무애의 뒷받침을 받지 못하는 사사무애의 질적 상태인 셈이다. 주로 '주민'의 욕구 상태가 여기에 해당한다. 이런 욕구 상태에서 거의 습관에 가깝도록 자신의 일에 관여하는 사람을 주민이라고 하지만, 습관 또한 얼마든지 변화하기 때문에 주민이라고 해서 항상 이런 욕구 상태로 살아간다고 할 수 없다.

② 어떤 사람은 '자신이 관여하는 일의 본래의 참된 모습'을 자신이 끊임없이 묻고 응답하는 것이 아니라 자신이 한때 묻고 응답했거나 혹

은 다른 이가 이미 묻고 응답한 '모습'에 비춰 저울질해 보고 부합하여 '희락[喜]'할 방식인지 아닌지 혹은 부합하지 않아 '분노[怒]'할 방식인지 아닌지를 문제로 삼고 그와 관련한 '올바름[義]' 여부와 그에 따르는 '이로움[利]' 여부를 따지며 일에 관여한다. 이렇게 일에 관여하는 사람의 욕구 상태는 이이무애의 뒷받침 없이 단지 이사무애만의 뒷받침을 받는 사사무애의 질적 상태인 셈이다. 주로 '시민'의 욕구 상태가 여기에 해당한다. 이런 욕구 상태에서 거의 습관에 가깝도록 자신의 일에 관여하는 사람을 시민이라고 하지만, 습관 또한 얼마든지 변화하기 때문에 시민이라고 해서 항상 이런 욕구 상태로 살아간다고 할 수 없다.

③ 어떤 사람은 '자신이 관여하는 일의 본래의 참된 모습'을 끊임없이 스스로 묻고 응답하는 가운데 그 본래의 참된 모습을 향한 '애정[愛]'과 그 모습으로부터 멀어진 비본래의 거짓된 모습을 부끄러워하고 미워하

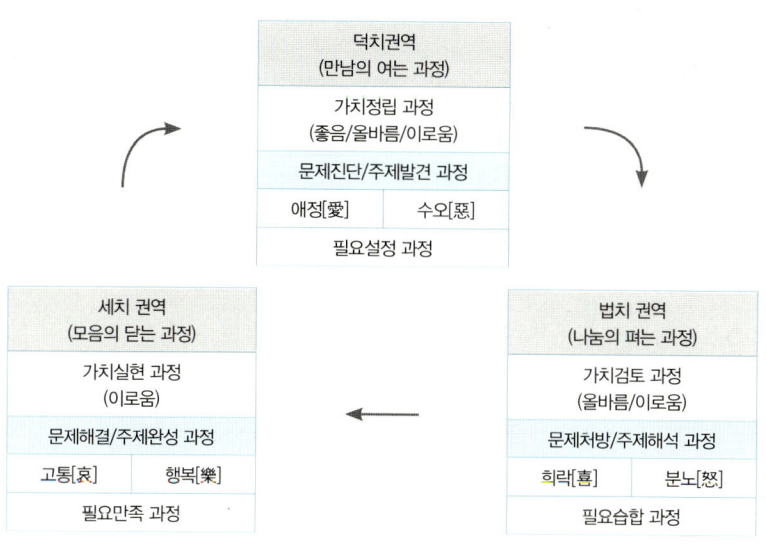

그림 4 대공민주주의 A-4 모델
출처: 김병욱(2015), 79쪽.

는 '수오[惡]' 사이의 가로놓인 불일치 문제를 문제로 삼고, 자신이 관여하는 일의 모습의 '좋음' 여부를 분명히 하고 일에 관여하며, 그에 따르는 '올바름' 여부를 명확히 하고 일에 관여하고, 그에 따르는 '이로움' 여부를 선명히 하며 일에 관여한다. 다시 말해서 '자신이 관여하는 일의 참된 좋은 모습'과 '자신이 관여하고 일의 거짓된 좋지 않은 모습' 사이에 가로놓인 불일치 문제를 잠정적으로나마 해결하여 '자신이 관여하는 일의 참된 좋은 모습(공적 선; 公善)'을 정립하며 일하고, '자신이 관여하는 일의 참된 좋은 모습이 그 일의 과정에서 나타나는 구체적 조건을 이루는 올바른 방식(공적 올바름; 公義)'대로 일하고, '자신이 관여하는 일의 참된 좋은 모습이 그 일 가운데 올바로 나타나는 과정에서 애정과 수오, 희락과 분노, 행복과 고통 등의 만 가지 욕구 만족을 깊고 넓게 맛보는 이로움(공적 이로움; 公益)'을 누린다. 이와 같이 사람이 관여하는 일에서 '공적 좋음[公善]'이 '공적 올바름[公義]'을 거쳐 '공적 이로움[公益]'으로 반듯하게 이어지는 하나의 '공적인 길'이 곧 '공적 방식[公道]'이다.

'이 방식(this way)', 곧 '이 길[斯道]'은 사람이 관여하는 일의 과정에서 '문제해결의 방식'이자, '가치실현의 방식'이며, '욕구만족의 방식'이다. 이러한 '공적 방식'에 따라 민 자신이 관여하는 일에서 진정한 소통과 발전을 이루어 가면서 '만 가지 욕구의 다양성 속의 천리의 통일성(다양성 속의 통일성)'을 자각적으로 체험한다. 이렇게 일에 관여하는 사람의 욕구 상태는 이이무애와 이사무애의 뒷받침을 받는 사사무애의 질적 상태인 셈이다. 주로 '공민'의 욕구 상태가 여기에 해당한다. 이런 욕구 상태에서 거의 습관에 가깝도록 자신의 일에 관여하는 사람을 공민이라고 하지만, 얼마든지 습관 또한 변화하기 때문에 공민이라고 해서 항상 이런 욕구 상태에 살아간다고 할 수 없다.

여기서 확인해 둘 것은 한국적 '대공(大公)' 가치의 '공(公)' 개념에 관한 것이다. 한국불교사상에서 사용하는 '공(公)' 개념의 핵심 내용은 인간의 아집과 편견과 거짓 등을 내려놓음과 비움을 뜻하는 '공(空)'의 의미다. 그런데 한국 유교사상에서 사용하는 '공(公)' 개념에는 홍익(弘益)의 의미가 더 포함된다. 한국 유교사상에서의 공 개념은 '경' 방법과 '복기초'의 방법을 통해 끊임없이 무극으로의 되돌아감을 뜻함과 동시에 그것이 현실적인 욕구 만족의 방식에 이르기까지 매우 깊고도 넓게 관철되는 방식을 뜻한다는 점에서 '공(空)'의 의미에 더해서 홍익을 뜻하는 '홍(弘)'의 의미를 동시에 포함하고 있다. 공(空)하기에 홍하고, 홍하기에 공(空)한 길이 곧 공(公)이라는 것이다. 따라서 위에서 말하는 공적 방식[公道], 곧 '공적 좋음', '공적 올바름', '공적 이로움'이라고 할 때, 공적 이로움인 '공익(公益)'은 곧 '공선(公善)'과 '공의(公義)'의 뒷받침을 받는 '홍익'을 뜻한다. '공선'과 '공의'의 뒷받침을 받지 못하는 홍익은 '공익'이 아니다.

사람은 위와 같은 여러 유형의 '욕구의 질적 상태'에서 자신이 일에 관여하고, 자신이 관여하는 일을 통하여 민주정치에 참여한다. 여기서 사람이 관여하는 일은 아주 '사회적'이고 매우 '정치적'이며, 극히 '윤리적'이라는 점을 다시 상기할 필요가 있다. 그렇다고 한다면 사회적으로 연결되는 여러 다양한 일이 어떻게 하면 서로 단순한 '집합질서'를 넘어서서 '조합질서'와 '결합질서'로 전환해 갈 수 있겠는가. 달리 말해서 '주민이 관여하는 일', '시민이 관여하는 일', '공민이 관여하는 일' 등의 저마다 다른 다양한 일이 어떻게 하면 서로 지배하는 방법에 따르는 악순환 가능성을 줄이고 그와 같은 악순환의 고리로부터 서로 지탱하는 방법에 따르는 선순환 가능성으로 전환해 갈 수 있겠는가. 이 점이야말로 민주정치의 요체이다.

민주정치는 '주민이 관여하는 일(주민 일)', '시민이 관여하는 일(시민 일)', '공민이 관여하는 일(공민 일)' 등을 ① 세력에 의해 단순히 묶어 놓는 세치의 집합질서를 이룰 수도 있고, ② 권력에 의해 일정하게 엮어 놓는 법치의 조합질서를 이룰 수도 있으며, ③ 위력에 의해 잘 맺어 놓는 덕치의 결합질서를 이룰 수도 있다. 달리 말해서 ① 문제진단, 가치정립, 필요설정 등을 특히 더 잘하는 '공민 일'과 이런 일들이 서로 결합을 이루는 '국가 권역의 일', ② 문제처방, 가치검토, 필요습합 등을 특히 더 잘하는 '시민 일'과 이런 일들이 서로 조합을 이루는 '체제 권역의 일', ③ 문제해결, 가치실현, 필요만족 등을 특히 더 잘하는 '주민 일'과 이런 일들이 서로 집합을 이루는 '정부 권역의 일', 이 각각의 일들이 어떻게 하면 서로 대립하고 지배하는 방법에 따르는 악순환 가능성을 줄이고 그와 같은 악순환 고리로부터 서로 지탱하는 방법에 따르는 선순환 가능성을 높여 가느냐가 민주정치의 요체이다.

요컨대 공적 방식에 따르면서 이들 세 권역의 일들이 서로 지탱하면서 서로 유기적으로 선순환할 가능성이 높아지지만, 사적 방식에 따르고 공적 방식에 따르지 않음으로 말미암아 이들 세 권역의 일들은 서로 대립하고 지배하면서 악순환할 가능성이 높아진다. 이때 '공적 윤리'는 물론 일종의 '사회적 필요'라고 할 수 있는 '민의 욕구 상태'도 매우 중요한 위치를 차지한다.

이렇게 볼 때, 흡수통일론이나 무력통일론, 합의통일론, 민족공동체통일론, 화해상생통일론, 선진화통일론, 연성복합통일론 등의 기존의 여러 통일론도 매우 중요한 점들을 누락시키고 있다. 어떤 질적 상태(질서 혹은 배치)의 통일이냐의 문제라든가 그러한 질적 상태(질서 혹은 배치)를 어떤 방식 및 과정을 거쳐서 이루어 가느냐 하는 문제 등에 대해 살펴보면, 기존 통일론의 대부분은 이러한 '방식', '과정', '질서' 가운데 중요한 것을 한두 가지씩 빠트리고 있다.

흡수통일론, 무력통일론, 합의통일론 등은 '과정'에 관한 논의만 담고 있고 흡수하거나 합의하는 '방식'이나 어떤 질적 상태의 통일을 이루어 낼 것이냐 하는 '질서'에 관한 내용은 빠트리고 있다. 민족공동체통일론, 화해상생통일론, 선진화통일론, 연성복합통일론은 '과정'이나 '질서'에 관한 논의만 담아내고 정작 중요한 '방식'에 관한 것은 빠트리고 있다.

4. 한국 기독교사상적 가치와 메타이론의 재정립 및 대공민주정치 방법

첫째, '인간 윤리'에 관한 기존 민주주의 메타이론과 그것을 가정하거나 전제하고 있는 '민주정치의 근현대 서구적 방법'이 어째서 '지배의 제국주의적 방안'이자 결과적으로 '반민주적 방법'일 수밖에 없는지를 밝힌다.

둘째, '인간 윤리'에 관한 한국기독교사상의 메타이론을 규명하면서, '십자가 사랑(agape)'이라고 하는 사람이 관여하는 일의 '본래의 참된 모습'으로 끊임없이 회복하는 '십자가 죽음과 부활의 방식'을 '지탱의 대공 가치'로 재정립하고 그것의 기반이 되는 '일 자체 준거적 메타이론'을 재정립한다.

셋째, 한국 기독교사상적 '지탱의 대공 가치'와 '일 자체 준거적 메타이론'에 기반을 둔 '대공민주정치 방법'이 어째서 심의민주주의, 대의민주주의, 참여민주주의, 직접민주주의 등의 기존 민주정치 방법보다 더 나은 방법인지를 밝힌다.

1) 정의 등의 '윤리 가치'에 관한 기존 민주주의 메타이론의 반민주적 특징

롤즈(J. Rawls)는 종교나 세계관 등의 다양한 포괄적 교설들과 그러한 포괄적 교설들에서 강조하는 정의의 기준들을 민주주의적 심의과정에서 배제하려고 한다. 그러면서 자유와 평등을 주요 골자로 하는 자유민주주의적 정의의 기준만 '심의의 조건'으로 삼고자 한다. 굿만(A. Gutmann)은 롤즈의 이러한 점을 비판한다.[10] 굿만은 자유민주주의적 정의의 기준과 같은 어떤 하나의 정의의 기준을 '심의의 조건'으로 삼아서는 안 된다는 것이다. 자유민주주의적 정의의 기준도 그것과 다른 다양한 정의의 기준들과 함께 '심의의 대상'에 포함시켜야 한다는 것이다. 굿만은 정의에 관한 심의 역시 민주주의적 심의과정에 포함시켜서 '담론 중심의 합의과정 문제'로 보아야 한다고 주장한다. 그리고 정의 문제에 관한 이러한 굿만의 입장에 대해 하버마스(J. Habermas)도 대체로 동의한다.

롤즈의 비판적 반격도 만만찮다.[11] 그는 공적 정의는 '심의의 조건'이지 '심의의 결과'가 아니라고 주장한다. 시민들의 사적 선호나 사적 정의의 기준들에 따라서 판단해서는 안 되는 '공적 문제'가 따로 있다는 것이다. 이러한 '공적 문제'는 '공적 이성'에 의해 심의되어야 한다고 주장한다. 그리고 공적 이성은 '공적 정의'를 '심의의 조건'으로 하여 '공적 정치포럼'에서 '공적 문제'를 심의해야 한다는 것이다.

롤즈, 굿만, 하버마스 등의 현대 심의민주주의 주요 이론가들이 '정

---

10 A. Gutmann and D. Thompson, *Democracy and Disagreement*(Cambridge: Belknap Press, 1996).
11 존 롤즈 저, 장동진 역, 『정치적 자유주의』(동명사, 1998).

의'의 문제를 한편에서는 '심의의 조건'이라고 하고 다른 한편에서는 '심의의 대상'이라고 하면서 각자의 입장을 달리하고 있다. 이러한 입장 차이는 어디에서 비롯한 것인가. 이러한 입장 차이는 정의의 문제 자체에 대한 시각차라기보다는, 결국 이들 심의민주주의 이론가들이 서구 사회를 어떻게 바라보고 있느냐 하는 사회질서에 대한 시각차에서 비롯된다. 롤즈는 서구 사회 질서를 입헌민주주의 제도가 잘 확립되어 있는 매우 정연한 질서로 본다. 따라서 서구 사회의 민이 자신들의 사회질서 안에서 이미 굳건하게 공유하고 있는 '공적 정의'를 심의의 조건으로 할 수 있고 그렇게 해야 한다고 본다. 서구 사회의 공적 문제를 진단하고 해결할 때, 자신들의 사회질서 안에서 이미 공유하고 있는 공적 정의를 심의 조건으로 하여 자신들의 공적 문제를 해결해 가야 한다는 것이다. 그런데 하버마스는 서구 사회 질서를 롤즈와 다르게 본다. 현대 서구 사회는 이미 정당성 위기에 처했다기 때문에 정의라는 무거운 조건을 심의 조건으로 내세울 수 없다고 본다. 오히려 정의의 문제도 다른 문제와 마찬가지로 심의 대상으로 보아야 한다는 것이다.

롤즈와 하버마스가 서구 사회 질서에 대해 논의하고 있는 것을 토대로 하여 다음과 같이 사회질서를 두 가지로 나눌 수 있다. 첫째, '제도적 장치가 잘 확립되어 있고 공적 정의를 민이 공유하고 있는 질서'이다. 이러한 질서를 'A 질서'라고 하자. 둘째, '제도적 장치가 잘 확립되지 않고 공적 정의를 민이 공유하고 있지 않은 질서'다. 이러한 질서를 'B 질서'라고 하자. 이러한 두 가지 유형의 질서에 대해 다음과 같은 질문을 해 볼 수 있다. 'A 질서로부터 B 질서로의 질적 전환'이라든가, 역으로 'B 질서로부터 A 질서로의 질적 전환' 등과 같이 '질적 전환을 해 가는 과정에 있는 질서'에서 과연 '공적 정의', '공적 문제', '사람 욕구(공적 필요)' 등은 서로 어떠한 작용을 하는가. 그리고 'A 질서로부터 B 질서로의 질적 전환'이라는가, 역으로 'B 질서로부터 A 질서로의 질적 전환' 등과 같이 '질적 전환을 해 가는 과정에 있는 질서'는 과연 어떤 '방식' 및 '과정'을 거쳐 형성되고 변화되는가. 요컨대 어떤 '방식' 및 '과정'을 거쳐서 '질서'의 변화가 일어나는가.

　기존 좌우 민주주의 이론들로부터는 위와 같은 질문에 대한 응답을 받아내기 어렵다. 기존 민주주의 메타이론의 결함 때문이다. 응답보다 우선 질문조차 찾아보기 어렵다. 근대 초기 서구사상이 중세 사회 질서에 대해 질문하던 것과 같은 질문거리를 기존 좌우 민주주의 이론의 어디에서도 찾아보기 어렵다. 근대 초기 서구사상에서 가장 중요한 질문거리는 '질적으로 좋은 상황에 관한 의미규정의 문제'와 '정의에 관한 의미규정의 문제'였다. 그에 대한 그들의 응답은 주체적인 개인의 자유와 평등을 주된 내용으로 하는 '개인 권리(individual right)'라고 할 수 있다. 개인이라는 '주체적인 삶'으로서의 '좋은 삶'을 현실 사회에서 구체적으로 실현하기 위해서는 개인의 자유와 평등을 사회적으로 보장하는 방식이 '올바른 방식'이라는 그들의 응답이 개인 권리라는 개념 속에 포함되어 있다.[12] 그런데 언제부터인가 그들의 민주주의 이론은 '개인 권리' 혹은 그것의 변형인 '인간 권리'라는 가치를 마치 선험적인 것처럼 가정하고 있거나 전제하고 있을 뿐이다. '좋은 삶'과 '올바른 삶' 그리고 '좋은 일'과 '올바른 일'에 관해서 더 이상 그것과 다르거나 전혀 새롭게 의미규정을 할 수 있을 것이라고 서구 민주주의 이론가들 스스로 받아들이

---

[12] 개인 권리는 '좋은 삶'과 '올바름'에 관한 근대 서구 특유의 해석과 표현이다. '개인 권리'가 '인간 권리'로 변형되어 오면서 '좋은 삶'에 관한 발견과 해석이 상대적으로 약화되거나 결여되어 있다. 이런 이유에서 현대 인간 권리가 한편으로 정치권력의 정당화 수단으로, 다른 한편으로 인간욕구의 정당화 수단으로 전용될 가능성이 매우 커졌다. 이상의 주장에 관한 자세한 것은 다음 글을 참조하기 바란다. 김병욱, 「인권의 결함」, 김비환 외 공저, 『인권의 정치사상』(이학사, 2010).

지 않는 것처럼 보인다. 이런 연유에서 근대 초기 서구사상에서 던졌던 좋음과 올바름 등에 관한 근원적인 질문과 응답보다 매우 하위적이고 부차적인 질문과 응답으로 현대 서구 민주주의 이론가들의 이론이 구성되어 있는 것으로 보인다.

첫째, 롤즈의 이론체계에서 원초적 입장과 무지의 베일에 관한 이론이 분명히 부차적인 이론임도 불구하고 매우 중요하게 다루어질 수밖에 없는 이유는 어디에 있는가. '개인의 자율성'에 불변하는 지고의 가치를 부여하고 '공적 이성'에게도 상대적으로 매우 중요한 위치를 부여함에도 불구하고 인간이 '자기의 사적 욕구를 벗어나서' 낡고 파당적인 경계의 벽을 어떻게 허무느냐 하는 문제는 여전히 해결되지 않은 채로 남아 있기 때문이고, 심지어 인간이 정말 사적 욕구를 벗어날 수 있는지에 대해서는 여전히 의심스럽기 때문이다. 그렇다면 굳이 '개인의 자율성'이나 '공적 이성'에게 그리 중요한 위치를 부여하지 않았더라면 원초적 입장과 무지의 베일에 관한 이론 또한 굳이 부가하지 않았어도 될 뻔했다.

둘째, 『정의론』에서 롤즈가 제기한 문제는 새로운 정의를 제기한 것이 아니고 20세기 서구에서의 개인의 자유와 평등 사이의 불균형 문제를 제기한 것이다.[13] 단지 자유와 평등을 재결합할 수 있는 가능성에 관한 문제를 제기한 것이지, 좋은 삶과 올바름에 관한 새로운 해석과 표현을 제시한 것은 아니다. 이 점에서는 샌델(M. Sandel) 또한 마찬가지다. 롤즈는 권리를 정당화하기 위해 "좋은 삶 개념에 의존해서는 안 된다고 주장한다"면서, 샌델은 롤즈의 정의론에 대해 문제를 제기한다.[14] 그러나 롤즈가 "개인을 스스로 목적을 선택할 능력을 지닌 자유롭고 독

---

13 존 롤즈 저, 황경식 역, 『정의론』(이학사, 2003).
14 마이클 샌델 저, 이양수 역, 『정의의 한계』(멜론, 2012), 373쪽.

립된 자아로 존중"하고 있다는 것은 이미 '좋은 삶'으로서 "자유롭고 독립된 자아"를 가정하거나 전제하고 있는 것이라는 점을 샌델이 놓치고 있다.[15]

셋째, 샌델은 롤즈의 '의무론적 교설'을 비판한다. "선행하는 도덕적 속박에서 해방되어, 자신의 목표를 선택할 능력을 갖고 있는" "자발적 인격"을 가정한다는 것이다.[16] 롤즈는 샌델의 '목적론적 교설'을 비판한다. "독립적으로 규정된 좋음(선)을 먼저 고려하면서 우리 삶을 구성하려고" 한다는 것이다.[17] 그러나 이들이 서로 비판하지만 단지 개인이 얼마만큼 자발적이고 독립적이냐는 개인의 주체성에 관한 관점의 차이가 있을 뿐이지, 두 입장 모두 '개인의 주체성'을 '좋은 삶'으로 가정하거나 전제하고 있다. 좋은 삶에 관해 새로운 해석과 표현을 내놓은 것은 아니다.

이처럼 하위적이고 부차적인 질문과 응답으로 기존 민주주의 이론이 구성되어 있다는 것보다 더욱 심각한 점은 '인간 윤리'에 관한 기존 민주주의 이론가들의 메타이론이 가면 갈수록 '좋음'과 '올바름' 사이의 간격을 더욱 멀어지게 하고 있다는 점과 '좋음'과 '이로움' 사이의 간격을 가깝게 하다못해 아예 그 간격을 제거하고 섞어 버리기에 이르렀다는 점이다. 이로 말미암아 '인간 윤리'에 관한 기존 민주주의 메타이론은 다음 두 가지 점에서 더욱 반민주적이게 되었다.

첫째, 샌델은 '목적론적 윤리론'과 '의무론적 윤리론' 사이의 주요 쟁점을 "좋음과 올바름의 관계약정"이라고 한다.[18] 하지만 실상은 이들 두 입장을 서로 소통하지 못하고 꼼짝하지 못하게 반민주적으로 얽어매고

---

15 마이클 샌델 저, 이창신 역, 『정의란 무엇인가』(김영사, 2010), 336쪽.
16 마이클 샌델 저, 이양수 역(2012), 앞의 책, 376쪽.
17 존 롤즈 저, 황경식 역(2003), 앞의 책, 716쪽.
18 마이클 샌델 저, 이양수 역(2012), 앞의 책, 375쪽.

있는 것은 정작 '좋음의 윤리'와 '올바름의 윤리' 자체가 아니다. '사회구조'를 벗어나 "해방된 자발적 인격"이란 있을 수 없다는 '목적론적 윤리론'이 방점을 찍고 있는 것은 '인간 윤리'가 아니라 '사회구조'이다. '인간 이성'을 벗어나 "독립적으로 규정된 좋음"이란 있을 수 없다는 '의무론적 윤리론'이 방점을 찍고 있는 것은 '인간 윤리'가 아니라 '인간 이성'이다. 따라서 이들 두 입장 모두 '좋음의 윤리'와 '올바름의 윤리' 자체로 나아가지 못하고 여전히 '사회구조' 아니면 '인간 이성'을 각각 우선적으로 중시하면서 자신들의 메타이론에만 붙들려 있는 것이다. 이처럼 '목적론적 윤리론'과 '의무론적 윤리론'이라는 기존 메타이론이 자신들을 서로 소통하지 못하게 하는 반민주적 장애물의 주범이다. 그러나 자신들을 서로 소통하지 못하게 하는 것으로 그치지 않는다. 아래에 살펴보는 것처럼 사람이 관여하는 일의 길을 가로막고 생명활동의 길을 가로막는다.

둘째, 좋음과 인간 욕구 만족을 강조하는 '목적론적 윤리론'과 올바름과 인간 욕구 규제를 강조하는 '의무론적 윤리론'이라는 '인간 윤리'에 관한 기존 메타이론은 한편으로 '인간 욕구'와 '인간 본성'에 관한 기존 메타이론에 더욱 철저히 기댈 수밖에 없게 되었고 그만큼 '인간 욕구'와 '인간 본성'에 관한 메타이론을 더욱 강화해 줄 수밖에 없게 되었다. 그러면서 '인간 윤리'에 관한 기존 메타이론은 정작 '사람이 관여하는 일의 참된 방식'과 '사람이 살아가는 참된 방식'이라는 윤리의 본령을 제시하거나 모색하지 못하고, 오히려 '참된 방식'과 '거짓된 방식'을 구분하는 가치 기준을 '사회구조'와 '인간 이성'을 각각 중시하는 자신들의 메타이론에 두게 된 것이다. 그럼으로 말미암아 결국 '좋음'과 '이로움'을 뒤섞어 버리듯이 '참된 방식'과 '거짓된 방식'을 구분하지 못하고 뒤섞어 버리면서 정작 '사람이 관여하는 일'의 흐름과 생명활동의 흐름이 서로 소동하시 못하고 꼼짝하시 못하도록 반민주적으로 길을 가로막게 되었고, 나아가서 '사람이 관여하는 일의 질적 전환', '사람이 살아가는 삶의 질적 전환', '사회질서의 질적 전환' 등을 처음부터 매우 어렵게 반민주적인 방법으로 원천봉쇄하게 되었다.

요컨대 '윤리의 참길'은 인간 이성이나 사회구조에만 머물러 있지 않고, 사람이 관여하는 일뿐만 아니라 사람이 관여할 수 없는 일 가운데에도 엄존함에도 불구하고, 이러한 '윤리의 참길'을 인간 이성이나 사회구조에만 집착하는 기존 '메타이론의 길'로 바꿔 버린 데에 '인간 윤리'에 관한 기존 메타이론의 반민주성이 놓여 있다.

2) 공적 가치 등의 '윤리 가치'에 관한 대공사상 메타이론의 민주적 특징

도산 안창호의 대공사상은 19세기 말과 20세기 초 제국주의 국가 일본의 조선 침략으로부터 벗어나려는 독립운동 과정에 형성되었다. 그의 대공사상은 식민지 상황에서 독립 상황으로 가기 위해서는 어떤 방식과 과정을 거쳐야 성공적인 전환이 가능하겠는가라는 질문에 대한 응답이다. 1894년 갑오년은 조선에서 동학농민운동, 갑오개혁, 청일전쟁 등이 연이어 일어난 해이다. 이때 16세의 안창호는 왜 남의 나라가 조선에 와서 싸우느냐는 자신의 질문에 대해 조선이 힘이 없기 때문이라고 생각했고, 이때부터 나라의 힘을 기르는 일에 헌신하게 되었다고 한다. 19세기 말인 1878년에 태어나 아직 일제 강점기였던 1938년에 생을 마감하기까지 그의 독립운동 발자취에서 드러나는 가장 중요한 특징은 이 당시에 독립운동진영 내에서 반목하며 대립했던 좌우갈등을 극복하고 그들을 통일하기 위해 시종일관 헌신했다는 데 있다. 이 과정에서 그는 단순한 좌우합작을 넘어서는 새로운 방식으로써 '대공주의'를 강조하고, 민주국가를 건설하는 일로써 '공적인 일'을 강조했다.

안창호는 식민지 상황을 '무정사회(無情社會)'라고 규정하고 독립 상황을 '유정사회(有情社會)'라고 규정한다. 식민지 상황의 무정사회는 서로가 서로에게 '원수'가 되고 '고통'을 주고 구성원이 관여하는 '일[事]'마다 잘 안 되는 사회이다. '일이 안 되는 사회'인 무정사회를 그는 '거짓말 사회'나 '불신사회'라고도 한다.[19] 독립 상황의 유정사회는 서로가 서로에게 '정의(情誼)'가 있고 그에 따라 '화기, 흥미, 활동, 용기'가 있어서 구성원이 관여하는 '일'마다 잘되는 사회이다. '만사가 잘되는 사회'인 유정사회를 그는 '착실한 사회'나 '신의사회'라고도 한다.[20] 그는 무정사회로부터 유정사회로 성공적으로 전환할 수 있는 방식을 '대공적 방식[大公主義]', 과정을 '공적인 일[公事]'이라고 한다.

안창호가 말하는 독립 상황의 유정사회는 '사람이 관여하는 일'을 통해서 친애를 동정으로 변화시켜 가는 사회이며, 친애와 동정 가운데 특히 '동정'이라고 하는 '자기의 사적인 거친 욕구를 비운 사랑과 우정'이 넘치는 사회이다.[21] 식민지 상황의 무정사회로부터 독립 상황의 유정사

---

[19] "무정한 사회는 가시밭과 같아서 사방에 괴로움뿐이므로, 사람은 사회를 미워하게 됩니다. 또 비유하면 음냉한 바람 같아서 공포와 우수만 있고 흥미가 없음에, 그 결과는 수축될 뿐이요, 염세와 우약과 불활발이 있을 따름이며, 사회는 사람의 원수가 되니, 이는 사람에게 직접 고통을 줄 뿐 아니라 따라서 일이 안 됩니다." 안창호, 『도산안창호논설집』(을유문화사, 1985), 58쪽.

[20] "사회에 정의(情誼)가 있으면 화기가 있고, 화기가 있으면 흥미가 있고, 흥미가 있으면 활동과 용기가 있습니다. 유정한 사회는 태양과 우로를 받는 것 같고 화원에 있는 것 같아서, 거기는 고통이 없을 뿐더러 만사가 진흥합니다. 흥미가 있으므로 용기가 나고, 발전이 있으며, 안락의 자료가 일어납니다." 안창호(1985), 위의 책, 57-58쪽.

[21] 이 글에서는 '사랑과 우정' 개념을 '자기의 사적인 거친 욕구를 비운 사랑과 우정'이라는 개념으로 사용하고 안창호의 '동정' 개념의 의미내용으로 사용하겠다. 유정사회는 이러한 동정이 넘쳐나는 사회를 뜻하고, 무정사회는 이러한 동정이 고갈되는 사회를 뜻한다.

회로의 질적 전환도 결국 '사람이 관여하는 일'을 통해서 가능하시만, 사람 욕구의 질적 전환 역시 '사람이 관여하는 일'을 통해서 가능하다는 것이다. '사람이 관여하는 일'과 '사회구조의 질적 상태'가 매우 긴밀하게 연관되어 있듯이 '사람이 관여하는 일'과 '인간 욕구의 질적 상태'도 매우 긴밀하게 연관되어 있다는 것이 안창호의 지론이다. 안창호는 '인간 욕구'를 '정의(情誼)'라고 표현하고, 이는 "친애와 동정의 결합"이라고 한다.[22] '친애'는 사람이 일하는 가운데 저절로 생겨나고 다듬어지지 않은 '거친 욕구'이다. 마치 퇴계가 말하는 '칠정의 욕구'와 같다. '동정'은 사람이 일하는 가운데 "공부하고 연습하여 이것이 잘되도록 노력"해야 비로소 도달해 가는 '올바른 욕구'이다. 마치 퇴계가 말하는 '사단의 욕구'와 같다. 이 가운데 '친애의 거친 욕구'를 '동정의 올바른 욕구'로 전환하기 위해 노력하는 이른바 '욕구의 질적 전환'을 안창호는 "정의돈수(情誼敦修)"라고 한다.

무정사회로부터 유정사회로 질적 전환해 가는 방식 및 과정에서 주요 단초나 발단은, 인간 욕구의 변화나 사회구조의 변화 이전에, 지금 여기서 진행하고 있는 '사람이 관여하는 일'부터 사랑과 우정이 넘치는 일이 된다는 것이다. 지금 여기서 진행하고 있는 '사람이 관여하는 일'이 사랑과 우정이 넘치는 일로 전환해 감으로써 사회가 무정사회로부터 유정사회로 질적 전환해 가고, 사람도 건전인격의 삶으로 질적 전환해 간다는 것이다. 건전인격으로의 질적 전환은 다시 '사람이 관여하는 일'이 사랑과 우정이 넘치는 일로 질적 전환해 가도록 지탱하는 힘이 되어,

---

[22] "정의(情誼)는 친애와 동정의 결합이외다. 친애라 함은 어머니가 아들을 보고 귀여워서 정으로써 사랑함이요, 동정이라 함은 어머니가 아들이 당하는 고(苦)와 락(樂)을 자기가 당하는 것같이 여김이외다." 안창호(1985), 앞의 책, 57쪽.

이와 같이 선순환하게 된다는 것이다.[23] 요컨대 '사람이 관여하는 일의 질적 전환과정'은 '인간의 삶의 질적 전환과정'과 '사회구조의 질적 전환과정'을 가로지르면서 이들 사이의 유기적인 선순환적 변화과정의 단초가 될 뿐만 아니라, '인간의 삶'과 '사회구조' 역시 각각이 일종의 '사람이 관여하는 일'로써 여타 다른 '인간의 삶의 질적 전환과정'과 '사회구조의 질적 전환과정'의 발단이 된다는 것이다.

그렇다면 어떻게 해야 '사람이 관여하는 일의 질적 전환'이 가능하겠는가. 사람이 관여하는 일이 "위대하고 신성한 일"로 질적 전환하는 방식 및 과정은 오직 "헛됨[虛]과 거짓[僞]으로 기초하지 말고, 참됨[眞]과 올바름[正]으로 기초"하는 데 있다고 안창호는 강조한다.[24] 그렇지 않으면 언제든지 '사람이 관여하는 일'이 "뜬구름 잡는 헛된 일"로 전락할 수도 있다는 것이다. 그런데 "한때의 빈 명성이나 날리기 위하여 헛되고 거짓된 일을 취하여 마구 들뜨는" "뜬구름 잡는 헛된 일[浮虛한 일]"이야말로 끊임없이 낡은 파당과 각종 경계의 벽을 만들고 거기에 안주하려고 하는 각종 분파주의를 만들어 낸다는 것이다. 파당, 각종 경계의 벽과 그것을 중심으로 한 분파주의에 늘 휩쓸리기 쉬운 것이 '사람이 관여하는 일'이다. 그럼에도 '사람이 관여하는 일' 하나하나에서 지금 당장 "'거짓'을 버리고 '참'으로 채우는" 방식이 '사람이 관여하는 일'이 질적으로 좋고 올바르게 전환하는 방식이라는 것이다.[25] "'거짓'을 버리고 '참'으로 채우는" 방식 및 과정을 안창호는 '개조(改造)하는 일'이라고 한다. 개조하는 일을 모든 고등종교에서 공통적으로 강조한다면서 이 일은 거

---

[23] "일은 힘의 산물이라는 것을 확실히 믿는가. 만일 이것을 믿고 힘을 찾는다 하면 그 힘이 어디서 오겠는가. 힘은 건전한 인격에서 난다." 안창호(1985), 앞의 책, 67쪽.
[24] 안창호(1985), 앞의 책, 46-51쪽.
[25] 안창호(1985), 앞의 책, 37쪽.

짓된 '사적 자기(私的 自己)'를 부정하는 '자기부정'이라는 것이다. 이것을 기독교는 '회개'라고 한다는 것이다.[26] '사랑과 우정'에도 '참 사랑과 우정'이 있고 '거짓 사랑과 우정'이 있다는 것이다. 그래서 도산 안창호는 다음과 같이 말한다. "내가 지금 말할 것은, '우리는 사랑합시다'입니다. […] 큰 정치가는 정치에 큰 재주가 있소. 이를 생각한즉 사랑을 가진 사람입니다. […] 자기의 (사적인) 이해를 위하여 하는 사랑은 영업이요, 사랑이 아니요. 영업이라도 협잡이외다."[27]

3) 한국 기독교사상과 '대공민주정치 방법'

이제 '인간 윤리'에 관한 기존 민주주의 메타이론의 반민주적 특징을 염두에 두면서 도산 안창호의 대공사상에서의 '인간 윤리'에 관한 메타이론을 좀 더 깊이 고찰해 보려고 한다. '인간 윤리'에 관한 기존 민주주의 메타이론에 따르면 '윤리의 길'을 목적론처럼 인간 이성을 중시하거나 의무론처럼 사회구조를 중시하면서 결국 이들 목적론과 의무론이 제시하는 '메타이론의 길'로 바꿔 버린다. 그러나 안창호 대공사상의 메타이론에 따르면 '윤리의 참길'은, 인간 이성이나 사회구조에서 찾을 수 있는 것이 아니라, '사람이 관여하는 일' 가운데 이미 함께 있다. 이미 함께 있는 '윤리의 참길'을 찾아가는 사람 일 가운데 하나가 정의돈수(情誼敦修)하는 일, 곧 갑작스럽게 깨쳐서 돈오하거나 점진적으로 깨우쳐서 점수하거나 '인간 욕구의 돈오점수(頓悟漸修)'하는 일이다. 그런데 많은 경우 '돈오점수하거나 하고 있는 인간 욕구'에서 '윤리의 참길'을 찾으려

---

26 안창호(1985), 앞의 책, 134-143쪽.
27 안창호(1985), 앞의 책, 144-149쪽.

고 하지만, 이것 역시 인간 이성이나 사회구조에서 '윤리의 참길'을 찾으려는 것과 마찬가지로 부질없는 짓이라는 것이다. 그래서 '윤리의 길'인 '사랑과 우정의 길'조차도 "자기의 (사적인) 이해를 위하여 하는 사랑은 영업이요, 사랑이 아니요. 영업이라도 협잡"이라고 한 것이고, 사랑과 우정에도 '참'과 '거짓'이 있다고 한 것이다.

바로 여기서 안창호는 다음 세 가지를 분명하게 드러내어 증거하고 있다. 하나는 '사람이 관여할 수 없는 일의 참된 모습'과 '사람이 관여하는 일의 방식 및 과정' 사이에는 '참'과 '거짓' 사이만큼이나 '완전한 격절의 불일치'가 놓여 있다는 것을 드러내어 증거하고 있다. 다른 하나는 그와 동시에 인간 욕구든 인간 이성이든 사회구조든 이 세상의 그 어느 것도 이들 사이에 완전한 일치를 이룬 절대적인 것이 될 수 없다는 것을 드러내어 증거하고 있다. 나머지 하나는 그럼에도 불구하고 '사람이 관여하는 일'에 '참[眞]'이 이미 함께 있다는 것이야말로 '사람이 관여하는 일의 질적 전환의 가능성'이 주어지는 원천이며 모든 생명활동의 근원이라는 것을 드러내어 증거하고 있다.

요컨대 그가 말하는 '사람이 관여하는 일'에 이미 함께 있는 '본래의 참된 모습'은 '참사랑과 우정'이고, 이러한 '참사랑과 우정'은 '십자가 사랑(agape)'이다. 따라서 '십자가 사랑과 우정'을 '사람이 관여하는 일'에서 끊임없이 회복하는 '십자가 죽음과 부활의 가치와 방식'이 바로 곧 도산 안창호가 말하는 '대공 가치'와 '공적 방식'이다.

여기서 한 번 더 확인해 둘 것은 한국적 '대공(大公)' 가치의 '공(公)' 개념에 관한 것이다. 한국 불교사상에서 사용하는 '공(公)' 개념은 인간의 아집과 편견과 거짓 등을 내려놓음과 비움을 뜻하는 '공(空)'의 의미이다. 한국 유교사상에서 사용하는 '공(公)' 개념은 '홍(弘)'의 의미가 더 포함된다. 공(空)하기에 홍하고, 홍하기에 공(空)한 길이 곧 공(公)이라는 것이다. 그런데 한국 기독교사상에서 사용하는 '공(公)' 개념은 '공(空)'과 '홍'의 의미 외에 '진(眞)'의 의미가 더 포함된다. '진'은 '사람이 관여하는 일'에 이미 함께 있는 '참'이다. '진'은 '사람이 관여할 수 없는 일'에 이미 함께 있는 '참'이다. 그러나 동시에 '사람이 관여하는 일의 방식 및 과정'과 '완전한 격절의 불일치' 앞에 있는 '참'이다. 그래서 '인간 욕구의 돈오점수'가 늘 필요하지만, 그렇다고 해서 이것을 '돈오점수하거나 하고 있는' 인간 욕구라든가 인간 이성이라든가 사회구조라든가 역사 전통이라든가 종교 의식에서 찾을 수 있는 것이 아니다. '사람이 관여하는 일'과 '완전한 격절의 불일치' 앞에 있는 '참'이기 때문이다. 따라서 대공사상에서 공적 방식[公道], 곧 '공적 좋음[公善]', '공적 올바름[公義]', '공적 이로움[公益]'이라고 할 때, 공적 좋음인 '공선(公善)'은 곧 '참'과 함께 있으면서 어디까지나 '참'을 지향하는 하나의 해석과 표현으로써의 '선'이고 '공의(公義)'와 '공익(公益)'의 지탱(뒷받침)을 받는 한시적이고 제한된 '선'이지, 완전한 일치를 나타내는 절대적 선이 아니다. 이 땅에서 한시적이고 제한된 선이 '공선'이라는 것은 '공의'와 '공익'의 뒷받침을 받지 못하는 선은 '공선'이 아니라는 것을 뜻하기도 한다. 요컨대 한국 기독교사상에서 말하는 공(公) 개념은 '공(空)', '진(眞)', '홍(弘)'의 의미를 동시에 포함한다. 여기서 '공(空)'은 '십자가 죽음의 공(空)'이고, 여기서 '진'은 '십자가 사랑과 우정의 진'이며, 여기서 '홍'은 '십자가 부활의 홍'이다. 이러한 대공 가치와 공적 방식에 따르는 대공민주정치 방법은 다음 몇 가지로 정리해 볼 수 있다.

첫째, '공적 좋음'과 관련한 대공민주정치 방법이다. '인간 윤리', 곧 '대공 가치'와 '공적 방식'에 관한 안창호 대공사상의 메타이론에 따르면 '정치하는 일(정치)'은 '참사랑하는 일'이다. '참사랑하는 일'인 '정치하는 일'은 '사람이 관여하는 일(문화)'에서 찾되, 특히 '공적 방식으로 관여하는 사람의 일'에서 찾아야 한다. 안창호는 다음과 같이 자신이 관여하는 독립운동하는 일에서 이 일을 다음과 같이 수행했다. 조선의 식민지 상황에서 발생하는 공적 문제를 '무정사회 질서와 상황'으로 진단하고, 공적 주제로써의 독립 상황을 '유정사회 질서와 상황'으로 해석하여 표현해 내고, 전자로부터 후자로 질적 전환하는 가능성과 그 구체적인 방식 및 과정을 조선의 상황에서 찾아서 제시하는 방법이 곧 '공적 좋음'과 관련한 대공민주정치 방법이다. 대공민주정치 방법은 독립운동하는 일이나 큰 일에만 적용되는 것이 아니라 사람이 관여하는 모든 일상적인 일에도 적용되는 것이다. 따라서 대공사상에서 말하는 공적 좋음과 관련한 민주정치 방법은 '사람이 관여하는 일'에서 그 일에 관여하는 민이 스스로 '공적 문제'를 진단하고 '공적 주제'를 발견하여 해석하고 표현해 냄과 동시에 전자의 문제적 상황에서 후자의 주제적 상황으로 질적 전환하는 가능성과 그 구체적인 방식 및 과정을 자신이 관여하는 일에서 찾아 제시하는 방식 및 과정이다.

이와 같이 대공사상에서 말하는 '참사랑과 우정'에 관한 하나의 한시적이고 제한된 해석과 표현으로써 '공적 좋음'은 샌델류의 '목적론적 윤리론'이 말하는 "독립적으로 규정된 좋음(선)"과 다를 뿐만 아니라[28], 존 스튜어트 밀류의 공리주의에서 말하는 "인간이 다른 사람들을 위해 자신에게 가장 소중한 것마저 희생할 수 있다"는 이른바 "자기 헌신(self-devotion)"의 좋음과도 다르다.[29] 대공사상이 말하는 '공적 좋음'은 독립적인 자기 이해를 위한 좋음이나 "개인의 행복 또는 그 행복에 이르게 해 주는 수단"이 아니기 때문이다.[30] 또한 독립성이든 주체성이든 자주

---

[28] 존 롤즈 저, 황경식 역(2003), 716쪽.
[29] 존 스튜어트 밀 지음, 서병훈 옮김, 『자유론』(책세상, 2007), 41쪽.
[30] 존 스튜어트 밀 지음, 서병훈 옮김(2007), 위의 책, 41쪽.

성이든 근현대 서구적 가치는 서구의 역사현실 속에서 서구인들이 '참 좋음'에 관하여 하나의 해석과 표현을 해 둔 것이다. 바로 그 해석과 표현의 결과물에 대해서 비판하거나 저항하는 이른바 포스트모더니즘이라는 것이 여전히 모더니즘으로부터 조금도 벗어나지 못할 뿐만 아니라 오히려 모더니즘을 더욱 강화해 주고 있다. 이는 모더니즘과 포스트모더니즘에 의해 배제되고 억압당한 비서구민이 그것들에 비판하거나 저항하는 이른바 탈식민주의라는 것도 결국 근대 서구적 가치로부터 조금도 벗어나지 못하고 그 주위를 맴돌 뿐만 아니라 오히려 그것이 비판하고 저항하려는 모더니즘과 포스트모더니즘을 더욱 강화해 주는 것과 동일한 구조이다. 포스트모더니즘이든 포스트콜로니얼리즘[31]이든 이들은 자신들이 관여하는 일의 현실에서 '참 좋음'에 관하여 새롭게 해석하고 표현하는 것이 아니라 근대 서구인들이 자신들의 역사현실에서 '참 좋음'에 관하여 해석하고 표현해 둔 것, 바로 그것에 대해 비판하고 저항하고 있기 때문이다. 바로 이러한 점이 비판철학이나 해방철학 그리고 정반합의 폐쇄구조를 맴돌 수밖에 없는 근대 변증법철학 등의 한계점이라고 할 수 있다. 적어도 이것들은 이 글에서 말하는 공적 가치와 거리가 한참 멀다.

이 글에서 찾아 제시하는 한국적 가치는 '공적 가치'이자 '대공 가치'이지, '탈근대적 가치'의 아류이거나 '탈식민적 가치'의 하나일 수 없는 이유가 바로 여기에 있다. 또한 사회주의 국가가 제시하는 '노동 문제', 복지주의 국가가 제시하는 '경제공황 문제'·'실업 문제'·'복지 문제', 신자유주의를 내세운 미국발 '지구 자본 글로벌리즘'이 제시하는 '전 지구

---

[31] 포스트콜로니얼리즘(탈식민주의, postcolonialism)은 유럽의 제국들이 붕괴한 20세기 중반에 이르러 세계의 많은 국가가 경험한 역사의 한 단계를 가리키며, 딜식민주의 혹은 후식민주의라고 한다.

적 수준의 자유로운 생산과 소비 문제', 생태정치 혹은 녹색정치를 내세운 유럽발 '시민사회 글로벌리즘'이 제시하는 '생태환경 문제', '세계 금융시장 불안정 문제', '테러폭력 문제', '전자감시 문제' 등, 과연 이러한 일련의 문제들이 어떤 '질서(사람이 관여하는 일의 현실)', 어떤 '가치', 어떤 '필요'에 준거하여 제기하고 있는 문제인지 스스로 검토해야 한다. 특별히 천암함 참사, 세월호 참사, 메르스 사태 등의 암울한 문제가 끊이지 않는 역사현실에서 '참 좋음'에 관하여 스스로 해석하고 표현하여 하나의 공적 가치로 제시하는 일은 매우 중요한 일이다. 이 글은 그것을 '공(空)', '진(眞)', '홍(弘)'의 의미를 동시에 함유하고 있는 '대공(大公) 가치'로 제시해 두려는 것이다.

둘째, '공적 올바름'과 관련한 대공민주정치 방법이다. 거듭 강조하지만 '민이 관여하는 일'에서 민이 스스로 문제를 진단, 처방, 해결해 가는 일이 민주정치의 요체이다. 그리고 '공적 방식'으로 문제를 진단, 처방, 해결해 가는 일이 대공민주정치의 관건이다. 사람이 관여하는 어떤 일이든지 그 일 '본래의 참된 모습' 혹은 '참 좋은 모습'이 있다. 그러나 그 일 본래의 참된 모습이나 참 좋은 모습에 관한 해석과 표현이 사람마다 다를 수 있고 더구나 잘못할 수 있다. 대공사상에서 말하는 '공적 올바름(공의)'은 사람이 관여하는 일의 '본래의 참된 모습(참 좋은 모습)'인 '지탱하는 사랑의 모습(지탱의 사랑)'으로 끊임없이 전환하는 방식이다. 이러한 전환을 위해서는 한편으로 늘 잘못하고 과오를 범하기 쉬운 것을 인정하고 자신이 관여하는 일의 참된 모습인 '지탱의 사랑'을 향해 끊임없이 '돌이키는 방식'이고, 다른 한편으로 거짓된 자기 이해에 집착하는 '거짓 사랑과 우정'을 버리고 지탱의 사랑인 '참사랑과 우정'으로 늘 채우는 방식이다. 따라서 '공적 올바름'과 관련해서는 잘못한 일에 대한 '처벌 문제'나 '관용이나 용서 문제'가 매우 중요하다. 그리고 잘한 일에 대한 '포상 문제'도 '공적 올바름'과 관련한 중요한 문제이다. 올바른 일을 위해 자신을 희생하거나 올바른 일에 큰 공을 세운 일에 대한 '보상 문제' 혹은 '보훈 문제' 등도 '공적 올바름'과 직결된다. 과거 역사교과서 국정화 문제도 일차적으로는 역사 평가를 어떻게 할 것이냐 하는 문제지만 그 안에는 '처벌 문제', '관용이나 용서 문제', '포상 문제', '보상 문제'나 '보훈 문제'가 핵심적 쟁점이라는 점에서 근원적으로는 '공적 올바름'에 관한 문제이다. 대공사상의 공적 올바름에 입각해서 보았을 때, 역사교과서 내용에 대해 정부 권역에서든, 체제 권역에서든, 국가 권역에서든, 얼마든지 각각의 권역 스스로 해석과 표현을 내놓을 수는 있다.

요컨대 대공사상에서 말하는 '공적 올바름'과 관련한 민주정치 방법은 '사람이 관여하는 일'에서 그 일에 관여하는 민이 지금까지 지나온 일의 질서에서 '잘못된 일(올바르지 못한 일)'을 스스로 바로잡아 교정하여 '참 좋은 모습'으로 되돌림과 동시에 '좋은 일'과 '좋지 않은 일'을 나누고 '올바른 일'과 '올바르지 못한 일' 등을 포함해서 그 일에 관여하는 인적·물적 자원 및 그 배치를 구체적으로 나누며 배분하여 '참 좋은 모습'을 구현해 가는 일의 방식 및 과정이다. 전자가 '바로잡아 교정하는' 교정적인 공적 올바름에 해당한다면, 후자는 '나누어 배분하는' 배분적인 공적 올바름에 해당한다. '공(空)', '진(眞)', '홍(弘)'의 공(公) 개념 가운데, 전자가 본래의 참된 모습인 '진'으로 되돌아가는 '공(空)'의 방식에 해당한다면, 후자는 본래의 참된 모습인 '진'을 이루어 가는 '홍'의 방식에 해당한다. 공적 올바름은 '진으로 되돌아가는 공의 방식'과 '진을 이루어 가는 홍의 방식', 이들 양자의 공적 올바름을 동시에 내포한다. 이를 달리 말하면 '공적 문제'가 있는 문제적 상황에서 '공적 주제'를 완성해 가는 주제적 상황으로 질적 전환해 가는 방식이 곧 '공적 방식'인 셈이다. 이 가운데 문제적 상황을 줄여 가는 방식이 '교정적인 공적 올바름(공적 교정정의)'의 몫이라면, 주제적 상황을 완성해 가는 방식이 '배분적인 공적 올바름(공적 배분정의)'의 몫이라고 할 수 있다. 이러한 올바름은 어디까지나 한시적이고 제한된 올바름이라는 의미에서 '공적 올바름(공적 정의)'이지, 완전한 올바름이나 절대적 올바름이 아니다.

따라서 대공사상에서 보았을 때, 여러 사람이 합의하거나 공감한다고 해서 그것이 곧 '사람이 관여하는 일'의 '공적 좋음'이라고 할 수 없을 뿐만 아니라, 단순히 여러 시민이 따르고 있는 공동규범이라고 해서 그것이 곧 '공적 올바름'이라고 할 수 없다. 물론 많은 사람이 현재 준수하고 있는 공동규범이 '공적 정의'를 표현할 수도 있다. 그렇지만 아무리 많은 사람이 준수하고 복종하고 있다고 해도 그 공동규범을 곧바로 '공적 정의'라고 할 수는 없다. 그것을 준수하거나 복종하고 있는 상황이 식민지 상황일 수도 있고, 외국군에 의한 군정 상황일 수도 있기 때문이다. 더욱 중요한 것은 사람들이 공동규범을 공유하고 있는 국면이 어떤 국면이냐 하는 것이다. '공적 문제'가 있는 문제 상황에서 '공적 주제'를 완성해 가는 '주제적 상황'으로 질적 전환해 가는 국면일 수도 있다. 이때 사람들이 공유하는 공동규범은 공적 올바름을 내포해 가고 있다고 할 수 있다. 그러나 그와 반대로 '공적 주제'는 점점 줄어들고 '공적 문제'조차 점점 사라지면서 수많은 문제에 휩싸여서 도무지 종잡을 수 없는 최악의 문제 상황으로 질적 전환해 가는 국면일 수도 있다. 이때 사람들이 공유하는 공동규범은 공적 올바름과 거의 무관해지고 있다고 할 수 있다. 따라서 대공사상에서 말하는 공적 올바름의 기준으로 보면, '인간 윤리'에 관한 기존 민주주의 메타이론에서 말하는 것처럼 사람들의 '합의'나 '공감'이나 '준수나 복종 여부' 등에만 공적 올바름이 의존하는 것이 아니며, 올바름 곧 정의라는 것은 단순히 사람의 욕구나 행동을 규제하거나 통제하는 '규범'이나 '법률' 또는 외부적 '형식' 등이 아니다.

셋째, '공적 이로움'과 관련한 대공민주정치 방법이다. 다시 말하지만 민은 '자신이 관여하는 일'을 매개로 민주정치에 참여한다. 민이 관여하는 일에서 어떤 '방식'으로 일에 관여하느냐에 따라 민 자신이 관여하는 일의 '다양성 속의 통일성'을 민이 선순환적으로 체험하기도 하고 반대로 악순환적으로 체험하지 못하기도 한다. 다시 말해서 민이 관여하는 일에서 '만 가지 다양한 욕구의 만족을 통일성 있게 깊고 넓게 맛보는' '다양성 속의 통일성'을, 민이 선순환적으로 체험하는 '공적 이로움(공익)'을 실현하기도 하고 반대로 실현하지 못하기도 하는데, 그 분기점이 바로 '공적 좋음'과 '공적 올바름' 등의 '민이 관여하는 일'의 '방식'에 있다는 것이다. 안창호는 '공적 좋음'을 '지탱하는 사랑의 모습(지탱의 사랑)'으로 해석한다. 특히 이처럼 서로 지탱하는 사랑과 우정의 방식을 "이웃의 고통[苦]과 행복[樂]을 자기가 당하는 것같이 여기는 방식"으로 해석한다.[32] 이러한 해석은 인간을 더 이상 주체적인 존재로 보지 않는다는 것을 뜻한다. 인간은 더 이상 '개인'이 아니라 서로 지탱하는 사랑을 필요로 하는 존재이자 사랑이 결핍된 존재라는 것이다. 그리고 인간은 더 이상 독립적 존재나 자주적 존재가 아니라 '각자가 관여하는 응분의 일(각자가 책임 맡은 응분의 일)'을 통해 서로를 지탱하는 '사랑의 매개적 존재자'라는 것이다. 따라서 안창호가 말하는 '유정사회'란 '사랑과 우정이 있는 사회'이며 '사람이 관여하는 일이 서로 지탱하기 때문에 사람이 관여하는 일마다 잘되는 사회'이다.

"큰 정치가는 정치에 큰 재주가 있소. 이를 생각한즉 사랑을 가진 사람입니다."라는 도산 안창호의 말의 요지는 '정치하는 일'은 곧 '사랑하는 일'이고 '지탱하는 일'이라는 것이다. 민이 자신이 관여하는 일의 '본

---

32 안창호(1985), 앞의 책, 57쪽.

래의 참모습'인 '지탱의 사랑'을 찾아서 자신이 관여하는 일 가운데 구체적으로 나타내 가는 일이 곧 '사랑하는 일'이고 '지탱하는 일'이라는 것이다. 여기서 안창호가 말하는 중요한 지적사항은 현실에서 작용하는 정치권력이 '지배의 권력(지배의 힘)'만이 아니라, '사랑의 권력(사랑의 힘)', 곧 '지탱의 권력(지탱의 힘)' 또한 현실에서 구체적으로 작용하고 있는 정치권력 가운데 하나라는 것이다. 다만 사랑의 권력, 곧 지탱의 권력이 약화될 때 지배의 권력이 뚜렷해진다는 것이다. 그러나 사랑의 권력인 지탱의 권력이 뚜렷해질 때 지배의 권력이 상대적으로 약화될 뿐만 아니라 외적으로나마 지탱의 권력인 것처럼 작용하기도 한다는 것이다. '지탱의 권력'인 '사랑의 권력'은 사람이 관여하는 일에서 '공적 좋음'과 '공적 올바름' 등의 '공적 방식'을 회복해 가는 경향이라고 할 수 있고, 또한 '지탱의 권력'인 '사랑의 권력'은 사람이 관여하는 일에서 '다양성 속의 통일성'을 그 일에 관여하는 사람이 선순환적으로 체험하는 '공적 이로움'을 회복하는 경향이라고 할 수 있다.

이렇게 놓고 봤을 때, '공적 좋음', '공적 올바름', '공적 이로움'으로 이어지는 '윤리의 길'은 '윤리의 참길'과 함께 유한하나마 제한된 경향(역량)과 정도(시간)와 범위(공간) 안에서 사람이 관여하는 여러 다양한 일이 서로를 지탱하면서 하나의 큰 일로 통일되어 가는 길, 이른바 '다양성 속의 통일성'을 이루는 방식이라고 할 수 있다. '사람이 관여할 수 없는 일'이 '사람이 관여하는 일'에 늘 개입하는 가운데, '사람이 관여할 수 없는 일의 참모습'이나 '사람이 관여하는 일의 참모습'과 '사람이 관여하는 일의 방식 및 과정'과의 '만남의 과정'이 공적 방식이라는 '윤리의 길'을 따르는지 여부에 따라 위와 같은 다양성 속의 통일성을 이루어 가는 과정이 전혀 다르게 나타난다. '공적 방식', '공적 올바름'에 따를 경우 이러한 만남의 과정이 서로 대립적으로 맞서면서 만나는 '대면과정'이나 서로 접촉점을 맞대면서 만나는 '접촉과정'을 넘어서서 서로에게 이미 함께 있는 참 좋은 모습을 마중하면서 만나는 '조우과정'으로 이어질 수 있다. 그러나 '공적 방식', '공적 올바름'에 따르지 않을 경우 이러한 만남의 과정이 오히려 거꾸로 '조우과정'이나 심지어 '접촉과정'마저 차단되고 곧바로 '대면과정'으로 치닫게 되기도 한다. 이렇게 다양성 속의 통일성을 이루는 '공적 방식'과 공적 방식에 따르는 과정인 '지탱의 방법'에다가 가장 핵심적인 위치를 부여하는 통일이론이 바로 그림 5와 같은 대공민주주의 모델이다.

대공민주주의 모델에서 '윤리의 길'은 사람이 관여하는 일이 흐르도록 그 어디에도 머물러 있지 않는다. 예컨대 세치 권역이든 법치 권역이든 심지어 덕치 권역에도 '윤리의 길'은 머물러 있지 않는다. 물론 인간 이성이나 사회구조나 종교 예식이나 그 어디에도 '윤리의 길'은 머물

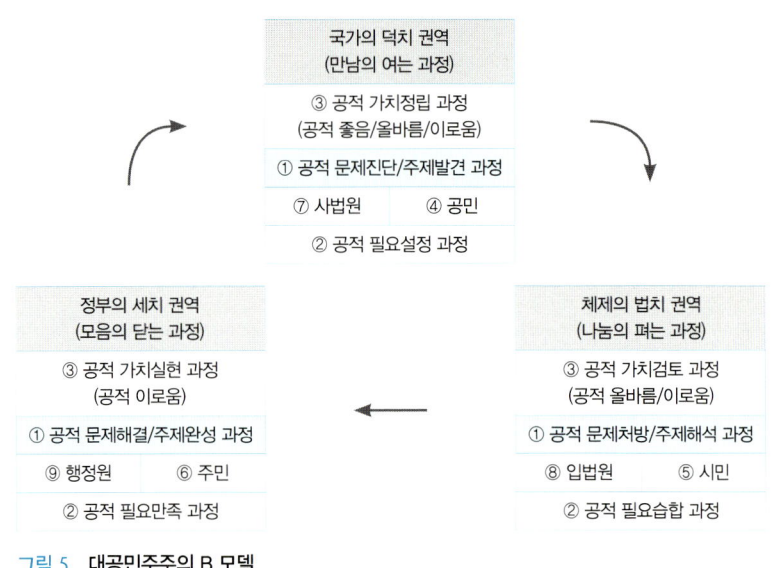

그림 5 　대공민주주의 B 모델
출처: 김병욱(2015), 93쪽.

러 있지 않는다. 다만 사람이 관여하는 일이 항상 흐르도록 도울 뿐이다. 바로 이 점이 '공적 윤리'와 공적 윤리에 따르는 과정인 '지탱의 방법'에 매우 중요한 위치를 부여하는 대공민주주의의 고유한 민주적 특징이라고 할 수 있다.

5. 대공민주주의에 바탕을 둔 남북통합의 기초

지금까지 '대공 가치와 공적 방식에 따라 다양한 작은 일들이 하나의 큰 일로 통일되어 가는 방법'을 요체로 하는 통일철학과 '대공민주주의 모델'을 근간으로 하는 통일이론과 '글로벌 문화허브국가'와 '지탱 문화 글로벌리즘의 방안'을 앞세우는 통일이념을 제시했다.

'대공 가치(大公 價値)'라는 한국적 가치의 발원지는 한국불교 화엄사상, 한국유교 성리사상, 한국기독교 대공사상에 있다. 대공 가치는 '사람이 관여하는 일'의 '본래의 좋은 상태' 혹은 '참 좋음'을 되찾거나 회복한 상태를 표현한 것이다. 인간 스스로 수도하거나 궁리한다고 해서 '사람이 관여하는 일'의 '본래의 좋은 상태'를 찾을 수 있는 것도 아니며 그 상태로 전환할 수 있는 것도 아니다. 화엄사상에서 말하는 올바름의 방식은 무아(無我) 혹은 공(空)이라는 사람이 관여하는 일의 '본래의 참된 모습'으로 끊임없이 되돌아오는 '무애(無碍)의 방식' 혹은 '원시반본(原始返本)의 방식'이다. 성리사상에서 말하는 올바름의 방식은 무극(無極)이라는 사람이 관여하는 일의 '본래의 참된 모습'에로 끊임없이 되돌아가는 '경(敬)의 방식' 혹은 '복기초(復其初)의 방식'이다. 이들에게 공통적으로 '올바름의 방식'이란 사람이 관여하는 일의 '본래의 참된 모습'으로 끊임없이 '되돌아가고(복귀하고)' 그것을 일의 현실에서 구현하는 과정에서 생겨나는 '문제를 해결하는(치유하는)' 방식이라는 점에서 '복귀(復歸)와 치유(治癒)의 의미를 동시에 갖는' '회복(回復)의 방식'이라고 할 수 있다. 이러한 화엄사상이나 성리사상에서 말하는 올바름의 방식은 다음 두 가지 점에서 대공사상에서 말하는 올바름의 방식과 분명하게 다르다. 첫째, 그 회복이 인간 스스로 수도하거나 궁리한다고 해서 이루어지는 것이 아니라는 점이다. '사람이 관여할 수 없는 일'이 주로 좋지 않은 문제나 좋은 주제로 '사람이 관여하는 일'에 개입함으로써 시작하고 이루어진다는 것이다. 둘째, 그 회복을 통해 복귀하고 구현할 모습이 그저 '공'이나 '태극'이 아니라 구체적이고 분명한 '지탱하는 사랑의 모습(지탱의 사랑)'이라는 점이다. 바로 이 점을 염두에 두고 '사람이 관여하는 일'에는 끊임없이 '사람이 관여할 수 없는 일'이 개입함에도 불구하고, '사람이 관여할 수 없는 일의 참된 모습'과 '사람이 관여하는 일의 방식 및 과정' 사이에 있는 완전한 격절의 불일치가 놓여 있다고 한 것이다. 대공민주주의 모델은 이들 불교·유교·기독교 세계관 혹은 메타이론 사이에 서로 지탱하는 방식 및 과정 또한 내포하고 있다. 그것이 바로 '지탱 문화 글로벌리즘'의 가능성으로써 '글로벌 문화허브국가'의 통일이념 속에 배태되어 있다고 하겠다.

'지탱의 대공적 가치'라는 한국적 가치의 구현 가능성과 '다양한 문화들이 지탱하는 문화 글로벌리즘'의 가능성을 보여 주는 모델이 '대공민주주의 글로벌 문화허브국가 모델'이라면, 이러한 국가 건설을 위한 방안은 무엇인가. 달리 말해서 남북통일의 핵심 가치를 '지탱의 대공적 가치'로 정립하고, 남북통일의 전망과 방향을 '좌우 대립구도 및 남북 분단구조의 해체'와 '대공민주주의 글로벌 문화허브국가 건설'이라고 할 때, 이러한 통일국가 건설과정에 관한 개략적 방안은 무엇인가.

이 글에서 제시하고자 하는 개략적 방안의 요체는 절대적 가치와 방식을 이미 함유하고 있는 '사람이 관여할 수 없는 일'이 늘 개입하는 가운데 '사람이 관여하는 일(문화)'의 주요 과정, 예컨대 정치과정, 경제과정, 사회질서 및 교육 과정 등에서 '다양한 작은 일들이 공적 가치와 방식의 선순환적 회복에 따라 지탱하면서 하나의 큰 일로 통일되어 가는 방법'에 있다.

'사람이 관여하는 일(문화)'에서 대공적 가치를 선취하여 '공적 방식으로 일하는 과정'을 정치과정이라고 하고, 이러한 공적 방식과 공적 일의 지탱(뒷받침)을 받아 '사적 방식으로 일하는 과정'을 경제과정이라고 할 때, 대공민주주의 정치과정과 경제과정에서 나타나는 글로벌 문화허브 국가의 '모습(사회 질서)'은 "쓸모없는 인생이 넘쳐나고 지배와 억울함이 넘쳐나는 사회와 거리가 멀다. 이는 쓸모없는 인생이 없는 사회, 민 각자가 자신의 응분의 일을 쓸모 있는 일로 제대로 감당하기에 자기 일로 자기 이웃을 지탱해 주고 그로 말미암아 서로가 서로에게 고마움이 넘쳐나는 사회이다."[33]

절대적 가치와 방식을 이미 함유하고 있는 '사람이 관여할 수 없는 일'이 늘 개입하는 가운데 '사람이 관여하는 일'에서 유한하나마 대공적 가치와 방식을 선취하여 일하는 과정에 공적으로 참여하는 사람을 '공민(公民)'이라고 한다. 공민은 '자신이 관여하는 일에서 늘 선순환적으로 대공적 가치와 방식을 회복해 가는 사람'이다. 이러한 공민은 자신이 관여하는 일을 통해서 자신이 관여하는 일의 고유한 이치 혹은 무늬의 본질적 가치를 회복하여 나타냄과 동시에 그 일에 관여하는 본인을 포함하여 그 일에 관여하는 사람들의 삶의 고유한 이치 혹은 무늬의 본질적 가치를 드러내도록 지탱한다는 점에서 '문사(紋士)'라고도 할 수 있다.

---

[33] 김병욱(2015), 앞의 글, 95쪽.

문사는 '자신이 관여하는 응분의 일을 쓸모 있는 일로 제대로 감당하기에 자기 일로 이웃을 지탱해 주고 그로 말미암아 서로가 서로에게 고마움이 넘쳐나는 사회를 이루어 가는 사람'이다.

공민 혹은 문사를 육성하는 문화의 주요 과정 자체가 교육과정이다. 따라서 이러한 교육과정에서 '학교의 장(場)'도 중요하지만, 사회교육의 장인 일정한 '사회질서의 장'도 매우 중요하다. 특히 사회교육의 장인 사회질서의 장이 끊임없이 변화한다는 점에서, 그리고 이러한 변화는 특정한 모습을 띠는 사회질서 아래서 어떤 방식에 따라 정치과정과 경제과정 등의 문화의 주요 과정을 어떻게 거치느냐에 따라 그 변화하는 모습(질서)을 달리한다는 점에서, 사회질서의 변화를 끊임없이 도출해 내는 '문화의 장' 자체가 매우 중요한 교육의 장이라고 할 수 있다. 특히 그 가운데 '정치의 장'에서 대공적 가치와 방식을 선취하여 공적으로 일하는 본(本, paradeigma)을 어떻게 찾아볼 수 있느냐 하는 것과 학교의 '선생'을 포함한 한 사회의 공민이 공적으로 일하는 본을 어떻게 나타내 보여 주느냐는 하는 것은 차세대 공민이라는 인재를 육성하는 교육에서 매우 중요하다.

기존 남북통일 정책과 연구의 대부분은 기존 통합이론에 의존하고 있다. 기능주의, 신기능주의, 연방주의, 다원주의 등의 정치통합이론과 다양한 사회통합이론 및 문화통합이론 등이 그것이다. 그러나 기존 통합이론의 중대한 결함은 '공적 방식(공적인 길)'의 중요성을 간과하고 있다는 점이다. 상대적으로 '삶의 방식'을 강조하는 문화통합이론조차도 여러 문화 사이의 접촉과 변용 등의 다양한 과정을 통하여 '동질문화의 형성' 내지 '이질문화나 다문화 간의 균형'에 모든 초점을 맞춤으로써 '공적 방식'의 중요성을 간과하고 있다. 그에 따라 정작 문화가 변화하는 '과정' 속에서 '방식'이 어떤 작용을 하는지 전혀 드러내지 못하고 있다.

　그러나 남북통일도 일종의 '사람이 관여하는 일'이며 일종의 '정치하는 일'이다. 따라서 남북을 통일하는 일도 '공적 방식에 따르는 일(공적 일)'일 수 있도록 도모할 필요가 있다. 대공민주주의 모델에 따르면 남북을 통일하는 일에서 가장 중요한 것은 경제교류나 대화협상 등의 여러 '과정'도 중요하지만, 무엇보다도 어떤 '방식'으로 그러한 '과정'을 거치느냐 하는 것이다. 공적 방식에 따라서 일하는 것이 중요하고, 공적 방식에 따르는 일들이 서로 지탱하는 방법이 중요하다. 기능주의, 신기능주의, 의사소통이론 등과 같이 일정한 '과정'을 거치면 서로 가까워지거나 통합되거나 통일된다고 하는 이론은 한반도 현실에 잘 적용되지 않는다. 이것은 지난 수십 년 동안 남북교류 과정에서 확인할 수 있었다.

　그렇다면 남북을 통일하는 일에서 '공적 방식'을 어떻게 회복할 것인가. 정부 권역, 체제 권역, 국가 권역 등의 사람이 관여하는 모든 일의 권역에서 공적 방식을 어떻게 회복할 것인가. 그 중심에 있는 개념이 바로 만남, 나눔, 모음의 과정이다. 남북정부 당국자 등이 서로 만나 정치적 차이를 확인하고 해결방안을 함께 모색해 나가는 과정, 남북경제가 상호 호혜적 나눔을 통해 공동의 이익을 추구해 가는 과정, 그리고 남북사회가 이질적인 것을 조화시키고, 공통적인 것을 모으는 과정을 통해 '대공민주주의'가 추구하는 남북한의 실질적인 통합과 통일이 이루어질 수 있을 것이다.

　다음 장에서 정치, 경제, 사회문화, 교육에 이러한 '대공민주주의'의 통합 가치들이 구체적으로 어떻게 실현될 수 있는지에 대하여 정리하고자 한다.

새로운 남북한 통합방안 모색

6장

대공민주주의는 사상적 측면을 다룬 것으로 이것을 바탕으로 구체적이고도 현실적인 방안을 마련하는 것은 참으로 어려운 작업이라 할 수 있다. 그 이유는 차원이 다른 문제이기 때문이다. 즉, 눈에 보이지 않는 형이상학적인 사상을 다루는 내용과 눈에 보이고 형이하학적이며, 현실적으로 추진할 수 있는 방안을 결합시키는 것이기 때문이다. 이 작업은 사상과 현실문제에 깊은 내공을 필요로 하는 작업이다. 다시 말하지만 메타이론으로서의 대공민주주의를 구체적인 방안으로 표출하는 작업은 연결시키기가 참으로 어려웠다. 대공민주주의가 요구하는 것은 구체적인 방안이 아니라 갈등관계를 풀어 가는 과정에서의 마음의 자세, 협상자의 정신 자세, 대화와 방안을 실현하는 과정에서의 적용 문제를 다룬 것이기 때문이다. 그러므로 이하에서 제안한 방안을 추진하는 과정에서 주역을 담당할 정책가와 협상자들의 내면 속에 이 대공민주주의가 자리 잡을 필요가 있다. 이 사상을 바탕에 깔고 추진해야 할 방안을 그 상황에 맞게 적절하게 응용해 나가야 하기 때문이다. 본 연구에서는 대공민주주의라는 새로운 개념을 정립하는 것만으로도 지난한 작업이었음을 밝힌다. 앞으로 이하에서 제시한 다양한 방안을 구체적으로 펼치는 과정에서 이 사상을 어떻게 녹여낼지 더욱 고민이 필요하다. 따라서 이 작업은 보다 긴 시간을 두고 연구해야 할 앞으로의 과제이기도 하다.

1. 정치통합 방안

대공민주주의에서 정치적 통합은 '만남(공존)'에 해당한다. 우리는 북한과 만나고 함께 공존하면서 북한의 변화를 유도해 나가야 한다. 그렇다면 과연 북한의 변화를 어떻게 이끌어 낼 것인가?

달리 방법이 없다. 만남을 통한 교류협력을 통해 북한 개방 개혁의 여건과 환경을 조성해 가는 것이 북한변화 유도전략의 핵심이며 이것이 바로 통일로 가는 왕도라 할 수 있다. 사회문화 교류를 통해 민족의 동질성을 회복하고 경제교류를 통해서는 북한의 싼 노임을 활용하여 인프라 개선과 산업구조 조정 등 북한의 경제개발을 지원하는 것이 남북의 공동이익이 된다. 뿐만 아니라 통일 이후의 격차도 줄이고 통일비용을 미리 지불하여 미래의 부담을 줄이고 분산시키는 방안이라 할 수 있다. 이 모든 방안은 서로 만나고 함께 공존할 자세를 가지는 것에서 시작된다.

통일은 교류협력, 신뢰조성 등을 통해 현재진행형으로 만들어 가는 것이다. 통일은 과정이다. 그런데 평화와 통일은 남이 가져다주거나 어느 날 갑자기 저절로 되는 것이 아니다. 통일은 남북이 힘을 합쳐 만들어 가는 것이다. 그러므로 이러한 북한유도 전략은 만나는 것에서부터 시작될 수밖에 없다.

1) 남북관계 발전

우리 정부는 대북정책에서 점진적 통일정책을 표방해 왔다. 통일평화환경 조성을 생각할 때, 시간 변수를 적용해 당면과제와 최종과제로 나누어 생각해 볼 수 있다. 이들 분야별 정책과제는 상호 의존적이고, 당면과제의 달성 후 최종과제가 추진되는 누진적 성격을 갖는다.

남북관계 발전 목표를 구현할 과제로는 당면과제로 남북관계 정상화, 최종과제로 남북관계의 제도화를 제시해 보고자 한다. 남북관계 정상화는 당국 간 대화를 각 수준 및 분야에 걸쳐 실시해 상호 이해를 도모하고, 기존 합의를 존중하고 이행하려는 진정성 있는 자세를 서로 보여 줌으로써 상호 협력의 방향으로 남북관계를 확립하는 것을 말한다. 관계 정상화의 제일 으뜸 증표로는 장관급 회담의 정례화이다. 이를 중심으로 위로는 총리급 회담, 정상회담, 아래로는 각종 실무회담을 상설해 협력사례를 축적하고, 이를 예측 가능한 제도적 틀로 마련할 때 남북관계는 제도화 수준으로 정착될 것이다. 남북 간에는 이미 합의한 사업과 운영한 회담의 틀이 많고, 그와 관련한 경험이 축적되어 있으며, 이를 수정·보완할 대내외적, 상호 간 환경의 변화가 있기 때문에 남북

표 1 **통일평화환경 조성의 분야별 과제**

목표		1. 남북관계 발전	2. 한반도 평화정착	3. 통일기반 구축	4. 동북아 안보협력
과제	당면	정치적 신뢰구축, 경제 및 사회문화 분야 교류협력, 관계 정상화	군사적 신뢰구축 불가침	남남갈등 해결 인도적 문제해결	6자회담 재개
	최종	관계 제도화	제도화, 평화체제 구축	남북연합 통일	6자회담 제도화, 동북아안보협력회의 설립

최고지도자 간 공동의지가 있다면 남북관계의 정상화와 제도화 사이의 시간차는 예상보다 길지 않을 수도 있다. 남북관계 발전은 한반도 신뢰 프로세스의 다른 세 목표 달성을 견인하는 역할을 한다. 그러므로 남북 관계를 정상화·제도화하는 것은 다른 세 목표를 향한 세 과제 달성의 전제가 된다는 점에서 그 의의가 더욱 크다.[1]

2) 한반도 평화정착

한반도 평화정착을 달성할 당면과제는 불가침, 최종과제는 한반도 비핵화와 평화체제 구축이다. 제2차 세계대전 이후 대표적인 국제평화의 원칙은 무력 사용 및 위협 금지, 불가침, 분쟁의 평화적 해결이다. 이는 유엔헌장, 헬싱키협정, 그리고 남북기본합의서 등 많은 국제문서에서 재확인되어 왔다. 정전체제하에서 국지분쟁을 겪고 있는 한반도에서 이런 평화원칙은 냉전기 유럽보다 그 절실함이 더하다. 그런 맥락에서 대표적 원칙으로 불가침을 평화정착의 당면과제로 삼고 이를 남북관계 정상화 직후 가장 먼저 재확인하고 공동의 이행 노력을 보여 주어야 할 것이다. 남북의 구체적인 불가침 이행 노력은 평화정착의 진정성을 상대와 국제사회에 보여 주는 것이자 평화정착의 최종과제인 한반도 비핵화 실현과 평화체제 구축으로 나아가게 해 준다. 2007년 비핵화 진전과 남북관계 발전으로 최종적인 평화정착 과제 실현의 틀이 모색된 때가 있었다. 북한의 핵무장 능력 강화로 이 과제는 심각한 도전에 직면해 있지만 그만큼 이 과제의 무게는 크다. 지금까지 관련 정책을 재

---

[1] 서보혁, 「통일시대준비와 한반도판 마샬플랜」, 전문가 자문회의 토론문(2014년 2월 19일), 1쪽.

평가해 합리적인 정책대안을 모색해야 하겠으나, 두 과제가 한반도의 항구적인 평화정착에 동시에 필요한 과제라는 인식이 중요하다.

(1) 당면과제: 군사적 신뢰구축과 불가침

가. 비군사적 분야에 대한 남북의 군사협력 선행

핫라인 설치, 부대이동과 군사훈련 통보 및 참관 등 이른바 초보적 신뢰구축 조치를 바로 실행한다. 이것이 어렵다면 이에 필요한 남북 상호 간 믿음을 쌓기 위해 테러 방지, 방역, 재난구조, 환경보호 등 비군사 분야의 비전통 위협에 공동대응하는 노력부터 시작하는 것이 바람직하다. 2007 남북정상선언에 '자연재해를 비롯하여 재난이 발생하는 경우' 남북이 적극 협력하기로 함에 따라 반테러, 재난구조, 공동방역 등 남북이 함께 대처할 수 있는 비군사적 분야의 협력이 가능하다.[2]

나. 남북 간 군사적 신뢰구축과 군비통제 여건 조성

군사적 신뢰구축을 위해 남북한이 취할 수 있는 조치들은 이미 남북기본합의서와 불가침 부속합의서에 담겨 있다. 이미 합의된 내용 가운데 특히 주요 군사훈련과 부대 이동 시 상호 통보하고 참관을 허용하는 것과 우발적 충돌 시 긴급연락 및 해결 체제를 구축하는 것이 필요하다. 어렵겠지만 전방에 배치된 공세적 무기를 일정 거리 후방으로 철수하고, 영공을 상대방에게 개방하고 영공정찰을 허용하여 상대에 대한 침략의도가 없음을 확인시키는 것이 남북 간의 신뢰구축에 기여할 수 있는 중요한 방안들이다. 군축은 병력보다는 공세적 무기를 중심으로

---

2 「2007 남북정상선언」 제7항.

단행해야 한다. 검증하기 쉬운 장비를 위주로 군축을 단행하는 것이 바람직하다.

다. 상호 긴장완화와 국방당국자 회담 정례화

남북 간 다양한 교류협력을 통해 군사적 신뢰 기반을 마련하고 초보적 신뢰구축 조치를 시행해 나가야 한다. 서해상의 우발적 충돌방지와 군사분계선상의 선전활동 중지 등의 경험은 중요한 경험이 될 것이다. 초보적 수준의 긴장완화 조치 등을 논의하기 위한 군사당국자 회담을 정례화함으로써 군사 신뢰구축의 제도적 기반을 강화해 나가야 한다.

라. 상호 불가침 선언

전면적 신뢰구축 조치와 운용적 군비통제가 진행되는 과정에서 남북은 상호 불가침 선언(혹은 조약)을 공식적으로 합의할 필요가 있다. 상대방에 대한 무력 사용 금지와 상호 불가침을 공식 선언함으로써 한반도에서 남북 쌍방 간 군사적 충돌과 대결을 근본적으로 해소하는 계기로 삼을 수 있을 것이다.

(2) 최종과제: 군사적 신뢰구축 제도화와 한반도 평화체제 구축

가. 군사적 신뢰구축 제도화와 군비통제

군사직통전화 설치 운용, 군인사 접촉·교류 등 상호 신뢰구축(CBM) 조치를 적극 추진하고 군사적 긴장완화에 필요한 공동의 절차와 제도적 장치를 마련한다. 신뢰구축 조치의 제도화 이후 단계로는 군사력의 운용통제 및 상호 검증을 추진함으로써 구조적 군비통제를 위한 토대를 마련해야 한다. 전면적 신뢰구축 조치와 군비통제를 위한 광범위한 협의를 위해 남북군사공동위원회를 구성 가동하여 상설화·제도화된 남북 간 군사협력을 진전시킬 수 있을 것이다. 전면적 신뢰구축 조치로써 상대 군사훈련의 참관, 군사시설의 사찰, 군사요원의 상호 교환, 비무장지대의 비무장화 및 평화적 이용 등을 논의한다.

나. 군비감축

구조적 군비통제는 군사력의 규모, 편성 등 군사력을 구성하는 실질적인 요소인 병력과 무기체계를 구조적인 차원에서 통제함으로써 군사력의 균형과 안정을 유지하려는 조치를 말한다. 이를 통해 남북은 군사력 건설, 획득, 동원을 제한하거나 특정 지역에서의 특정 무기 사용 제한 및 무기의 생산과 이전 등을 규제할 수 있다. 현실적으로 군비감축은 쌍방 간 존재하는 군사력의 비대칭성을 완화 조정하는 것에 일차적 목표를 두고 북한 보유의 생화학무기 제거 문제와 재래식 군사력 감축 문제 등이 논의되어야 한다.

다. 한반도의 평화협정 체결 실현 – 한반도 평화체제 구축

한반도 평화체제 구축[3]은 실질적인 평화와 제도적인 평화가 동시에 실현되어 완성되는 하나의 긴 과정이다. 따라서 실질적인 평화가 진전되고 충분한 여건이 조성되었을 때 실질적인 평화를 보다 공고히 하는 차원에서 법적·제도적 수단인 평화협정의 체결이 필요하다. 평화협정

---

3   한반도의 평화협정 체결과 관련해서는 보장조약형, 유엔보장형, 다자간 지역안전보장형, 교차 불가침보장형 등의 방식이 다양하게 혼재되어 적용될 수 있다. 한국과 중·러의 수교 및 북한과 미·일 간의 수교는 외교적 차원의 교차승인으로 교차 불가침보장형이 의도하는 효과를 어느 정도 거둘 수 있는 방안이라고 할 수 있다. 유엔보장형이나 다자간 지역안정보장형도 동시에 추진할 수 있는 적절한 방안들이다.

과 관련한 쟁점은 기존 정전체제를 평화체제로 전환하기 위한 협정의 당사자 문제와 구체적인 조항 등이 핵심이므로 쟁점에 집착하기보다는 평화협정 체결이 가능한 유연한 접근이 필요하며, 특히 당사자 문제는 한반도 평화보장의 실질적 당사자가 남북한임을 분명히 하고 향후 한반도의 평화통일에 기여한다는 대원칙에 부합하면 될 것이다.

3) 통일기반 구축

통일기반 구축 목표와 관련한 당면과제는 남남갈등의 생산적 해소, 인도적 문제해결이며, 최종과제는 남북연합 실현과 통일성취이다. 인도적 문제해결 노력은 통일기반 조성의 당면과제로 손색이 없고, 기존 통일문제의 이념적 과잉을 해소하고 '인간의 얼굴을 한 통일'상을 그리는 데 기여할 것이다.

(1) 당면과제

가. 남남갈등의 생산적 해소

남북관계 개선과 화해협력의 진전에 따라 오히려 한국사회에는 이른바 '남남갈등'이 심화되는 양상을 보이고 있다. 대북정책 방향과 대북관을 둘러싸고 화해하기 어려운 갈등을 표출하면서 오히려 민족화해의 내부적 균열을 우려할 정도가 되고 있다. 최근의 남남갈등은 북한 관련 모든 사안에 첨예한 대결과 갈등을 보이고 있으며, 우리 내부의 남남갈등을 성숙하게 해소하지 않고는 향후 남북 공존을 거친 평화통일이 애초부터 불가능할 것이다. 남남갈등의 창조적 해소야말로 대북정책의 국민적 합의를 가능케 하고 향후 남과 북이 같이 사는 평화통일의 가능성을 여는 기본전제가 될 것이다. 대북정책을 둘러싼 남남갈등을 근원적으로 해소하고 남남통합을 넘어 남북통합을 준비함으로써 통일기반을 구축할 필요가 있다.

나. 이산가족 문제의 근본적 해결 추진

금강산 이산가족면회소에 쌍방 대표를 상주시켜 이산가족의 상시적 상봉을 추진하고, 이미 상봉한 가족의 수시상봉 및 동숙 허용, 면회소 설치장소를 확대 추진한다. 이산가족의 고령화 추세를 감안하여 상봉·교류방식을 다양화하여 화상상봉 확대 및 정례화, 이산가족 간 우편물·영상편지 교환 및 전화통화 등을 적극 추진한다. 국군포로 및 납북자 문제해결을 위하여 남북 적십자회담 틀과 함께 별도의 대화채널을 가동하여 본격 협의할 수 있도록 노력한다. 이때 국군포로와 납북자 송환의 현실적 해결을 위해 경제적 지원 등 반대급부를 제공하는 것도 적극 고려할 필요가 있다.

다. 보건의료 분야를 비롯한 인도적 협력 확대

긴급한 인도적 지원부터 보건의료 인프라 재건까지 단계별로 확대 추진한다. 1단계는 취약계층 대상 질병예방 및 치료, 의료진 파견 등 긴급 인도적 지원을 하고, 2단계는 광역(도) 단위 의료 거점 센터 구축 및 의료진을 파견하고, 3단계는 지방(군) 단위까지 보건의료지원체계를 확대 구축한다.

북한의 일부 동·리를 시범지역으로 선정하여 ① 보건교육 및 건강관리, ② 질병예방 및 치료, ③ 모자보건, ④ 영양지원, ⑤ 식수 및 환경개선 사업을 종합적으로 추진한다. 또한 전염병 공동대처, 의학교육 지원, 남북공동 질병조사 등을 수행한다.[4]

라. 북한 인권개선과 남북 인도협력 확대

① 북한 인권문제와 ② 분단으로 인한 인도적 사안(이산가족, 국군포로, 납북자 문제 등)을 포괄적으로 해결하는 것이 필요하다. 즉, 북한 인권문제와 인도적 지원, 국군포로·납북자 문제, 이산가족 문제를 종합적으로 해결할 필요가 있다.

북한 인권문제에 대한 국제적 관심과 노력이 북한주민의 실질적 인권 증진에 기여할 수 있도록 국제사회와 협력해야 한다. 인권문제를 북한의 고립 및 압박 수단으로 남용하는 대결적 인권정책이 아니라, 남북협의를 통해 실질적으로 북한 인권을 개선할 수 있는 협력적 인권정책을 추진한다. 이런 맥락에서 대북 식량지원을 비롯해 북한 주민의 생명권을 확보하는 것은 남북관계의 기복과 정치군사적 갈등 여부와 상관없이 지속되어야 한다.

(2) 최종과제: 남북연합 또는 통일

가. 남북연합

남북연합은 우리 정부의 3단계 통일방안에 포함되어 있고 북한과 협의가 가능한 통일단계의 하나이다. 남북연합은 폭넓은 신뢰구축에 기반하여 남북관계 제도화, 남북경제공동체 수립, 비핵화와 평화체제 구축에 상응하는 통일단계이다. 우리의 우월한 능력과 당당한 자세로 북한의 점진적 변화를 추진할 때 남북연합은 불가피한 것이 아니라 매우 적극적이고 유용한 통일단계가 될 것이다. 이에 앞서 통일기반 조성은 대

---

4   김연철, 「통일·외교·안보정책의 비전과 의제」, 민주정책연구원, 민주당 정책 비전 토론 발제문(2013년 6월 4일).

내적으로 높은 통일 열망, 국제적 지지, 그리고 무엇보다 남북 간 신뢰 조성이 필수적이다.

나. 통일

평화가 정착되어 남북관계가 발전하면 사실상의 통일 상황을 만들고, 통일을 위한 주변 환경을 만들어, 차근차근 통일에 대비해야 한다. 남북관계가 무르익어 가면 남북합의로 통일을 조심스럽게 타진해 나간다. 한편으로 통일을 추진하지 않을 수 없는 상황이 발생하면 어려움이 있더라도 머뭇거리지 않고 통일을 적극 추진한다.

4) 동북아 안보협력

동북아 역내 안보협력 증진은 한반도 신뢰프로세스를 추진할 우호적인 대외환경을 조성할 뿐만 아니라 이 프로세스가 동북아 안보협력에 기여하는 적극적 의미를 포함한다. 말하자면 한반도 신뢰프로세스는 대북정책으로서의 의미만이 아니라 한국이 지역평화협력에 적극 동참하는 의미도 갖는다. 한반도 신뢰프로세스의 이런 이중적 의의를 구현하기 위해서는 한반도 비핵화가 진전되어야 한다. 그런 점에서 역내 안보협력 증진을 위한 당면과제는 6자회담 재개를 통한 참가국 간 상호 신뢰 회복과 한반도 비핵화의 재가동이다. 헬싱키 프로세스가 보여 주는 바와 같이, 정부가 천명한 한반도 신뢰프로세스의 3대 목표는 역내안보협력 증진 없이는 불가능할 것이다. 그런 점에서 한반도 신뢰프로세스가 CSCE와 같은 동북아 안보협력회의(CSC-NEA) 수립을 목표로 하는 것은 타당하다.

정부가 한반도 신뢰프로세스를 서울프로세스와 같이 제시함으로써 한반도 문제와 동북아 문제의 병행 해결의 필요성을 넘어 정책으로 추진할 의지를 밝힌 점은 시의적절하고 적실성이 높다. 따라서 서독이 자유진영의 집단안보체제와 미국과의 동맹관계를 유지하며 CSCE에 적극적이었던 것처럼, 이 부문에서의 최종과제가 되는 동북아 안보협력회의 수립은 미국과의 동맹관계를 바탕으로 역내안정과 공동번영을 추구할 공동자산으로 기능할 것이다.

(1) 당면과제

가. 동북아 정치대화 추진

김정은 체제의 북한이 비핵화와 개혁개방으로 나아갈 수 있는 대외환경을 조성할 수 있도록 주력해야 한다. 동북아 질서가 적대와 대결의 구도가 아니라 평화와 협력의 구도가 되도록 만들어야 한다. 그리하여 한반도가 화해협력을 이루고 이 동력으로 동북아의 평화협력을 견인해야 한다. 남북협력이 동북아 차원과 연계될 수 있는 정치 부분의 정책적 노력이 필요하다. 6자회담 참가국 중심으로 '동북아 협력체' 제안 및 6개국 정상(혹은 외무장관)의 '동북아 정치대화' 추진도 의미가 있다.

나. 6자회담의 추진

북한은 6자회담을 결코 경시할 수 없다. 북한은 미국과의 직접적인 대화를 원하지만 다자회담은 미국과 북한의 양자 협상을 위해 반드시 필요한 초석의 역할을 할 수 있다. 현재는 한국과 미국이 6자회담 재개를 위한 북한의 선조치를 요구하고 있으나, 사실 6자회담 재개를 위한 전제조건은 6자회담의 주제가 될 수 있다. 6자회담이 연기되었을 때 한반도의 안보 상황은 더욱 나빠졌는데, 그것은 회담 재개의 필요성을 보여 주는 강력한 증거다.

한편 6자회담이 열리기 전에 다양한 조합의 양자회담이 활발히 열릴 필요가 있다. 양자회담에서 이미 논의된 내용을 바탕으로 본회담에서 실질적인 결과를 도출할 필요가 있다. 6자회담이 교착상태에 있을 때에는 대안으로 3자회담, 4자회담 등도 대안으로 추진할 수 있을 것이다. 일본은 6자회담 시 일본인 납치문제 해결에 집착했고, 러시아는 중국의 입장을 늘 따라 왔기에 3자 혹은 4자 회담 추진도 좋은 대안이 될 수 있다. 그러나 일본을 끼고 동북아 정책을 추진하는 미국이 이를 수용하지 않을 가능성이 높다.

핵문제는 6자회담에 넘기고 남북한 관계를 개선해 나가는 것이 현실적으로, 그리고 장기적으로 볼 때 우리 민족의 장래에 도움이 될 가능성이 높다. 이유는 북한이 기존에 만들어진 핵까지 포기할 가능성이 거의 없다고 판단되고 여기에 집착하는 한 남북관계 개선은 어려워지기 때문이다. 부연 설명하면 미국과의 관계가 정상화되더라도 부강한 남한이 존재하여 항상 남한으로의 체제통합 불안감을 가지고 있는 북한이 기존에 만들어진 핵까지 포기할 가능성은 높지 않다고 판단된다. 김정은 체제의 몰락만이 핵폐기를 가져올 수 있는데 북한체제의 몰락을 추진하는 전략은 현실성 없음이 이미 입증되었다고 볼 수 있다. 즉, 6자회담에서 핵문제가 완전히 해결될 것 같지는 않다. 만약 해결된다면 그것은 핵확산 방지나 핵무기 동결수준일 것이고 북한은 이왕에 만들어진 핵은 어떻게 해서든 보유하려 할 것이라고 판단된다. 그러므로 남북한 관계 개선을 통해 긴장완화를 추진하고 남북한 경제통합을 추진하면서 남북한 관계를 보다 강하게 얽어매는 것이 한반도 평화와 통일을 위해 가장 현실적인 과정이 될 수 있다. 이론적으로는 북한이 남한을 완전히 신뢰하거나, 정치적·경제적으로 북한의 완전한 체제유지가 보장될 때

핵폐기가 가능할 것이나 두 국가가 존재하는 한 이것이 현실적으로 쉽게 이루어질 가능성은 높지 않다고 판단된다.

6자회담에서 북한의 핵동결, 핵확산 방지와 교환될 수 있는 미국의 선물은 경제제재 해제, 불가침 협정체결, 북미관계 정상화 등이라 할 수 있다. 북한은 미국으로 하여금 주한미군 주둔을 허용하는 선에서 기존의 핵무기를 보유하려 할 것이고, 미국은 북한의 기존 핵무기까지도 폐기하려는 시도를 할 것이나 쉽지 않을 것이다. 여기가 남한의 역할이 긍정적으로 작용해야 하고 남한의 주도권이 필요한 대목이라 할 수 있다.

(2) 최종과제

가. 북미·북일 관계 정상화와 냉전구조의 해체

북한의 체제인정과 안전보장을 위한 장치로써 미국의 대북 적대정책의 폐기, 즉 북미관계 정상화와 맞물려 이행될 때 핵폐기까지는 아니더라도 북한의 핵동결과 비확산은 가능하다. 결국 탈냉전의 섬으로 남아 있는 한반도의 냉전구조를 근본적으로 해체해야 한다. 완전한 북핵 폐기는 남한과의 완전한 적대관계 청산에서만 도달할 수 있는 것이다.

북일 수교는 한일기본조약과 직접적인 관련성이 있으므로 이에 대한 기본원칙은 세우되, 한국정부의 직접적인 입장 표명은 일본·북한의 교섭과정을 지켜보며, 대승적 차원에서 협상의 진전에 도움이 되는 방향으로 신축적으로 행하는 것이 바람직하다.

나. 6자회담의 제도화와 동북아 다자안보협력체로의 격상

북핵 해결과 상관없이 6자회담을 제도화함으로써 동북아의 안보협력을 강화하는 데 활용해야 한다. 6자회담이 동북아 평화와 안보를 증진시키기 위한 최초의 다자기구로 발전하도록 노력해야 한다. 양자동맹 위주의 동북아 상황에서 주요 행위자가 모두 참여하는 6자회담에서 다자안보협력을 논의하게 됨으로써, 북한과 미국의 신뢰관계가 지속·발전할 수 있게 된다. 또한 동북아 국가들의 공통관심사가 될 수 있는 해상안전, 환경, 마약, 인권 등의 이슈를 중심으로 신뢰를 구축하고 향후 군사정보 교환, 군사훈련 참관, 군 인사 교류 등을 다자 틀을 통해 추진함으로써 동북아 다자안보협력의 토대를 마련할 수 있을 것이다.

한국은 6자회담을 통한 외교적 협력, 안보상 협력과 함께 다양한 차원에서의 경제협력 등을 수렴하여 동북아시아 역내의 안보와 경제협력이 이루어지는 평화공동체 형성을 위해 노력해야 한다. 6자회담을 동북아시아 다자안보대화(Northeast Asia Security Talks: NEASTs)로 발전시키는 것이나 대북 경제지원에 토대를 둔 경제협력을 제도화하는 것이 필요하다.

6자회담을 잘 활용하면 참여국 모두의 이해관계가 핵문제를 둘러싸고 서로 작용함으로써 하나의 새로운 역학구조를 만들어 낼 수 있다. 이는 동북아의 평화체제 구축이라는 새로운 질서를 형성하는 계기로 작용할 수 있을 것으로 보인다. 평화협정의 보장 방식은 유럽처럼 다자간 지역안전보장형으로 될 가능성이 크다. 구체적 방안으로는 예방외교와 신뢰구축에 관하여 논의할 수 있는 아시아·태평양지역의 민간 안보대화 협의기구로 아태안보협력이사회(CSCAP: Council for Security Cooperation in the Asia-Pacific)를 ASEAN과 함께 동북아 평화체제 추진에 활용할 수 있다. 동북아의 평화와 안보협력을 위해 ARF, CSCAP와 NEACD를 정례화하고 의제를 구체화하는 등 적극적으로 활용하는 것이 필요하다. 그리고 북한을 적극적으로 참여시키기 위한 노력도 반드시 병행해야 한다.

동북아다자안보협력을 기존 동맹이나 양자관계를 대체하는 방향에서 접근할 경우 관련국들의 반발이나 우려를 초래할 가능성이 매우 높으므로, 기존 체제·관계의 대체가 아닌 이를 인정하는 보완적 차원에서 추진해야 한다. 이를 위해서는 '열린 지역주의(open regionalism)'를 표방하여 모든 역내 국가의 참여를 독려하는 한편 역외 지역국가들과의 교류도 동시에 증대하는 전략을 구사하는 것이 유효하다. 또한 일과성적인 선언적 차원에서의 접근은 지양하고, 교류·접촉 기회 확대, 대화와 협력의 습관화, 동북아라는 지역의 정체성 추구, 규범(norm) 형성이라는 장기적 관점에서 접근해야 한다. 동북아 다자안보협력은 기존의 양자 간 동맹관계를 보완하는 형태로 추진되어야 한다. 또한 동북아 다자안보협력은 일차적으로 민간기구를 중심으로 추진하는 것이 바람직하며, 신뢰구축 조치가 우선적으로 추진되어야 한다.

다. 남북 경제협력을 통한 동북아의 경제협력체제 추진

추진해야 할 사업으로는 첫째, 이미 남북 경제협력체제 구축 단계에서 완성될 경의선·동해선 철도연결을 TCR과 TSR로 연결하고, 또 육로수송의 타당성을 검토하여 연결노선의 우선순위 선정을 추진하여 남·북·중·러 등 관련국 간 협의를 거쳐 당국 간 차원과 민간 차원으로 전문가 협의체를 운영한다. 둘째, 개성공단이 동북아 중심건설에 핵심 프로젝트가 되도록 보다 확장시킬 필요가 있다. 국제적으로 경쟁력 있는 공단으로 발전할 수 있도록 비교우위의 업종을 선별하여 유치해야 하며, 외국인 투자확보를 위한 다각적 방안을 찾아볼 필요가 있다. 셋째, 다자간 대북에너지 협력방안을 모색해야 한다.

한반도 1일 물류망 건설을 위해 북한지역 물류 SOC 현대화를 위한 외국자본 유치방안을 모색해야 한다. 또한 정보·통신망 연결을 위해 국제 콘소시엄을 통하거나 남북관광협력을 위해 동북아권과의 연계 관광개발을 추진한다. 남북 간 에너지 협력체제의 구축방안을 강구하고, 제도적·지적 인프라 구축을 위해 북한경제관료·경제인의 국내외 연수를 통한 시장경제 인력을 양성할 필요가 있다. 남북경제 분야 연구기관 간 학술교류 및 공동연구를 추진한다. 또한 북한의 경제재건을 위한 국제금융기구의 기술지원 및 차관을 활용하고 동북아개발은행 설립 등 국제적 협력체제를 마련해 나가야 한다.

라. 유라시아 랜드 브리지 구성의 경제발전 전략으로 평화체제 공고화

이 사업을 추진하기 위한 해당 지역 국가들의 협력은 이들 지역의 군사적 긴장을 완화하게 된다. 그러므로 당연히 동북아의 평화협력체제를 공고히 할 것이고, 평화적인 한반도 통일에도 기여할 것이다. 유라시아 랜드 브리지(Land Bridge)를 구성하면 한반도가 동북아의 허브, 평화촉진자, 전략적 완충지 등의 역할을 하게 되고, 이는 이 지역 전체의 번영에 결정적인 역할을 할 뿐만 아니라 통일의 촉진제 역할을 할 것이며, 세계 평화에도 크게 기여하게 될 것이다.

2. 경제통합 방안

대공민주주의에서 경제적 통합은 '공익', '나눔의 방식'에 해당한다. 남한과 북한이 서로 필요로 하는 경제요소, 즉, 사람(노동), 자본, 기술, 물건(상품, 자원) 등을 상호 이익이 되는 방식으로 거래하는 과정이라고 할 수 있다.

1990년 10월 3일 동독이 서독에 통합될 당시, 동독의 1인당 GDP가 5,900달러, 서독이 2만 달러로 4배의 격차가 있었던 것에 비해, 남북통합방안을 탐구하고 있는 2018년 4월 29일 한국은행이 추신한 북한의 명목국민총소득(GNI)은 2016년 기준 36조 4,000억 원 수준이다. 남한의 당시 명목국민총소득은 1,639조 1,000억 원이었으므로[5] 그 격차가 아주 크다.

독일의 통합 이후, 독일정부는 낙후된 동독지역을 개발하고 실질적인 경제적 통합을 이루기 위해서 천문학적인 금액을 매년 투입하고 있다. 이러한 독일의 사례와 남북한의 경제격차를 감안할 때, 남한과 북한의 경제통합 과정에서 북한의 우선적인 경제성장이 필수적이며, 이를 위해 남한의 북한에 대한 개발 및 인도주의적 지원 그리고 경제협력은 불가피해 보인다.

그렇다고 무조건적인 '퍼주기식' 지원은 '공익', 즉 대공민주주의에서 추구하는 '나눔의 방식'에 적절하지 않다. '공익'이 실현되기 위해서는 개발을 지원하는 남한과 개발지원을 받는 북한 모두에게 '이익'이 되는 윈-윈 전략 방식을 모색해야 한다.

남북 경제협력과 통합에 대한 본격적인 논의에 앞서, 남북 경제협력을 가로막고 있는 가장 큰 장애물인 5·24조치의 해결방안이 먼저 논의되어야 한다. 2010년 3월 26일 발생한 천안함 침몰의 원인이 북한의 잠수함에서 발사한 어뢰라는 합동조사단의 조사결과에 근거하여 2010년 5월 24일 이명박 대통령은 다섯 가지 사항을 핵심으로 하는 5·24조치를 발표했다. 다섯 가지 핵심 사항에는 북한 선박의 남측 해역 운항 전면 불허, 남북 교역 중단, 국민의 방북 불허, 대북 신규 투자

---

5 『국민일보』, 2018년 4월 30일자.

금지, 대북 지원사업의 원칙적 보류 등이 포함되었다. 이에 따라 인도적인 목적이라 해도 사전에 정부와 협의를 거치지 않으면 대북지원을 할 수 없게 되었다.

북한은 2010년 5월 28일 국방위원회 공식 기자회견[6] 등을 통해 천안함 침몰사건은 '철두철미 남한당국이 꾸며 낸 날조극, 모략극'이라고 주장했으며, 5·24조치에 대한 대응으로 남북관계 전면 폐쇄, 남북불가침합의의 전면 파기, 남북 협력사업의 전면철폐를 선언[7]했다. 2015년 현재 남과 북은 5·24조치의 해제 또는 완화 없이는 남북 경제협력과 통합이 전혀 이루어질 수 없는 구조 속에 놓여 있다.

이 구조를 해결할 수 있는 방안으로, '2015년 8월 25일 합의모델'을 제안하고자 한다. 북한의 목함지뢰 도발과 포 사격으로 촉발된 한반도 긴장 상태를 해결하기 위해 2015년 8월 22일부터 8월 25일까지 남북 고위급 인사인 김관진 청와대 안보실장, 홍용표 통일부장관, 황병서 북한군 총정치국장, 김양건 통일전선부장이 접촉을 갖고 합의문을 발표했다. 이 합의문에서 북한은 이전까지 자신들의 소행이 아니라고 부인해 온 지뢰폭발에 대하여, "북측은 군사분계선 비무장지대 지뢰폭발로 남측 군인들이 부상을 당한 것에 유감"이라고 밝혔고, 남한은 이것을 사과로 받아들였다. 이와 함께 남북 당국은 이산가족 상봉에도 합의했다.

천안함 침몰에 대해서도 남북 고위급 인사들이 접촉을 갖고, '2015년 8월 25일 합의모델'을 참고하여, 남북이 모두 받아들일 수 있는 수준의 사과를 탐색해 나갈 수 있다고 판단된다. 사과의 합의와 함께 '통 큰' 남

---

6 『로동신문』, 2010년 5월 29일자.
7 『로동신문』, 2010년 5월 26일자.

한의 대북 인도주의적 지원과 경제협력을 발표할 필요가 있다. 이러한 과정을 통해 5·24조치의 해제 또는 완화가 이루어진 이후에 남북 경제협력과 통합을 위한 논의가 활성화될 수 있을 것이다. 이와 같이 5·24조치의 완화 또는 해제를 전제로 하여, 2015년 현재 북한이 추구하는 경제발전 목표와 기본전략이 무엇이며, 남북한 경제통합이 이루어지기 위해서 북한의 경제발전 목표가 어떻게 변경되어야 하는지, 그리고 남북한 경제통합을 위해서 북한의 경제발전 전략에 남한정부와 기업이 어떻게 협력해 나가야 할 것인지에 대하여 구체적으로 설명하고자 한다. 북한 지도부의 경제발전 목표와 전략을 분석하기 위해서 조선로동당 기관지인 『로동신문』에 게재된 김정은의 발언과 조총련 기관지인 『조선신보』의 북한 경제전략 관련 기사를 참조했다.

1) 남북 경제통합을 위한 북한 경제발전 목표 변경 방안

2011년 12월 30일 북한의 최고 의사결정기관인 조선로동당 정치국은 김정일의 유훈에 근거하여, 김정은을 국가 최고지도자로 추대했다. 김정은은 다음 해 4월 15일 '김일성 대원수님 탄생 100돐 경축 열병식'에서 첫 공식 연설을 했다. 이 연설에서 김정은은 '북한 주민들이 다시는 허리띠를 조이지 않게 하며, 사회주의 부귀영화를 마음껏 누리게 하는 것이 당의 확고한 결심'이라고 선언했다. 이를 위해서 북한 경제발전과 주민생활 향상을 최우선 과제로 설정하고, 이를 통해 주민들의 생활을 보다 윤택하게 하며, 국가 경제를 빠른 기간에 성장시킬 수 있는 튼튼한 토대를 마련하겠다고 발표했다.[8]

---

8 『로동신문』, 2012년 4월 16일자.

한편 북한 지도부는 북한의 경제발전과 주민생활 향상이 이루어지기 위해서는 먼저 '안보불안요소'가 제거되어야 한다는 점을 분명히 한다. 지난 70년간의 세계적 규모 냉전 기간 동안 여러 지역에서 크고 작은 전쟁이 많았지만, 핵무기 보유국들만 군사적 침략을 당하지 않았다는 점을 강조하면서, 주민들이 더 이상 허리띠를 조이지 않고 사회주의 부귀영화를 누릴 수 있도록 경제건설에 힘을 집중하기 위해서는 '경제건설'과 '핵무력 건설'을 병진시키는 전략적 노선을 선택할 수밖에 없다고 주장한다.[9]

그런데 이러한 북한의 핵무기 개발은 남북 경제통합을 가로막는 가장 커다란 장애물이 되고 있다. 남한을 한순간에 잿더미로 만들 수 있는 핵무기로 남한을 위협하는 북한을 경제적으로 지원하자는 데 대하여 많은 국민이 동의하기 어렵다. 지난 이명박 정부에서 추진한 '비핵, 개방, 3000'에 대하여 국민들이 지지를 보냈던 이유가 바로 여기에 있다.

세계 유일 초강대국 미국 그리고 그 동맹국인 남한과 정전 상태에 있는 약소국 북한이 체제 생존을 유지하기 위해서 '억지수단'으로 핵무기를 개발하는 것은, 북한의 국가 안보전략 차원에서 선택할 수 있는 방안이다. 하지만 남한 및 국제사회와의 경제협력 및 경제통합을 진행해 나가는 과정에서 방해 요인이 될 수밖에 없다.

따라서 남북한이 본격적인 경제협력, 경제통합 과정을 진행하기에 앞서, 북한의 안보불안을 해소해 줌으로써 북한 핵개발을 동결시키고, 이후 단계적으로 해체해 나가도록 해야 한다. 이를 위해 6자회담을 재개하여 유엔안전보장이사국인 미국, 중국, 러시아가 북한의 '국가안보'를 공식적으로 보장해 주고 지원을 약속함으로써, 북한이 '핵 개발'을

---

[9] 『로동신문』, 2013년 4월 2일자.

동결하고 단계적으로 해체하도록 해야 한다. 이 과정에서 남한은 지난 2007년 2월 13일, 2·13합의에서 구성된 '에너지 지원 실무그룹'을 통해 보다 적극적으로 북한에 에너지를 지원함으로써 북한의 핵무기 개발 포기를 유도할 수 있을 것이다.

2) 북한의 경제발전 전략과 남북 경제통합의 구체적인 방안

(1) 북한의 식량문제 해결 추구와 남북 경제통합 방안

북한 조선로동당은 김정은 집권 이틀 후인 2012년 1월 1일 공동사설을 통해, '현 시기 인민들의 먹는 문제, 식량문제를 푸는 것이 강성국가 건설의 초미의 문제'라고 언급하면서, 당의 농업혁명 방침을 철저히 관철하여 벌방지대든, 산간지대든 어디서나 알곡 정보당 수확고를 획기적으로 높여 나가도록 하라[10]고 촉구했다. 김정은 또한 '전국 농업부문 분조장 대회' 참가자들에게 보낸 서한을 통해 '농업전선이 사회주의 수호전의 전초선이며 사회주의 경제강국 건설에서 힘을 집중해야 할 주타격방향'[11]이라고 강조했다.

북한은 최근 농장원들의 생산열의를 높이기 위해서 20명 내외가 함께 작업하는 분조를 4, 5명 단위의 포전으로 나누고, 여기에서 생산된 농작물 중 국가가 정한 일정한 몫을 제외한 나머지를 근로일수에 따라 현물로 분배하는 '포전담당 책임제'를 도입하여 시행하는 등 농업 생산 방식에 변화를 주고 있다.

---

10 『로동신문』, 2012년 1월 1일자.
11 『로동신문』, 2014년 2월 7일자.

이러한 노력에도 불구하고, 부족한 경지면적, 지구온난화의 여파로 인한 잦은 기상악화(가뭄, 홍수 등)로 전 주민이 먹을 수 있는 만큼의 식량을 생산해 내지 못하고 있다. 이에 반해 남한은 품종개량을 통한 식량생산의 증대, 그리고 쌀 소비의 지속적 감소로 초과 생산된 쌀 처리 문제가 하나의 사회문제로 등장했다. 이 상황을 정리하면 표 2와 같다.

표 2 북한 식량부족 상황과 남한의 쌀 초과 생산량 추이[12]

(단위: 만 톤)

	2011년	2012년	2013년	2014년
북한 식량요구량	534	540	543	537
북한 식량생산량	425	445	484	503
북한 식량부족량	109	95	59	34
남한 초과생산량	105	76	80	87

표 2에서 보듯이 북한은 해마다 식량이 부족한 상황이다. 이로 인해 전체 북한 여성 중 30%가 만성 빈혈에 시달리고 있으며, 5세 미만의 영아들 중 28%가 발육장애를 겪고 있다. 그런데 남한에서는 2015년 10월 쌀 재고량이 140만 톤을 넘어서면서 보관할 창고를 구하지 못하는 사태까지 발생하기도 했다.

2018년 9월 20일 국제연합식량농업기구(FAO)는 북한을 외부지원이 필요한 39개 식량부족국가에 여전히 포함시켰다.[13]

이러한 상황을 개선하기 위해서 남한정부가 국제시세 이하의 가격으로 식량을 북한에 판매하고 그 대금을 북한의 광물로 받는 '인도주의적 바터무역' 방식이 제시될 수 있다.

---

12 북한 통계: FAO국가 보고서, 남한 통계: 『중앙일보』, 2015년 10월 27일자.
13 『자유아시아방송』, 2018년 9월 21일.

남한정부는 과잉 생산된 쌀의 추가 매입을 요구하는 농민과 정치권의 압력에 시달리고 있다. 이 문제가 적절히 해결되지 않으면 농촌지역이 심각한 경제적 어려움에 직면할 수도 있다. 그리고 잉여 쌀 보관을 위해 매년 수백억 원의 예산이 지출되고 있다. 또한 인도주의적인 차원에서 같은 민족 구성원들이 굶주림에 허덕이고 있는 것을 그냥 지켜보기만 할 수도 없는 문제이다. 그렇다고 북한의 부족한 식량을 남한이 무조건 지원해 주는 것은 남한 국민정서에 맞지 않을 뿐만 아니라, 북한의 식량생산 의지를 약화시킬 수 있다.

이러한 문제들을 모두 해결할 수 있는 방안이 '인도주의에 기초한 바터무역' 방식이다. 남한정부는 북한이 국제시장에서 구입할 때 지불해야 하는 가격보다 50% 정도 더 저렴한 가격으로 식량을 북한에 판매할 여력이 있다.

그런데 현재 북한이 중국과의 무역에서 지속적인 적자를 기록하고 있기 때문에 외화가 부족하다. 이로 인해 남한의 식량을 경화로 구입하는 데 부담을 가질 수밖에 없다. 이전 김대중 정부와 노무현 정부는 이러한 상황을 감안하여 장기 차관 형식으로 식량을 북한에 제공했는데, 이것이 북한에 대한 '퍼주기 논란'을 불러왔다.

다행히 북한에는 대량의 지하자원이 매장되어 있다. 통일부의 발표에 따르면 340조 원 가치에 해당하는 45억 톤의 무연탄이 북한 땅에 묻혀 있는 것으로 추정된다. 남한은 이 무연탄을 식량 판매 대금으로 수령해서 화력발전소 원료로 사용할 수 있을 것이다.

남한의 곡창지대에서 생산되는 식량과 북한의 광산지대에서 채굴된 광물의 교환은, 남북한 양측 모두에게 도움이 되는 대표적인 경제교류 및 협력 사례가 될 수 있을 것이다.

(2) 북한의 축산, 수산, 과수농업 활성화 추구와 남북 경제통합 방안

2013년 1월 1일 김정은은 신년사를 통해 축산과 수산, 과수 부문을 결정적으로 발전시켜 주민들의 식생활을 개선하고 더욱 풍족하게 해야 한다고 강조했다. 그리고 2015년 신년사에서는 농산과 축산, 수산을 3대 축으로 하여 주민들의 먹는 문제를 해결하고 식생활 수준을 한 단계 높여야 한다고 주장했다.[14]

김정은은 축산을 발전시키기 위해서 좋은 집짐승 종자를 확보하고, 충분한 먹이를 보장하며, 과학적인 사육을 실시하고, 철저한 수의방역 대책을 수립하라고 지시했다. 특히, 종자문제 해결이 축산업 발전의 선결조건이라고 하면서 다른 나라들과 과학기술 교류를 활발히 벌여 좋은 종자를 확보할 수 있도록 하라고 강조했다.[15]

수산 분야와 관련해서는, 2014년 12월에 김정은이 직접 '인민군대 수산부문의 모범적인 일군들과 공로 있는 후방일군들에 대한 당 및 국가 표창수여식'에 참가해서 '목숨을 내대고 헌신의 땀방울을 바쳐' 물고기 대풍을 거두라고 지시했다.[16]

한편 김정은은 산림조성을 강조하면서, 10년 안으로 벌거숭이산들을 모두 수림화하는 것이 당의 확고한 결심이며 의지라고 밝혔다. 그는 모든 산을 황금산, 보물산으로 만드는 것이 김일성과 김정일의 유훈이라고 하면서, 경제발전과 주민생활 향상에 쓸모 있는 목재림, 기름나무림, 과실수, 밤나무, 펄프 및 종이 원료림을 조성할 것을 지시했다.[17]

먼저, 남북한의 축산협력의 가능성과 이점을 살펴보고자 한다. 남북

---

14 『로동신문』, 2013년 1월 1일자; 『로동신문』, 2015년 1월 1일자.
15 『로동신문』, 2015년 1월 30일자.
16 『로동신문』, 2014년 12월 28일자.
17 『로동신문』, 2012년 5월 9일자.

표 3 남북한 축산협력의 시너지 효과 창출

남한	시너지의 정도	북한
축산입지가 포화 상태	강함	풍부한 축산입지 확보
가축질병 상재, 도시와 근접	강함	청정지역으로 도시와 격리
목초자원의 부족	매우 강함	목초자원 생산 가능
투자재원 마련 가능	강함	대외 투자 환영
현대 집약 축산기술 보유	매우 강함	기술접목 잠재 지역 확보
새로운 축산기반 확보 필요	강함	기반구축 가능

한 축산협력의 시너지 효과 창출을 정리하면 표 3과 같다.

표 3을 보면 알 수 있듯이, 남북한의 축산 교류협력을 통해서 북한의 축산기술이 향상되고 유휴 노동력을 활용하여 축산물 생산량을 증가시킬 수 있다. 그리고 축산업의 활성화로 북한 주민들의 영양상태가 개선되고, 축산과정에서 유휴지가 활용됨으로써 토지의 활용성을 높일 수 있으며, 가축의 분뇨로 지력의 회복을 도모할 수도 있을 것이다. 장기적으로는 북한의 축산기반이 유지되어 남한과 북한의 축산이 상호 미비점, 문제점을 보완하여 체계적으로 발전할 수 있게 되면서 한반도의 효율적 축산 인프라 구축에 기여할 것이다.[18]

축산교류 협력에 관해서 단기적으로 제안할 수 있는 구체적인 방안은 휴전선 인근 북한지역에 유제품 가공단지를 건설하여 남한에서 과잉 생산된 우유를 북한의 저렴한 노동력을 활용하여 가공한 후 내수로 판매하거나, 해외로 수출하는 방안을 고려할 수 있다. 이 가공단지에서 생산된 일부 유제품은 인도주의적 차원에서 북한 어린이와 노인 등 취약

---

[18] 김경량, 「북한의 축산현황과 남북축산의 교류협력 방향」(home.konkuk.ac.kr/cms/Common/MessageBoard/ArticleFile.do?id=12194205, 검색일: 2015년 10월 27일).

계층에 무상으로 제공할 수도 있을 것이다.

  남북 수산 분야 협력과 관련해서는, 남한과 북한이 오래전부터 민간 차원에서 수산물 반입과 반출을 계속 추진해 왔고, 직접투자사업도 몇 차례 추진했으나 대부분 중도에서 중단되고 말았다. 특히, 2000년 2월 23일, 남한의 전국어민총연합회(전어총)와 북한의 민족경제협력연합회(민경련) 간에 '민간 어업협력에 관한 합의서'가 체결되었다. 이 합의서에 따라 북측은 어장을 제공하고 남측은 어선과 어구·자재를 제공하되 양자는 이익금을 절반씩 나누기로 했다. 그러나 이 역시 여러 가지 문제로 인해 뚜렷한 결실 없이 중단되고 말았다.[19]

  남북 정부 차원에서는 지난 2005년 7월 25일부터 27일까지 개성에서 '1차 남북수산협력실무협의회'가 개최되었으며, 이 협의회에서 남북 공동어로수역 설정, 제3국 어선의 불법조업 근절문제 및 수산 분야 기술교류 등을 중점 협의했다. 협의 결과 남북은 6개 항에 합의했는데, 그 내용으로는 서해에서 남북 공동어로수역 설정 및 이용, 서해에서 불법 어선들의 어로활동 방지를 위해 출입을 통제하는 조치에 협력, 수산물 생산·유통 분야에서의 협력사업 진행, 수산물 생산 향상을 위한 우량품종의 공동개발 추진 및 이를 위한 수산 분야 기술교류 추진, 제3국 어장진출 협력, 남북 수산협력 실무접촉 지속이 포함되었다.[20]

  하지만 이러한 합의는 이후 남북한 간의 관계가 악화되면서 제대로 이행되지 못하고 있다. 남북이 다시 이 합의를 존중하고, 수산 분야의 협력을 활성화해 나간다면, 남북 모두 경제적인 이익을 얻을 수 있을 것이다.

---

[19] 행정안전부 국가기록원(www.archives.go.kr/next/search/listSubjectDescription.do?id=008890, 검색일: 2015년 10월 28일).
[20] 『한국농어민신문』, 2001년 5월 3일자.

과수농업과 관련해서 북한은 김정은의 방침에 따라 2015년 전국적으로 수천 정보의 과수원에 키 낮은 사과나무, 배, 복숭아, 살구나무 등 300만여 그루의 과일나무를 심었다. 구체적으로 평양과수농장, 사리원과수농장, 덕성사과농장이 과일나무 심기에 앞장섰으며, 룡전, 종산, 라하과수농장 등 북청군 지역 과수농장에서도 나무심기가 진행되었다.[21]

이러한 과수농업에 남한의 적극적인 협력이 필요한 이유는 두 가지이다. 첫째, 인도주의적인 차원에서 과수농업의 활성화를 통해 다양한 영양소 결핍으로 고통을 겪고 있는 북한 주민들에게 필요한 영양소를 공급해 줄 수 있다. 둘째, 과일나무의 식수를 통해 한반도의 환경파괴를 억제할 수 있다. 한반도는 사막화가 빠르게 진행 중인 중국을 이웃하고 있어 황사로 인한 직·간접적인 피해가 날로 심해지고 있다. 이와 더불어, 산림이 파괴가 심각한 북한은 홍수에 취약한 실정이다. 앞으로 북한 산림이 더욱 황폐해진다면, 홍수와 황사에 따른 국토파괴가 더욱 가속화될 수 있다. 따라서 환경오염의 피해를 최소화하기 위해서 남한은 북한의 과수나무 심기에 적극적으로 협력해야 한다.

위에서 살펴본 바와 같이 남한이 북한의 축산, 수산, 과수농업 개발에 협력함으로써 북한 주민들을 인도적으로 지원하고, 남북한이 경제적 시너지 효과를 거둘 수 있을 뿐만 아니라, 중국 황사와 자연재해로 악화되고 있는 한반도의 환경 생태계를 보호하고 유지할 수 있다.

(3) 북한 경제개발구 설치, 개성공단 재개와 남북 경제통합 방안

2013년 3월 31일 김정은은 조선로동당 전원회의에서 '경제건설과 핵무력 건설을 병진시킬 데 대한 새로운 전략적 노선'을 제시하면서, 원

---

[21] 「통일뉴스」, 2015년 4월 22일자.

산지구와 칠보산 지구를 비롯한 북한 여러 곳에 관광지구를 잘 꾸리고 관광을 활발히 벌이며, 각 도들에 자체의 실정에 맞는 경제개발구들을 특색 있게 발전시켜 나가라고 지시했다. 김정은은 2015년 1월 1일 신년사에서 대외 경제관계를 다각적으로 발전시키며, 원산-금강산 국제관광지대를 비롯한 경제개발구 개발사업을 적극적으로 밀고 나가야 한다고 하면서 '경제개발구' 개발을 다시 강조했다.[22]

북한은 이러한 김정은의 지시에 따라 2013년 11월 21일 최고인민회의 상임위원회에서 신의주에 특수경제지대를 설치할 것과 각 도들에 13개 경제개발구를 만드는 것에 대한 정령을 발표했다. 이 정령은 또한 특수경제지대와 경제개발구들에서 북한의 주권이 행사된다는 점을 분명히 했다.[23]

경제개발구의 성공적인 운영을 위해서 2014년 5월 2일 북한 '조선경제개발협회'는 박경애 캐나다 브리티시 컬럼비아 대학교 교수 등 특수경제지대 해외 전문가들을 평양에 초대해서 '경제개발구 전문가 토론회'를 개최하기도 했다. 이 토론회를 통해 북한 지도부는, 정령을 통해 설치해 놓은 경제개발구들을 세계적인 경제협력지대로 만드는 데 필요한 사항에 대한 자문을 받았다.[24]

북한은 경제개발구에 대해서 소득세(25% → 개발구 14%)와 관세 감면 및 인프라·첨단기술·IT기업 투자의 경우 추가 감세(10%), 주식배당금 등 기업수입에 대한 세금감면(20% → 개발구 10%), 공장부지 우선선택권 부여, 기업 설립·분할 자유화, 최장 50년까지의 토지임차권 부여 등의 우대조치를 실시하고 있다. 그리고 토지이용과 노동력 고용을 우대

---

22 『로동신문』, 2013년 4월 2일자; 『로동신문』, 2015년 1월 1일자.
23 『조선신보』, 2013년 11월 27일자.
24 『조선신보』, 2014년 5월 12일자.

하고 있다. 예를 들어 나선특구를 비롯한 북한 내 외국인투자자의 합자·합영회사 근로자 임금은 월 75달러(500위안) 전후로, 이는 중국 동북지역 근로자 평균임금의 30% 수준에 불과하다.[25]

북한이 설치한 13개 경제개발구의 위치를 살펴보면 다음과 같다. △신의주시 용운리 압록강경제개발구 △황해북도 신평군 신평관광개발구, 송림시 송림수출가공구 △자강도 만포시 만포경제개발구, 위원군 위원공업개발구 △강원도 원산시 현동공업개발구 △함경남도 함흥시 흥남공업개발구, 북청군 북청농업개발구 △함경북도 청진시 청진개발구, 어랑군 어랑농업개발구, 온성군 온성섬관광개발구 △양강도 혜산시 혜산경제개발구 △남포시 와우도수출가공구 등이다.[26]

앞에서 제시된 경제개발구 가운데, 일본은 북한의 남포(와우도 수출가공구)와 원산(현동공업개발구)에 관심이 많은 것으로 알려져 있다. 특히, 원산은 1876년 2월 27일 조선과 일본이 체결한 강화도 조약에서 조선이 일본에 개항한 3개의 항구 중 하나이다. 일본이 현동공업개발구 투자에 적극적으로 나설 경우, 원산은 일본의 한반도와 중국 진출의 거점 역할을 하게 될 것이다.

중국은 이미 나진·선봉과 혜산에 대한 접근로를 확보하고 있다. 그리고 신압록강대교가 개통되면 중국 동북 3성은 물론이고, 중국 전역의 공해기업들과 저임금 노동력을 활용하는 기업들이 신의주 특수경제지대에 적극적으로 진출하고자 할 것이다. 한반도 양측에 있는 지리적·경제적 거점을 둘러싸고 중·일 양국이 제2의 전선을 형성하고 있

---

[25] 임호열·김준영, 『북한의 경제개발구 추진현황과 향후과제』(대외경제정책연구원, 2015), 5쪽.
[26] 김규원, 「북, 신의주 특구·13개 경제개발구 설치 공식 발표」, 『한겨레 신문』, 2013년 11월 21일자.

다. 이와 같이 남북 경제협력 및 통합이 늦어짐에 따라, 중국과 일본 등 외국 자본이 북한의 중요한 지역을 먼저 선점할 가능성이 높아지고 있다.

이러한 상황에서 남한은 북한 경제개발구 설치 및 운영에 어떻게 협력하고, 경제통합을 추진해 나갈 것인가?

첫째, 북한 경제개발구들 가운데 남한의 교두보를 확보할 필요가 있다. 다행스럽게도 이와 관련된 사항이 2010년 10월 4일 남북 정상이 합의한 10·4 남북공동선언 제5조에 포함되어 있다. 그 내용을 자세히 살펴보면 다음과 같다.

- 남과 북은 안변과 남포에 조선협력단지를 건설하며 농업, 보건의료, 환경보호 등 여러 분야에서의 협력사업을 진행해 나가기로 하였다.
- 남과 북은 해주지역과 주변해역을 포괄하는 서해평화협력특별지대를 설치하고 공동 어로구역과 평화수역 설정, 경제특구 건설과 해주항 활용, 민간선박의 해주직항로 통과, 한강하구 공동이용 등을 적극 추진해 나가기로 하였다.

남북 정상이 합의해 놓은 남포와 안변은 공교롭게도 일본이 진출하고자 하는 요충지와 정확히 일치한다. 남포는 평양으로 들어가는 길목으로써 북한은 이 지역을 수출가공구로 개발하고자 한다. 한편 안변은 원산 바로 밑에 위치하고 있으면서 금강산과 원산을 잇는 지역이다. 남북 정상은 이 두 지역에 조선협력 단지를 건설하고, 농업 등 다양한 분야의 협력사업을 하기로 합의했다. 이 합의가 본격적으로 이행된다면, 남북 경제협력은 섬유 가공과 같은 노동집약산업에서 중화학 중심의 기술 및 자본집약산업으로 확대 발전해 나갈 것이다.

한편 해주경제특구는 남측과 인접해 있으며, 개성공단과 수도권과의 연계로 삼각 축을 이루어 경제협력을 가속할 수 있다는 지리적 장점이 있다. 그리고 남북은 해주 특구 개발을 통해 경제협력과 함께 평화협력도 이룰 수 있다. 해주항은 오래전부터 군사충돌 가능성이 항상 잠복해 있는 북방한계선에서 그리 멀지 않은 곳에 위치한 군사항의 역할을 해오고 있기 때문이다. 해주에 육상 공단이 조성되고 해주와 인천을 잇는 해상 수송로가 개발된다면, 민간선박들이 이 해상을 자유롭게 통항할 수 있기 때문에 서해상의 군사적 긴장완화에 기여할 수 있을 것이다. 그리고 한 발 더 나아가 민간선박이 해주항과 남포항을 정기적으로 항해하게 되면 서해가 남북 경제협력과 안보협력의 장이 될 것이다.

둘째, 북한의 경제개발구와 남한의 광역지방자치단체(특별시, 광역시, 도)가 상호 협력할 수 있는 체계를 구축해야 한다. 북한은 김정은의 지시에 따라 각 도들에 자체의 실정에 맞는 경제개발구를 설치해 두고 있다. 남한의 각 광역지방자치단체들이 특화시키고 있는 분야와 북한 경제개발구가 발전시키고자 하는 분야를 잘 연결해서 상호 협력한다면, 이 과정을 통해 신뢰가 형성되고 경제적 통합이 가속화될 것이다. 주력 사업을 기준으로 북한 경제개발구와 남한의 광역지방자치단체를 묶어 보면 표 4와 같다.

남한 광역지방자치단체들은 북한 경제개발구 행정기관과의 협력을 통해, 남한의 자치단체장과 북한의 경제개발구 책임자를 공동 위원장으로 하는, 각 경제개발구 '남북 경제협력위원회'를 구성하고, 이 위원회를 중심으로 하여 남한과 북한이 실질적인 경제협력 및 통합을 진행해 나가야 한다. 이 과정에서 남한 통일부와 국무총리실은 북한 중앙 당조직 및 내각과 '컨트롤 타워(Contro Tower)'를 구성하여 청와대와의 협력

표 4 주력사업을 기준으로 한 남한의 광역지방자치단체와 북한의 경제개발구 연결

북한 경제개발구	주력사업	남한 광역지방자치단체
만포 경제개발구	농업, 관광 휴양, 무역	전라남도
북창 농업개발구	과수 및 과일 종합가공	경상북도
송림 수출가공구	수출가공, 화물운송	인천광역시
신평 관광개발구	유람, 휴양, 체육	경상남도
압록강 경제개발구	농업, 관광휴업, 무역	부산광역시
어랑 농업개발구	농축산 기지	강원도
온성섬 관광개발구	외국인 대상 관광개발	제주도
와우도 수출가공구	수출지향적 가공 조립	강원도
위원 공업개발구	광물자원 및 목재	충청북도
청진 경제개발구	금속가공, 기계제작	울산광역시
현동 공업개발구	정보산업, 경공업	충청남도
혜산 경제개발구	수출가공, 현대농업	전라북도
흥남 공업개발구	보세가공, 화학제품	경기도

하에 각 경제개발구의 '남북 경제협력위원회' 활동을 재정적·행정적으로 뒷받침해 주어야 한다.

셋째, 개성공단을 재개하여 점차 확대할 필요가 있다. 2010년 남북정상회담에서 남북은 개성공단 확장에 대한 합의에 이미 도달했다. 그 내용은 다음과 같다.

- 남과 북은 개성공업지구 1단계 건설을 빠른 시일 안에 완공하고 2단계 개발에 착수하며 문산·봉동 간 철도화물수송을 시작하고, 통행·통신·통관 문제를 비롯한 제반 제도적 보장조치들을 조속히 완비해 나가기로 하였다.

사실 북한 입장에서 개성공단 사업은 김정일의 유훈사업에 해당한다. 2000년 6월 29일 김정일 국방위원장이 원산에서 정몽헌 회장, 김윤규 사장과 만난 자리에서 개성공단 개발을 확정해 주었다. 그리고 이 자리에서 김정일 국방위원장은 개성공단을 우선 2,000만 평 규모로 시작하고, 진전되는 것을 보면서 중국의 선전이나 푸동지구 공단보다 더 큰 1억 평까지 확대해 나가자고 했다. 그리고 개성뿐만 아니라 추후 신의주와 통천에도 공단을 개발하기로 했다.

개성공단 개발 총 계획은 2,000만 평의 부지에 공단 800만 평, 신도시 1,200만 평(500만 평에 달하는 개성 시가지 포함)을 개발하는 것이었다. 이를 통해, 2,000여 개의 기업을 유치하고, 북한 인력 60만~70만 명을 고용하여, 연간 250억 달러 이상의 경제적 효과가 창출될 예정이었다. 또 이것이 성공하는 데 따라 공단을 1억 평까지 확대하는 것이 장기적인 목표였다. 한마디로 개성 일대가 남북 합작의 큰 의의를 지닌 거대한 신도시가 되는 계획이었다.[27]

박근혜 정부 때 폐쇄된 개성공단은 2015년 3월에는 124개의 남한 기업에서 북한 근로자 5만 4,000명이 일했으며, 북한정부는 남한 기업으로부터 근로자 임금으로 연간 9,000만 달러를 받았었다. 그런데 중요한 것은 개성공단에서 북한정부로 대외 지불수단인 '달러'가 들어간다는 것이었다. 당시 중국과의 무역에서 매년 6억 달러의 적자를 내고 있던 북한으로서는 지불수단으로 달러를 확보하기가 쉽지 않았다. 만약 원래 계획한 대로 개성공단에 북한 근로자가 현재의 10배 이상인 60만 명이 일하게 된다면, 북한정부는 9억 달러를 확보하게 되는데, 이는 대중 무역적자를 갚고도 남는 금액이었다. 이러한 이유로 북한은 기회가

---

[27] 김윤규 외, 『남북경협과 평화의 보루 개성공단』(한겨레, 2014), 16-21쪽.

있을 때마다 남북 정상의 합의, 특히 10·4 합의를 준수하라고 남한정부에 요구했던 것이다.[28]

개성공단 사업은 남한에게도 북한 이상의 많은 경제적 효과를 제공했다. 개성공단은 서울과 약 60km 떨어져 있는 수도권 공단으로 고임금과 인력난, 물류난, 부지난 등으로 어려움을 겪고 있는 중소기업들의 가격경쟁력을 높여 새로운 활로를 제공했다. 이를 통해 제조업 공동화 현상을 예방하며 중국이나 베트남 등지로 진출한 해외 기업의 유턴 특구 역할을 했다.

또한 개성공단의 개발과 건설, 운영에는 대규모의 남한 자본과 설비, 원부자재가 투입되는 만큼, 내수 진작을 통해 국내경제 활성화에도 보탬이 되었다. 상대적으로 낙화된 경기 북부와 남북 접경지역의 개발을 촉진시킴으로써 지역경제 활성화와 국토의 균형발전에도 기여했다.

이 외에도 개성공단의 입지적 장점과 특성은 동북아의 물류거점과 신성장 동력을 제공하는 블루오션이 될 것으로 기대된다. 개성공단은 인천항과도 연결되어 서울(금융)·인천(물류)·개성(제조)의 삼각 경제벨트는 물론, 동북아의 물류거점으로 발전할 수 있는 입지적 장점을 가지고 있다. 따라서 개성공단 사업이 재개되어 앞으로 2~3단계로 확대되면, 사실상 섬나라 경제나 다름없는 남한 경제에는 육로를 통한 대륙진출과 성장잠재력 확충을 모색할 수 있는 새로운 성장동력과 발전공간을 제공해 줄 것이며, 나아가 동북아 경제협력체 형성을 촉진시키는 효과도 있다.

지난 2005년부터 2013년까지 개성공단 사업을 통해 남한이 얻은 경세적 이익을 정리하면 표 5와 같다.

---

28 『로동신문』, 2014년 1월 1일자; 『로동신문』, 2015년 2월 12일자.

표 5 개성공단 개발에 따른 남한의 경제적 효과

(단위: 100만 달러)

	내수 진작 효과					인건비 절감 효과
	매출액	건설투자	설비투자	중간재 판매	소계	
실적치	2,200	800	264	1,550	3,264	4,936

표 5에서 보는 바와 같이, 지난 8년간 남한이 개성공단 가동을 통해서 얻은 경제적 효과는 82억 달러에 달한다. 그리고 앞으로 2~3단계 공사가 마무리되고 개성공단이 총 가동될 경우, 남한의 경제적 이익은 1,182억 달러에 달할 것으로 전망된다.[29]

이상에서 살펴본 바와 같이, 북한이 추진하고 있는 경제개발구 및 특별경제지대, 그리고 박근혜 정부 때 폐쇄된 개성공단 사업을 다시 남한이 '광역지방자치단체와 경제개발구의 협력체계 구축' 등과 같이 보다 적극적인 정책을 추진해 나간다면, 남북한이 모두 엄청난 경제적 이익을 얻을 수 있을 뿐만 아니라 남북한 평화확대와 통일지향이라는 안보적 이익도 확보할 수 있을 것이다.

(4) 북한 사회간접자본 확충과 남북 경제통합 방안

김정은이 2012년 4월 연설을 통해 밝힌 바와 같이 북한이 가장 필요로 하는 사회간접자본은 전력과 교통망, 그중에서도 철도이다. 김정은은 전력과 철도를 경제발전 및 주민생활 향상을 위한 선행 부문이라고 강조하고 있다.[30]

북한은 부족한 전력문제를 해결하기 위해서 대규모 수력발전소 건설 및 유지에 힘쓰는 한편 농축 우라늄에 기반한 경수로 발전을 통해 대량

---

29 김윤규 외(2014), 앞의 책, 138-140쪽.
30 『로동신문』, 2012년 4월 19일자.

의 전력을 확보하고자 시도하고 있다. 그리고 화물 수송의 90%, 여객 수송의 62%를 분담하고 있는 철도시설을 개선하여 철도 수송 능력을 높이고자 한다. 현재 북한의 철도 총 연장은 5,242km이며 이 중에서 약 80%가 전철화되어 있다. 북한이 전철화에 힘을 기울이고 있는 이유는, 전기기관차의 마력이 디젤기관차에 비해 높기 때문에 경사가 심한 북한 산악지형에 적합하기 때문이기도 하지만, 충분한 원유를 구입할 수 없는 상황에서 북한이 취할 수 있는 고육지책이라고도 볼 수 있다.

먼저, 남북 전력협력 및 통합과 관련해서 국민적 합의가 선행되어야 한다. 전력은 가전제품과 공장시설을 가동시키는 중요한 동력으로, 상품과 무기를 함께 생산해 낼 수 있다. 따라서 남한이 지원한 전력이 북한의 군사능력을 강화시켜 줄 우려가 있는 것이다. 이러한 불안을 해소시키고, 전력협력에 대한 국민적 동의를 얻어낼 수 있는 방안이 '북한 핵개발 포기'와 '전력 공급'의 빅딜이다. 이것은 이미 1994년 제네바 합의를 통해서 이루어진 적도 있다.

북한이 '핵 발전 관련 기술의 동결 및 단계적 폐기'에 합의한다면, 남한은 북한의 전력문제 해결을 위한 장단기 방안을 수립하여 시행해 나갈 수 있을 것이다.

먼저 단기 방안으로, 북한의 노후화된 발전설비의 현대화 및 송배전 시설의 교체 등이 이루어질 수 있을 것이다. 현재 북한의 대규모 수력 발전소는 대부분 일제강점기에 건설된 것으로 설비가 노후화되었으며, 화력발전소도 경제난으로 인해 부품교체가 제대로 이루어지지 못하고 있다. 송배전 시설의 불량으로 생산된 전력의 25%가 송배전 과정에서 손실되고 있다.[31]

---

31 펠릭스 아브트 저, 임상순·김순원 역, 『평양자본주의』(한국외국어대학교출판원, 2015).

북한의 발전설비와 송배전 시설을 현대화하기 위해서 북한에 송배전 설비와 발전설비를 생산해 낼 수 있는 제조공장을 건설한 후, 여기에서 생산된 설비를 가지고 북한의 발전소와 송배전 시설을 교체한다면 경비 절감뿐만 아니라, 북한의 산업발전에도 도움이 될 것이다.

장기적으로 국제사회와 협력해서 북한에 경수로 발전소를 건설하고 남북 전력망을 연계하면 남북한 간에 수요변동의 특성을 고려한 상호협력이 가능할 것이다. 즉, 남한의 전력 수요가 많은 시기에 북한의 유휴전력을 남한이 사용할 수도 있을 것이다.

남북한 철도 협력사업에 관해서는 이미 2007년 남북 정상회담에서 합의해 놓은 것이 있다. 그 내용은 다음과 같다.

- 남과 북은 개성공업지구 1단계 건설을 빠른 시일 안에 완공하고 2단계 개발에 착수하며 문산-봉동 간 철도화물 수송을 시작하고, 통행·통신·통관 문제를 비롯한 제반 제도적 보장조치들을 조속히 완비해 나가기로 하였다.
- 남과 북은 개성-신의주 철도와 개성-평양 고속도로를 공동으로 이용하기 위해 개보수 문제를 협의·추진해 가기로 하였다.

남북한은 끊어져 있던 경의선과 동해 북부선을 각각 2003년 6월과 2004년 4월에 연결했으며, 2007년 5월 17일 남북 철도연결구간 열차 시험운행을 성공적으로 진행했다. 사실, 남북한 간의 철도연결 사업은 분단된 국토를 연결하는 상징성과 함께 기존의 남북관계를 한 차원 더 높이고, 새로운 동북아 협력시대를 여는 중요한 정책과제 가운데 하나다.

48쪽.

유럽 철도망이 교통망으로서의 역할뿐만 아니라 유럽의 경제·사회·문화를 통합하여 유럽연합의 결성을 앞당겼듯이, 현재 진행 중인 남북·대륙철도 연결 사업은 동북아지역에 협력 인프라를 마련함으로써 '평화와 번영의 동북아시대'를 선도할 수 있는 핵심 사업이 될 것이다. 남북철도가 시베리아 횡단철도, 중국 횡단철도, 몽골 횡단철도, 만주 횡단철도 등과 연결될 경우 그동안 단절되었던 동북아 공간이 복원되고, 남북한 및 동북아의 인적·물적 교류가 활성화되어 궁극적으로는 동북아의 평화정착에도 기여하게 될 것이다.

동북아 지역은 풍부한 천연자원과 노동력, 산업기술과 자본력을 보유하고 있으며, 전략적 입지 여건으로 인해 높은 경제협력 시너지 효과가 기대될 뿐 아니라 거대시장까지 갖춘 잠재력이 매우 높은 지역이다. 이러한 점에서 남북 철도연결, 나아가 동북아 철도협력은 단지 철도연결에만 국한되는 것이 아니라 동북아지역에서 한국의 위상도 확보할 수 있는 포괄적이고 광범위한 프로젝트이다.

이상에서 살펴본 바와 같이 북한의 사회간접자본, 특히 전력과 철도 분야의 개발에 남한이 적극적으로 협력함으로써, 남북한의 경제통합을 앞당길 수 있을 뿐만 아니라 동북아시아의 거대 경제블록 구성에 기여하게 될 것이다.

3. 사회통합 방안

남북한 사회문화통합은 대공민주주의의 모음(공선)에 해당하는 분야로, 분단으로 야기된 적대적이며 대결적인 분단체제를 해체하고 완전한 통합체를 이루는 내적 통합과정의 하나이다. 정치제도만의 통일은 내적 갈등을 일으킬 가능성이 더욱 크고 후유증도 감당하기 어려울 수 있다. 독일의 경우, 서로 '오씨'와 '베씨'로 부르면서 갈등을 노정시켰다. 남북 간에도 남한사회의 개인주의와 북한사회의 집단주의는 남북의 의식구조와 삶을 매우 대조적인 것으로 만들었다. 따라서 제도적·규범적 통합이 곧바로 내적 통합까지 포괄하는 '진정한' 통일을 보장할 수 없다. 통일 독일의 경우에도 통일조약 제35조 제1항은 "분단 시대의 상이한 문화적 발전에도 불구하고 문화예술은 독일 민족의 일체감을 지속시키는 기반"이라고 명시했다.[32]

통일과정과 통일 이후의 사회적 갈등은 사회문화통합 과정을 통해 준비되고 해소되어야 할 것이다. 사회문화적 이질감을 해소하지 못한 통일은 그 자체로써 불완전할 뿐만 아니라 통일후유증에 대한 사회적 고통을 감내해야 하는 이중의 노력이 필요하다. 최악의 경우 외형적으로는 통일이 되었지만, 내면적으로 갈등이 증폭되는 상황으로 전개될 수도 있다. 따라서 통일과정에서 남북의 사회문화통합을 추구한다는 것은 남북 사이에 이미 존재하거나 또는 통일과정에서 발생하게 될 이질화, 분리, 차별, 불평등 상태를 국가나 사회의 적극적인 노력을 통해 극복한다는 것을 의미한다.[33]

사회통합의 과정은 사회 갈등을 해결할 수 있는 제도적 틀을 만들고, 새로운 정체성을 형성하는 것이다. 사회통합은 사회적 제도의 융합과 가치관 형성에 관련된 것으로 포괄적인 성격을 지니고 있으며, 오랜 시간이 필요하다. 사회통합을 위해서는 계층, 지역, 세대 등과 관련된 갈

---

[32] 한국문화정책개발원, 『민족동질성 회복을 위한 통일 이후 독일의 문화통합과정 연구』(한국문화정책개발원, 1996), 16쪽.
[33] 장경섭, 「남북한 사회통합이 내용과 방송이 역할」, 『남북한 사회·문화. 경제·정치저 통합과 방송』(문화방송, 1997), 9쪽.

등 사항을 조정하고 해소하는 제도적 방안을 강구해야 한다. 또한 사회적 갈등을 해소하기 위해서는 민주적 가치의 확산, 관용 및 공존의식의 확산, 민족동질성의 회복, 새로운 정체성 확립 및 형성 등에 역점을 두어야 한다.

사회통합 과정에서 갈등을 줄이기 위해서는 다양한 영역에서의 갈등을 완화할 수 있는 장치를 마련해야 한다. 우선 관용과 공존, 화해의 가치관을 확산하는 프로그램을 만들어야 한다. 남북한 주민이 함께 어우러질 수 있는 프로그램을 개발하여 이를 실현시켜야 한다. 무엇보다 북한 주민의 정치적 참여 통로를 확대시키며, 권력을 독점하지 않고 분점할 수 있는 제도를 개발할 필요가 있다. 선거와 행정에서 북한 주민의 대표성을 인정하는 것도 반드시 필요하다.[34]

남북한 사회문화통합 방안은 통일 이전의 문제뿐만 아니라 통일과정 혹은 통일 이후에도 지속적으로 추진해야 할 이념적 목표로써의 의미가 매우 크다. 따라서 남북한 주민을 하나로 모으고, 공동의 선을 추구하기 위해서 여기서는 남북관계의 발전 정도에 따라 사회문화통합 방안을 제시하고자 한다.

1) 사회문화통합의 기본 방향

사회문화통합의 완성은 남북한의 통일과 통일 이후의 일련의 과정을 포함하는 장기적이고 종합적인 차원에서 해석되어야 한다. 따라서 남북한 사회문화통합은 통일 이후의 일정 시점에 달성되는 장기적 과정으로 해석되어야 한다. 이와 같은 관점에서 사회문화통합 형성정책의 기본방

---

[34] 김영국, 「통일 이후 남북한 사회통합 전략」, 성균관대학교 석사학위논문(2014), 61쪽.

향은 교류·협력 활성화를 통한 남북관계 개선과 상이한 제도와 내면화된 이질성을 해소하기 위한 내적인 기반 마련이라는 두 차원의 병행전략이어야 한다. 이는 그동안 상대적으로 소홀하게 취급되어 온 남한사회 내부의 사회문화통합 기반의 구축을 포괄하는 포괄적인 통일 기반 마련 정책이 필요하다는 것을 의미한다. 상호 이해와 수렴은 근대성의 불완전성을 극복하는 과정으로 이해되어야 하며, 근대성의 완성은 기존 체제로의 수렴이 아니라 미래의 장기적 관점에서 해석되어야 한다. 남한은 체제성장의 잠재력을 확보하고 있다는 점에서 체제의 한계를 지닌 북한보다 유리하고, 주도권을 가질 수 있다는 점에서 자신감에 기반한 정책추진이 필요하며, 이를 국민에게 적극적으로 설득하는 방향성이 설정되어야 한다. 또한 사회문화통합은 일방의 주도에 의한 청산적 방식이 아니라 남북한 간에 형성된 근대성의 불완전성을 극복하는 과정으로 이해되어야 한다.[35]

정치적 상황에 영향을 받는 남북한 사회문화 교류는 자칫 교류가 중단될 수 있기 때문에 어쩌면 사회문화통합의 걸림돌이 될 수도 있다. 즉, 사회문화 정책에서 정치적 영향력을 최소화하면서 사회문화 교류의 독자적 트랩을 마련하여 안정적 교류 시스템을 구축해 나가야 한다. 따라서 사회문화통합 형성이라는 거시적 측면에서 남북 상호 정치적 영향력을 최소화할 수 있는 사회문화 교류 협력의 틀을 마련해야 하며, 오히려 정치적 경색국면을 사회문화 교류를 통해 풀어 나갈 수 있는 실마리를 만들어야 한다. 이를 위해서는 국내 민간단체의 역량을 키워서 남북관계 개선에 일정 역할을 하도록 해야 하며 필요할 때는 국제사회와의 협력도 강화시켜 나갈 수 있도록 정부가 적극 도울 필요가 있다.

---

[35] 조한범, 『남북 사회문화통합 형성방안 연구』(통일연구원, 2002), 42쪽.

남북한 통합을 위해서는 사회문화 교류로 시작하여, 세계 유일의 분단국이라는 '전쟁의 상처'를 뛰어넘어 평화적 이미지를 창출해야 한다. 세계 유일의 분단국으로서 한반도의 상처는 인류의 보편적 상처로 각인시켜 나가면서 분단이 가져다준 고통에 대한 공감대를 형성해나가야 한다. 그리하여 분단의 이미지를 통일의 이미지로 확대해나가는 통일한국의 국가 이미지를 형성해야 한다. 자칫 통일 이후의 민족주의 발흥에 대한 주변 우려가 커진다면 통일에 대한 접근은 더욱 지연될 것이다. 따라서 통일한국의 민족 이미지는 자주적 입장에서 외국과 협력을 추구하면서 남북화해와 협력을 통하여 평화통일의 이미지를 추구하는 개방적 민족주의를 지향해야 한다.[36] 민족주의가 가지고 있는 배타성 때문에 보편주의를 주장하는 학자들도 있지만 통일과정과 통일 초기에 민족주의야말로 남북의 문화적 이질성을 극복하고 새로운 통일국가의 정체성을 갖도록 하는 힘이 있기 때문에 적대적 이념과 계급을 통합시킬 수 있는 이념이 될 가능성이 크다. 그러나 통일을 위해 활용한 민족주의는 통일이 안정화 단계에 접어들면 보편주의로 나아갈 필요가 있다. 동북아의 중심국가, 열린 사회가 되기 위해서, 그리고 한반도에 거주하는 모든 사람을 위해서 보편주의라는 도구를 사용할 필요가 있는 것이다.

같은 관점에서 남북 실질적 교류에서는 남북의 문화적 장점을 활용한 산업전략적 측면의 접근으로부터 해외 한민족을 하나로 연계해 문화정체성을 매개로 한 개방적 민족문화 네트워크 구축이라는 방향으로 추진되어야 한다. 결론적으로 남북한의 사회문화통합 형성은 남북의 문제로 국한된 문제가 아니라 한반도 외적인 요인과 남북관계, 남남의 문제를

---

[36] 김동성, 「통일한국의 국가이념과 민족주의」, 경희대학교 아태지역연구원, 『남북한 통합의 이론과 실제』(책이된나무, 2001), 48-49쪽.

표 6 　남북 사회문화통합 형성 전략 추진[37]

정책방향	추진분야	추진과제
한반도 외	문화외교	• 한국학 관련 학술기반 조성 지원 • 남북한 공동의 세계평화제, 평화문화제 등 개최 • 남북 공동의 해외전시회 • 남북 우수작품 해외 출판보급 • 국제스포츠행사 공동참여 및 유치 • 국제문화행사 공동참여 • 남북 스포츠의 세계화 보급
	해외동포 정체성 형성	• 남북·해외 한민족사 박물관 • 해외동포를 대상으로 한 국학지원 프로그램 • 한민족 문화행사 확대 실시 • 한민족 경제협력체 구축
남북관계	통일기반 조성	• 사회문화 교류를 위한 법적·제도적 토대 구축 • 사회문화 분야의 기술이나 용어의 표준화 • 사회문화 교류 촉진을 위한 자원 마련 • 북한 내 문화인프라 구축 지원 • 통일교육정책 확대
	문화산업 협력	• 다양한 규모의 교류협력 추진 • 남북 공동의 문화콘텐츠 개발 • 남북 공동의 과학기술 분야의 교류협력
	민족문화 보존·발굴	• 문화재 보호 연구를 위한 공동조사 • 문화재 보존을 위한 협력사업 • 민족문화유산 DB • 고문헌·고서, 유적지 자료 보존 지원 • 해외문화유산 등재 지원 • 미번역 문화자료 공동번역 • 언어 분야의 표준안과 서체, 자판배열 통일 • 통일역사 교과서 추진 • 문화재 관리체계의 공통 모듈 개발과 천연기념물 등 • 한복의 국제화, 민족음식의 표준화
	교류 부작용 해소	• 사회문화 교류의 남북 편중성 해소 • 북한 문화시장 개방에 따른 외국문화 유입 대비 • 대중문화의 과도한 유입 대비 • 민족주의 발흥에 대한 우려 해소 • 문화적 불평등에 따른 문화소외감 해소 • 문화를 통한 상대적 박탈감 해소

고려한 차원에서 이루어져야 한다. 이를 바탕으로 한 남북 사회문화통합 형성의 기본방향은 다음과 같이 설정할 수 있다.

첫째, 통일에 대한 기반 조성을 위한 정책이다. 둘째, 주변 국가들과의 협력을 통한 문화외교적 전략으로써 남북 화해와 협력을 통한 통일 우호 분위기를 형성하고 이를 확산시켜 통일에 대한 주변국의 지지를 이끌어 내는 문화외교적 정책이다. 셋째, 남북 사회문화 교류를 통해 경제적인 이익과 교류를 아우를 수 있는 문화산업 분야의 정책이다. 넷째, 해외동포 사회의 정체성 형성과 화합을 도모할 수 있는 사회문화정책의 추진이다. 다섯째, 민족 문화유산에 대한 발굴 보존과 국학 분야의 표준화를 위한 정책이다. 여섯째 남북 사회문화 교류에 따른 부적응을 해소하는 정책의 추진이다. 이를 정리하면 표 6과 같다.

2) 남북한 통합 단계별 사업

남북관계의 전개가 곧 남북통일로 직접적으로 연결될 것인가에 대해서는 신중한 접근이 필요하다. 남한은 화해와 협력의 방향으로 진일보하여 남북연합 단계를 거쳐 마침내 통일을 이루는 것을 목표로 하고 있다. 다만 남북관계의 전개 속도는 급진적이기보다는 단계적으로 전개될 가능성이 높다. 즉, 체제 유지를 전제로 한 자유왕래와 경제협력, 민간교류 등의 협력적 관계로서 명분보다는 상호 실리적인 차원으로 접근할 필요가 있다. 각 단계별로 어떤 일을 추구해야 하는지 살펴보기로 한다.

---

37 전영선, 「남북한 사회문화통합 형성전략」, 『한국의 국가전략 2020: 대북-통일』(세종연구소, 2006), 3장 참조.

(1) 현 단계

이하는 남북한 사회통합을 위해 지금부터라도 추진해야 할 사안들이다. 남북대화의 시작으로부터 본격적으로 각 분야에서 남북교류가 이루어지는 단계로 남북의 사회문화통합을 위해 추진해야 할 과제는 다음과 같다.

가. 적대감 해소

현 단계에서 남북한 통합을 위해서는 무엇보다도 남북한 간의 적대감 해소를 위해 노력해야 한다. 그동안 연평도 포격, 천안함 사건 등으로 남북한 간의 긴장과 적대감이 여전히 강하게 남아 있는 상황에서 남북한의 사회문화통합을 위해서는 무엇보다 남아 있는 적대감을 풀고 먼 미래를 향해 함께 갈 수 있는 자세와 마음을 가져야 한다. 즉, 적대감 해소가 가장 시급한 과제라 할 수 있다.

나. 법적·제도적 정비

사회문화통합 형성을 위해 우선 남북관계를 공식화하고 제도화된 단계로 바꾸어야 한다. 사회 분야의 특성에 맞게 법적·제도적으로 정비하고 다양한 사회문화 분야의 통일화 과정을 거쳐야 한다. 남북관계 발전의 장애가 되는 법령을 정비하고 발전을 촉진하는 기본법령과 제도를 마련해야 한다. 이러한 과정을 통해서 민간보다는 공공기관 중심의 협력사업을 중심으로 진행되면서 과학기술 분야 등의 기초학술 분야나 문화 분야나 학술 분야의 협력을 중심으로 교류가 진행될 수 있도록 해야 한다. 다시 말하면 수시로 방북할 수 있는 체제가 되도록 관련 규정을 보완하고 북한 측과도 협의체제를 구축하는 등의 제도적 정비가 이루어져야 한다. 무엇보다 방북자들에 대한 포괄적 신변안전보장 문제가 확실하게 해결되어야 한다. 또한 기본적으로는 남북 간의 '문화(학술, 과학)교류 협정'의 체결이 필요하다. 이것은 남북 사회문화 교류의 기본협정으로써 남북 간의 문화교류를 활성화하고 안정적·지속적으로 진행할 수 있는 제도적인 토대이면서 경제·군사·외교 분야에서의 남북 교류와 협력을 뒷받침하고 동시에 이 분야에서 해결할 수 없는 남북주민들의 직접적이고 정서적인 동질성 회복에 기여하고, 사회 안정에도 기여할 것이다.

남북 사회문화 교류와 관련하여 방송, 영화, 음반, 도서출판 등의 분야는 교류를 활성화하고 진흥하기 위한 관련 법제를 정비해야 한다. '문화산업 관련 법령', '남북영화진흥법', '남북방송교류법', '도서출판교류에 관한 법률' 등의 기본법령을 정비하고, 관련 제도를 개선하여 각 분야의 민간교류가 촉진될 수 있도록 지원해야 한다. '문화산업 관련 법령'에서는 상호 문화상품의 관리에 대한 부분을 규정함으로써 남북 문화교류에 발생할 수 있는 선의의 피해를 없애고 교류 대상의 활용에서 편의성을 보장해야 한다. 이와 함께 남북 상호 저작물에 대한 법제화, 북한의 문화를 소개하고 상호 업무담당 등 남북 문화교류의 중간 형태로서 '북한 문화센터'의 건립 등이 필요하다.[38]

다. 남북현실을 고려한 사회문화 교류 추진

남북한 사회변화에 대응하는 사회문화 교류를 추진해야 한다. 남한의 경우는 사회변화 속도가 엄청나게 빠르다. 남북한 사회의 변화를 고려하지 못하는 사회문화 교류는 성과를 기대하기 어려울 뿐 아니라, 성사된다고 하더라도 사회적 관심도 얻기 어렵고 동시에 사회문화 교류의

---

38 전영선(2006), 앞의 글, 3장 참조.

본래의 의미를 살리기도 어려울 것이다.

사회문화 교류가 가시적 성과를 얻기 위해서는 사회문화 수용자인 남북한 주민들의 의견을 반영하는 것이 필요하다. 전문가들이 중요하게 생각하는 장르나 아이템이 일반 주민들의 반응을 얻지 못한다면 교류가 '그들만의 잔치'로 끝날 수 있다. 같은 맥락에서 남북한 주민들이 거부감을 보일 수 있는 사회문화에 대한 교류는 유보하는 것도 필요하다. 남북한 주민이 현 단계에서 수용 가능한 사회문화적 요소, 그리고 관심 있는 장르를 정확히 파악하여 사회문화 교류를 실시하는 것이 남북한 사회문화의 상호 이해라는 기본목표에 부합할 수 있을 것이다.[39]

라. 국제대회 공동참여

남북이 주관하는 문화행사에 상호 참여할 수 있도록 지원한다. 해외에서 벌어지는 국제행사에 남북이 단일 혹은 공동으로 참여하거나 참여를 지원하며, 남북이 공동으로 국제적인 행사를 주관하거나 남북의 국제행사에 상호 참여하도록 한다. 대외적으로 남북의 평화 이미지를 구축할 수 있는 국제적인 공동행사를 남북이 연계하여 본격적으로 추진한다. 구체적인 추진 사업으로는 남북 공동주최의 '세계 평화문화제', 국제 NGO와 연계한 '인류평화 문화제', 국제영화제, 만국박람회 등의 국제대회를 남북이 공동으로 유치하거나 유치지원을 협력한다. 이러한 대회를 통하여 남북이 분단과 전쟁으로 인한 고통에서 벗어나 인류평화에 대한 호소와 함께 통일 이후 민족주의 발흥에 대한 주변국들의 우려를 불식시키는 평화애호 민족의 이미지를 적극적으로 구축해 나가야 한다.

---

[39] 이우영, 「사회문화교류 활성화 방안」, 남북민간교류 협력의 현황과 과제에 대한 대토론회 발표문(2000년 5월 29일), 15-16쪽.

분단을 소재로 한 창작물이나 다큐멘터리 등을 제작하여 국제영화제에 출품하는 등의 통일한국 이미지 홍보사업을 추진한다.[40]

마. 교류전문가 양성

현 단계에서는 장차 활성화될 교류에 대비하여 이 부분을 담당할 교류전문가를 양성할 필요가 있다. 정부 각 부처에 이를 담당하는 인원을 배치하고 민간 차원에서도 다양한 형태의 남북교류 관련 아카데미를 운영하여 이 분야의 전문가를 양성해야 한다. 특히 시민단체의 활동가들에 대한 지원과 활용이 필요하다. 이들은 그 누구보다 열정이 있고 활동력이 있기 때문에 빠른 시간 내에 교류전문가가 될 수 있을 것이다.

바. 교류 프로그램 구축

교류분야의 전문가를 양성하는 동시에 교류 프로그램을 구축할 필요도 있다. 특히 각 분야별 매뉴얼 개발이 필수적이다. 특정 분야에 교류 경험이 있는 전문가들을 활용하여 이 부분에 대한 교류 노하우를 정리한 매뉴얼을 개발하여 장차 교류가 활성화될 때를 대비해야 한다.

사. 북한 사회문화 연구

그동안 북한의 사회문화에 대한 연구는 꾸준히 이루어져 왔지만 여전히 우리 국민들은 북한의 사회문화에 대해 잘 모르고 있기 때문에 방송이나 언론 등을 통해 지속적으로 방영하고 교육을 함으로써 제대로 파악할 수 있도록 힘써야 한다.

---

[40] 전영선(2006), 앞의 글, 3장 참조.

아. 사회문화 교류 촉진을 위한 재원 마련

'문화예술진흥기금'과 같은 사회문화 관련 분야에 특별세인 '남북 사회문화 교류 협력기금'을 조성하거나 남북교류 협력기금을 사회문화 분야의 지원사업으로 제한하여 사회문화 분야의 교류를 활성화하고, 사업 지원의 폭을 넓혀 융통성 있게 실시해야 한다. 사회문화 분야의 사업을 국가추진 사업과 민간추진 사업을 분리하여 문화의 다양성과 의미를 살리기 위해서는 민간단체의 지원을 중심으로 하면서, 주요 사업에 대해서는 공공단체 중심으로 추진해야 한다.

(2) 협력단계

적대감이 해소되고 협력단계에 접어들면 화해 분위기를 정착, 심화시키기 위해 최대한 노력을 기울여야 한다. 그런데 이는 거시적 차원의 평화 분위기가 이루어져야 가능한 일이기도 하다. 따라서 남북한은 평화 분위기 조성에 매진해야 한다. 분위기 조성뿐만 아니라 각종 부분에서 남북한이 서로 접촉하여 상호 이해하고, 이것이 또다시 평화 분위기 조성 역할을 하는, 이른바 선순환이 이루어질 수 있도록 노력해야 한다.

따라서 이때에는 보안법 등 교류를 방해하는 법령 등에 대해 개폐 문제를 심각하게 고민할 필요가 있다. 또한 저작권 등 관련 법령을 정비하여 남북한 교류가 제한받지 않도록 하고, 남북문화협정을 체결하여 문화교류를 통한 사회통합을 촉진해야 한다. 이를 위해 기존의 사회문화 교류 창구를 정비하고 사회문화교류협의회를 발족시키는 등 보다 구체적인 작업을 추진한다.

가. 남북 공동의 콘텐츠 개발 추진

남북교류사업에서 시범적으로 성공한 사업들을 중심으로 관련 분야로 확대시켜 나가는 선택과 집중, 확산의 전략이 필요하다. 특히 주목되는 분야는 문화산업과 관련한 콘텐츠 분야이다. 콘텐츠 분야는 경제와 문화와 과학이 결합한 미래지향적 산업 모델로써 사회문화 분야의 성공적 본보기의 하나가 되고 있는 만큼 콘텐츠 분야의 지원을 확대해야 한다.

소프트웨어의 단순 수입 판매에서, 프로그램 공동개발, 관련 합작회사 설립에 이르기까지 투자규모를 다양하게 할 수 있다. 따라서 시범사업의 결과를 보아 가면서 장기적인 기술협력에 이르기까지 협력규모나 방법이 다양하여 대기업은 물론 중견기업이나 벤처기업의 참여가 용이하다. 전통게임이나 체질진단 프로그램 같은 북측의 소프트웨어는 이미 국제적인 검증을 거친 분야이므로 이를 확대하면 국제적으로 경쟁력 있는 상품을 개발할 수 있을 것이다. 북측이 단기간 내에 발전 가능성이 높은 소프트웨어 개발에 주력하면서 상업성 있는 게임, 언어처리, 애니메이션 분야에서 공동개발이나 기술교류, 판매가 활발하게 일어나고 있는 것도 이런 이유이다. 남북의 언어적 공통성에 기반한 번역 프로그램이나 금강산 관광과 같은 관광지, 북한의 역사유적지,[41] 북한의 민속놀이, 북한 지역 전통문화 먹거리 등의 콘텐츠 개발이 가능하다. 북한에서 과학기술 분야의 대외적인 교류는 다른 분야에 비하여 활발하게 추진하고 있으므로 과학기술과 문화를 결합한 문화콘텐츠 분야의 교류를 지원하고 추진해야 한다. 북한도 과학기술 분야에 대한 관심이 높고 외국과의 협력사업도 적극적으로 추진하는 만큼 남북 간의 협력은 다양한 범위에서 쉽게 이루어질 수 있을 것이다. 북한 당국의 적극적 정책 추진에 힘입어 1990년대 중반 이후 비약적으로 발전하여 바둑게임이나

---

41 고구려고분, 고려의 유적지 등이 해당된다.

지문검색 시스템, 번역 프로그램은 국제적인 수준인 것으로 알려져 있다.[42] 콘텐츠 분야는 남북 사이에 가장 교류가 활발한 분야이다. 북한도 2004년 중국 심양시 영산중로에 소프트웨어 개발회사인 '조선6·15심양봉사소'를 설립하고 본격적인 영업을 시작하는 등 국가적으로 콘텐츠 분야 산업을 지원하고 있다.

나. 스포츠 분야의 전면적 교류

올림픽이나 월드컵의 공동 출전, 아시안 게임이나 유니버시아드 대회, 세계태권도 선수권 대회, 동계스포츠 대회 참여, 남북 대항의 정기전, 공동 응원, 선수 또는 지도자의 상호 교류, 상호 전지훈련, 북한 체육팀의 프로나 실업 리그 참여, 국립예술단체의 공동 콘서트, 음악가의 상호 교류 및 공연, 북한 순수음악가의 지원, 국제음악회의 공동출연, 공동 음반제작 등이 예가 될 수 있다.

다. 사회문화 교류 주체의 다양화

정부냐 민간이냐 하는 차원이 아니라, 학생, 교사, 노조 등 각종 사회단체나 사회집단 그리고 지역자치단체나 지역사회 등이 중심이 되는 사회문화 교류를 추진할 필요가 있다. 같은 맥락에서 해외교포뿐만 아니라 국제기관이나 단체를 활용하는 것도 적극적으로 고려하는 것이 좋다. 체육교류가 꾸준히 지속되어 온 배경에는 국제대회의 존재, 그리고 해당 국제기관의 중재가 적지 않은 역할을 했다는 사실을 고려할 필요가 있다.

---

42 전영선, 「북한의 개혁개방정책과 과학기술정보산업의 교류가능성 모색」, 『중소연구』 제25권 2호(한양대학교 아태지역연구센터, 2001), 189쪽.

라. 사회문화 교류 협의체 구성

민간수준에서 사회문화 교류를 협의하는 조직을 운영할 필요가 있다. 남북한 간에 접촉하는 면이 많을수록 좋은 것은 분명하지만, 무분별한 교류는 북한을 자극할 수 있으며, 때에 따라서는 정치경제적 비용의 낭비로 이어질 수 있다. 1998년도에 조직된 '민족화해협력범국민협의회(민화협)'가 정상적으로 운영된다면 이러한 업무를 담당할 수 있는 좋은 조직이 될 수 있다. 이러한 조직을 통하여 개별 단체나 조직의 과당경쟁을 예방하는 동시에 체계적인 사회문화 교류를 위한 프로그램의 개발과 사전교육 실시 등이 가능할 것이다.

마. 문화 인프라 건설 지원

남북의 문화시설이나 기관은 향후 남북교류의 중요한 범주가 될 수 있다.[43] 주요 시설 간의 교류를 촉진하면서, 북한 내의 문화시설 인프라 구축에 참여하고, 콘텐츠 분야에서 남북이 공유하는 방안을 추진하여 상호 문화에 대한 다수 공중의 접촉기회를 늘린다. 북한의 문화 인프라는 대규모 문화시설을 지향하기보다는 생활 속에서 직접 체험할 수 있도록 주민밀착형 문화공간을 조성하고, 문화적 체험이 용이한 지역밀착형 복합시설 중심으로 해야 한다.

바. 북한문화 국내출판 사업

북한의 도서나 기타 문화 관련 책자를 국내에서 출판하여 남북한 사회통합의 활성화를 추진한다. 기존의 이념 대립 등으로 이러한 사업을 추진하는 것이 상당히 제약을 받을 수 있지만 남북한 동일로 가기 위해

---

[43] 한국문화정책개발원, 『북한 문화시설에 관한 연구』(한국문화정책개발원 2002), 4쪽.

서 용기 있게 추진해 볼 만한 사업이다.

사. 교류행사 활성화

남북한의 음악회나 전시회 등의 교류행사를 통해 남북한 사회문화 통합을 활성화할 수 있다. 또한 경평 축구 등 교류행사를 보다 활성화하고 지자체별로 남북교류를 적극적으로 추진할 수 있도록 중앙정부에서 지원하게 하거나 적어도 지방정부의 남북교류 사업을 제한하지 않는 것이 필요하다.

아. 상호 행사 참여 확대

협력을 보다 강화하기 위해 상대편의 각종 행사에 서로 참여하는 횟수를 늘린다. 자매결연을 맺은 지역이나 도시와 상설 교류를 활성화하고, 경제협력도 강화한다.

자. 방송, 인터넷 등 교류 활성화를 위한 기술문제 검토

협력단계를 보다 심화시키기 위해서 방송, 인터넷 등의 교류를 활성화한다. 사실 사회문화통합에 방송이나 인터넷이 미치는 영향은 참으로 크다고 할 수 있는데 장차 한반도 전체를 위한 방송, 혹은 남북한 각각의 방송을 서로 보여 주는 문제 등을 함께 논의하고 이를 위한 기술적 협력을 검토하는 것이 필요하다.

(3) 평화공존 단계

협력이 보다 심화되어 평화공존의 단계가 되면 사회문화 교류의 양적 확대 및 정례화를 추진한다. 뿐만 아니라 남북한 주민의 통합의식을 함양하기 위한 각종 사업을 실시한다. 그리하여 통일문화 구현을 위해 대비할 필요가 있다.

사회문화교류지원법을 제정하고, 기존의 사회문화교류지원기금을 보다 크게 확충하고, 남북한문화유통기구를 설립하고, 사회문화교류지침을 작성하는 등 사회통합의 활성화를 위해 구체적인 작업을 시도해야 한다.[44] 이 시기에는 사회문화통합 형성을 위한 남북의 법적·제도적 장애의 완전한 제거가 정책추진의 핵심 과제가 된다. 사회문화통합 형성을 위한 방안은 다음과 같다.

가. 방송취재의 전면적 허용

사회문화 교류의 차원에서 방송언론 교류는 중요한 의미가 있다. 방송언론의 교류는 정치 중심적인 통일관을 변화시키는 계기가 될 뿐만 아니라 기자의 눈을 통해 남북 주민들이 직접 교류하는 효과를 볼 수 있기 때문이다. 남북 간 방송통신 분야에서는 공동 교통통신망이 구축되어 부분적으로 통신망이 공동으로 운영될 것이며, 방송통신 분야가 점진적인 개방과정을 거치면서 방송통신 분야의 전면적 상호 개방과 취재원의 현지체류를 통한 취재가 허용될 것이다.

나. 사회문화 제 분야의 교류에 대한 장애요인 완전 제거

남북교류와 관련한 문화학술 분야, 과학기술 분야, 청소년·여성 분

---

[44] 이 시기의 남북관계는 상호 체제를 인정하면서도 국제사회에서 내부 간 거래로 인정받는 특수한 관계로서 명분과 실리에서 공고한 평화체제가 구축되는 상황이다. 경제나 사회문화 분야에서의 교류협력이 완비된 상황에서 군사안보 분야의 협력단계로 전환되는 시기이다. 구체적으로 이 기간 동안 전개될 남북관계는 정치·군사·안보 분야의 긴장완화와 상호협력 체제가 구축될 것이다. 또한 남북 당국 차원에서 정책에 대한 공식적 지원이 이루어질 것이다. 상호 연락사무소 설치, 국경을 통한 민간교류, 외국인에 대한 남북 자유통행이 보장되고, 외교업무의 상호 협력체계가 구축되어 '재외국민에 대한 입국, 비자발급 업무 협조'가 이루어질 수 있을 것이다.

야, 우편통신 분야의 교류가 대폭 확대되는 것에 발맞추어 주요 사회문화 분야의 기술적 차이나 교류에 따르는 법적·제도적 장애를 제거한다.

다. 국학 분야의 통일안 마련

국학 분야의 구체적인 정책추진 정책은 다음과 같다. ① 표준어와 문화어 체계로 나누어진 맞춤법과 한글알파벳 자모순 배열의 통일, 활자와 컴퓨터의 서체와 자판 배열의 통일안 마련, ② 역사 분야에서 통일역사 교과서 제작, 민족문화 인물에 대한 복원과 평가사업 추진, 근현대사에 대한 공동의 평가사업 추진, ③ 문화재 관리체계의 공통 모듈 개발과 천연기념물, 자원보호 정책 분야의 협력, ④ 전통문화 유산인 민요, 탈춤, 민속놀이, 종교문화(불교, 유교문화) 분야의 발굴·복원 지원, ⑤ 민족문화의 현대화와 국제화를 위한 사업으로서 한복의 국제화, 민족음식의 표준화를 통한 세계시장의 공동진출 등이 있다.

라. 역사·언어·문화재 통일안을 위한 위원회 구성

언어나 역사, 전통문화에 대한 분야는 남북의 시각 차이가 가장 큰 부분인 만큼 긴 시간을 갖고 해결해야 할 문제 가운데 하나이다. 남북 역사·언어문제 해결을 위한 위원회를 구성하고 우선적으로 민족문화에 대한 공동 발굴이나 조사사업 등을 중심으로 실시한다. 그리고 이를 전면적인 통일논의로 이끌어 갈 수 있도록 국학 분야의 교류를 추진하면서 표준어와 문화의 체계를 통일하고 한글 자모의 배열, 남북언어의 동질화 방안, 표준화 방안 등을 추진할 수 있는 대표성 있는 협의회를 구성해야 한다. 또한 남북역사문제위원회도 국가기관 차원으로 설립하여 고대사에 대한 부분으로부터 근현대사 분야에 대한 평가 작업을 본격화하여 궁극적으로는 한민족 통일교과서 작업을 단계별로 진행해 나가야 한다. 문화재 분야에서의 평가 작업을 통한 남북 문화재 표준화 사업, 남북의 명절이나 기념일 제정 등의 작업이 공동위원회 차원에서 논의되어야 한다.

마. 사회문화 관련 분야의 기술이나 용어의 표준화 추진

방송언론·학술 분야 등의 교류사업 활성화를 위한 남북 기술표준화 정책, 언어 표준화를 추진한다. 북한의 방송기술이나 정보통신 분야의 표준화 사업을 공동으로 추진하면서 방송통합을 추진하여 방송통일 분야를 대비하고, 기타 관련 전문용어의 표준안을 마련한다.

바. 남북공동의 민족상징 제정

구체적으로는 남북과 해외 한민족이 참여하는 한민족사박물관, 해외 동포 후속세대를 위한 국학지원 프로그램, 해외 한민족 문화제, 한민족 체육대회 등의 국제교육협력 프로그램, 한민족 경제 관련 프로그램 운영이 있을 것이다. 다만 이러한 정책은 세계 각지의 한민족 정체성 형성 정책은 과거의 배타적 민족주의, 폐쇄적 민족주의가 아니라 국제사회의 변화에 능동적으로 대처하면서 인류 보편적 이념을 실현할 수 있는 개방적 민족주의를 통합의 이념으로 해야 한다.

사. 한민족문화의 보급과 지원을 위한 공동협력

남북이 외교적으로 친밀한 국가나 해외동포들이 나수 거주하고 있는 지역에 대해서 합동으로 순회공연을 추진하고, 상호 해외 거점을 통한 문화교류를 추진하도록 뒷받침한다. 남북이 상호 해외 거점을 이용하여 공동행사를 적극 추진한다. 국제적 전시공간에 남북의 공동전시 지원, 해외 한국문화 소개의 집인 가칭 '아리랑하우스' 공동 설립과 운영 등의 지원이 예가 될 수 있다.

남북 공동의 한국학 해외보급 사업은 장기적으로 통일 교과서 마련을 준비하는 과정으로 접근하여 통일한국의 한국어, 한국역사, 한국문화 교재를 개발한다. 또한 남북이 공동으로 해외 한국학 관련 인력지원 사업을 협력하면서, 세계 대학 내의 한국학과나 한국학 관련 강좌의 개설 지원, 한국어의 제2외국어 채택 지원, 남북 우수 작품 번역 및 소개사업 지원 등을 추진한다.

아. 민족문화사 복원을 위한 공동연구

민족문화재 보존을 위한 구체적인 사업으로는 북한 소재 민족문화 유산의 보호와 연구, 민족문화 유산의 발굴과 보존, 북한 소재 민족문화 유산 복원과 연구 및 DB화 사업, 선사시대 유적에 대한 공동연구단 파견 및 조사, 고구려, 고조선, 발해 등의 문화유적 복원, 북한 내의 우수 민족문화유산에 대한 보호와 복원, 국가적 차원의 북한 문화유산 DB화, 고문헌·고문서, 유적지, 건축물, 탑 등의 자료 보존, 미번역 자료의 공동번역, 남북문화 콘텐츠를 활용한 문화원형 사업 등이 있다.[45]

자. 남북이 공동으로 주최하는 행사 확대

장차 통일로 가기 위한 연습으로 남북이 공동으로 주최하는 행사를 확대할 필요가 있다. 서로를 알고, 모자라는 부분을 서로 채우면서 함께 살기 연습을 하는 과정이 자연스럽게 이루어질 수 있다. 서로 양보하고 화합하는 연습이 반드시 필요하기 때문이다.

---

45 전영선(2006), 앞의 글, 3장 참조.

차. 공동창작 실시

이 시기에는 남북 공동창작을 통해 사회통합 강화에 기여한다. 북한에서는 이미 공동작업이 이루어져 왔으므로 이 분야에 대한 노하우가 많이 축적되어 있을 것이다. 남북한 각 분야의 전문가들이 참여하여 남북통합에 기여할 수 있는 각종 창작 활동을 시행하면서 서로를 알아 가는 것이 중요하다. 현재 우리 사회에 존재하는 문화를 어떻게 북한과 함께 녹여 내고 통합방안을 모색할 것인가를 논의하는 과정에서 자연스럽게 남북한이 하나가 되기 위한 다양한 방안이 도출될 것이다.

카. 상호 장기 파견 및 연수 실시

이 시기에는 또한 언론인을 포함하여 다양한 분야의 사람들을 상대지역에 장기 파견하거나 연수를 시켜 장차 사회통합 추진의 일꾼이 되도록 미리 준비한다. 반드시 비영리적인 분야에만 국한되지 않아도 된다고 본다. 오히려 경제적 동기가 부여되면 더욱 활성화될 수 있을 것이다. 그러나 지나치게 상업주의로 빠지는 것은 반드시 경계해야 한다.

타. 통일준비를 위한 방송국의 설립

통일 관련 기간 시설의 하나로써 통일과 관련한 일반인들의 관심을 유도하고 통일 이후에 발생할 수 있는 문화적 차이를 극복하기 위한 통일방송국의 설립이 필요하다. 위성방송 시대와 디지털 시대를 맞이하면서 방송 관련 채널이 엄청나게 증가했지만 통일 관련 전문 채널은 아직 준비되어 있지 않다. 올바른 통일관을 형성하고 보급하면서, 향후 남북문화교류를 위한 콘텐츠를 준비한다는 측면에서도 통일준비를 위한 방송국 설립이 필요한 시기이다. 통일방송은 방송을 통한 남북 주민의 권익보호와 여론 형성, 통일한국 시대의 문화 향상을 도모할 수 있는 공

표 7 　남북 관계 변화와 사회문화 교류 방안[46]

	현단계	협력단계	평화공존 단계
주안점	• 적대감 해소	• 화해 분위기 정착 • 상대문화 접촉기회 확대를 통한 상호 이해 증진	• 사회문화 교류의 양적 확대 및 정례화 추진 • 남북한 주민의 통합의식의 함양 • 통일문화 구현 대비
제도정비	• 교류 관련 법률 및 제도 재검토	• 보안법 등 교류저해 법령 개폐 • 저작권 등 관련 법령 정비 • 남북문화협정체결 • 사회문화 교류 창구정비 • 사회문화교류협의(가칭) 발족	• 사회문화교류지원법 제정 • 사회문화교류지원기금 확충 • 문화유통기구 설립 • 사회문화교류지침 작성
주요 사업	• 상징적 교류사업 • 국제대회 공동참여 • 교류전문가 양성 • 교류 프로그램 구축 • 북한문화 연구 • 남북현실을 고려한 사회문화 교류 추진 • 국제대회 공동참여 • 교류전문가 양성 • 교류 프로그램 구축 • 사회문화 교류 촉진을 위한 재원 마련	• 북한문화 국내출판 사업 • 교류행사 활성화 • 분야별 남북한 공동연구 확대 • 상대편 각종 행사에 참여 확대 • 방송, 인터넷 등 교류 활성화를 위한 기술문제 검토 • 남북 공동의 콘텐츠 개발 추진 • 스포츠 분야의 전면적 교류 • 사회문화 교류 주체의 다양화 • 문화 인프라 건설 지원	• 각종 교류행사의 정례화 추진 • 남북이 공동으로 주최하는 행사 확대 • 국제기구에 남북한 공동진출 • 민족문화사 복원을 위한 공동연구 • 공동창작 실시 • 언론인을 포함하여 상대지역에 장기 파견 및 연수 • 방송취재의 전면적 허용 • 사회문화 제 분야의 교류에 대한 장애 요인 완전 제거 • 국학 분야의 통일안 마련 • 역사·언어·문화재 통일안을 위한 위원회 구성 • 사회문화 관련 분야의 기술이나 용어의 표준화 추진 • 남북공동의 민족상징 제정 • 한민족문화의 보급과 지원을 위한 공동협력
교류 주체	• 정부 및 공공기관이 주도 • 민간단체 참여	• 정부와 민간단체 공동주도 • 정부는 기반확충, 민간단체는 실질적 주체로	• 특정 분야를 제외하고 민간단체가 중심 • 정부는 지원체제 확충에 치중
기타 고려사항	• 국제기구 활용 • 비정치적 분야	• 교류사업이 상호 이익에 부합하도록 추진 • 경쟁적 교류사업 경계	• 문화충격 대비 • 상업화 경향 경계

46　이우영, 「북한의 개혁개방 전망과 남북문화교류」, 『최근 10년간 북한문화예술의 흐름과 남북문화교류 전망』(한국문화관광정책연구원, 2004), 100쪽 재구성.

적 기능을 담당할 수 있어야 한다.

　남북관계가 개선되어 교류가 활성화되었던 시기에는 남북교류 자체만으로도 의미가 있었고, 사회적 관심을 끌기에 충분했지만 더 이상 사회적으로 관심을 끌기는 어렵게 되었다. 남북관계의 변화에 따른 사회문화 교류 방안을 정리하면 표 7과 같다.

　한편 교류의 주체로는 공적 기관이나 지방자치단체의 역할이 중요하다. 지방자치단체의 특성을 고려한 교류로는 광주전남지역의 김치교류사업이나 전주국제영화제, 부산국제영화제에서 북한 영화의 소개 등이 있었다. 지방자치단체의 경우에는 행정력과 추진력에서 장점이 있는 만큼 민간단체와 지방자치단체가 연계 형태로 남북교류의 안정적 토대와 다양성을 확보할 필요가 있다. 남북교류를 지방자치단체의 특색을 살리면서 정례화할 수 있도록 지원해 주어 시너지를 극대화하도록 한다. 또한 특정 분야를 제외하고 민간단체가 중심이 되도록 한다. 이때 정부는 지원체제 확충에 치중하는 것이 좋다. 민간단체들이 자발적으로 참여하는 화합 및 남북교류 행사를 통해 남북한 소통 문화의 확산과 사회문화 통합이 자연스럽게 이루어질 것이기 때문이다. 물론 정부와 민간단체가 상호 보완적인 관계를 맺는 것이 제일 바람직하다. 역할분담을 통해 사회문화통합을 위한 다양한 사업들의 효율성을 증대시키는 것이 중요하기 때문이다. 사안의 특성상 정부의 역할이 필수적일 때는 정부가 나서서 직접 주도해야 한다. 예를 들면 '남북한 문화재의 교환전시', '국책연구기관 간 학술교류', '법적 문제의 해결' 등이다.

　사회문화 분야의 교류는 남북의 문화적 차이를 해소하고 상호 이해의 폭을 넓혀 통일에 긍정적으로 기여할 수 있지만 상호 간 불신이 크다면 오히려 이를 자신의 체제를 선전하는 도구로 활용할 수 있어 무엇보다 남북한 간 신뢰를 쌓는 과정이 필요하며 이를 추진하는 것이 중요하다.

4. 교육통합 방안

대공민주주의에서 교육통합은 '공선', '모음의 한 방식'에 해당한다. 즉, 남한과 북한이 교육과 관련된 사항을 서로 도모하고 진행함으로써 하나의 공동체를 이루어 가는 과정이라고 할 수 있다. 이를 위해서 첫째, 교육과 관련된 북한의 물적 토대 보완을 위한 남한의 개발협력이 이루어져야 하고, 둘째, 교육·학술 분야의 교류를 통해 교육통합의 기초가 마련되어야 하며, 마지막으로 인적 자원의 능력 향상을 위한 공동의 노력이 있어야 한다. 이 세 가지 사항을 다음에서 보다 구체적으로 정리하고자 한다.

1) 남한의 대북한 교육개발협력

남북한의 가장 바람직한 통일방안은 장기적으로 남북한의 교류와 협력을 통하여 단계적으로 통일이 실현되는 상황이라고 할 수 있다. 화해·협력 단계와 국가연합 단계를 거친 이후 남북한이 점차 사회문화적으로 통합을 실현하여 궁극적으로 통일국가를 완성해야 한다. 이러한 통일과정을 통해 남북한의 갈등을 해소하기 위한 전략을 수행하고, 통일 후 직면할 것으로 예상되는 후유증을 미리 완화할 수 있다. 그러므로 교육통합은 남북한 교육의 상호 이질적인 요소들이 기능상·구조상으로 서로 연계되고 결합되어 하나의 체계로 형성되는 과정을 의미한다. 즉, 민족공동체 통일방안에 기초하여 단계적 평화적 과정을 거쳐 점진적으로 통일이 실현될 것을 예측할 수 있다.

그러므로 향후 교육통합을 위한 전제조건으로써의 개발협력 전략, 즉 교육교류협력은 민주주의에 기초한 인류 보편적 가치와 남북한의 전통적 가치를 존중하는 협력 방식이 되어야 한다. 이는 남북통일의 단계적인 과정과 절차에 따라서 점진적인 방식으로 추진해야 하며, 교류협력의 내용도 남북한의 '사회통합', '주민통합'의 중요성을 고려하여 '협력 과정' 자체가 중요한 의미로 부각되어야 한다.

교육교류협력은 사실상 남북한 간의 적대적 교육이념 제거와 소극적·적극적 전략을 병행하는 상호 접근 방식이 필요하다고 볼 수 있다. 궁극적으로는 남북한 학생의 교육 격차·문화적 차이로 인하여 발생할 수 있는 갈등을 예측하고 이를 극복할 수 있는 지원협력 방안을 모색해야 한다. 교류협력 과정에서 예상되는 주민 갈등은 문화적 차이뿐만 아니라, 남북한의 교육 격차 및 이를 해소하기 위해 투입하는 교육지원예산을 안배하는 전략으로 추진되어야 한다.

북한의 교육환경 개선사업 및 남북한 교육 분야의 교류협력 사업은 북한 청소년들의 기본적인 교육권의 확보 차원에서뿐만 아니라 남북한의 통일에 대비한 교육협력 차원에서도 의미 있는 일이라고 할 수 있다.

우선 북한의 교육발전을 위한 지원 활동은 단순한 인도주의적 지원의 의미를 넘어서 개발도상국에 대한 개발원조라는 국제사회의 지원 방향과 깊이 연계되어 있다. 2000년 9월 제55차 유엔정상회의에서는 지구 차원의 개발과 빈곤문제 해결을 위해 MDG(Millennium Development Goals)를 발표했다. 국제사회 차원에서 개발도상국의 '개발'과 '빈곤퇴치'가 국제 의제로 제기되고 있는 것이다. 2005년부터 우리 정부도 MDG 달성을 위해 한국의 개발경험을 개발도상국과 적극적으로 공유할 것을 약속한 바 있으며, 2015년까지 ODA(Official Development Assistance: 공적 개발원조)를 국민 총생산의 0.7%까지 증액할 계획임을 밝혔다. 즉, 남한이 개발도상국 지위에서 벗어나 다른 선진국과 같이 후진국 및 개발도상국에 대한 지원을 증액할 것임을 밝힌 것이다. 이제 남한은 선진국으로서 국제사회에 걸맞은 위상을 확보해야 하며 이를 위해 ODA 자금을 증액해야 할 필요성에 직면해 있는 것이다.

그런데 북한에 대한 개발지원으로의 전환과 관련하여 ODA 통계에 북한을 포함시키고 더 적극적으로 대북 개발지원을 추진하자는 논리가 설득력을 얻어 가고 있다. 즉, 우리나라의 ODA 통계에는 분단국가라는 특수성을 감안하여 대북 인도적 지원의 규모는 포함되어 있지 않기 때문에 실제 ODA 규모가 저평가되어 있다. OECD 개발원조위원회에서 북한은 저소득국가로 분류되어 있기 때문에 남한의 대북 지원액은 ODA 통계에 충분히 포함될 수 있고, 이것이 가능하도록 외교적 노력을 기울여야 한다는 것이다.

국제사회 차원에서 북한에 대한 개발지원의 확대는 MDG의 이행과도 긴밀히 연계되어 있다. MDG는 2015년까지 달성할 8개의 개발목표를 표 8과 같이 제시했으며, 보다 구체적인 이행평가를 위해 18개 세부목표와 48개 지표를 포함하고 있다.

개발목표 중에서 목표 2, 3, 4, 8이 북한교육 지원과 관련이 있으며, 특히 목표 8은 개발지원과 밀접한 관련을 맺고 있다. 북한에 대해 기아인구를 감소시키고, 모자의 건강과 사망률을 감소시키기 위한 인도적 지원이 지속적으로 이루어지고 있다. 북한에 대한 교육지원은 11년제 의무교육이 실시되고 있는 상황에서 양적 차원보다는 교육조건이나 교육환경과 같은 질적 차원에 관심이 모아질 수밖에 없다. 목표 8은 '빈곤 완화에 매진하는 국가에 대한 ODA 증액 지원', '민간부문과 협력하여

표 8 밀레니엄 개발목표(MDG)

목표 1	절대빈곤 및 기아 퇴치
목표 2	보편적 초등교육의 달성
목표 3	성 평등과 여성능력 고양
목표 4	아동사망률 감소
목표 5	모성보건 증진
목표 6	HIV/AIDS, 말라리아 및 기타 질병 퇴치
목표 7	지속 가능한 환경 확보
목표 8	개발을 위한 전 지구적 파트너십의 구축

신기술, 특히 정보통신 관련 기술의 혜택을 받을 수 있도록 지원'하는 등의 내용을 포함하고 있다.

즉, 남한은 북한에 개발 재원을 적극 지원하는 한편 IT 분야를 비롯한 과학기술, 영어교육, 자본주의 경제학습 등 교육 프로그램의 지원과 교류를 활성화할 수 있다는 것이다. 북한의 교육발전을 위한 교육환경의 개선 및 교육현대화 사업, 더 나아가 정보통신 관련 기술의 전수와 같은 교육협력 사업은 북한의 지속적인 성장과 빈곤퇴치를 겨냥한 국제개발지원의 목표와 긴밀히 연계되어 있음을 확인할 수 있다. 따라서 북한의 상황을 구조적으로 개선하고 북한 현실에 적합한 대안을 제시하는 개발지원의 형태로 대북 교육지원이 전개될 필요가 있다.

한편 평양과기대를 중심으로 한 교육현대화 사업, 컴퓨터 분야를 중심으로 한 인력양성 프로그램 및 과학기술 분야의 협력사업 등에 대해서는 보다 신중한 접근이 필요하다. 즉, 교육 분야에서 '개발지원'의 목적과 방향이 보다 명확하게 제시되고, 남한사회 내에서 이에 대한 국민적 합의를 이끌어 낼 수 있어야 한다. 이것은 북한의 개발지원에 대한 남한사회의 우려를 불식시키고 장기적으로는 남북한 간에 교류협력을 활성화하고 통일사회의 기반을 마련하기 위함이다. 즉, 한반도의 비핵화 원칙과 평화적 해결의 원칙에 대한 남북한 간 신뢰가 형성되지 않은 상황에서, 남한사회에서는 개발지원에 의한 북한의 경제발전이 곧 부메랑이 되어 남한에 대한 핵 위협 및 침략 전쟁으로 다가올 수 있다는 인식이 적지 않게 자리하고 있다. 이와 같이 북한이 원하는 개발지원 분야가 경제발전과 긴밀한 연관을 가진 고등교육 분야, 과학기술 분야에 집중되어 있다는 점에서 교육부문의 '개발지원' 전망은 그리 순탄치 않다.

이렇게 볼 때, 북한에 대한 개발지원의 과제는 '평화를 위한 개발지원(development for peace)'이라는 관점에서 교육지원의 목적과 방향이 구체화되어야 한다. 남북한 간에는 아직도 북한의 핵개발 계획으로 전쟁의 공포와 위협 속에 있으며 통합에 이르기까지는 아직도 신뢰회복과 화해협력 등 험난한 과정이 놓여 있다. 북한에 대한 개발지원이 경제성장 위주의 발전과 군사력 강화로 제한되지 않고 남북한 간의 갈등과 분쟁을 해결하고 통일사회를 준비하는 데 기여하도록 해야 한다. 즉, 평화를 위한 개발지원을 통해서 사회경제적 불평등의 해소, 지역 공동체의 역량 강화, 민주주의와 인권의 신장, 그리고 분쟁과 갈등의 평화적 해결 능력을 배양하도록 해야 한다. 이러한 목표하에서 진행된 개발지원은 한반도의 평화 증진과 통일의 사회경제적 토대 구축에 기여할 것이다.

평화를 위한 교육분야 개발지원의 방향은 다음과 같다. 첫째, 교육지원은 교육 기반시설의 정비, 보편적 교육의 정상화, 교육의 질적 수준의 제고, 인적 역량의 강화 등 북한 교육의 발전을 위한 것이다. 둘째, 개발지원에 의한 경제성장은 남북한 경제력 격차 해소, 북한 내부의 물적·인적 역량의 강화 등을 이루어 향후 통일비용 축소에 이바지할 수 있을 것이다. 통일 독일의 사례와 비교할 수 없을 만큼 사회경제적 격차가 큰 남북한 사이에서 개발지원을 통한 안정적인 성장은 합리적이고 효율적인 남북통합을 구축하도록 할 수 있다. 셋째, 개발지원은 '경제개발'과 '사회개발'을 동시에 고려해야 한다. 성장을 우선시하는 경제 중심의 교육개발은 북한 내 사회적 불평등을 심화시킬 수 있으므로, 사회적 형평성을 높이기 위한 농어촌 및 저소득층의 교육개발에 관심을 가져야 한다. 이러한 사회개발 지원은 남북한 사회통합을 위한 중요한 밑거름이 될 것이다. 넷째, 개발지원은 남북한 통일에 대비한 교류협력사업의 일환으로써 상호 이익의 증대로 한반도의 평화 유지에 기여하고 통일의 사회경제적 토대를 구축하는 데 기여할 것이다. 이는 미래 한반도 공동체를 건설적으로 구축할 수 있는 예비적인 토대가 될 수 있다는 측면에서 그 의의가 크다고 할 수 있다.

2) 교육 및 학술 분야의 교류 강화

남북한의 교육통합을 이루기 위해서는 남북 간의 교육 및 학술 분야의 교류가 더욱 확대되어야 한다. 사실, 남북 학술교류는 비교적 오랫동안 지속되고 있는데, 과거에는 중국을 비롯한 제3국에서 학술교류가 이루어졌다. 2000년 초반에는 북한의 평양과 금강산을 방문하면서 개최하기도 하고, 남한 지역에서 개최되는 경우도 많았다. 이처럼 남북한 학술회의는 학자, 전문가들이 각 분야에서 상대방의 학술 현황과 문제를 이해하고 의견을 교환하는 데 중요한 기회로 활용된 바 있다.

앞으로 전개되는 남북한 학술활동은 무엇보다도 특정의 사안을 중심으로 만나기 때문에, 지속적으로 만나는 기회를 충분히 갖는 것이 중요하다. 특히 남북한 학술단체들은 공동의 관심을 갖고 있는 학술분야에서 공동사업을 선정하고, 공동으로 추진하기 위한 지속적인 활동도 필요하다.

교류의 사례는 대표적으로 과학기술 분야, 역사 분야, 건강의료 분야의 학술활동에서 찾아볼 수 있다. 동북아교육문화협력재단은 2001년부터 평양정보과학기술대학 설립 사업을 추진한 바 있다. 이 학교는 남북한을 비롯하여 외국의 교수진이 함께 북한 학생들을 가르치는 첫 번째 사례가 되었다. 또한 남북경제문화협력재단은 국내 여러 대학과 함께 김일성종합대학 도서관 현대화 사업을 추진한 바 있다. 남한 측은 시설 현대화 및 소장 자료 디지털화를 위한 설비 등을 지원하고 북한은 소장 자료를 디지털화하여 남북이 공유하게 될 것이다. 포항공과대학교는 2006년 4월 평양에서 정보, 생명, 나노, 환경공학 분야를 주제로 남북, 해외 과학기술자들이 참여한 가운데 민족과학기술학술대회를 개최했다.

또한 남북역사학자협의회는 2006년 세계문화유산으로 지정된 평양 일대 9기의 고구려 고분군에 대하여 남북 공동으로 실태조사를 실시했다. 고구려연구재단은 고구려사 남북 공동연구 수행, 공동 발굴조사 사업을 진행한 바 있다. 또한 이화여대 통일학연구원은 북한 주민의 건강증진 방안을 주제로 남북학술회의를 개최하기도 했다.

남북한 공동학술회의가 개최되는 사례는 대표적으로 중국 연변대학과 국제고려학회를 들 수 있다. 먼저 남북한 학자들 간의 만남을 주선해 준 기관은 중국 연변대학이었다. 연변대학의 민족연구원은 중국의 조선족 문화에 대한 연구로부터 출발하여 북한과의 오랜 친분관계를 유지하고 있다는 장점을 활용하여 지금도 남한과 북한 학자들 간의 중개 역할을 활발히 수행하고 있다.

또한 국제고려학회(또는 국제코리아학회)는 일본 오사카에 본부를 두고 있으며, 북경, 서울, 평양, 런던 등지에 지부 조직이 있다. 그동안 총 8차에 걸쳐 오사카, 북경, 하와이, 심양, 런던 등지에서 국제학술회의를 개최했다. 이 학술회의에는 정치적 상황에 따라 북한 학자들이 참석하기도 한다. 지난 2005년 9월에는 중국 심양에서 제7차 국제고려학회가 개최되었으며, 2007년 8월 16일부터 이틀에 걸쳐 영국 런던대학에서 8차 국제학술회의를 개최했다. 모두 북한 학자 30여 명이 참석했으며, 남북한을 비롯하여 세계 각국의 한국학 학자들이 공동 학술토론을 가졌다.

연변대학은 북한과 대단히 돈독한 역사적 경험을 갖고 있으면서 동시에 지리적으로 인접해 있다는 이점을 살려 남북한 학술교류의 중재자 역할을 열심히 수행하고 있다. 또한 국제고려학회는 일본 조총련계 인사들이 처음 북한과 교류하면서 시작되었으며, 이제는 남한 인사들도 함께 참여함으로써 남북 학자들의 만남의 장으로 활용되고 있다는 점에서 의의가 있다. 연변대학이나 국제고려학회는 남북한 인사들이 만날 수 있는 기회가 없었던 과거 만남의 기회를 만들어 주었다는 점에서 큰 의미가 있다. 북한에 관심이 있는 남한의 학자들은 대부분 남북공동학술회의에서 처음으로 북한 학자들과 대면할 기회를 갖는다.

한편 민간단체들은 학자, 전문가들이 만날 수 있는 공동 학술행사를 주선하기도 한다. 겨레하나되기운동본부는 북한의 민족화해협의회와 남북한 대학별 특성에 다른 학술교류를 추진하기로 합의했다. 그래서 겨레하나되기운동본부가 주관하여 동국대, 상지대, 고려대, 인하대 등의 대북 교육협력 사업을 진행한 바 있다. 이 대학들은 북한과 공동 학술회의를 개최했으며, 대학에 대한 교육기자재 지원, 연구설비 지원 등을 추진했다. 지난 2006년 2월 20일에는 남한사회의 교수 108명을 중심으로 남북 학술교류 및 교육교류를 공식적으로 추진할 수 있는 교육협력추진위원회를 구성하여 두 차례에 걸친 공동학술토론회를 개최했다.

2007년 10월 18일부터 21일까지 6·15 남북공동선언실천 남측 위원회 학술본부 대표들이 방북하여 북한 대표와 학술회의 정례화에 대하여 협의했다. 북한은 학술회의 정례화의 조건으로 북한 참가자들의 참가비 지원을 희망했으며, 남측 대표자들은 금강산에서 이 일을 비교적 장기적으로 성사한 경험을 가지고 있다.

북한은 학술교류에 대하여 두 가지 목적성을 가지고 있는 것으로 보인다. 첫째, 학술교류를 통하여 북한의 이념과 체제의 정당성을 외부세계에, 특히 남한 인사들에게 알려 주려는 전략을 가지고 있다. 이러한 기회를 적극 활용하려는 의지를 가지고 있다는 것이다. 둘째, 남북한 학술회의의 대가로 지원을 요구하는 경우가 많다. 학술활동을 외화 벌이의 수단으로 삼는 경향이 있다.

반면에 남한 학자들은 학술교류를 통하여 북한을 이해할 수 있는 기회로 삼고 있다. 또한 남한의 자유롭고 풍요로운 현실을 전달하려는 의도가 드러나는 경우도 있다. 심지어 북한체제에 대하여 비판하는 발언으로 남북한 학자들 사이에 논란이 벌어지기도 했다. 이러한 점에서 학술회의에 대하여 남북한 상호 간의 인식과 기대가 다른 경우가 많다.

그러나 이러한 인식의 차이를 줄이고 상호 공동의 관심과 이해에 기초하여 학술교류를 추진하는 것 자체가 중요하다. 사회과학 분야의 학술회의에서는 학술적인 관점이 판이하게 다르기 때문에 서로의 이해를 높이는 데에는 한계가 있다. 북한 학자들이 발표하는 주제는 대부분 정치사상적인 성격을 내포하고 있기 때문에 남북한 학자들이 토론하기에는 예민한 사항이 많다. 그래서 단순한 발표로 마치는 경우가 많으며 관점의 차이에 대한 토론으로 이어지기에는 아직 남북한 학자들 사이에 가로놓여 있는 이념의 장벽이 너무 높다.

사회과학에 비해서 자연과학 분야에서는 학술적인 토론이 비교적 활발하게 진행되고 있다. 자연과학 분야는 이념적인 장벽을 넘어서 공동의 주제에 대하여 연구 현황을 소개하고 토론할 수 있다. 또한 북한은 이론과 기초과학이 강하고 남한은 응용과학이 강하기 때문에 상호 보완적인 토론으로 전개해 나갈 수 있다.

3) 전문인력의 능력개발을 통한 미래 국가 토대 구축

남북통합 과정에서 가장 생산성이 있는 분야가 바로 전문인력의 능력개발 부분이다. 사실, 북한은 과학기술 분야의 인력개발과 대외적인 협력을 추진하기 위하여 전문분야의 인력 양성에 주력하고 있다. 북한 당국은 전문인력의 재교육과 연수를 위하여 국제기구, 대북지원단체의 참여에 적극적인 경향을 보인다. 대표적으로 정보통신과 같은 과학기술, 영어, 시장경제, 경영 및 무역 분야에서 전문가 훈련을 추진하고 있다.

2001년부터 IT 전문기업인 하나프로그램센터는 북한의 김일성종합대학, 김책공업종합대학, 조선컴퓨터센터 출신의 전문인력 약 20여 명을 중국 단동에서 4개월씩 IT 교육을 실시했으며, 3기까지 컴퓨터교육을 실시했다. 2006년 5월에는 우리민족인재양성센터를 창립했다. 남한의 IT 전공 교수들이 참여하여 교육을 진행하고 있는데 교육협력 사업으로써 북한의 IT 인력 양성에 기여하므로 북한의 적극적인 호응을 받은 바 있다.

그리고 2002년 5월 한양대와 김책공대는 학술교류협정을 체결했다. 학술교류협정에 따라 2002년 6월 29일부터 두 달에 걸쳐 한양대 교수

진이 김책공대에서 컴퓨터 관련 강의를 진행했다. 남북한이 직접 대학 간 학술교류를 체결하여 교육협력 사업을 추진했다는 점에서 큰 의의가 있다.

동북아교육문화협력재단은 지난 2001년 6월부터 평양과학기술대학을 건립하기 위한 공사를 진행했다. 이 대학은 평양시 락랑구역에 위치하고 있으며, 학교조직은 대학원생 600명, 학부생 2,000명, 교수 240명 등으로 이루어져 있다. 남한은 건립공사와 교수 임용, 학사운영을 책임지고, 북한은 부지와 자재, 노동력을 제공했다. 설립과정에서 해외동포와 기독교계의 도움을 받았으며,[47] 2010년부터 신입생을 받았다.

그러나 국제기구들이나 우리 사회의 대북 관련 기구는 북한의 인력개발에 적극적으로 참여하기 위한 준비를 하면서 고무적으로 접근할 필요가 있다. 먼저 EU의 2002-2004협력전략 보고서에 의하면 교육협력은 북한의 경제사회 개발을 목표로 설정하고 정부 관리와 전문가에 대한 교육프로그램을 운영할 수 있게 해 준다. 이 과정에서 북한의 변화가 추동될 수 있음을 우리 사회는 염두에 두어야 한다.

외부 세계의 지원은 북한 사람들에게 교육시찰, EU의 경제 모델을 파악할 수 있는 기회를 제공해 준다. 또한 북한 스스로 외국인의 지식을 수용함으로써 시장경제원리를 배우게 할 수 있다. 북한 스스로도 자본주의에 대한 연수를 시도하고 있다. 그러므로 우리 사회는 북한의 시장경제, 국제무역, 금융제도에 대한 역량을 습득하도록 방법을 찾아 주는 노력을 강화해야 한다.

오래전부터 유엔은 북한의 지속 가능 발전을 목표로 북한에 대한 '협력전략 지침'을 마련하고 중장기적 차원에서 인도적 지원을 실시하고

---

47 박근태, 「구글회장 찾은 평양과기대는 어떤 곳?」, 『조선비즈』(2013년 1월 9일).

개발지원을 하고 있다. 여기에서는 국가정책의 우선 사항으로써 경제관리, 지속 가능한 에너지, 환경관리, 식량이용의 증대, 기초 사회서비스의 5영역을 제시하고 세부 지원 사업을 추진하고 있다. 이 가운데 교육은 기초 사회서비스 분야에 해당한다. 여기에는 초중등교육 단계에서 보건서비스 개선, 유아 성장 지원, 교육환경과 질 개선, 새천년개발 목표와 관련되는 데이터 및 국가 통계 관리, 국가 차원의 전략 수립 등이 명시되어 있다.

이러한 사업의 일환으로 유니세프, 유네스코가 주축이 되어 교수학습방법론 분야에서 국가 역량의 강화, 초중등교육에서 교수내용의 개선, 초중등학교의 교육환경의 개선 등을 위한 프로그램을 추진하고 있다. 유니세프 역시 2007년의 행동계획에는 교과서 용지와 인쇄기 지원, 학교비품 지원, 학습평가 프로젝트의 수행, 초중등 교육과정에 보건위생 관련 내용을 소개한 바 있다.

유네스코는 북한의 교육발전을 지원하기 위하여 협력을 다양한 분야에서 추진하고 있다. 유네스코는 북한의 필요를 반영하여 북한과의 교육협력 분야를 강조하고 있다. 그러한 노력의 일환으로 교육의 질적 개선, 교육에서 정보통신기술의 도입, 교육행정정보시스템의 구축을 들고 있으며, 국제적인 민간단체들은 북한에 대한 인도적 지원 사업을 꾸준히 전개하고 있다. 그 일환으로 북한의 전문가 인력개발 사업에도 상당히 기여하고 있다. 대표적으로 Mercy Corps는 1999년 이후 함경북도 지역을 중심으로 아동학생에 대한 인도적 지원과 성인을 위한 기술교육을 실시하고 있다. 초등학교에 급식, 교육기자재 등을 지원했으며, 성인에 대한 전문기술교육을 실시하고 있다. 특히 실업사 및 미취업 성인에 대하여 직업기술교육과 컴퓨터 교육 등 단기 직업훈련 과정을 운영했다.

이 밖에도 북한 조선교육후원기금의 홈페이지에는 독일, 캐나다, 중국 등지에서 활동하고 있는 민간단체들이 북한을 지원하는 사례가 소개되고 있다. 독일, 캐나다, 중국 단체는 컴퓨터 지원에 참여하고 있으며, 캐나다 영어보급협조단체인 ELIC는 학생과 영어 교원에 대한 교육을 지원하고 있다. 특히 2006년 8월 8일부터 19일까지 모란봉 제1중학교에서 캐나다 ELIC가 주최하는 3차 영어 강습을 진행한 것으로 소개한 바 있다. 여기서 북한의 전문가 인력개발 사업의 특징을 정리하면 다음과 같다.

먼저 북한은 스스로 교육의 현대화를 구축하기 위해 안간힘을 다하고 있다는 것이다. 교육의 현대화는 궁극적으로 최신의 지식정보와 과학기술을 이해하고 습득하여 실제 과학기술의 발전을 도모하는 데 활용하는 것이다. 우리는 북한이 이러한 목표를 세우고 있다는 사실에 주목해야 한다. 북한은 아직 초보적인 단계이지만 선진국가의 수준을 수용하려는 적극적인 의지를 보이고 있다. 따라서 북한 당국은 국제기구와 국제적으로 활동하는 대북지원 민간단체들에 대해 북한 주민들이 적극적으로 역량을 개발할 수 있는 여건을 만들어 줄 것을 권장하고 있다. 앞으로 우리 사회는 유엔과 EU를 비롯한 국제기구들과 함께 북한의 사회개발 차원에서 역량개발 사업이 잘 이루어지도록 적극적으로 참여할 필요가 있다.

다만 북한을 둘러싸고 있는 국제적인 환경 요인이 이러한 사업을 추진하는 데 상당한 영향을 주고 있기 때문에 앞으로 북미관계의 진전, 북핵문제의 해결 등 좀 더 지켜보아야 할 것들이 있다. 그러나 국제기구들이 북한의 개발전략을 보다 적극적으로 추진하는 데 비해서 북한 당국은 보다 신중하고 단계적인 접근으로 일관하고 있는 상황도 잘 파악해야 한다.

능력개발 지원은 영어교육, 시장경제교육, 과학기술교육 등이 이루어지고 있다. 북한 당국은 다양한 분야에 걸쳐 북한, 중국, 베트남, 호주, 미국, 스웨덴 등 각지에서 교육이 이루어지도록 하고 있다. 북한은 단기 과정을 통하여 최소한의 신지식을 최대한 획득하도록 지원하는 데 주안점을 두고 있다.

그러나 여전히 북한은 영농기술과 같은 분야 외에는 남한의 참여를 허용하지 않고 있으며 특히 사회과학 분야에서 남한의 참여를 원하지 않고 있다. 이러한 북한의 태도는 남한에 대한 두려움이나 자존심 훼손 때문이다. 그래서 우리 사회는 국제기구를 통한 간접적인 연수 프로그램으로 지원 운영하는 것도 필요하다. 즉, 우리 사회는 북한사회 발전을 위해 장기적인 접근을 위한 포석을 수년 또는 수십 년간 지속해야 한다. 이러한 중장기적인 노력이 남북교류로 인한 남북 화해와 협력 그리고 평화 통일로 이르게 하는 첩경이 되는 것이다. 민족공동체 통일 방안에 기초하여 교육통합의 구체적인 과제를 정리하면 표 9와 같다.

표 9 민족공동체 통일방안에 기초한 교육통합의 과제

화해협력단계	양상 전망: 교육 분야 전망	통일 이전 화해협력 단계는 학술·교육 부문의 교류와 협력을 추진하고 학력 인정조치 등을 마련하는 단계이다. 이 단계의 교류는 접촉, 친선, 공동 기구 설치, 물적 교류, 인적 교류, 고차적 협력관계 형성으로 발전되어 나갈 수 있을 것이다. 구체적인 사업으로는 남북한 교육관계 자료와 정보의 교환, 고등학술 연구사업 실시, 남북한 교육관계자 교류, 수학여행 및 고적 답사, 남북 학생 공동생활 경험의 유도 등을 검토해야 하며, 더 나아가서는 교류, 협력관계위원회의 설치와 연구의 지원, 그리고 소요 기금을 마련해 가는 방향을 생각할 수 있다. • 기초과학, 순수 학문 관련 자료, 전통, 민속·예술 자료, 기록영화의 교환 • 남북 도서관 장서목록 교환 • 기초과학 및 순수학문에서의 공동조사, 연구 및 협력사업 실시 • 학생예술행사, 민속행사, 교육 세미나, 학술회의 등의 공동 개최 • 판문점 내 남북학술회의장 설치 • 국제과학, 기술대회, 국제체육경기대회에 남북한 단일팀 구성 참가

		• 탈이념적인 전문서적과 순수문학서적 등의 전시회 상호 개최, 공동 제작 출판 • 제3국 또는 남북한 개최 학술, 문화행사를 통한 상호 접촉, 왕래 활성화
	과제 제안: 교육의 과제 제시	통일에 대비하고 통일 후 지체 없이 실시할 수 있는 교육통합 방안을 구안하기 위해 보다 이상적인 기준을 마련하고 그 기준에 접근할 수 있도록 우리의 교육체계를 개혁해 가면서 북한의 전반적 교육체제를 보다 엄밀하게 분석·평가하여 새로 마련된 기준에 맞도록 개혁하는 방안을 마련해 두어야 한다. 이러한 노력과 병행하여 기능주의 접근 방식으로 남북한 교육교류를 추진하는 노력을 기울여야 한다.

남북
연합
단계
	양상 전망:
	교육 분야 양상 예측
		• 남북 학생 또는 청소년 공동생활센터 개설, 운영
		• 남북 합동 수학여행단 구성, 학생 또는 교원 합동수련회 개최
		• 유학생, 교환교수, 특파원의 상대지역 주민 가정 기거 추진
		• 활자 통일 및 국어사전, 역사도서, 성서 및 교리 공동편찬
		• 정부 차원에서 재사회화를 위한 기관 설립 및 전문가 양성
		• 학술단체, 종교사회단체 등의 간행물, 학술회의 및 연수주선을 통한 정치교육 수행
		• 방송전파매체를 통한 정치교육 방송 실시
		• 북한의 문화, 예술인, 교사, 교수의 재교육 추진
		• 북한 문화 전반에 대한 시청 프로그램 마련
		• 민간 주도의 다양한 사회교육기관 설립
		  - 교양 및 여가교육: 외국어 교육, 예절 일반상식, 취미 등 실생활 교육
		  - 직업교육: 컴퓨터 학원
		  - 문화교육: 전통문화 및 서구문화 교육
		  - 시민교육: 인권, 시민권, 민주주의 등에 관한 교육
		• 시장경제체제 및 사회보장제도 관련 교육 홍보 실시
		• 북한 노동자 전업훈련 및 재교육 실시
		• 남북 교원 단체 총연합회 구성, 운영

	과제 제안: 교육 분야 과제 제시	결국 이때는 신기능주의적 시각이 남북한 교육통합을 위한 전략으로서 고려될 필요성이 생기게 된다. (신기능주의와 기능주의의 차이점은 통합을 더욱 더 촉진시켜 주도록 유도하는 제도를 창출하는 계획에 있다. 본질적으로 신기능주의는 목표보다 과정에 관심을 두며 연방주의와 기능주의를 결합한 것으로 이해된다. 신기능주의는 정책통합을 성취하고 나아가 중간 수준의 기구통합을 이룩하면 그 결과로 더 높은 태도와 기구통합이 이루어져서 공동체 의식이 생길 수 있다는 주장이다.) 다시 말하면 학술교류를 비롯한 다방면의 접촉은 기능주의와 커뮤니케이션이론으로 설명할 수 있다. 그러나 통합이 진행되어 교육 각 분야의 통합기구를 설치할 상황이 되면 신기능주의적 접근으로 설명이 가능해지는 것이다. 즉, 단순한 교류의 차원을 넘어 구체적인 통합기구를 설치할 경우 정치력이 발휘되어야 하고 이 시기에는 본격적으로 통합을 위한 준비단계로 정치적 협상과 구체적 통합 방향과 내용이 활발하게 논의되어야 하기 때문이다. 그러므로 신기능주의적 접근이 이루어져야 한다.

맺음말

7장

우리는 한국적 가치의 재정립을 통한 남북통일과 남북한 사회통합 방안에 대한 연구를 수행하기 위해 먼저 서양의 주요 통합이론을 살피고, 이어서 우리의 통합사상과 통시적·공시적 통합사례를 살펴보았다. 그리고 이를 바탕으로 대안으로 대공주의를 발견했으며, 대공주의가 지닌 만남, 나눔, 모음의 분류에 따라 정치·경제·사회문화·교육 부분의 구체적인 남북한 통합방안을 제시했다.

1장에 이어 2장에서는 서양의 주요한 통합이론을 정리했다. 여기에서 남북한 통일과 통합에 대한 시사점을 간단하게 도출해 보고자 했다. 유럽연합의 통합이 지역통합으로써 성공적인 사례로 보고 있고, 독일 통일 이후 사회적 갈등이 상당 부분 완화되는 것도 볼 수 있다. 그럼에도 유럽통합 모델이나 다문화사회에서 추진하는 통합 형태를 남북한 사회통합에 직접적으로 적용하기는 어렵다. 그러나 상당 부분 변용하여 적용할 수 있다는 생각이다. 유럽은 다양한 역사와 문화, 제도 등에 뿌리를 내린 개별 국가가 회원으로 참여하여 다자국이 통합되어 초국가적 형태를 이루고 있어서 정부 간 요소도 볼 수 있다. 남북한은 단지 두 국가로써 분단 전에 동질한 문화와 전통에 뿌리를 내리고 있다. 그럼에도 유럽연합의 통합 기조에서 그리고 다문화주의가 추구하는 목적에서 다양한 시사점을 추출할 수 있다. 통합의 기조는 예컨대 협상과 점진성 및 세계의 보편적 가치관이다.

남북한은 2000년 6·15 남북공동선언에서 서로의 의지를 표명했고, 흡수통일을 추구하지 않는다는 의사를 확실히 했다. 여기서 기능적·신기능적 통합의 요소를 볼 수 있다. 교류와 접촉 그리고 협력을 통해서 쌍방의 점진적·기능적 통합을 추진하고 있다. 그러나 서로 흡수통일을 지양한다는 의도를 공동선언에 표기했다는 차원에서 신기능주의적 요소도 볼 수 있다.

그러나 기능주의 이론에서 제시한 효과는 다양한 조건이 갖추어져 있어야 한다. 김대중 정부 아래 다양한 교류가 활성화되면서 한반도 안보 관계는 안정적인 면도 있었다. 그러나 이후 남북 정치적 상황으로 6·15 남북공동선언은 아무런 유발효과도 발휘하지 못하고, 정부의 대북정책과 국내정치는 남북한 공동합의를 실현시켜 나가지 못했다. 여기서 강조하고 싶은 점은 인내 및 장기적인 안목이 필요하다는 것이다. 아울러 이러한 문제에 대비하여 남북한 공동기구의 창설이 의도적으로 실행되어야 한다. 쌍방을 대표하는 상설기관을 설치하여 계속 대화와 협력을 이어 가야 한다는 논지이다. 협동은 경제적·사회적·정치적 문제를 해결하는 데 큰 저력이다.

북한은 연방주의를 남북한 통일방안으로 제시했다. 이에 비해 남한은 연합국가를 좀 더 현실적인 모델로 보고 있다. 북한이 1973년에 내놓은 고려연방제는 남북한의 두 체제를 인정하며 하나의 국가를 제시했다. 1980년에 한 걸음 더 나아가 독자적인 연방군의 조직과 남북 쌍방의 외교권을 통일적으로 조정하는 연방국가의 창설을 제시하였다. 이에 비해 남한은 지방정부들의 군사·외교권 보유가 더 적절하다는 생각이다. 이 점은 갈등을 일으켰고 아직까지 화합을 보지 못했다. 하스가 유럽연합의 협력이 부족하여 통합이 어려운 점을 각자의 이해와 이익을 협상에서 유지하고자 하는 데 문제가 있다고 설파하듯, 남북한도 마찬가지이다. 여기에 독일 연방제도에서 볼 수 있는 지방과 중앙의 다른 책임과 권리 등의 권한 분배가 주요한 시사점을 던진다. 독일연방제는 이러한 책임과 권한 분배를 통해 수평적인 관계를 설정하고 평화를 추구하고 있다. 독일은 이러한 점을 헌법과 합의문서에 규정하고 서로 이 합의사항을 준수하고 있다. 이 점 역시 남북한의 협상에서 고려해야 한다.

이러한 협의는 인내와 지속적인 협상문화 없이는 불가능하다. 아울러 권한 분배를 통해서 민주적인 평등한 관계의 조화, 정치적 분권화, 보완성 원리(Prinzip der Subsidiaritaet)를 연계하여 정치적 결정을 한다. 이 원리는 시민에게 가깝게 다가가는 데 중요한 수단이다.

한편 다수문화주의의 정책목적인 평등원리는 어느 사회에서나 필요하다. 남북한의 경제적 차이는 동서독보다 더 높고 이로 인한 갈등도 더 심할 것으로 추정된다. 남북한 사회통합에서 사회경제적 불평등은 간과되거나 소홀히 취급되어서는 안 된다. 화목한 사회통합을 위해 다문화주의가 추구하는 민주적 가치관의 개별적인 차이의 존중이 전제된다. 다시 말하면 민주적인 가치관이 전제된다. 다문화주의는 차이와 다름과 독자성을 존중한다. 이러한 가치를 토대로 통합을 이루는 정책적 대안과 공존과 공생이 가능한 사회적 구조를 형성해야 한다. 동시에 남북한 공동체 형성에는 민족공동체의 한계점을 극복하고 다문화사회 주민을 아우르고 세계화의 요구에 부응할 수 있는 지평확대가 전제된다. 남북한은 같은 언어와 문화를 공유해도 사회통합은 잘 이루어지지 않고 있으며, 오히려 강도 높은 지역 간 갈등, 이념갈등, 사회 빈부 차이에서 오는 갈등 등을 안고 있다. 지속적인 대화와 타협 등이 필요하고 남북한 당사자 간에 소통이 어려우면 문화공동체의 도움을 받을 필요가 있다.

문화공동체는 탈민족적 공동체로써 조합적 공동체와 자유민주적 공동체가 있다. 이 공동체 구성원들은 민족적 성향을 넘어서 남북한 통일과 통합에 연대하는 사람들이다. 이들은 탈영토화적·개방적 공동체의 구성원이다. 남북한이 서로 자유롭게 방문할 수 없는 상황에서 이들은 남북한을 잇는 역할을 할 수 있다. 이 맥락에서 가상공동체의 역할도 중요하다. 세계 각국에 흩어져 남북한 관계 및 남북한과 관계된 나라와의 정책, 경제, 안보, 통일에 필요한 중요한 정보를 확보하고 있다.

이러한 활동 단체는 국제주의적 보편성을 구현한다고 본다. 한반도는 통일을 위해 국제적 지지를 얻어야 한다. 그러기 위해 다문화정신으로 타인, 타 민족과 공존, 공생하는 방법을 습득하며 평화와 화해, 협력을 구현해 가야 한다. 이러한 정신을 남한사회에서 연습을 하면, 통일 후에는 쉽게 북한 주민과 사회통합을 이룰 수 있다고 생각한다.

3장에서는 한국의 통합사상을 다루었다. 우리나라의 전통신앙에서 샤머니즘, 즉 무속신앙은 다양한 종교적 의례를 통하여 사회구성원들의 정신적 안정을 가져다주었을 뿐만 아니라, 특히 위기 상황에서 마을공동체를 통합시키는 기제로써 작동해 왔다. 샤머니즘의 해원사상은 다문화, 다종교의 한국사회에서 종교문화 간의 대화와 협력을 촉진시키는 데 이바지했다. 샤머니즘의 해원사상은 점점 그 정도가 심화되고 있는 다문화·다종교의 한국 상황 속에서 각 종교·문화 간의 대화와 협력을 촉진시키고, 사회를 통합하는 데 크게 기여할 수 있을 것이다.

단군신화와 홍익인간 사상은 인간 경시 풍조를 극복하는 데 중요한 역할을 할 수 있다. 또 인간 존중 사상에 근거하면, 모든 사람은 사람이라는 이유로 대등하며, 본질적 부분에서는 차별을 받지 말아야 한다는 평등사상이 파생된다. 홍익인간 사상은 어떻게 보면 나 혼자만의 이기적인 욕심이 아닌, 여러 사람의 공통적 이익을 존중하고 보호하며, 더 나아가 타인을 이롭게 한다는 이타주의 사상이 깔려 있다.

동학사상에는 고금을 통하고 역사를 초월하며 민족과 종교의 벽을 뛰어넘는 보편성이 있다. 오늘날 동학사상이 주목받는 이유는 동학사상을 관통하는 '하나[一]'의 원리가 천·지·인 삼재의 연관성 상실을 초래한 근대 서구의 정치적 자유주의를 치유하고 이분법의 폐해를 극복할 수 있는 묘약을 함유하고 있기 때문이다. 동학사상은 우리 고유의 홍익인간 사상과 마찬가지로 통섭적 세계관을 바탕으로 융합과 조화에 그 토대를 둠으로써 인간소외 문제를 극복하고 공존의 대안적 사회를 마련할 수 있게 할 것이다.

한편 불교의 호국사상은 지배 계층의 특권만 옹호해 줄 수 있는 사상이 아니다. 삼국시대 왕들이 불교를 받아들인 것은 특권층의 보호를 위해서가 아니라 오히려 "국가사회를 통합할 수 있는 새로운 사회질서와 가치체계, 윤리 등이 요구되는 시기에" 정법치국 사상(正法治國思想)에 입각한 불교의 호국사상을 받아들인 것이다. 또한 불교를 국가 종교로 받아들인 신라라고 하는 중앙집권적인 귀족국가가 체제정비와 영토 확장 과정에서 국가를 통합시키고, 국가권력을 확대해 나가는 데 가장 중추적인 역할을 한 것이 바로 화랑도였음을 알 수 있다.

유가의 통합사상은 예치[正名]와 인정[德治]에 바탕을 둔 왕도정치 사상이다. 예치는 부자(부자유친)와 상하(장유유서)에 따른 가족윤리를 국가 수준으로 확대하여, 공동체 전체를 하나의 가족과 같은 통합을 이루려는 사상이다. 그래서 왕과 백성은 통상 부모와 자식 간의 관계로 표현된다. 한반도에 전래된 유학은 사회의 질서와 유지 그리고 국가의 통합에 기여할 수 있는 일정한 가치체계 및 규범체계를 갖추고 있었으며, 조선왕조 지도부가 이를 적절히 활용했다고 볼 수 있다.[1]

도교가 사회통합 사상으로써 의미를 가지는 이유는, 도교가 개인의 불로장생과 함께 '사람과 사람의 관계'를 특별한 '생명관계'로 강조하고 있기 때문이다. 사람은 생각을 서로 교류하고 결속하며 일정한 사회조직을 만들며 살아간다. 인류의 개체와 개체 사이에는 생명을 중심으로 사회적 관계가 형성된다. 신선의 경지는 수련을 통해서 이룰 수 있는 만큼, 신선이 되려면 마땅히 '사람됨'에서 시작해야 한다. 이른바 도교에서 강조하는 "선도(仙道)를 수련하려면, 우선 인도(人道)를 수련해야 한다."는 것이 바로 사람됨의 중요성을 나타내는 말이다. 또한 도교에서는 생명의 큰 뜻에 맞는 사회 공중도덕을 준수해야 한다고 가르친다. 도둑질을 하지 않고, 의롭지 않은 재물을 받지 않으며, 음란하지 않고, 남을 비방하지 않으며, 남에게 모질게 욕하지 않고, 음해하지 말아야 한다고 강조한다. 도교에는 생명을 중시하는 사회 공중도덕과 관련된 계율이 여럿 존재한다. 이러한 계율과 경전들은 지난 2,000년 사회통합의 기초가 되는 공동도덕으로 전해졌고, 도교 특유의 행위규범으로 제시되었다.[2]

기독교의 '통합'사상은 바로 사랑에 있다고 볼 수 있다. 즉, 예수 그리

---

[1] 물론 유교는 계급사회의 지속을 유지시킨 측면이 있다. 유학은 근본적으로 치자의 입장에서 사회를 바라보기 때문에, 인심이 안정되고 풍속이 돈후해지는 안정적인 사회질서를 유지하려고 한다. 따라서 귀천, 상하의 직분에 대한 남용이나 핍박에 대해 무딘 경향성을 가진다.

[2] 유교가 가부장 중심적이라고 한다면, 도교는 여성과 밀접한 관계가 있다. 가령 도가의 가장 대표적인 경(經)인 『노자』에는 곳곳에서 고대 여성숭배 사상의 흔적을 찾아볼 수 있으며, 『장자』에도 선인을 처녀에 비유한다거나 도를 깨달은 여성들을 구체적으로 언급하고 있는 것을 보면, 이런 경향의 일단을 볼 수 있다.

스도의 '십자가 사랑(헌신과 희생)'으로 '하나님과 사람과 만유가 한마음과 한뜻이 되는 것' 그리고 이를 통하여 '내 이웃(나와 다르지만, 그리고 내 마음에 들지는 않지만, 내 곁에서 함께 살 수밖에 없는 사람들)'을 '내 몸과 같이 사랑(자비와 긍휼)'하는 것이다. 사회구성원들이 이러한 사랑을 생활 속에서 실천해 나간다면 그 사회공동체는 견고하게 통합될 수 있을 것이다. 기독교의 사랑을 보다 구체적으로, 아주 가까운 관계에 있는 사람들에 대한 사랑, 주변에 살고 있는 사람들에 대한 사랑, 그리고 적대관계에 있는 사람들에 대한 사랑으로 구분하여 설명했다.

이러한 우리의 전통사상과 외부에서 들어온 사상들이 한반도에서 어우러져 우리의 생각과 행동을 지배해 왔는데, 결국 남한은 자유민주주의를, 북한은 마르크스·레닌 사상을 받아들였다가 독자적인 주체사상을 각각 자신들의 체제를 유지하는 구심점으로 삼고 있다. 자유민주주의로 시작된 대한민국은 이후 군부가 등장하여 권위주의 체제가 성립되는 등 민주주의의 시련이 있었지만 우리 국민은 마침내 민주주의를 쟁취했으며 이를 심화시키고자 노력하고 있다. 그리하여 자유민주주의는 세계사에 유례가 없는 산업화와 민주화를 동시에 달성한 대한민국의 전체를 아우르는 사상으로 작동하고 있는 것이다. 북한의 주체사상에서는 유교의 가족중심주의, 인간관, 사회 작동 원리에 대한 이론 등을 재활용하여 정권유지에 악용하고 있다. 이러한 전통은 '충효의 화신'인 김정일, 김정은에 의해 교묘하게 계승되고 있다. 김일성이 전통사상을 수용한 배경은 김정일, 김정은에게까지 안정적인 권력승계를 뒷받침하기 위해 봉건적 신분제를 옹호하는 고유의 전통사상인 유교를 통치이념인 주체사상에 다시 재활용한 것이라 볼 수 있다.

4장에서는 통합정신에 바탕을 둔 한국인의 대표적인 통합사례를 조선시대까지의 통합사례와 식민지 이후의 통합사례로 나누어 살펴보았다.

화백제도는 진골귀족 출신으로 구성된 신라의 합의체 회의기구로써, 국왕의 추대나 불교공인, 전쟁, 법령제정, 기타 국가의 중대한 일들을 결정하고 귀족과 왕권 사이 권력을 조절하는 기능을 했다. '화백'이란 화합하여 아뢴다는 뜻에서 사람이 천지와 하나 되어 화합한다는 의미로 볼 수 있다.

삼국을 통일한 신라의 문무왕은 고구려를 평정하여 삼국을 통일한 직후인 669년에 감옥에 있는 범죄자에 대한 대사면을 단행하면서 동시에 원금과 이자를 모두 면제하는 채무탕감의 왕명도 내렸다. 또한 태조 왕건은 지역 호족을 융합하면서 동시에 견제하기 위해 호족의 딸들을 후궁으로 삼고, 아들들은 송도에 머물게 하는 기인제도를 실시해 지방 호족의 반란을 막았다. 숭불정책은 불교로 민심을 달래 왕권을 강화하려는 목적으로 추진되었다. 파괴된 절을 개축하고 곳곳에 절을 새로 지었으며, 연등회와 팔관회를 국가적 행사로 성대하게 치렀다. 보통 창업군주가 보여 주는 카리스마와 공포 분위기가 없었는데, 이런 왕건의 성품은 고려 개국의 원동력이기도 했다. 종래의 호족연합 정권적 형태를 넘어서 자신의 군주권을 강화하려는 목적과 사회계층을 통합하려는 목적에서 과거제가 시행되었고, 소기의 성과를 얻을 수 있었다. 고려시대를 거시적인 흐름으로 보면 음서제는 점차 약화된 반면, 과거제는 점차 강화되는 경향을 보여 주었다. 즉, 역사의 흐름과 함께 공공성이 확대되고, 피지배계층이 국가의 중요 정책결정 과정에 참여할 수 있는 길이 확장되면서 계층 간의 통합 가능성이 열렸다.

조선시대의 통합사례는 사회통합 사례와 정치·사회 통합사례로 나누어 살펴보았다. 사회통합 사례로 향약의 공동체 윤리에서는 수신, 제가, 치국, 평천하라는 말에서 드러나듯, 공동체의 구성원이 사심이나 사욕과 같은 자신의 이해를 넘어 자신을 포함한 보다 더 큰 관계를 의식하고 그에 따른 자발적인 도덕적 행위를 하라고 끊임없이 요구하고 있다. 또한 두레, 계와 같은 협동적 노동을 통해 사회통합이 이루어졌다. 정치사회통합의 사례로는 정도전과 세종의 치적을 살폈다.

대한제국 이후 한국민들은 국가통합과 사회통합을 위해 끝없는 모범을 보여 주었다. 손양원 목사의 사례, 서광선 목사의 사례는 기독교의 통합사례이다. 한편 새마을운동은 1970년대에 농촌근대화를 위해 도입된 주민자발적인 참여를 통해 이루어지는 국민운동으로, 농촌마을의 지붕개량, 새마을 공장 등 환경개선이나 소득증대뿐만 아니라 농촌주민들의 통합과도 깊은 관련이 있었다.

최근의 사례로는 농촌 고령화 및 공동화 현상이 심각해지고 있는 상황에 경상북도가 농촌지역과 도시지역의 상호 교류와 통합을 위해 2013년부터 2014년까지 2년간 6개 마을에 시행한 '경북행복마을' 사업이 있다. 또한 '희망오차마을' 주민공동체도 통합의 좋은 사례로 살펴보았다. 한편 취약계층에게 일자리나 사회서비스의 제공 등 사회 목적을 추구하는 사회적 기업도 통합의 사례로 다루었다.

5장에서는 남북통일의 가치, 전망, 방향 등을 포함하는 통일철학을 한국적 가치의 재정립을 통해서 구축해 보고, 그에 따르는 통일이론 및 통일이념을 제안했다.

이 연구에서 한국적 가치를 재정립한다는 것은, 단순히 탈근대적 가치나 탈식민적 가치 가운데 하나로 한국적 가치를 재정립한다는 것이 아니라, 근대적 가치, 탈근대적 가치, 탈식민적 가치 등이 그동안 공통적으로 공유해 온 '주체(主體)'라는 가치와 '지배(支配)'라는 실현 방법을 포괄하면서도 그것을 근원적으로 뛰어넘는 '대공(大公)'이라는 가치와 '지탱(支撑)'이라는 실현 방법을 한국사상사에서 찾아 재정립한다는 것이다. 본 연구는 남북통일 및 남북사회의 통합의 방안을 '근현대 서구적 개인 주체 가치'에 기반을 둔 '지배의 제국주의적 방안'에서 찾지 않고, '지탱의 대공(大公) 가치'라는 한국적 가치의 재정립을 통해 그것에 기반을 둔 '지탱 문화 글로벌리즘의 방안'과 '대공민주주의 방안'에서 찾아보려고 했다.

근대 서구사상에서 중시하는 핵심 가치는 인간이 만물의 주인이며 만사의 척도라는 점에서 인간은 곧 주체(주인-주권자)라는 가치다. 이는 인간 주체의 주관적 가치와 객관적 가치로 나뉜다. 인간의 주관적 가치가 상대적이라는 것은 비교적 분명하다. 그리고 인간의 객관적 가치라는 것도 다수의 인간이 도달하는 일정하게 제한된 합의나 공감에 의거한다는 점에서, 그리고 설령 만장일치로 도달하는 합의나 공감에 의거한다고 하더라도 합의나 공감에 이르는 방법이 일정하게 제한된 방법이라는 점에서 상대적일 수밖에 없다.

만일 본 연구에서 한국적 가치를 재정립하는 일이 탈근대적 가치나 탈식민지적 가치를 재정립하는 일환이라고 한다면, 본 연구에서 재정립하는 한국적 가치가 근현대 서구적 가치를 포괄할 수도 없고 더구나 그것을 대체할 수도 없다. 본 연구에서 재정립하는 한국적 가치가 근현대 서구적 가치를 포괄하고 융섭하면서 그것을 대체할 수 있는 대안이 될 수 있는 까닭은 근현대 서구적 가치보다 공적인 가치라는 데에 있다.

지금까지 통념적으로 '공적'이라는 의미는 '객관적'이라는 의미와 같은 것으로 사용되어 왔다. 그러나 한국사상에서 '공(公)' 개념이 갖는 의미와 서구사상에서 '객관' 개념이 갖는 의미는 각각 저변에 깔고 있는 세계관과 가치 척도가 다른 만큼 전혀 다르다. 세계관이라고도 할 수 있는 메타이론 측면에서 보면, 근현대 서구사상은 '인간 자아 준거적 메타이론'을 가정하거나 전제하고 있다. 요컨대 서구사상에서 '객관' 개념은 '공' 개념과 혼용할 수 있지만, 한국사상에서 '객관' 개념은 '공' 개념과 혼용할 수 없다. 한국사상에서는 '절대적 가치'와의 관계에 따라 절대적 가치와 가까운 가치가 '공적 가치'이며 절대적 가치와 거리가 먼 가치는 '사적 가치'다. 따라서 '객관적 가치'가 '절대적 가치'와 거리가 멀다고 한다면 그것은 얼마든지 '사적 가치'일 수 있고, '주관적 가치'가 '절대적 가치'와 가깝다고 한다면 그것은 얼마든지 '공적 가치'일 수 있다.

따라서 한국사상에서 한국적 가치를 찾아서 재정립하려고 할 때, '인간 자아 준거적 메타이론'에 따른 상대적 가치 가운데 하나로 접근할 게 아니라, 한국사상의 저변에 깔려 있는 '일 자체 준거적 메타이론'도 함께 재정립해야 하며, '일 자체 준거적 메타이론'에 입각하여 절대적 가치를 끊임없이 지향하는 상대적 가치 가운데 하나로 접근해야 한다. '일 자체 준거적 메타이론'에 따른 가치관은 첫째, 절대적 가치, 둘째, 절대적 가치를 지향하면서 그에 가까운 대공적 가치 혹은 공적 가치, 셋째, 공적 가치에 비해 절대적 가치로부터 멀리 떨어진 사적 가치 등으로 나뉜다.

지금까지 한국적 가치는 주관적 가치와 객관적 가치를 뛰어넘는 초월적 가치라고 하고, 그만큼 현실과 유리된 비현실적인 가치이며 비역사적인 가치라고 조명해 왔다. 그러나 이러한 조명은 한국적 가치를 '인간 자아 준거적 메타이론'의 바탕 위에 있는 '주관-객관'의 프레임 속에 들어오지 않는다고 해서 초월적이라거나 비현실적·비역사적인 것으로 잘못 조명한 것이라는 점을 한국적 가치에 관한 기존 연구의 한계점으로 지적할 수 있다. 한국적 가치는 '일 자체 준거적 메타이론'의 바탕 위에서 '절대-공-사'의 프레임으로 조명해야만 진가를 제대로 드러낼 수 있다. 한국적 가치는 단지 근대 이전의 전근대적이거나 전통적인 가치만도 아니고, 그렇다고 근대적 가치에 저항하는 탈근대적 가치나 제국주의적 가치에 저항하는 탈식민주의적 가치만도 아니다. 이 글에서 재정립하고자 하는 한국적 가치의 진가와 특이점은 '다양성 속에 통일성이 흐르는 가치체계'로 재정립할 수 있는 이 시대의 새로운 공적 가치라는 것이다.

그러나 심의민주주의, 대의민주주의, 참여민주주의, 직접민주주의 등의 기존 서구 민주정치 방법은 여전히 '인간 자아 준거적 메타이론'만을 가정하거나 전제하고 있다. 그 핵심적 한계는 공적 좋음, 공적 올바름, 공적 이로움 등의 '공적 가치'를 근대 서구의 객관적 가치만으로 고착화시켜 놓고 있다는 데에 있고, 따라서 '지배 방법의 정치'와 '지배 문화'로 흘러갈 수밖에 없다. 이러한 한계를 극복할 수 있는 대안은 한국사상의 저변에 깔려 있는 메타이론인 '일[事] 자체 준거적 메타이론'에서 찾을 수 있다. 한국사상의 메타이론에 따르면 우선 민주정치 방법에서 공적 좋음, 공적 올바름, 공적 이로움 등의 '공적 가치'가 얼마나 큰 비중을 차지하는지 분명하게 확인할 수 있다. '일 자체 준거적 메타이론'에 의하면 민이 스스로 자신이 관여하는 일에서 '공적 가치'를 선순환적으로 회복하면서 자신이 관여하는 일의 '질적으로 좋은 상태', '올바른 전환 방법', '다양성 속의 통일성의 체험'도 끊임없이 선순환적으로 회복할 수 있을 뿐만 아니라, '지탱 방법의 정치'와 '지탱 문화'로 바로 설 수 있다.

남북영토 분단 문제, 좌우이념 대립 문제, 종교와 세계관의 갈등 문제, 오리엔탈리즘과 옥시덴탈리즘이라는 동서 문화사의 병리적 갈등 문제, 근대성과 식민성을 넘어서는 역사의 정의로운 재구성 문제 등이 한국사회 및 현대사회가 직면하고 있는 공적 문제라고 할 수 있다. 대공민주주의 이론은 이러한 공적 문제의 주된 원인이 공적 좋음의 가치, 공적 좋음의 가치를 실현하기 위한 공적 올바름의 가치, 공적 이로움의 가치 등 '공적 방식의 결핍 내지 부재'에 있다고 본다. 그리고 그에 대한 처방을 대공민주주의 이론은 '공적 방식의 선순환적 회복'을 위한 대공민주정치 방법으로 제시한다.

문화는 '사람이 관여하는 일'이다. 그 가운데 정치하는 일은 '공적 방식으로 관여하는 사람 일'이다. 대공민주주의 모델에 따르면 '다양한 문화들(일들)이 대공적 가치와 방식에 따라 서로 지탱하면서 하나의 큰 문화(큰 일)로 통일되어 가는 문화 글로벌리즘'은 얼마든지 가능하다. 이와 같이 한국적 대공 가치와 방식에 따르는 '지탱 문화 글로벌리즘'은 신자유주의를 중심으로 한 미국발 '지구 자본 글로벌리즘'과도 다르며, 생태정치 혹은 녹색정치를 중심으로 한 유럽발 '시민사회 글로벌리즘'과도 다르다. 전자의 '지탱 문화 글로벌리즘'은 대공적 가치와 방식에 따라 서로 지탱하면서 다양성 속의 통일성을 이루는 '지탱 문화 질서'를 비전으로 한다. 그러나 후자의 '지구 자본 글로벌리즘'과 '시민사회 글로벌리즘'은 자신들이 선취한 몇 가지 '문제(보다 자유로운 생산과 소비 문제, 생태환경 문제, 세계 금융시장 불안정 문제, 테러폭력 문제, 전자감시 문제)'에 관한 자신들의 진단과 처방을 더욱 넓은 범위에서 합의하거나 공감할 수 있는 객관성을 선점하기 위해서 비판하며 견제하거나 지배하면서 자신들 중심의 통일성을 이루어 가려는 '지배 문화 질서'를 비전으로 한다.

'대공 가치(大公 價値)'라는 한국적 가치의 발원지는 한국불교 화엄사상, 한국유교 성리사상, 한국기독교 대공사상에 있다. 한국불교 화엄사상에서 사용하는 '공(公)' 개념의 핵심적 내용은 인간의 아집과 편견과 거짓 등을 내려놓음과 비움을 뜻하는 '공(空)'의 의미다. 한국유교 성리사상에서 사용하는 '공(公)' 개념에는 홍익(弘益)의 의미가 더 포함된다. 한국기독교 대공사상에서 사용하는 '공(公)' 개념은 '공(空)'과 '홍(弘)'의 의미 외에 '진(眞)'의 의미가 더 포함된다. '진'은 '사람이 관여하는 일'에 이미 함께 있는 '참'이다. '진'은 '사람이 관여할 수 없는 일'에 이미 함께 있는 '참'이다. 그러나 동시에 '사람이 관여하는 일의 방식 및 과정'과 '완전한 격절의 불일치' 앞에 있는 '참'이다. 요컨대 한국 기독교사상에서 말하는 공(公) 개념은 '공(空)', '진', '홍'의 의미를 동시에 포함하고, 대공 가치는 '사람이 관여하는 일'의 '본래의 좋은 상태' 혹은 '참 좋음'을 되찾거나 회복한 상태를 표현한 것이다. 대공민주주의 모델은 이들 세 가지 세계관 혹은 메타이론 사이에 서로 지탱하는 방식과 과정도 내포하고 있다. 그것이 바로 '지탱 문화 글로벌리즘'의 가능성으로써 '글로벌 문화허브국가'의 통일이념 속에 배태되어 있다고 하겠다.

'지탱의 대공적 가치'라는 한국적 가치의 구현 가능성과 '다양한 문화들이 지탱하는 문화 글로벌리즘'의 가능성을 보여 주는 모델이 '대공민주주의 글로벌 문화허브국가 모델'이다. 이러한 모델의 통일국가 건설 과정에 관한 개략적 방안은 다음과 같다. 이 글에서 제시하고자 하는 개략적 방안의 요체는 '사람이 관여하는 일(문화)'의 주요 과정, 예컨대 정치과정, 경제과정, 사회질서 및 교육 과정 등에서 '다양한 작은 일들이 공적 가치와 방식의 선순환적 회복에 따라 지탱하면서 하나의 큰 일로 통일되어 가는 방법'에 있다.

남북통일도 일종의 '사람이 관여하는 일'이며 일종의 '정치하는 일'이다. 따라서 남북을 통일하는 일도 '공적 방식에 따르는 일(공적 일)'일 수 있도록 도모할 필요가 있다. 대공민주주의 모델에 따르면 남북을 통일하는 일에서는 경제교류나 대화협상 등의 여러 '과정'도 물론 중요하지만, 무엇보다도 가장 중요한 것은 어떤 '방식'으로 어떤 '과정'을 거치느냐 하는 것이다. 공적 방식에 따라서 일하는 것이 중요하고, 공적 방식에 따르는 일들이 서로 지탱하는 방법이 중요하다.

그렇다면 남북을 통일하는 일에서 '공적 방식'을 어떻게 회복할 것인

가. 정부 권역, 체제 권역, 국가 권역 등의 사람이 관여하는 모든 일의 권역에서 공적 방식을 어떻게 회복할 것인가. 남북을 통일하는 일에서 '공적 방식'을 회복하고 있는지 여부를 확인할 수 있는 경로는 다음 두 가지다. 첫째, '남북 공동의 공적 문제'를 진단, 처방, 해결해 가는 경로다. 둘째, '남북 공동의 공적 주제'를 발견, 해석, 완성해 가는 경로다. 이와 같이 남북 공동의 공적 문제를 진단·처방·해결해 가고, 공적 주제를 발견·해석·완성해 간다는 것은 남북통일의 일에서 공적 방식을 회복하고 있다는 것을 보여 주는 증거이며 이미 남북통일의 과정을 겪고 있다는 것을 의미한다. 그리고 이 과정을 열어 가는 '만남의 과정'에서 공적 방식을 회복하는 것이 남북 공동의 공적 문제를 진단하고 공적 주제를 발견하는 데 매우 중요하다. 만남은 정치적 통합, 나눔은 경제적 통합, 모음은 사회문화통합, 교육통합의 형식으로 드러난다고 할 수 있다.

6장에서는 대공민주주의의 만남, 나눔, 모음의 틀에 맞추어 구체적인 남북한 통합방안을 모색해 보았다. 대공민주주의에서 정치적 통합은 '만남(공존)'에 해당한다. 우리는 북한과 만나고 함께 공존하면서 북한의 변화를 유도해 나가야 한다. 만남을 통한 교류협력을 통해 북한 개방개혁의 여건과 환경을 조성해 가는 것이 북한변화 유도전략의 핵심이며 이것이 바로 통일로 가는 지름길이라 할 수 있다. 남북관계 발전 목표를 구현할 과제로는, 당면과제로 남북관계 정상화, 최종과제로 남북관계의 제도화를 제시해 보았다.

대공민주주의에서 경제적 통합은 '공익', '나눔의 방식'에 해당한다. 남한과 북한이 서로가 필요로 하는 경제요소, 즉 사람(노동), 자본, 기술, 물건(상품, 자원) 등을 상호 이익이 되는 방식으로 거래하는 과정이라고 할 수 있다. 남북한이 본격적인 경제협력, 경제통합 과정을 진행하기에 앞서, 북한의 안보불안을 해소해 줌으로써 북한 핵개발을 동결시키고, 이후 단계적으로 해체해 나가도록 해야 한다. 이를 위해 남한은 북한에 에너지를 지원함으로써 북한의 핵무기 개발 포기를 유도할 수 있을 것이다. 북한이 추진하고 있는 경제개발구 및 특별경제지대, 그리고 개성공단 사업에 남한이 '광역지방자치단체와 경제개발구의 협력체계 구축' 등과 같이 보다 적극적인 정책을 추진해 나간다면, 남북한이 모두 엄청난 경제적 이익을 얻을 수 있을 뿐만 아니라 남북한 평화확대와 통일지향이라는 안보적 이익도 확보할 수 있을 것이다. 북한의 사회간접자본, 특히 전력과 철도 분야의 개발에 남한이 적극적으로 협력함으로써, 남북한의 경제통합을 앞당길 수 있을 뿐만 아니라 동북아시아의 거대 경제블록 구성에 기여하게 될 것이다.

남북한 사회문화통합은 대공민주주의의 모음(공선)에 해당하는 분야로, 분단으로 야기된 적대적·대결적인 분단체제를 해체하고 완전한 통합체를 이루는 내적 통합과정의 하나이다. 사회문화통합의 완성은 남북한의 통일과 통일 이후의 일련의 과정을 포함하는 장기적이고 종합적인 차원에서 해석되어야 한다. 사회문화통합 형성을 위해 우선 남북관계를 공식화하고 제도화된 단계로 바꾸어야 한다. 협력이 보다 심화되어 평화공존의 단계가 되면 사회문화 교류의 양적 확대 및 정례화를 추진한다. 뿐만 아니라 남북한 주민의 통합의식을 함양하기 위한 각종 사업을 실시한다. 그리하여 통일문화 구현을 위해 대비할 필요가 있다.

대공민주주의에서 교육통합은 '공선', '모음의 한 방식'에 해당한다. 즉, 남한과 북한이 교육과 관련된 사항을 서로 도모하고 진행함으로써 하나의 공동체를 이루어 가는 과정이라고 할 수 있다. 이를 위해서 첫째, 교육과 관련된 북한의 물적 토대 보완을 위한 남한의 개발협력이 이루어져야 하고, 둘째, 교육·학술 분야의 교류를 통해 교육통합의 기초가 마련되어야 하며, 마지막으로 인적 자원의 능력 향상을 위한 공동의 노력이 있어야 한다.

우리 사회는 대공민주주의를 통한 북한과의 만남, 나눔, 모음의 과정을 통해 장기적인 접근을 위한 포석을 수년 또는 수십 년간 지속해야 한다. 이러한 중장기적인 노력이 남북한 교류로 인한 남북 화해와 협력, 그리고 평화 통일로 이르게 하는 첩경이 될 것이다.

참고문헌

1. 1차 문헌
「眞澈大師碑文」.
『國朝寶鑑』 제15권. 성종조 1, 3년.
『湛軒書』 "내집", 권4.
『東史綱目』 5下.
『補閑集』.
『사회적 기업 육성법』, 법률 11275호, 제1조, 제2조.
『성경전서』.
『朝鮮金石總覽』 上.
『조선왕조실록』.

2. 한국어 문헌
(1) 단행본
경희대학교 아태지역연구원, 『남북한 통합의 이론과 실제』(책이된나무, 2001).
구영록, 『한국의 통일정책』(나남, 1993).
국사편찬위원회, 『고려왕조의 성립과 발전』(탐구당, 2013a).
국사편찬위원회, 『고려전기의 정치구조』(탐구당, 2013b).
권성아, 『홍익인간사상과 통일교육』(집문당, 1999).
권희영, 『한인 사회주의운동 연구』(국학자료원, 1999).
김두진, 『신라 화엄사상사연구』(서울대학교출판부, 2002).
김보광 등, 『고려의 국왕』(경인문화사, 2015).
김비환 외, 『인권의 정치사상』(이학사, 2010).
김윤규 외, 『남북경협과 평화의 보루 개성공단』(한겨레, 2014).
김일성, 『김일성 선집 1』(조선로동당출판사, 1963).
김일성, 『김일성 저작선집』 제1권(조선로동당출판사, 1967).
김정일, 『주체사상에 대하여』(조선로동당출판사, 1982).
김창근, 『다문화주의와 만난 한반도 통일론』(교육과학사, 2013).
김태길, 『한국윤리의 재정립』(철학과 현실사, 1995).
김현진, 『경북행복마을사업의 효과적 추진방안』(대구경북연구원, 2015).

도진순, 『한국민족주의와 남북관계』(서울대학교출판부, 1998).
마이클 샌델 저, 이양수 역, 『정의의 한계』(멜론, 2012).
마이클 샌델 저, 이창신 역, 『정의란 무엇인가』(김영사, 2010).
박봉규, 『광인 정도전』(아이콘북스, 2014).
박종기, 『고려사의 재발견』(휴머니스트, 2015).
서재진, 『북한 주민들의 가치의식 변화: 소련 및 동구와의 비교 연구』(민족통일연구원, 1994).
석산, 『심리학으로 보는 고려왕조실록』(평단문화사, 2014).
세종연구소, 『한국의 국가전략 2020』(세종연구소, 2006).
안찬일, 『주체사상의 종언』(을유문화사, 1997).
안창호, 『도산안창호논설집』(을유문화사, 1985).
양종승 편, 『샤머니즘의 사상』(민속원, 2013).
양태호, 「전통사상과 윤리의 원류」, 한국국민윤리학회 편, 『현대사회와 윤리』(형설출판사, 2001).
오기성, 『남북한 문화통합론』(교육과학사, 1999).
요하네스 헤센 저, 진교훈 역, 『가치론』(서광사, 1992).
유석렬, 『남북한 통일론』(법문사, 1994).
윤덕희, 김도태, 『남북한 사회, 문화 공동체 형성 방안』(민족통일연구원, 1992).
윤석산, 『동학, 천도교의 어제와 오늘』(한양대학교출판부, 2013).
이민수 역, 『삼국유사』(을유문화사, 1994).
이부영, 『한국의 샤머니즘과 분석심리학』(한길사, 2012).
이상우 편, 『통일한국의 모색』(박영사, 1987).
이용필, 『남북한 기능통합론』(신유, 1995).
이우성·강만길 편, 『한국의 역사인식(하)』(창작과 비평사, 1985).
이원국 저, 김낙필 외 역, 『내단-심신수련의 역사 1』(성균관대학교 출판부, 2006).
이원혜·김재환, 『풀무원 이야기』(도서출판 형상, 1997).
이을호 외, 『한국사상의 심층연구』(우석, 1982).
이종석, 『새로 쓴 현대 북한의 이해』(역사비평사, 2000).
임호열·김준영, 『북한의 경제개발구 추진현황과 향후과제』(대외경제정책연구원, 2015).
잔스촹 저, 안동준·런샤오리 역, 『도교문화 15강』(알마, 2011).
조선민주주의인민공화국사회과학원 역사연구소, 『력사 론문집 제2집』(과학원출판사, 1958).
조선민주주의인민공화국사회과학원 역사연구소, 『조선통사(하)』(과학원출판사, 1958).
조한범, 『남북 사회문화통합 형성방안 연구』(통일연구원, 2002).
전경수, 『문화의 이해』(일지사, 1994).
정도전, 『삼봉집』(한국고전번역원, 2013).
조성운, 『민족종교의 두 얼굴』(선인, 2015).
조유식, 『정도전을 위한 변명』(휴머니스트, 2014).
존 롤즈 저, 장동진 역, 『정치적 자유주의』(동명사, 1998).
존 롤즈 저, 황경식 역, 『정의론』(이학사, 2003).
존 스튜어트 밀 지음, 서병훈 옮김, 『자유론』(책세상, 2007).
주공성·이홍순·주칠성, 「경연계례(經筵啓禮)」, 『퇴계집』 제7권(예문서원, 1994a).
주공성·이홍순·주칠성, 「무진육조소(戊辰六條疏)」, 『퇴계집』 제7권(예문서원, 1994b).
최평길, 『미리보는 코리아 2000』(장원, 1994).
펠릭스 아브트 저, 임상순·김순원 역, 『평양자본주의』(한국외국어대학교출판원, 2015).
표영삼, 『표영삼의 동학이야기』(모시는 사람들, 2014).
한국국민윤리학회 편, 『한국국민윤리교육학회보』(한국국민윤리학회, 1993).
한국국민윤리학회 편, 『현대사회와 윤리』(형설출판사, 2001).
한국문화정책개발원, 『민족동질성 회복을 위한 통일 이후 독일의 문화통합과정 연구』(한국문화정책개발원, 1996).
한국문화정책개발원, 『북한 문화시설에 관한 연구』(한국문화정책개발원, 2002).
한만길 외, 『통일로 가는 길, 교육은 무엇을 할 것인가?』(교육과학사, 2016).
한만길 외, 『통일을 이루는 교육』(교육과학사, 2016).
현상윤, 『현상윤의 조선사상사』(심산출판사, 2010).
홍기원 편, 『샤머니즘의 윤리사상과 상징』(민속원, 2014).
화문귀 저, 유병호 역, 『안중근 연구』(요정민족출판사, 2009).

(2) 논문

권상우, 「유학 현대화를 위한 하나의 시론」, 『유교사상문화연구』 제31권(2008).
권성아, 「하나님의 통일일꾼: 홍익인간과 왕 같은 제사장의 만남」, YWAM-AIIM·

평화한국·부흥한국, 『2010 통일비전캠프』(2010).
권혁범, 「남북한 통합론과 차이 담론에 대한 비판적 성찰」, 『동향과 전망』 64호 (2005).
길선미, 「홍익인간의 현대적 재해석」, 『선도문화』 제10권(2011).
김귀옥, 「남북사회·문화공동체 형성의 전망과 대안」, 『정신문화연구』 제24권 제3호(2001).
김문조·김종길, 「남북한 사회통합의 남북한 사회통합의 추진과제 및 방안」, 『아세아연구』 제96호(1996).
김병로, 「특집: 새로운 통일담론을 위하여-탈분단의 사회갈등과 공동체형성의 모색」, 『현상과 인식』 제24호(2000).
김병욱, 「심의민주주의에 관한 한국정치사상적 검토와 대공(大公)민주주의 모색」, 『한국정치학회보』 제49집 4호(2015).
김영국, 「통일 이후 남북한 사회통합 전략」, 성균관대학교 석사학위논문(2014).
김영수, 「북한의 정치문화: '주체문화'와 전통정치문화」, 서강대학교 대학원 정외과 박사학위논문(1991).
김의만, 「신라 화백회의의 인적구성과 운영」, 『신라문화』 제21권(2003).
김일성, 「사상사업에서 교조주의와 형식주의를 퇴치하고 주체를 확립할 데 대하여」, 『김일성 저작선집』 제1권(평양: 조선로동당출판사, 1967).
김정일, 『주체사상에 대하여』(평양: 조선로동당출판사, 1982).
김정호, 「동학 보국안민 정신의 의의와 한국 민주주의의 과제」, 『동학학보』 제29권(2013).
김해순, 「남북한사회문화통합을 위한 교육」(교육과학사, 2016).
김홍주, 「조선 향촌규약에 나타난 마을공동체 운영 특성」, 『국토연구』 제79권 (2013).
나주연, 「한국민담에 나타난 샤머니즘적 모티프」, 『비교민속학』 제37권(2008).
노영필, 「동학의 생명사상 연구」, 두레학술 편, 『한국 사상 철학 연구자료』(두레학술, 2011).
박광기, 「통합적 측면에서 고찰한 남북교류협력의 활성화방안: 남북교류협력의 평가와 정책제안」, 『한·독 사회과학논총』 제16권(2006).
박일영, 「한국 근대의 샤머니즘과 인권」, 『한국무속학』 제27권(2013).
배규한, 「사회통합적 시각에서 본 남북한의 통일」, 『사회과학연구』 8권(1995).
배영동, 「조선후기 두레로 본 농업생산의 주체」, 『실천민속학연구』 제6권(2004).
배항섭, 「동학농민전쟁의 사상적 기반에 대한 연구현황과 과제」, 『사림』 제45호

(2013).
신선혜,「신라의 불교전래와 교단의 확립」,『불교연구』제33권(2010).
신진식,「삼국시대의 중국 당·오대 도교 전래에 관한 연구」,『도교문화연구』제29권(2008).
안정수,「민주 헌정 국가의 정체성」,『자유 민주주의의 본질과 미래』(을유문화사, 1992).
양용희,「사회적 기업 육성을 위한 민간기금 조성과 금융지원 활성화 방안」,『사회적 기업연구』제4권 1호(2011).
오남현,「사회적 자본과 도시지역 새마을 운동과의 영향분석」,『도시행정학보』제25권 3호(2012).
월간조선 편집부,「1967년 당 유일사상 체계 확립」,『대한민국을 바꾼 70대 사건』(『월간조선』별책부록, 2015. 1.).
유효선·김생수,「사회적 기업의 개념과 유형에 관한 고찰」,『한국행정과 정책연구』제10권 1호(2012).
윤여령,「남북한 사회·문화통합을 위한 과제: 동질성 회복을 위하여」,『통일문제연구』제1집 하반기호(통권 제30호)(1998).
윤인진,「남북한 사회통합 모델의 새로운 모색」,『아세아연구』44권 1호(2001).
이강식,「화랑도조직의 이론과 실천」,『경영학연구』27권 1호(1998).
이계학,「단군신화의 교육학적 고찰」, 한국정신문화연구원,『정신문화연구』제28호(1986).
이기백,「고조선의 국가형성」,『한국사 시민강좌』제2집(1988).
이남희,「고려시대의 과거제와 공공성」,『동양정치사상사』제12권 2호(2013).
이단규,「우리나라 전통적 협동조직에 관한 연구」,『협동조합연구』제9권(1987).
이도학,「신라 화랑도의 기원과 전개과정」,『정신문화연구』13권 1호(1990).
이동인,「유학의 인성론」,『유학연구』제25집(2011).
이범웅,「공동체주의의 통합 원리를 통한 남북한사회통합과 통일교육 방향의 인식을 중심으로」,『한국초등교육학회』제7집, 267-302집(2001).
이봉철,「통일정책 추진과 국민합의」,『한국의 통일정책』(나남, 1993).
이양수,「정책론적 관점에서 바라본 새마을 운동 원형 탐색」,『농촌경제』제37권 2호(2014).
이용식,「아시아 샤머니즘과 한국 무교의 악기학적 비교」,『한국무속학』제20권(2010).
이용필,「기능통합의 이론적 기초: 접근법과 적실성」, 이용필 외,『남북한 기능통합론』(신유, 1995).
이우영, 「북한의 개혁개방 전망과 남북문화교류」, 『최근 10년간 북한문화예술의 흐름과 남북문화교류 전망』(한국문화관광정책연구원, 2004).
이원봉·홍기준, 「남북한 사회통합을 위한 한국 문화외교의 방향」, 『아태연구』 제6호 (1999).
이종욱, 「신라 화랑도의 활동」, 『서강인문논총』 제16권(2002).
이주호, 「협동조합 기본법 제정과 사회적 기업 환경 변화분석」, 『사회적 기업과 정책 연구』 제13권(2013).
이홍구, 「통일이념으로서의 민주와 자유」, 『통일한국의 모색』(박영사, 1987).
임재해, 「단군신화를 보는 생태학적인 눈과 자연친화적 홍익인간 사상」, 『고조선단군학』 제9권(2003).
임채우, 「도교의 페미니즘적 성격」, 『도교문화연구』 제20권(2008).
임현진·정영철, 「사회문화적 접근을 통한 남북통합의 모색: 현실과 과제」, 『통일연구』 제3권 제1호(1999).
장경모, 「탈냉전시대에 부응하는 남북한 통합방향 모색(2)」, 『공안연구』(공안연구소, 1993).
장경섭, 「남북한 사회통합의 내용과 방송의 역할」, 『남북한 사회·문화·경제·정치적 통합과 방송』(문화방송, 1997).
전미영, 「남북 사회문화 통합을 위한 교류협력의 과제」, 『통일문제연구』 18호(통권 제46호)(2006).
전상진, 「사회통합을 위한 문화정책」, 『문화정책논총』 제29집(2010).
전영선, 「북한의 개혁개방정책과 과학기술정보산업의 교류가능성 모색」, 『중소연구』 제25권 2호(한양대학교 아태지역연구센터, 2001).
전영선, 「남북한 사회문화통합 형성전략」, 『한국의 국가전략 2020: 대북-통일』(세종연구소, 2006).
정영순, 「한국근현대사에 있어서 주체성 문제 고찰」, 『백산학보』 제70호(백산학회, 2004).
정우열·남흥범, 「한국 새마을 운동의 전개과정과 방향」, 『한국행정사학지』 제32호(2013).
정지웅, 「교육통합과 민족통합을 위한 이론과 교육대책」, 『통일정책연구』 제14권 1호(2005).
정진영, 「조선시대 향촌 제 조직과 규약의 '규약'적 성격」, 『고문서연구』 제42호(2013).

정중호, 「느헤미야와 문무왕의 이자금지와 채무면제」, 『구약논단』 제20권 1호 (2014).
정천구, 「한국의 호국불교: 그 역할과 과제」, 『민족사상』 제4권 2호(2010).
조법종, 「신라 문무대왕 사회정책의 성격검토」, 『신라문화』 제16권(1999).
최광식, 「환웅천왕과 단군왕검에 대한 역사민속학적 고찰」, 『한국사학보』 제60권 (2015).
최영환, 「해방 후 조선 혁명에 있어서의 북반부 민주기지」, 『력사과학』 3호(과학원 출판사, 1955).
최재목·김태연, 「신라정신의 특징 거론에 대한 성찰」, 『국학연구』 제20집(2012).
최혜경, 「동학의 사회개혁사상과 동학농민혁명의 전개」, 『동학연구』 제12권 (2002).
한완상, 「아노미이론의 한계와 새로운 해석」, 『현대사회와 청년문화』(법문사, 1973)
함병춘, 「남북한 단일문화권 형성 발전에 관한 연구」, 『남북한 가치통합을 위한 서설』(국토통일원, 1972).
홍기준, 「통일 후 남북한사회통합: 새로운 이론구성을 위한 시론」, 『국제정치논총』 제39집 3호(1999).
홍석영, 「북한의 사회 통합과 주체의 교육학」, 『남북한 사회통합론』(삶과 꿈, 1997).

3. 외국어 문헌

(1) 단행본

Bell, D., *The Coming of Post-Industrial Society*(New York: Basic Books, Inc., Publishers, 1973).
Chung, Young-soon, *Chuch'e-Ideen und Neo-Konfuzianismus in Nordkorea*(Hamburg Deutschland: Lit Verlag, 1996).
Dewey, John, *Democracy and Education*(New York: The Macmillan Co., 1986).
Durkheim, E., *The Division of Labor in Society*(New York: The Free Press, 1933).
Elazar, Daniel J., *Exploring Federalism*(Tuscaloosa/London: The University of Alabama Press, 1987).
Etzioni, Amitai, *Political Unification*(New York: Rinehart and Winston,

1966).

Etzioni, Amitai, *The Active Society*(New York: The Free Press, 1968).

Friedrich, Carl, J., *Europa-Nation im Werden?*(Bonn: Europa Union Verlag, 1972).

Gutmann, A. and Thompson, D., *Democracy and Disagreement*(Cambridge: Belknap Press, 1996).

Haas Ernst, *The Obsolescence of Regional Integration Theory*(Research Serie Berkly)(University of California, Institute of International Studies, 1975)

Haas, Ernst, *The Uniting of Europe*(London: Stevens, 1958).

Haas, Ernst, *The Uniting of Europe: Political, Social and Economic Forces 1950-1957*, 2. Aufl.(Stanford: Stanfod University Press, 1968).

Habermas, Jurgen, *The Theory of Communicative Active*, Vol. II(Boston: Beacon Press, 1984).

Hawley, A., *Human Ecology*(New York: The Ronald Press, 1951).

Hormans, George C., *The Human Group*(New York: Harcourt, Brace and Company, 1950).

Kriele, Martin, *Einfuhrung in die Staatslehre*, 2. Auflage, Westdeutscher Verlag(Opladen: 1980), S. 224ff.

Mitrany, David, *A Working Peace System*(Chicago: Quadrangle Books, 1966).

Parsons, T., *The Social System*(Glence: The Free Press, 1951).

Schubert, Klaus und Klein, Martina, *Das Politiklexikon*, 5. aktual. Aufl.(Bonn: Dietz, 2011).

Schweisfurth, Theodor, *Voelkerrecht*(Tuebingen: Mohr Siebeck, 2006).

Weber, Max, translated by Ephraim Fischoff, *The Sociology of Religion by Max Weber*(Boston: Beacon Press, 1963).

Wheare, K. C., *Modern Constitution*(New York: Oxford University Press, 1966).

(2) 논문

Angell, Robert Cooley, "social Integration," David L. Shills (ed.), *International Encyclopedia of Social Sciences*(New York: Macmillan

and Free Press, 1968).
David, Lockwood, "Soziale Integration und Systemintegration," in Wolfgang Zapf (ed.), *Theorien des sozialen Wandels*(Koeln u.a.: Kiepenheuer & Witsch, 1969).
Etzioni, Amitai, "A Paradigm for the Study of Political Unification," *World Politics*, Vol. XV, No. 1(1962).
Friedrich, Juergen und Jagodzinski, Wolfgang, "Theorien der Sozialen Integration," *Kölner Zeitschrift für Soziologie und Sozialpsychologie, Soziale Integration*(Sonderband der KZfSS, 1999).
Haas, Ernst, "Regionaism, Fuctionalism, and Universal International Organization," *World Politics*, 8, Vol. 2(1955).
Hoffmann, Stanely, "Obstinate or Obsolete? The Fate of the Nation-State and the Case of Western Europe," *Daedalus*, 95(1966).
Lange, Stefan und Arno, Waschkuhn, "Funktion und Funktionalismus," in Dieter Nohlen, Rainer-Olaf Schultze, *Lexikon der Politikwissenschaft: Theorien, Methoden, Begriffe*(München: Verlag C. H. Beck, 2002).
Narr, Wolf-Dieter, "Systemzwang als neue Kategorie in Wissenschaft und Politik," *Atomzeitalter* 7/8(1967).
Reinhardt, Wolfgang, "Foederalismus," *Lexikon der Politik*, Band I(Politische Theorien), Herausgegeben von Nohlen, Dieter und Schultze, Rainer-Olaf.(Muenchen: C.H. Beck, 1995).
Savage, Richard and Deutsch, Karl W., "A Statistical Model of The Gross Analysis of Transaction Flows," *Economietrica*, Vol. 28. No. 3(July, 1960).
Tuner, J. H., "Analytical Theorizing," Anthony Giddens and J. H. Tuner(ed.), *Social Theory Today*(Stanford, CA: Stanford Univ. Press, 1987).
Wirth, Louis, "Consensus and Mass Communication," *American Sociological Review*, Vol. 13(1948), p. 10.
Wolf, Dieter, "Neo-Funktionalismus," in Hans-Juergen Bieling und Marika Lerch(eds.), *Theorien der Europäischen Integration*(Wiesbaden: VS Verlag fuer Sozialwissenschaften, 2005).

4. 기타 자료

권성아, 「기독교인들이 보여 준 사회통합 노력」, 전문가 자문회의 발표문(2015년 9월 19일).
김석근, 「한국 불교와 사회통합의 기초로서의 소통」, 전문가 자문회의 발표문 (2015년 6월 23일).
김연철, 「통일·외교·안보정책의 비전과 의제」, 민주정책연구원, 민주당 정책비전 토론 발제문(2013년 6월 4일).
김영수, 「한국유교사상의 의미」, 전문가 자문회의 발표문(2015년 5월 30일).
김영수, 「유교의 통합사상과 그 한계」, 전문가 자문회의 발표문(2015년 9월 5일).
박근태, 「구글회장 찾은 평양과기대는 어떤 곳?」, 「조선비즈」(2013년 1월 9일).
박기웅·최병조. [인터뷰](주)포스콘 최병조 대표이사─「안전, 윤리경영, 노사화합 최우선」, 『Electric Power』 제2권 11호(2008).
서보혁, 「통일시대준비와 한반도판 마샬플랜」, 전문가 자문회의 토론문(2014년 2월 19일).
이우영, 「사회문화교류 활성화방안」, 남북민간교류협력의 현황과 과제에 대한 대토론회 발표문(2000년 5월 29일).
최민자, 「동학의 통합사상과 그 한계」, 전문가 자문회의 발표문(2015년 10월 10일).
「2007 남북정상선언」 제7항.
「자유아시아방송」, 2018년 9월 21일.
Hans Meyer, 「독일 연방제의 기능과 조직: 통일한국에 주는 의미」, 한국학중앙연구원 콜로키움 발표 논문(2015년 11월 9일).

5. 신문

『국민일보』.
『경성일보』.
『동아일보』.
『로동신문』.
『불교신문』 3171호.
『조선신보』.
『중앙일보』.
『파이낸셜 뉴스』.
『통일뉴스』.

『한국농어민신문』.

6. 인터넷 자료

국사편찬위원회, 우리역사넷(contents.history.go.kr/front/tg/view.do?treeId=0102&levelId=tg_001_0820&ganada=&pageUnit=10, 검색일: 2016년 10월 15일).

김경량, "북한의 축산현황과 남북축산의 교류협력 방향"(home.konkuk.ac.kr/cms/Common/MessageBoard/ArticleFile.do?id=12194205, 검색일: 2015년 10월 27일).

노동부 보도자료(www.nhrd.net, 검색일: 2015년 11월 10일).

행정안전부, 국가기록원(www.archives.go.kr/next/search/listSubjectDescription.do?id=008890, 검색일: 2015년 10월 28일).

찾아보기

ㄱ

가브리엘 아몬드 27
가족중심주의 114, 339
경제개발구 282-290, 348
경제교류 251, 256, 278, 346
경제적 통합 271, 272, 286, 347
경제협력 169, 269-275, 285-287, 293, 299, 308, 347
고려연방제 334
과거제 132-133, 340
교육통합 316-317, 321, 329, 347, 348
권위주의 54, 88, 110, 339
귀족국가 84, 337
기능주의 14, 22, 27-29, 33, 175, 176, 250, 251, 334
김일성 111-113, 149, 279, 339
김정은 114, 266, 274, 276, 279, 282, 283, 286, 290, 339

ㄴ

남북통일 16, 76, 152, 175-178, 205, 248, 250-251, 299, 317, 333, 342, 347
농촌근대화 155, 341

ㄷ

다문화사회 49, 51, 52, 56, 60, 333, 335
다문화주의 22, 49, 51, 175, 195, 334, 335
단군신화 60, 63, 66, 336
대공민주주의 177, 178, 187, 188, 197, 198, 246-249, 251, 255, 256, 271, 272, 293, 316, 342, 345-349
대공적 가치 184, 188, 194, 248-250, 343, 345, 346
대의민주주의 186, 189-191, 210, 344
데이비드 록우드 23
데이비드 미트라니 28
데이비드 이스턴 27
독일연방제 33, 335
동학사상 67, 72, 75, 337

ㅁ

마이클 샌델 229, 230, 239
문화 글로벌리즘 177, 178, 188, 247, 248, 345, 346
문화공동체 49, 53, 55, 56, 336
문화통합론 14, 22, 45
민족공동체 52-54, 317, 329, 335
민주정치 177, 179, 181, 186, 187, 189, 209, 219, 223-225, 242, 344
민주주의 38, 50, 75, 108, 151, 153, 180, 186, 189, 225, 317, 320, 339

ㅂ

보완성 원리 39, 335

ㅅ

사단칠정 214, 217, 218
사회문화 통합 26, 315
사회적 기업 163-166, 341
사회통합론 14, 22, 40
삼국통일국가 192
새마을운동 155-158, 341
샤머니즘 61-63, 336
서광선 152, 154, 341
성리사상 213, 214, 216, 218, 247, 248, 345
손양원 150-152, 341
숭불정책 127, 340
신기능주의 14, 22, 29-32
심의민주주의 186, 189-191, 209, 210, 225-227, 344

ㅇ

아미타이 에치오니 33, 47
안보불안 275, 348
야고진스키 23
에른스트 하스 30, 31, 335
연등회 127, 340
연방제도 34, 35
연방주의 22, 32-37, 175, 176, 250
연합국가 32, 334
오리엔탈리즘과 옥시덴탈리즘 188, 197, 344
유럽연합 21, 31, 293, 333, 334
6·15 남북공동선언 324, 334
음서제 133, 340

ㅈ

자유민주주의 107, 109, 110, 226, 339
정도전 136-141, 149, 341
정치적 통합 25, 29, 31, 48, 126, 256, 347
제국주의 176-178, 182, 185, 208, 232
존 스튜어트 밀 239
주체사상 111-114, 339
직접민주주의 189, 191, 209, 210, 225, 344

ㅊ

참여민주주의 186, 189, 191, 209, 210, 225, 344
충효사상 114

ㅋ

카를 프리드리히 32

ㅌ

통일철학 175, 178-179, 247, 341
통합사례 14, 17, 117, 122, 333, 339-341
통합사상 17, 60, 88, 109, 117, 150, 333
특별경제지대 348

ㅍ

팔관회 77, 340
프리드릭스 23

ㅎ

하버마스 24, 44, 190, 226
해원사상 63, 336
핵개발 275, 291, 320, 348
호국사상 78, 337
호족연합 132, 340
홍익인간 63, 66, 67, 73, 75, 118, 169, 337
화랑도 82-84, 337
화백제도 123, 340